Digitale Medien in Schule und Unterricht erfolgreich implementieren

AF209373

Waxmann Verlag GmbH
Steinfurter Straße 555, 48159 Münster
info@waxmann.com

Empirische Erziehungswissenschaft

herausgegeben von

Rolf Becker, Sigrid Blömeke, Wilfried Bos,
Hartmut Ditton, Cornelia Gräsel, Eckhard Klieme,
Rainer Lehmann, Thomas Rauschenbach,
Hans-Günther Roßbach, Knut Schwippert,
Christian Tarnai, Rudolf Tippelt,
Rainer Watermann, Horst Weishaupt,
Jürgen Zinnecker

Band 19

Waxmann 2010
Münster / New York / München / Berlin

Birgit Eickelmann

Digitale Medien
in Schule und Unterricht
erfolgreich implementieren

Eine empirische Analyse
aus Sicht der Schulentwicklungsforschung

Waxmann 2010
Münster / New York / München / Berlin

Bibliografische Informationen der Deutschen Nationalbibliothek
Die Deutsche Nationalbibliothek verzeichnet diese Publikation in
der Deutschen Nationalbibliografie; detaillierte bibliografische
Daten sind im Internet über http://dnb.d-nb.de abrufbar.

Diese Arbeit wurde von der Technischen Universität Dortmund 2009
als Dissertation angenommen.

Empirische Erziehungswissenschaft, Band 19

ISSN 1862-2127
ISBN 978-3-8309-2243-8

© Waxmann Verlag GmbH, 2010
Postfach 8603, 48046 Münster

www.waxmann.com
info@waxmann.com

Umschlaggestaltung: Plessmann Design, Ascheberg

Gedruckt auf alterungsbeständigem Papier, DIN 6738

Abstract

Ever since ICT applications were meant to be used in schools, reasons supporting or hindering ICT integration were considered in empirical studies (Pelgrum & Anderson, 1999; Preston, Cox & Cox, 2000; Mooij & Smeets, 2001; Pelgrum, 2001; Venezky & Davis, 2002; Schulz-Zander, 2004; European Commission, 2006a; Law & Chaw, 2008). From an economic perspective the most interesting point is the balance between financial investments in IT-equipment, technical support, costs for teacher training and learning outcomes (Angrist & Lavy, 2002; Leonard & Leonard, 2006). On the other hand more didactical and pedagogical approaches consider the use of ICT and the change of learning as for example studied in the Second Information Technology in Education Study, Module 2 (SITES-M2, 1999-2002; Kozma, 2003a; Schulz-Zander, 2005). This international study is a starting point for further research concerning factors that sustain the implementation of ICT by framing a preliminary model (Owston, 2003). With regard to this and further national and international findings described in this book, the research study endeavours to examine which conditions contribute to a successful and sustainable ICT implementation in schools and classroom practice. As a core aspect of a larger follow-up study of the SITES M2, financed by the German Research Foundation, it analyzes the sustainability of ICT-integration.

The German follow-up study of SITES-M2 (2006-2007) is a qualitative and quantitative study based on case studies. It has been conducted five years after SITES-M2 which is – regarding to Fullan's understanding of school improvement – an adequate timeframe for the implementation of innovations in schools (Fullan, 2001).

The sample consists of eleven of the twelve German SITES-M2-schools. The follow-up study adopts the methodological approach of the SITES-M2 and adds student and teacher questionnaires in order to measure long-term outcomes as well. With qualitative interviews, questionnaires and the analysis of school programs and media concepts of the schools, rich data was gathered from teachers, fourth-, tenth- and twelfth-graders as well as from IT-coordinators and headmasters in primary and secondary schools. The media use of these schools covers a variety of applications such as stationary computers and mobile devices, especially handhelds and laptop computers.

The research question of the current partial study of the German follow-up study concerns the identification of obstacles and contributing conditions and aims to give an answer to the question of why some ICT-based innovations fail while others flourish. The scope of the research provides a framework for an approach to school improvement and school development. The theoretical framework for this research is drawn from models of school quality assessment and school effectiveness regarding the context-, input- and process-level of schools (Ditton, 2000; Scheerens, 2000).

This study is one of the first concerning the sustainability of ICT-implementation considering a corresponding period and school improvement issues. It develops an instrument to measure the sustainability of ICT-integration and therefore clarifies the concept 'sustainability' itself. The main outcome is to identify the conditions of sustainable IT-implementation in schools. The research results are outlined in a new model. Furthermore, the results allow comparing the conditions between different school levels. In addition, a typology of teachers' ICT adoption and their perception of obstacles is lined out. Moreover, the findings enable to analyze the shift of the conditions supporting implementing computers and the Internet in classroom practice, which has taken place within recent years. The consideration of general models of school quality assessment and school effectiveness offers a point for intersection between ICT implementation and holistic concepts of school improvement and development.

Inhalt

1   Einleitung und Überblick

Im Zuge des Wandels von der Informations- zur Wissensgesellschaft (Kubicek et al., 1998; Mandl, Reinmann-Rothmeier & Gräsel, 1998) hat der kompetente Umgang mit Informations- und Kommunikationstechnologien[1] den Stellenwert einer Kulturtechnik erlangt (Schulz-Zander, 1997; Krämer 1998; Senkbeil & Drechsel, 2004; Enquete-Kommission, 2007). Für Schülerinnen und Schüler ohne ausreichenden Zugang zum Computer und zum Internet wird prognostiziert, dass sie erhebliche Schwierigkeiten haben werden, sich problemlos in den Arbeitsmarkt einzugliedern (Russon, Josefowitz & Edmonds, 1994; Senkbeil & Drechsel, 2004). Der Bildungsbericht 2008 für Deutschland weist darüber hinaus aus, dass die digitalen Medien eine besondere Rolle für die Weiterbildungsteilhabe in Form informellen beruflichen Lernens spielen (Autorengruppe Bildungsberichterstattung, 2008). Von 2003 bis 2007 haben sich demnach die Nutzung von computergestützten Anwendungen wie Selbstlernprogramme und internetbasierter Angebote zum Erhalt und zur Erweiterung beruflicher Kompetenzen verdoppelt (ebd., S. 146). Die Aufgabe der Schule ist es, die dafür notwendigen Kompetenzen zu vermitteln. Neben diesen *„social rationales"* und *„vocational rationales"* (Voogt, 2008, S. 118) führt Voogt weitere Begründungen für den Einsatz digitaler Medien in Schule und im Unterricht an, die sowohl auf pädagogische, als auch auf ökonomische Argumente abzielen. Weiterhin zählen nach Baumert (2002) der Umgang mit Medien und der Gebrauch von Computern zu den basalen Sprach- und Selbstregulationskompetenzen im Sinne von Kulturwerkzeugen innerhalb der Grundstruktur einer schulisch vermittelten Allgemeinbildung.

1.1   Bilanz der Integration digitaler Medien in Deutschland

Im internationalen Vergleich sind die Ausstattung der Schulen in Deutschland und der regelmäßige Einsatz digitaler Medien im Unterricht in Deutschland trotz intensiver finanzieller und konzeptioneller Bemühungen gering (Mandl, Hense & Kruppa, 2003; Schulz-Zander & Riegas-Staackmann, 2004; Eickelmann & Schulz-Zander, 2006; Europäische Kommission, 2006; Senkbeil & Wittwer, 2007; Schulz-Zander & Eickelmann, 2009). Die IT-Ausstattung der Schulen ist national und international in den letzten Jahren angestiegen

---

1 Die Begriffe ‚Informations- und Kommunikationstechnologien' (IKT), ‚digitale Medien' und informationstechnologien' (IT) werden synonym verwendet. Im Handlungsfeld Schule und in einigen Veröffentlichungen wird dafür vielfach der Begriff ‚Neue Medien' verwendet.

und bildet für erwartete und laufende Veränderungsprozesse die Grundvoraussetzung. Jedoch liegt die IT-Ausstattung an deutschen Grundschulen und ebenso die der weiter-führenden Schulen im Vergleich mit anderen Industrienationen weiterhin nur im unteren Mittelfeld. Im europäischen Vergleich etwa ist die Ausstattung mit einem Computer-Schüler-Verhältnis[2] von 9:100 auch unter Einbeziehung der neu hinzu gekommenen Staaten der Europäischen Union unterdurchschnittlich; der europäische Durchschnittswert liegt bei 11:100 (Europäische Kommission, 2006a). Deutschland belegt damit in Bezug auf die Ausstattung nur Platz 21 von 27 in Europa. Bereits PISA 2003 ermittelte, dass die Vertrautheit der Schülerinnen und Schüler mit dem Computer, die als überfachliche Kompetenz erfasst wurde, trotz des hohen Interesses nur durchschnittlich ist (Senkbeil & Drechsel, 2004). Obwohl der Einsatz digitaler Medien im Unterricht in Deutschland in den letzten Jahren gestiegen ist, zeigen sich deutliche Unterschiede vor allem zu skandinavischen und englischsprachigen Ländern in allen internationalen und europäischen Vergleichsstudien: Der Stellenwert der Integration digitaler Medien in den Unterricht ist in Deutschland vergleichsweise gering und auch die Zuwachsrate der Nutzung im Vergleich zu anderen Ländern bescheiden (u.a. Europäische Kommission 2006a; Hornberg, Faust, Holtappels, Lankes & Schulz-Zander, 2007; Senkbeil & Wittwer, 2007). Dies konnte zunächst deutlich in PISA 2000 und PISA 2003 belegt werden: Nur 21 Prozent[3] der Schülerinnen und Schüler berichteten in 2003 einen regelmäßigen Einsatz von Computern. Für beide Studien ist dies der geringste Anteil im Vergleich zu allen anderen beteiligten OECD-Staaten (Senkbeil & Drechsel, 2004). Obwohl in PISA 2006 ein Anstieg der regelmäßigen Computernutzung nach Aussagen der Lerner auf 31 Prozent zu verzeichnen ist, ist Deutschland erneut das OECD-Land, das den Computer am seltensten im Unterricht einsetzt. Dieser Wert liegt deutlich unter dem OECD-Durchschnitt von 56 Prozent (Senkbeil & Wittwer, 2007). Die Zuwachsrate um acht Prozent in drei Jahren – der Wert aus 2003 wird in den PISA-2006-Veröffentlichungen bereinigt mit 23 Prozent angegeben – ist vergleichsweise niedrig. Das schlägt sich zum einen in einem noch größeren Abstand zum OECD-Mittel in 2006 nieder, aber auch im Vergleich zu Nachbarstaaten wie Österreich und der Schweiz, zu denen sich die Differenz ebenfalls nochmals vergrößert hat. Die Ergebnisse des internationalen Vergleichs lassen für Deutschland eine vergleichsweise geringe Wirksamkeit der Schule bei der Vermittlung computerbezogener Kenntnisse vermuten. PISA 2003 hat gezeigt, dass computerbezogene Kompetenzen primär außerschulisch erworben werden. Dies wirkt sich nachteilig auf diejenigen Schülerinnen und Schüler aus, die ihre computerbezogenen Kompetenzen aufgrund nicht vorhandener Alternativen, z.B. aufgrund des ökonomischen Status der Familie, in der Schule erwerben müssen. Dieser Befund trifft auch auf andere Länder zu, nicht aber in diesem Ausmaß. So finden sich diese deutschen Schülerinnen und Schüler in 2003 trotz ausgeprägten Inte-

---

2 Verhältniskennziffern sind auf Ganze gerundet.

3 Angaben von Prozentsätzen sind im Fließtext auf Ganze gerundet.

resses am Computer in der *„Risikogruppe"* wieder; sie verfügen zu einem großen Teil noch nicht einmal über grundlegende Computerkenntnisse. Jugendliche mit unzureichenden häuslichen Zugangsbedingungen zu Technologien weisen in ihrem Computerwissen deutliche Defizite gegenüber Schülerinnen und Schülern mit guter häuslicher Computerausstattung auf. In allen Bundesländern ergibt sich, dass Fünfzehnjährige mit günstigen häuslichen Bedingungen erheblich stärker von dem in der Schule erworbenen Computerwissen profitieren. In Deutschland geht durch den Einsatz digitaler Medien die Schere zwischen von Haus aus sozial benachteiligten im Vergleich zu gut mit Medien ausgestatteten Schülerinnen und Schülern auseinander. Die Beobachtungen stehen im Einklang mit den Ergebnissen von Wagner (2008), die für die Medienaneignung von Hauptschülerinnen und -schülern den Fokus auf weniger bildungswirksame und stattdessen mehr auf kommunikative, spielorientierte und produktive Umgangsweisen identifiziert. Zillien (2006) kann auf der Grundlage empirischer und für Deutschland repräsentativer Daten zeigen, dass statushöhere Mediennutzer aufgrund von schichtspezifischen Wissens- und Bedeutungsschemata stärker vom Internet profitieren. Sie prognostiziert eine Verfestigung sozialer Ungleichheiten im Sinne eines ‚digital divides'. Die Frage, in wieweit die Schule auf diese Problemlagen ausgleichend wirken kann, bleibt offen.

1.2   Forschungsfragen und Ziele dieser Arbeit

Im Vorfeld der Untersuchung liegen bereits Befunde zu Bedingungsfaktoren zur Implementation digitaler Medien vor. Sie beziehen sich im Wesentlichen auf zwei Ebenen: Zum einen umfassen sie die Untersuchung von Gelingensbedingungen für die nachhaltige Implementierung schulischer Innovationen im Allgemeinen, ohne den besonderen Fokus auf die digitalen Medien (vgl. dazu auch Fullan, 1982; McLaughlin, 1990; Rolff, 1993). Zum anderen liegen Befunde zur Identifikation von Bedingungsfaktoren in der Anfangsphase der Implementierung digitaler Medien vor (vgl. Abschnitt 2.4). Für neu entwickelte technologische Applikationen werden vielfach ebenfalls die Bedingungsfaktoren ihrer Implementation in Schulen analysiert. Beispielsweise sind dies die Anbindung der Schulen an das Internet (u.a. Pelgrum & Anderson, 1999; Hunneshagen, Schulz-Zander & Weinreich, 2000; Weinreich & Schulz-Zander, 2000), die Verwendung von Multimedia (u.a. Schaumburg, 2002), die Verbreitung von Notebooks und Notebook-Klassen (u.a. Schaumburg & Issing, 2002; Reinmann & Häuptle, 2006; Schaumburg et al., 2007) oder auch die Einführung digitaler Medien in Grundschulen (u.a. Mitzlaff, 2007). International finden sich Studien, die auch die Bedingungsfaktoren der Arbeit mit Web-2.0-Technologien untersuchen (u.a. BECTA, 2008) oder auch zum webbasierten E-Learning bzw. Online-Lernen in der Schule (u.a. König & Schulte, 2003; Döring, 2006; Eickelmann & Schulz-Zander, 2006; Hettinger, 2008; Schaumburg & Seidel, 2009; Schulz-Zander & Tulodziecki, 2009). Alle angeführten Studien und Berichte haben gemeinsam, dass sie Bedingungsfaktoren vor allem in der Anfangsphase der betrachteten Innovationen ausweisen. Mit dieser Studie sollen Aufschlüsse darüber gewonnen werden, welche Bedingungsfaktoren über einen längeren Zeitraum für die *nachhaltige* Implementation digitaler Medien identifiziert werden können. Dazu wird untersucht, welche für die Anfangsphase bereits als relevant identifizierten Faktoren Gültigkeit für die nachhaltige Implementierung haben. Daneben werden weitere Faktoren einbezogen, die maßgeblich für Schulentwicklungsprozesse sind. Beispielhaft sind der Stellenwert der Schulleitung auf Innovationen (u.a. Rolff, 1998; Weinreich & Schulz-Zander, 2000; Rolff, 2001; Holtappels, Klemm, & Rolff, 2008) zu nennen sowie die Relevanz von Lehrerkooperationen und – soweit in den Schulen vorhanden – von professionellen Lerngemeinschaften (u.a. Louis & Kruse, 1995; Senge, Cambron-McCabe, Lucas, Smith & Dutton, 2000; Bonsen, 2005; Leithwood, 2000; Bonsen & Rolff, 2006).

In dieser Arbeit soll darauf zurückgegriffen werden, dass es eine steigende Anzahl von Schulen gibt, die die Integration von IKT in den Unterricht als ein Leitziel ihrer schulischen Arbeit verankert haben. Basierend auf der Erkenntnis, dass digitale Medien alleine noch keinen Mehrwert bringen, sondern erst deren Einbettung in innovative pädagogische Kontexte (vgl. Schulz-Zander & Riegas-Staackmann, 2004; Moser, 2005), werden für die hier dargestellte Untersuchung die Schulen ausgewählt, die nach internationalen und nationalen Kriterien für die Teilnahme an der IEA-Studie SITES M2 (Second Information Technology in Education Study, Module 2, Laufzeit 1999-2002) ausgewählt wurden. In Bezug auf die Form des Computereinsatzes bilden die Schulen ein breites Spektrum ab: Sowohl stationäre Computer in Medienecken und Computerräumen als auch mobile Endgeräte wie Handhelds, schülereigene und schuleigene Notebooks und Notebook-Wagen kommen zum Einsatz. Durch die im Folgenden dargestellte Studie, die eine Teilforschung einer von der Deutschen Forschungsgemeinschaft (DFG) finanzierten und umfassenderen Folgestudie (Laufzeit 2006 bis 2007) zur deutschen SITES M2 unter der Leitung von Prof. Dr. Renate Schulz-Zander bildet, soll neben der Generierung wissenschaftlich-analytischen Wissens die Grundlage dafür geschaffen werden, an den Erfahrungen dieser Schulen anzuknüpfen. Für sie gelten folgende zentrale Forschungsfragen:

1. Welcher Grad der Nachhaltigkeit der Implementierung innovativer pädagogischer Praxis unter Nutzung der Informations- und Kommunikationstechnologien lässt sich in den ausgewählten Schulen nachweisen?

2. Welche Bedingungsfaktoren für den Innovationsprozess der nachhaltigen Implementierung von pädagogischen Praktiken des Einsatzes digitaler Medien lassen sich auf der Kontext-, der Input- und den Prozessebenen ‚Schule' und ‚Unterricht' identifizieren?

Die sich ergebenen Teilforschungsfragen finden sich in der Übersicht in der Tabelle 1-1.

Tabelle 1-1: Übersicht über die Teilforschungsfragen

	Forschungsfragen	Datenquellen	Ergebnisse
1)	Welche hemmenden und förderlichen Faktoren können in den Fallschulen identifiziert werden?	Qualitative und quantitative Daten von sechs ausgewählten Fallschulen	Abschnitt 4.4
2)	Welchen Grad der Nachhaltigkeit haben die Fallschulen erreicht?	Qualitative und quantitative Daten von sechs ausgewählten Fallschulen	Abschnitt 4.4
3)	Welche förderlichen Bedingungsfaktoren können in den erfolgreichen Schulen identifiziert werden?	Qualitative und quantitative Daten der drei ‚nachhaltigen' Fallschulen	Abschnitt 4.5.3
4)	Welche Misslingensbedingungen können in den nicht erfolgreichen Schulen identifiziert werden?	Qualitative und quantitative Daten der drei ‚eher nicht nachhaltigen' Fallschulen	Abschnitt 4.5.4
5)	Wie unterscheiden sich die gefundenen Bedingungsfaktoren von dem Ausgangsmodell von Owston (2003)?	Qualitative und quantitative Daten von sechs ausgewählten Fallschulen	Abschnitt 4.5.5
6)	Welche Bedingungsfaktoren lassen sich auf der Kontext-, Input- und den Prozessebenen identifizieren?	Qualitative und quantitative Daten von sechs ausgewählten Fallschulen	Abschnitt 4.6.1
7)	Welche Lehrertypologie lässt sich in Bezug auf die hemmenden Bedingungsfaktoren identifizieren?	Quantitative Daten aller elf an der DFG-Studie beteiligten Schulen	Abschnitt 4.6.3
8)	Wie unterscheiden sich die eigenen Ergebnisse von den Befunden der SITES 2006?	Qualitative und quantitative Daten aller elf an der DFG-Studie beteiligten Schulen	Abschnitt 4.6.5
9)	Welche Bedingungsfaktoren ergeben sich in Bezug zur Output-ebene?	Qualitative und quantitative Daten aller elf an der DFG-Studie beteiligten Schulen	Abschnitt 4.6.6
10)	Welche Befunde ergeben sich bei einer Differenzierung nach den fünf Dimensionen der Schulentwicklung mit digitalen Medien?	Qualitative und quantitative Daten der sechs ausgewählten Fallschulen	Abschnitt 4.6.7
11)	Welche schulstufenspezifischen Bedingungsfaktoren ergeben sich?	Qualitative und quantitative Daten aller elf an der DFG-Studie beteiligten Schulen	Abschnitt 4.6.8

Die erste zentrale Forschungsfrage setzt die Messbarkeit der Nachhaltigkeit voraus. Dazu wird im Rahmen dieser Arbeit ein Messinstrument entwickelt und in der gewählten Stichprobe geprüft. Im Zuge dieses Vorgehens wird das Verständnis des Begriffs Nachhaltigkeit in Bildungskontexten von Hameyer, Pallasch & Wiechmann (1999, vgl. Abschnitt 1.3) erweitert, auf die Implementation digitaler Medien übertragen und präzisiert.

Die Zusammenführung der Ergebnisse beider Teilfragen dient dem Hauptziel dieser Forschungsarbeit.

Eine Operationalisierung des Begriffs *Nachhaltigkeit* in diesem Kontext wird entlang der ausgewiesenen Zielsetzungen formuliert. So wird theorie- und empiriegeleitet die Arbeitsdefinition des Begriffs *Nachhaltigkeit von schulischen Innovationen* erweitert und im Sinne einer Definition des Begriffs für den Bereich der Schulentwicklung mit digitalen Medien geschärft.

Im Hinblick auf die beiden zentralen Forschungsfragen werden qualitative und quantitative Analysen auf der Grundlage der Daten der Fallstudienfolgeuntersuchung unternommen. Anknüpfungspunkte bieten Modelle zur Schul- und Unterrichtsqualität, die vor allem im Hinblick auf die Analyse der Bedingungsfaktoren Anwendung finden.

Durch die Kopplung der Messung der Nachhaltigkeit in den Schulen und der Erhebung der fallspezifischen Bedingungsfaktoren zielen die Analysen darauf ab, sowohl die Bedingungsfaktoren in erfolgreichen Schulen als auch in Schulen, denen trotz guter Startbedingungen die Implementation nicht befriedigend gelungen ist, zu differenzieren.

Implizit wird bereits im Vorfeld der Untersuchung davon ausgegangen, dass sich die Fallschulen der deutschen SITES M2 im Hinblick auf die nachhaltige Integration digitaler Medien unterschiedlich (weiter-)entwickelt haben.

Die Herleitung der theoretischen Einbettung der Fragestellung erfolgt mit Bezug auf vorhandene empirische Befunde in Kapitel 2. Die Darstellung der Analyse der Studie, ihre Datengrundlage und ihr methodischer Ablauf sind in Kapitel 3 ausgeführt. Die Dokumentation der Analyseergebnisse zu den jeweiligen Forschungsfragen in Kapitel 4. Die Befunde werden abschließend in Kapitel 5 diskutiert und bilanziert.

1.3   Zur Nachhaltigkeit der Implementation digitaler Medien

In der nationalen und internationalen Literatur zu Schulentwicklungsprozessen und zur Einführung von Innovationen lassen sich Ansatzpunkte und Erklärungsmodelle zu den Bedingungsfaktoren der nachhaltigen Implementierung schulischer Innovationen finden (Altrichter & Posch, 1996; Fullan, 2001; Rogers, 2003; vgl. auch Abschnitt 2.1.4). Der Bereich der nachhaltigen Integration digitaler Medien in Schul- und Unterrichtsprozesse unter Berücksichtigung erweiterter pädagogischer Praxis ist bisher jedoch nur in wenigen Studien ausgewiesen worden (vgl. Abschnitt 2.5). Aufgrund der angesetzten Erhebungszeiträume konnten keine tragfähigen Ergebnisse mit genügend großer zeitlicher Distanz zur Phase der Einführung der untersuchten Innovationen gewonnen werden. Während es für die Anfangsphase der Implementierung empirische Ergebnisse im Hinblick auf die Bedingungsfaktoren gibt (vgl. Abschnitt 2.4), besteht ein Forschungsdefizit im Hinblick auf die letzte, aber für den Erfolg entscheidende Phase der Implementation digitaler Medien.

1.3.1 Zum Begriff der ‚Nachhaltigkeit von Innovationen'

Die einleitend angeführten Studien zeigen, dass die in deutschen Schulen angestoßenen computerbezogenen pädagogischen Innovationen zu selten ihre Potenziale entfalten können. Dies traf nicht nur als Zwischenbilanz für Schulen in Deutschland vor dem Erhebungszeitraum dieser Untersuchung im Jahr 2006 zu, sondern gilt zum Zeitpunkt der Dokumentation dieser Forschungsarbeit in gleichem Maße. Zentral für den Erfolg schulischer Innovationsprozesse aus Sicht der Schulentwicklungsforschung ist die Frage nach der Nachhaltigkeit oder nach langfristigen Veränderungen. Im Rahmen der Theorieentwicklung schulischer Innovationsprozesse ist der Begriff der Nachhaltigkeit von Hameyer, Pallasch und Wiechmann (1999), der seinen Ursprung in der Forstwirtschaft hat (Büchter, Dalmer & Schulz-Zander, 2003; Kruppa, Mandl, & Hense, 2002; Reinmann-Rothmeier, 2003), für die Bildungsforschung adaptiert worden ist. Innovationen müssen nach ihrem Verständnis so in Schulen eingegliedert werden, dass sie dort langfristig bestehen können. Herausgestellt wird, dass dazu ein System von Faktoren erfüllt sein muss, das die Nachhaltigkeit der Innovation ermöglicht. Sind die Bedingungsfaktoren nicht bekannt oder werden sie nicht berücksichtigt, scheitern Innovationen trotz vielfältiger – teilweise auch erheblicher finanzieller – Bemühungen. Dabei kann *„die Nachhaltigkeit als ein Gradmesser des Erfolgs der Implementation von Innovationen betrachtet werden"* (vgl. Kruppa, Mandl & Hense, 2002, S. 5). Diese sehr allgemeine Definition des Nachhaltigkeitsbegriffs bildet als Arbeitsdefinition den Ausgangspunkt der hier dokumentierten Teilstudie der Fallstudienfolgeuntersuchung zur deutschen SITES M2. Sie weist auf die Notwendigkeit der Kenntnis der Bedingungsfaktoren der Implementation digitaler Medien hin. Diese werden in dieser Untersuchung in einer ausgewählten Stichprobe ermittelt. Damit folgt der gewählte Forschungsansatz Senge et al. (2000), die für das Lernen von Schulen im Sinne organisationalen Lernens postulieren: „Classrooms can only improve in a sustainable way if the schools around them improve" (ebd., S. 6).

Hargreaves (2006) weist darauf hin, dass das Verständnis des Begriffs der Nachhaltigkeit von schulischen Veränderungen jedoch nicht trivialisiert werden darf, indem es mit der Frage des Überdauerns einer Innovation gleichgesetzt wird (ebd., S. 50). Häuptle, Florian und Reinmann (2008) verstehen den Begriff der Nachhaltigkeit einer Innovation so, dass in phasenorientierten Prozessmodellen die letzte Phase des Innovationsprozesses erreicht wird und eine Bildungsinnovation dann nachhaltig ist, wenn es eine ‚echte' Innovation ist, die zu merkbaren Veränderungen führt (s. dazu auch Abschnitt 2.1.1). Zu diesem Ansatz passt das Verständnis von Büchter, Dalmer und Schulz-Zander (2002, S. 194f.):

> Ansonsten lässt sich das Adjektiv ‚nachhaltig' als von langer und starker Wirkung charakterisieren. Derart ist es wohl auch im Kontext der Schulforschung von Interesse, insbesondere wenn es um die Implementation innovativer Unterrichtspraxis geht. [...] Aus dieser Konkretisierung lässt sich unmittelbar ableiten, dass die Nachhaltigkeit insbesondere impliziert, dass der Fortbestand der innovativen Unterrichtspraxis unabhängig von einzelnen (Lehr-)Personen und kurzfristig angelegten bildungspolitischen Programmen, wie z.B. Ausstattungsinitiativen im Bereich neuer Medien, sein muss.

Der Begriff der ‚Nachhaltigkeit der Implementation digitaler Medien' bleibt jedoch auch damit zunächst sehr allgemein. Er wird im Zuge dieser Arbeit empirie- und theoriegeleitet über ein System von Indikatoren – mit Rückgriff auf die für die Schulentwicklungsforschung mit digitalen Medien relevanten fünf Bereiche Unterrichtsentwicklung, Personalentwicklung, Organisationsentwicklung, Kooperationsentwicklung und Technologieentwicklung (vgl. Schulz-Zander, 1999) – geschärft (vgl. 4.3): Zu ergänzen ist noch, dass der Begriff der Nachhaltigkeit in den Medien und im Sprachgebrauch darüber hinaus im Kontext einer nachhaltigen Entwicklung genutzt wird. Diese Begriffsdefinition hat abgesehen von dem Grundverständnis der Nachhaltigkeit als Dauerhaftigkeit und Tragfähigkeit keine Affinitäten zu dem im Folgenden weiter ausgeführten Forschungsprojekt.

1.3.2   Anknüpfung an die deutsche SITES M2

Die hier ausgeführte Fallstudien-Folgeuntersuchung zur Nachhaltigkeit der Implementation digitaler Medien in Schulen knüpft unmittelbar an nationale und internationale Ergebnisse des zweiten Moduls der Second Information Technology in Education Study (SITES M2, Laufzeit: 1999-2002) an, die in Deutschland unter der Leitung von Prof. Dr. Renate Schulz-Zander (National Research Coordinator) durchgeführt wurde und die die IEA international koordinierte (vgl. Schulz-Zander et al., 2003; Schulz-Zander, 2005; Kozma, 2003a). Die Folgeuntersuchung greift das Methodenrepertoire, die nationale Stichprobe, nationale und internationale Forschungsergebnisse und auch die Instrumentierung der SITES M2 auf. Mit einem Abstand zum Erhebungszeitpunkt von fünf Jahren erforscht die vorgestellte Teilforschung der umfassenderen Fallstudienfolgeuntersuchung zur deutschen SITES M2 die Nachhaltigkeit der Implementation digitaler Medien in den Fallschulen und zielt auf die Identifikation hemmender und förderlicher Bedingungsfaktoren. Einen wichtigen Ausgangspunkt bildet ein im Rahmen von SITES M2 entwickeltes Modell zur Nachhaltigkeit von Owston (2003), das dort als vorläufiges Modell bezeichnet wird (vgl. Abschnitt 2.4). Die dargestellte Studie bezieht sich konzeptionell damit die Vorarbeiten der internationalen IEA-Studie SITES M2. Diese wurde als qualitative Studie mit insgesamt 174 Fallstudien durchgeführt, zwölf davon in Deutschland. Im Zentrum dieser Studie stand die Frage, welche Veränderungen in Schulen und im Unterricht durch den Einsatz digitaler Medien zu beobachten sind. Im Einzelnen wurde untersucht, wie sich die Unterrichtspraxis innovativer Lehrerinnen und Lehrer mit digitalen Medien gestaltet, welche Veränderungen in Bezug auf Curricula und Lehr-/Lernprozesse beobachtbar sind, welche schulorganisatorischen und nationalen bildungspolitischen Maßnahmen zum Erfolg des Einsatzes digitaler Medien beitragen und welche Aspekte der Nachhaltigkeit und Übertragbarkeit relevant sind (vgl. Schulz-Zander et al., 2003).

Aufgrund des angesetzten Untersuchungszeitraumes – die Daten wurden vom Herbst 2000 bis Frühjahr 2001 an den ausgewählten Schulen erhoben – konnten zu den Aspekten der Nachhaltigkeit und Transferierbarkeit jedoch nur vorläufige Ergebnisse erzielt werden (Owston, 2003). Die weiter unten angeführten Phasenmodelle zur Schulentwicklung und Schulentwicklung mit digitalen Medien zeigen, dass diesbezüglich ein Untersu-chungszeitraum von mehreren Jahren erforderlich ist (vgl. 2.1.3). Diesem Anspruch wird die vorliegende Arbeit durch die Einbettung in eine Fallstudienfolgeuntersuchung ge-recht, die als methodischer Ansatz in Abschnitt 3.3.1 erläutert wird.

2 Zur Integration digitaler Medien: Theorie und Empirie

Diese Arbeit bezieht sich auf die Identifikation von Bedingungsfaktoren des Implementationsprozesses digitaler Medien in Schulen und in den Unterricht und fokussiert damit auf die Prozessebene der Schule. Aus der Sicht der Schulentwicklungsforschung sind erfolgreiche Implementationsprozesse und deren Prädiktoren ebenso von Interesse wie gescheiterte Prozesse und deren Bedingungszusammenhänge. Dabei kann die Einführung digitaler Medien als schulische Innovation verstanden werden. Die Einführung digitaler Medien in Schulen ist mit unterschiedlichen Hoffnungen und Zielen verbunden. Allen voran sind eine Veränderung der Lernkultur sowie der Erwerb bereichsspezifischer und fachübergreifender Kompetenzen zu nennen (vgl. Eickelmann & Schulz-Zander, 2008). Während sich Ersteres auf die Prozessebene der Schule bezieht, ist der Kompetenzerwerb auf der Produkt- oder Outputebene zu verorten. Ein Ansatz, weniger erfolgreiche von erfolgreichen Innovationsprozessen zu unterscheiden, ist deren Einordnung in phasenorientierte Stufenmodelle. Solche Modelle existieren seit Beginn der 1970er Jahre für schulische Innovationen und seit den 1990er Jahren auch in spezifizierter Form für die Erfassung von Schulentwicklungsprozessen mit digitalen Medien. Zunächst für schulische Innovationen – ganz allgemein – werden sie im Abschnitt 2.1.2 dargestellt. Dieser Erläuterung liegt das Verständnis digitaler Medien zugrunde, einen Beitrag zur Entwicklung von Schul- und Unterrichtsqualität leisten zu können. Daher werden im dritten Abschnitt des ersten Teils dieses Kapitels Modelle zur Schul- und Unterrichtsqualität vorgestellt (2.1.3). Sie liefern einen wichtigen Beitrag zur vorliegenden Forschungsarbeit, da sie zum einen eine Blickrichtung vorgeben – und so die Forschung verorten – und sich zum anderen eignen, eine Folie für die Analyse der Daten bereitzustellen. Einen Einblick in Ansätze zur Klärung der Bedingungsfaktoren der Implementation solcher schulischen Innovationen findet sich im letzten Abschnitt (2.1.4) des ersten Teils dieses Kapitels.

Der zweite große Abschnitt dieses Kapitels (2.2) widmet sich verschiedenen Aspekten der Schulentwicklung mit digitalen Medien und damit dem Kernaspekt dieser Arbeit. Er knüpft an die Ausführungen im ersten Teil an und vertieft diese um die Perspektive der Implementation digitaler Medien vor der Folie der Schulentwicklungsforschung. Dazu werden empirische Befunde sowie Theorieansätze und -modelle zur Schulentwicklung mit digitalen Medien ausgeführt. Die empirischen Befunde verdeutlichen die Problemlage der vergleichsweise wenig verbreiteten Integration digitaler Medien in Deutschland. Im Hinblick auf die Bedingungsfaktoren der Integration digitaler Medien wird deutlich, dass diese vor allem für die Anfangsphasen der Implementation von technischen Anwendungen erhoben werden. Überträgt man das Konzept der phasenorientierten Schul-entwicklung von der Einzelschule auf die Integration digitaler Medien, ergibt sich eine Forschungslücke, die mit den forschungsleitenden Fragen dieser Arbeit beantwortet werden soll und somit unter anderem Erklärungsansätze dafür liefern soll, welche Fakto-ren dazu führen, dass Schulen die letzte Stufe – die der nachhaltigen Integration digitaler Medien – erreichen, während andere trotz zahlreicher Bemühungen sich über Jahre in untergeordneten Entwicklungsstufen befinden. Dazu werden die Rolle der IKT in Schul-entwicklungsprozessen beschrieben (2.3) und spezifische Prozessmodelle im Abschnitt 2.3.5 dargestellt. Abschließend wird der nationale und internationale Forschungsstand zu den Bedingungsfaktoren der Implementation digitaler Medien aufgearbeitet und hin-sichtlich der nachhaltigen Integration eine Forschungslücke aufgezeigt (2.4). Es finden sowohl Befunde im Vorfeld der Studie als auch nach der Erhebung der Daten dieser For-schungsarbeit Berücksichtigung. Der zweite Teil des zweiten Kapitels zeigt:

-   Der Forschungsgegenstand ist national und international unverändert aktuell.
-   Die Forschungslücke besteht weiterhin und die hier dargestellte Forschung vermag einen Beitrag zur Generierung wissenschaftlich-analytischen aber auch prozeduralen Wissens zu liefern.

2.1 Innovationen in Schulen aus Sicht der Schulentwicklungsforschung

Der folgende Abschnitt erläutert Begrifflichkeiten zu Innovationsprozessen in Schulen. Schulische Innovationen werden vor dem Hintergrund theoretischer Ansätze und empiri-scher Befunde zur Schulentwicklungsforschung und zu Modellen zur Schul- und Unter-richtsqualität reflektiert. Ein besonderes Augenmerk liegt dabei auf den Bedingungsfak-toren schulischer Innovationsprozesse (vgl. Abschnitt 2.1.4).

2.1.1 Innovationsbegriff

Gemeinhin sind mit dem Alltagsverständnis des Begriffs *Innovation* zwei Aspekte ver-bunden: erstens Innovation im Sinne einer Erneuerung und zweitens im Sinne einer Ver-besserung. Die Innovationsforschung hat ihre Wurzeln in den Wirtschaftswissenschaften (Reinmann-Rothmeier, 2003). Als gemeinsamen Kern verschiedener Begriffsdefinitionen ermittelt Reinmann-Rothmeier, dass eine Innovation nicht nur eine neuartige Idee ist, sondern auch zielgerichtet umgesetzt werden und eine sichtbare Veränderung bewirken muss. Sie unterscheidet auf der Grundlage einer ausführlichen Literatursichtung ergebnis- von produktorientierten Definitionsansätzen. Die ergebnisorientierten Be-trachtungen heben auf das Produkt, die prozessorientierten auf den Ablauf einer Innova-tion ab. Für den Bildungsbereich spezifiziert sie didaktische Innovationen, die *„Neuerun-gen der Organisation, der Inhalte und/oder Methoden des Lehrens, die den vor-gegangenen Zustand der Wissensvermittlung merklich verändern und als Konsequenz auch einen Wandel der intendierten Bildungs- und Lernprozesse bewirken"* (ebd., S. 11).

Innovationsprozesse sind in ihrem Verlauf und Ergebnis nicht detailliert planbar und unterscheiden sich damit wesentlich von Routineprozessen (Häuptle, Florian, & Reinmann, 2008). Hunneshagen (2005) beschreibt die Einführung digitaler Medien in Schulen als Innovationsprozesse, die neue Anforderungen und Aufgaben an Schulen herantragen (ebd., S. 33). Während viele Untersuchungen auf die Anfangsphase der Implementierung digitaler Medien in Schulen fokussieren, hebt diese Arbeit auf die nachhaltige Implementation digitaler Medien ab und damit auf eine spätere Phase des Innovationsprozesses. Stufflebeam (1972) verbindet in seinem CIPP-Modell von Schule beide Aspekte miteinander: Innovationen sind nach seinem Verständnis nachhaltig in Schulen integriert, wenn sie nicht mehr als Innovationen aufzufassen sind. Sie verlieren ihren *„Neuigkeitsgrad"* (Häuptle, Florian & Reinmann, 2008, S. 5). Für diese Verknüpfung ist es zunächst wichtig, zu erläutern was sich im schulischen Kontext hinter dem Innovationsbegriff verbirgt. Während Prasse und Scholl (2000) und auch Hunneshagen (2005) an betriebswirtschaftliche Zusammenhänge und Begriffsverständnisse anknüpfen und diese auf den schulischen Kontext übertragen, knüpft Hameyer (1978) direkt an den schulischen Kontext an. Sein Modell zur Beschreibung von Innovationen differenziert zwischen vier Charakteristika: dem Innovationsprogramm, dem Innovationsfeld, dem Innovationsprozess und dem Innovationsergebnis. Während sich das Innovationsprogramm mit dem Anlass einer Innovation beschäftigt, beschreibt das Innovationsfeld die angestrebten Veränderungen und die personellen Träger der Innovation. Der Innovationsprozess beschreibt den Ablauf und die Form des Veränderungsprozesses. Das Innovationsergebnis schließlich beschreibt die Erreichung der geplanten Zielsetzungen.

In Hinsicht auf die personellen Träger einer Innovation unterscheidet die Literatur zwei Ansätze, die u.a. Prasse und Scholl (2000) und auch Hunneshagen (2005) auf die Implementation digitaler Medien in Schulen übertragen. Das Champion-Modell geht davon aus, dass eine einzelne Person einen Innovationsprozess vorantreiben kann. Im Hinblick auf die Integration digitaler Medien schätzen sowohl Owston (2003) als auch Hunneshagen (2005) die Reichweite einer einzelnen, die Innovation tragenden Person als begrenzt ein. Prasse und Scholl (2001) und Hunneshagen (2005) übertragen ein Mehr-Personen-Modell aus betriebswirtschaftlichen Zusammenhängen, das so genannte Promotorenmodell, auf die Integration digitaler Medien. Als Promotoren bezeichnen sie mit Witte (1973) Personen, *„die den Innovationsprozess aktiv und intensiv fördern. Diese starten den Prozeß und treiben ihn unter Überwindung von Barrieren bis zum Innovationsschluß voran"* (ebd., S. 15f.). Ein arbeitsteiliges Vorgehen fordert die personelle Identifikation mit der Besetzung der Macht-, Prozess- und Fachpromotoren ein. Die Machtpromotion in der Schule wird auch für die Implementation digitaler Medien der Schulleitung zugeschrieben. Eine weitere Stütze sind die Prozesspromotoren. Diese zeichnen sich nach Hunneshagen (2005) dadurch aus, dass sie die Beziehung zwischen Fach- und Machtpromotoren stützen und die Ablauforganisation der Innovation festlegen. In der vorliegenden Arbeit wird der Ansatz gewählt, diese Rolle sogenannten *Inno-*

vationslehrpersonen zuzuschreiben, da diese die untersuchten Innovationen maßgeblich gestalten. Fachpromotoren wiederum verfügen über die fachlichen Kenntnisse, eine Innovation voranzutreiben. Für den Bereich der digitalen Medien könnte diese Funktion nach Hunneshagen durch Informatiklehrpersonen oder IT-Kräfte besetzt sein. In dieser Arbeit werden auch die IT-/Medienbeauftragten der Schule als Fachpromotoren aufgefasst, falls sie über besonderes technisches und nach Möglichkeit auch didaktisches Wissen zur Integration digitaler Medien in Lehr- und Lernkontexte verfügen. Insgesamt schließt sich Hunneshagen Witte (1973) an und bestätigt, dass Innovationsprozesse mit Promotionsstrukturen einen höheren Innovationsgrad erreichen als solche, in denen die Promotion der Innovation nicht von Fach-, Prozess- und Machtpromotoren getragen wird. Da dieser Ansatz begründet erscheint, wird er in dieser Arbeit übernommen und als ein theoriegeleiteter Indikator für die Nachhaltigkeit der untersuchten Innovationsprozesse gewählt (vgl. Abschnitt 4.3).

2.1.2   Phasenorientierte Prozessmodelle der Schulentwicklung

In der dieser Arbeit zugrunde liegenden Untersuchung wird die Entwicklung von Schulen in Bezug auf die Implementation digitaler Medien wissenschaftlich begleitet. Als Gestaltungseinheit werden Schulen betrachtet, deren Entwicklung auf der Basis von Fallstudien unter Einbeziehung qualitativer und quantitativer Verfahren analysiert wird. Der Ansatz, Einzelschulen zu betrachten, wird im folgenden Abschnitt zunächst auf der Grundlage von Theorien der Schulentwicklungsforschung dargelegt. Um Schulentwicklungsprozesse erfassen und beschreiben zu können, werden nachfolgend phasenorientierte Prozessmodelle skizziert, die dann im Abschnitt 2.3.5 auf die Schulentwicklung mit digitalen Medien übertragen werden.

Rolff (2007) unterscheidet drei Anspruchsebenen von systematischer Schulentwicklung:

- die intentionale,
- die institutionelle und
- die komplexe Schulentwicklung.

Die intentionale Schulentwicklung bezieht sich auf die zielbewusste Weiterentwicklung von Teilbereichen einer Schule. Die institutionelle Schulentwicklung bezieht in einem umfassenderen Verständnis die Entwicklung der Einzelschule als Gestaltungseinheit ein (Dalin, Rolff & Buchen, 1995). Die komplexe Schulentwicklung, die Rolff (2007) neu hinzunimmt, bezieht sich auf die gleichzeitige Entwicklung von Einzelschulen und die Entwicklung des gesamten Schulsystems, vor allem der Systemsteuerung. Dass die Einzelschule als Handlungseinheit für die Qualitätsentwicklung im Bildungswesen aufgefasst wird, unterstreichen Klieme, Baumert und Schwippert (2000), indem sie diesen Ansatz als *Fundamentalsatz* der Schulentwicklungsforschung bezeichnen. Dabei geht dieses Verständnis auf Fend (1986) zurück, der seine Hinwendung zur Einzelschule auf Befunde von Studien aus den 1970er Jahren gründet. Die Fokussierung auf Einzelschule als Gestaltungseinheit wird von Klieme und Steinert (2008) für denselben Zeitraum auch für angelsächsische Länder angegeben.

Von diesem Ansatz ausgehend, dass Einzelschulen die Gestaltungseinheit schulischer Veränderungen sind, können schulische Innovationen in Phasen abgebildet werden. Zur Beschreibung dieser Phasen dienen phasenorientierte Prozessmodelle (vgl. auch Hall, 1979; Huberman & Miles, 1984). In der nationalen und internationalen Literatur gibt es verschiedene prozessorientierte Phasenmodelle, die drei bzw. vier Phasen identifizieren: Nach Fullan (2007) beispielsweise erfolgt die Umsetzung einer Innovation in schulischen Kontexten in drei nicht-linearen Phasen: (a) *„initiation"*, (b) *„implementation"* und (c) *„continuation, routinization"* oder *„institutionalization"* (ebd., S. 87ff.). Für den zeitlichen Rahmen setzt Fullan je nach Schulform und Art der Veränderung drei bis fünf Jahre an. Dabei fällt die nachhaltige Implementation in die dritte und trotz des nicht-linearen Verlaufs immer letzte Phase. Im Rahmen des Konzeptes der Institutionellen Schulentwicklungsprozesse (ISP) stellen Dalin, Rolff und Buchen (1995) den Schulentwicklungsprozess als spiralische Abfolge mit drei Runden vor, wobei die letzte Runde in die Institutionalisierung der Innovation mündet. In dieser Phase werden die mit der Veränderung angestrebten Ziele generalisiert und institutionalisiert. Erst nach dem Durchlaufen dieser Phase ist die Innovation in vollem Ausmaß nachhaltig implementiert (vgl. auch Giaquinta, 1973). Das Ergebnis des Entwicklungsprozesses ist von den Zielen der Innovation abhängig und wird generell als Stand der Schulentwicklung zu den gegebenen Kriterien verortet (Fullan, 2007). Damit kann die nachhaltige Verankerung einer Innovation in einer Schule auch als Erreichen der letzten Phase des Prozesses aufgefasst werden:

> Continuation, or institutionalization, is an extension of the implementation phase in that the new program is sustained beyond the first year or two (or whatever time frame is chosen). (Fullan, 2007, S. 66)

Eine Innovation ist also erst dann nachhaltig implementiert, wenn sie institutionalisiert ist (vgl. auch Büchter, Dalmer & Schulz-Zander, 2002, S. 195; Billig, Sherry & Havelock, 2005, S. 987).

2.1.3 Modelle zur Schul- und Unterrichtsqualität

Schulentwicklungsprozesse dienen im Kern der Verbesserung der Schul- und Unterrichtsqualität. Dieser Anspruch wird auch mit der Einführung und Nutzung digitaler Medien in Schulen und im Unterricht verbunden. Zur Beschreibung und Erfassung des vielschichtigen Konstrukts der Schulqualität dienen verschiedene Modelle, die Einzelaspekte auf verschiedenen Ebenen und deren Interdependenz schematisch zu erfassen suchen. Anlass für die Formulierung von Modellen sind vielfach die Veranschaulichung von Zusammenhängen und Analyse empirischer Studien und Daten (u.a. Ditton, 2000; Bos et al., 2003; Baumert, Stanat & Watermann, 2006), Evaluationen (Stufflebeam, 1972) oder solche zur Erfassung von Schuleffektivität (Scheerens, 2000, Seidel & Shavelson, 2007). Die Modelle umfassen Merkmale von Bedingungen, Prozessen und Ergebnissen. Das theoretische Grundmodell von Schulqualität unterscheidet in allen Ansätzen drei Ebenen: Die drei in allen Modellen gemeinsamen Ebenen sind die Input-, die Prozess- und die Ergebnis- bzw. Produktebene. Dabei stellen die Modelle die Produktionsfunktion des Schulwesens heraus, *„d.h. sie behandeln den Beitrag des Schulbesuchs zur Transformation von Eingangsbedingungen in erzielte Ergebnisse"* (Ditton, 2000, S. 77). In allen Modellen wirken die unterschiedlichen Ebenen zumindest in einzelnen Komponenten zusammen. Für Ditton ist ein gelingendes Zusammenwirken auf diesen Ebenen und eine ausreichende Handlungsabstimmung zwischen den Akteuren die grundlegende Erfolgsbedingung (Ditton, 2000, S. 73). Die vorliegende Arbeit greift auf das Modell von Ditton (2000) zurück, das, wie die vorgenannten Modelle, Schule als ein Mehrebensystem beschreibt und auf die Prozessidee referiert. Ditton hat sein integriertes Modell von Schul- und Unterrichtsqualität zumindest in Teilen auf der Basis von Forschungsergebnissen entwickelt.

Die Faktoren auf der Inputebene sind nach Ditton idealtypisch nicht von der Einzelschule beeinflussbar und umfassen die Eingangsbedingungen (ebd., S. 76). Dazu gehören finanzielle, materielle und personelle Ressourcen, aber auch die strukturellen Bedingungen des Schulwesens (ebd., S. 77). Rosenbusch (2005) nennt diese Faktoren *„Bedingungen [...] unter denen das System Schule operiert"* (ebd., S. 7f.) und ergänzt die *ideellen* Bedingungen. Unter ideellen Bedingungen fasst er das Ansehen der Schule in der Öffentlichkeit, Erwartungen an die Schule, die Darstellung in den Medien, die Bildungsorientierung der Eltern, die Aufgeschlossenheit des Schulträgers und die Geschichte und Tradition der Schule. Ditton ergänzt Faktoren, die das sogenannte *„intendierte Curriculum"* abbilden (ebd., S. 79), welches Intentionen wie Bildungsziele und Lehrpläne sowie Einstellungen und (angestrebte) Leistungen umfasst. Hier finden sich erneut Analogien zu Rosenbuschs *„inhaltlichen"* Bedingungen, die er auch *„Systemaufgaben"* nennt. Auch für Rosenbusch sind alle vorgenannten Bedingungen nicht unmittelbar von der Schule selbst bestimmbar, sie sind *„Momentaufnahmen"*, die vorgefunden werden (Rosenbusch, 2005, S. 8).

Die zweite Ebene betrifft sämtliche Prozessfaktoren, die Ditton in Unterrichts- und Schulqualitätsaspekte aufteilt. Diese Ebene macht die pädagogische Ausgestaltung der Einzelschule aus: Die Schule hat auf der Prozessebene die Möglichkeit, die Prozessfaktoren zu beeinflussen. Schulische Merkmale und Prozesse sind in der Schulkultur, dem Schulmanagement, den Kooperationen und Koordinationen sowie der Personalentwicklung zu verorten. Die Unterrichtsqualität umfasst die Adäquatheit der Lerninhalte und -materialien sowie die Qualität des Lehrens und Lernens. Damit nutzt Ditton den QuAIT-Ansatz von Slawin (1996), der ursprünglich vier Faktoren (Qualität des Unterrichts, Motivierung, Angemessenheit und Unterrichtszeit) umfasst (vgl. Ditton, S. 81f.).

Die dritte Ebene, die Ergebnisebene, bezieht sich auf die Ergebnisqualität als Output und damit auf die Individualebene. Sie umfasst – auch in anderen Modellen – Output und Outcome der Schülerinnen und Schüler hinsichtlich fachlicher und überfachlicher Kompetenzen als das *„erreichte Curriculum"*, aber auch Einstellungen (ebd., S. 77). *Output* steht dabei für die kurzfristigen Wirkungen wie die Erreichung von Bildungszielen in Form von Leistungen und Einstellungen. Der Begriff *Outcome* repräsentiert die langfristigen Wirkungen wie beruflichen Erfolg und gesellschaftlich-soziale Teilhabe. Abschließend ist zu ergänzen, dass das Modell von Ditton, *„einen konzeptionellen Rahmen, primär für Forschungszwecke"* bildet und *„keinen Anspruch auf Vollständigkeit"* erhebt (ebd., S. 78).

2.1.4   Bedingungsfaktoren der Implementation schulischer Innovationen

Ein Charakteristikum schulischer Veränderungen mit dem Ziel der Verbesserung der Schul- und Unterrichtsqualität oder aber auch der Schuleffektivität ist, dass ihre Umsetzung von Bedingungsfaktoren gehemmt oder aber auch befördert werden kann. In der Innovationsforschung (Rogers, 2003) geht man davon aus, dass eine Innovation umso sicherer und schneller angenommen und verbreitet wird, je mehr Diffusionsfaktoren erfüllt sind. Die fünf wichtigsten Faktoren für die Verbreitung einer Innovation innerhalb eines sozialen Systems sind in diesem Ansatz: das Ausmaß des Vorteils für die Betroffenen (*„relative advantage"*), das Ausmaß, in dem die Innovation sich an bestehende Werte, Erfahrungen und Bedürfnisse anbinden lässt (*„compatibiltity"*), eine überschaubare Komplexität (*„complexibility"*), die Möglichkeiten zur Erprobung (*„trialability"*) und der Grad der Beobachtbarkeit des Nutzens der Innovationen (*„observability"*).

Fullan (2001) identifiziert für die langfristige und nachhaltige Implementierung von Innovationen in Schulen Einflussfaktoren, die er in drei Gruppen klassifiziert: Zum einen sind dies die Faktoren, die im Zusammenhang mit den *„characteristics of the change"* stehen, dann die *„local characteristics"* und als Drittes die *„external factors"* (vgl. auch Fullan, 2007, S. 87ff.). Zur ersten Gruppe gehören folgende Faktoren: das Bedürfnis der Schule zu innovieren, die Passung zwischen der Schule und der Innovation, die Klarheit und Transparenz der Ziele, die mit der Innovation verbunden sind, die Komplexität der Innovation aus der Sicht der Akteure und die Qualität und Praktikabilität der Innovation. Rogers (2003) ergänzt diese Faktorengruppe um die Aspekte der wahrgenommenen Vorteile der Innovation, die Beobachtbarkeit von Ergebnissen und dem Grad der Erprobbarkeit und Aussagefähigkeit der Innovation. Zur Gruppe der *„local characteristics"* zählt Fullan (2001) vier Aspekte. Zunächst die Faktoren auf der Ebene der *„community"*, zusammengesetzt aus Eltern, Schulgremien und der Schulbehörde, zudem die Einflussfaktoren auf der Ebene des *„school district"*. Übertragen auf deutsche Verhältnisse sind dies die Schulträger und die Schulaufsicht. Der dritte Aspekt umfasst die Schulleitung und als Viertes sind die Lehrpersonen – sowohl als Individuen als auch als Lehrerkollegium aufgefasst – zu nennen. Die dritte Gruppe, die der *„external factors"*, generiert Fullan aus einer Untersuchung von Light (1998), die sich auf eine Studie in 26 öffentlichen Organisationen bezieht, davon lediglich drei Schulen. Die Determinanten für die nachhaltige Implementierung von Innovationen sind demzufolge das Auftreten von Turbulenzen, das Eintreten von Schocksituationen (z.B. aufgrund von Budgetkrisen, Resignation der Beteiligten, Veränderungen der politischen Rahmenbedingungen), dann der Grad der Erwünschtheit der Innovationen im Umfeld der Organisation, die Zusammenarbeit mit anderen Organisationen und die Verfügbarkeit und Bereitstellung von Ressourcen. Altrichter und Posch (1996) weisen darauf hin, dass *wie* Schulentwicklungsprozesse zu nachhaltigen Veränderungen führen, nicht nur von der Qualität der Innovation abhängt sondern auch von mikropolitischen Prozessen wie dem Zusammenspiel der Mitglieder der Organisation, deren Handlungsspielräumen, Parteienbildung, Machtkämpfen und interessenbezogenem Handeln.

Alle genannten Einflussfaktoren beziehen sich jedoch auf allgemeine schulische Veränderungsprozesse bzw. auf Innovationsprozesse in anderen öffentlichen Institutionen. Forschungsbefunde, die sich auf die Implementation digitaler Medien beziehen, finden sich in Abschnitt 2.4.

2.2   Implementation digitaler Medien als schulische Innovation

Vergegenwärtigt man sich in einem historischen Rückblick die Entwicklungsschübe, in denen Informationstechnologien Eingang in den schulischen Bildungsbereich gefunden haben, kann man periodische Entwicklungen ausmachen (vgl. u.a. Lang & Schulz-Zander, 1994; Schulz-Zander, 2001; Eickelmann & Schulz-Zander, 2006; Hense & Mandl, 2006):

Ende der 1960er Jahre findet die Informatik Eingang in verschiedene Bildungsbereiche (Arlt, 1978). Bis in die 1970er Jahre hinein war die Bildungstechnologie stark vom behavioristischen Paradigma geprägt. In den 1960er und 1970er Jahre fanden zahlreiche Versuche zum computergestützten Unterricht (CUU) statt: Es wurden Sprachlabore und erste Selbstlernzentren auf der Basis von Minicomputern eingerichtet. In den 1970er Jahren ist der Computer als Medium im Fachunterricht in Form des computergestützten Unterrichts – eher vereinzelt und wenig erfolgreich – eingesetzt worden. In der zweiten Hälfte der 1970er Jahre fanden informatische Inhalte als Unterrichtsgegenstand in Form eines eigenständigen Fachs, dem Informatikunterricht, Eingang in die Sekundarstufe II; zunächst als Oberstufenfach im Grundkurs, später auch als Abiturfach. Mit der Einführung des PCs Anfang der 1980er Jahre wurde mit dem ‚Computer Based Training' ein neuer Begriff geschaffen, der in erster Linie auf Computeranwendungen in der beruflichen Bildung bezieht. Aufgrund fehlender IT-Ausstattungen der Schulen konnte es sich nicht für schulisches Lernen etablieren. Nach einer breiten öffentlichen Diskussion wurde Anfang der 1980er Jahre ein bildungspolitischer Konsens darüber erzielt, dass Schulen der wachsenden Bedeutung der Informations- und Kommunikationstechnologien in nahezu allen gesellschaftlichen Bereichen Rechnung tragen sollen (Hendricks & Schulz-Zander, 2000). Im Jahr 1984 verabschiedete die Bund-Länder-Kommission für Bildungsplanung und Forschungsförderung (BLK) eine erste Rahmenempfehlung für die Bundesländer. Nach dieser sollte die Integration einer noch zu konzipierenden ‚informationstechnischen Grundbildung' mit Anbindung an die bestehenden Fächer implementiert werden. Nachfolgende Modellversuche mündeten in ein im Jahr 1987 veröffentlichtes ‚Gesamtkonzept für die informationstechnische Bildung', das neben einer verpflichtenden Grundbildung für alle Schülerinnen und Schüler, eine vertiefende informationstechnische Bildung (Informatikunterricht) und eine berufsbezogene informationstechnische Bildung vorsah (BLK, 1987). Ende der 1980er Jahre erfolgte schließlich die verpflichtende Einführung einer informationstechnischen Grundbildung (ITG) in der Sekundarstufe I, um Grundlagenwissen zur kompetenten und verantwortungsbewussten Nutzung von Informationstechnologien als Werkzeug zu vermitteln. Dabei ist die erzielte Breitenwirkung, nämlich in allen Schulen die Grundbildung verpflichtend einzuführen, nicht realisiert worden (Schulz-Zander, 2001). Im Jahr 1994 bilanzieren Lang und Schulz-Zander, dass die informationstechnische Grundbildung in den alten Bundesländern verpflichtet eingeführt wurde, aber eine *„Kluft"* zwischen den Maßnahmen zur generellen Einführung und der praktischen Durchführung an Schulen bestünde (Lang & Schulz-Zander, 1994, S. 350). Seit Mitte der 1990er Jahre erhielten die Schulen im Rahmen der Initiative ‚Schulen ans Netz' Zugang zum Internet, um Computer und Internet als (instrumentale) Medien in Lehr- und Lernprozessen fächerintegrativ zu nutzen. Die 1995 gestartete Initiative hat maßgeblich dazu beigetragen, dass in vielen Schulen, aber auch in der Öffentlichkeit, ein Bewusstsein für die Bedeutung des Lernens mit neuen Technologien entstanden ist (ebd.). Seither werden neben multimedialen Anwendungen in den letzten Jahren Online-Anwendungen, mobiles Lernen und Lernen mit integrierten Lernsystemen, das sind Kombinationen aus traditionellen und digitalen Medien, entwickelt und erprobt. Auch für den schulischen Bereich gilt, dass webbasiertes E-Learning, mobiles Lernen und die Nutzung von Web-2.0-Technologien als Innovationsschübe Einzug in Lehr-/Lernprozesse gehalten haben. Ihre Verbreitung, Nutzungsmuster und Wirkungen sind national bisher – abgesehen vom Lernen mit Notebooks – kaum erfasst. Cox (2008) spricht in diesem Zusammenhang von einer *„explosion of IT tools and ressources"* in den letzten Jahren (ebd., S. 965), die die Erforschung des Einflusses der Nutzung digitaler Medien auf das Lehren und Lernen erschwert (ebd., S. 977). Zusammenfassend gilt, dass jede der vorgenannten Innovationen in der Folge vorausgegangener Innovationen steht. Alle Innovationsschübe weisen durchaus ähnliche Problemfelder, wie etwa die IT-Ausstattung und -Betreuung, die curriculare Entwicklung und die Qualifizierung der Lehrpersonen, auf (vgl. Abschnitt 2.4).

2.2.1 Die Ausgangslage: Computerausstattung und -nutzung

Im Vorfeld der hier ausgeführten Untersuchung hat das Ausstattungsargument in der Diskussion um die Implementation pädagogischer Innovationen unter Nutzung digitaler Medien an Bedeutung verloren. Andere Implikationen wie didaktische Konzepte, Lehrereinstellungen, Lehreraus- und -fortbildung sowie Schul- und vor allem Unterrichtsentwicklungsprozesse sind in den Vordergrund gerückt. Die Analysen nationaler und internationaler Studien zeigen einen Handlungsbedarf für Deutschland hinsichtlich der IT-Ausstattung und Nutzung digitaler Medien auf.

IT-Ausstattung

Um Aussagen über den Einsatz digitaler Medien im Unterricht und deren Implementation in Schulen treffen zu können, soll zunächst die Frage nach der Verfügbarkeit und damit nach der IT-Ausstattung der Schulen dargestellt werden.

Seit Ende der 1990er Jahre hat sich der IT-Ausstattungsgrad an deutschen Schulen erheblich verbessert. Die IFS-Evaluationsstudie zur Initiative ,Schulen ans Netz' ermittelte 1998 durch eine Computerkoordinatorenbefragung in mehr als 5000 Schulen eine Schüler-Computer-Relation von 36:1 (Weinreich & Schulz-Zander, 2000). Im Vergleich zu anderen westlichen Industrienationen war aber der Ausstattungsgrad deutscher Schulen vergleichsweise gering. Im selben Jahr lag die Schüler-Computer-Relation in Kanada bei 9:1 und bei 12:1 in Dänemark. In Großbritannien lag die Relation für Grundschulen bei 18:1 und in den Sekundarstufen bei 9:1, in den USA lag sie bei 8:1 in den Grundschulen und bei 9:1 in den Sekundarstufenschulen (Pelgrum & Anderson, 1999; Schulz-Zander, 2004). PISA 2000 hat ebenfalls die IT-Ausstattung an Schulen im Rahmen einer Schulleiterbefragung erhoben und für Deutschland erhebliche Differenzen zwischen Haupt- bzw. Realschulen (13:1 bzw. 14:1) und Gymnasien (24:1) zuungunsten der Gymnasien festgestellt (Weiß & Steinert, 2001). Zudem wurde ein Zusammenhang zwischen dem Ausstattungsgrad und der Schulgröße und dem regionalen Standort festgestellt: Kleine Schulen und Schulen der alten Bundesländer sind besser ausgestattet. Bis zum Jahr 2001 zeigte sich bereits eine Verdopplung des Verhältnisses aus dem Jahr 1998 von 36:1 auf 18:1 und damit eine deutliche Verbesserung der durchschnittlichen IT-Ausstattung an Schulen (BMBF, 2003). Die von 2001 bis 2006 jährlich erhobene bundesweite IT-Bestandsaufnahme an allgemeinbildenden und berufsbildenden Schulen des BMBF weist auf die Gesamtmenge aller Schulen bezogen bis zum Jahr 2003 einen weiteren Anstieg auf 13:1 Schüler pro Computer aus (BMBF, 2003). Eine Differenzierung nach Schulformen zeigt besonders für Grundschulen in diesem Jahr ein stark verbessertes Verhältnis: Während für stationäre Computer in Grundschulen 2001 die Schüler-Computer-Relation noch bei 31:1 lag, veränderte sie sich bis 2003 auf 16:1. Die IEA-Studie PIRLS (Progress in International Reading Literacy Study; Lankes, Plaßmeier, Bos & Schwippert, 2004) ermittelte in 2003 für die deutschen Schülerinnen und Schüler der vierten Klasse eine Quote von 11:1 und für Viertklässler in verschiedenen europäischen Ländern deutlich bessere Computerausstattungen, wie etwa für England und die Niederlande (4:1) und für Schweden (5,5:1). Für die Sekundarstufen verbesserte sich diese Kennziffer auf ein Schüler-Computer-Verhältnis von 13:1 (BMBF, 2003).

Die Internetanbindung der Schule verbesserte sich von 2001 bis 2003 ebenfalls deutlich und die Anzahl der mit dem Internet verbundenen Computer stieg in allen Schulformen stark an. In den Grundschulen war ein Anstieg von 10 Prozent aller Computer mit Zugang zum Internet in 2001 auf 42 Prozent in 2003 zu verzeichnen. In den Sekundarstufen stieg der Anteil der mit dem Internet verbundenen Computer von 2001 bis 2003 sogar um 45 Prozent auf 70 Prozent an. Konkret gab es also pro Schule in 2003 durchschnittlich fünf an das Internet angebundene Rechner in deutschen Grundschulen und durchschnittlich 21 vernetzte Computer pro Sekundarstufenschule.

Im Jahr 2004 haben die deutschen Schulen schließlich das von der Europäischen Kommission im Rahmen des Aktionsplans ‚E-learning' gesetzte Ziel von einem Schüler-Computer-Verhältnis von 15:1 erreicht oder sogar unterschritten (BMBF, 2005). Seitdem wurde die IT-Ausstattung der Schulen erneut kontinuierlich verbessert und Ausstattungskonzepte wie z.b. die Einführung von Notebook-Klassen wurden systematisch geplant und wissenschaftlich begleitet (vgl. u.a. Schaumburg & Issing, 2002; Häuptle, 2006; Reinmann & Häuptle, 2006; Schaumburg et al., 2007). Von 2001 bis 2005 hat sich die Zahl der Computer an deutschen Schulen erneut verdoppelt (BMBF, 2005). In 2006 – und damit zum Zeitpunkt der im empirischen Teil dieser Arbeit beschriebenen Erhebung – lag das durchschnittliche Schüler-Computer-Verhältnis in Schulen der Sekundarstufen I und II bei 11:1 und in Grundschulen bei 12: 1. 69 Prozent der Computer an allgemeinbildenden Schulen waren an das Internet angeschlossen (BMBF, 2007). In dieser Kennziffer sind die Grundschulen enthalten, in denen nur jeder zweite Rechner mit dem Internet vernetzt war.

Einerseits sagt der Ausstattungsschlüssel nichts über die didaktische Einbindung. Andererseits wird aber bei der Betrachtung der Zahlen und Verhältnisangaben deutlich, dass Deutschland im internationalen Vergleich Rückstände nicht aufholen konnte. Ob das Erreichen und Unterschreiten des genannten EU-weiten Ausstattungsschlüssels oder einer anderen Kennziffer ausreicht, ist zu hinterfragen: Aus der internationalen Benchmarking-Studie ‚IT in Schulregionen' (2001-2002, gefördert von der Bertelsmann Stiftung und der Heinz Nixdorf Stiftung) resultiert die Empfehlung eines Schüler-Computer-Verhältnisses von mindestens 6:1. Erst dieses Ausstattungsmaß ermöglicht danach eine Integration der Neuen Medien in den täglichen Unterricht, sodass die Potenziale der IKT im Unterricht genutzt werden können (Wiggenborn & Vorndran, 2003). Im Gegensatz zu Deutschland haben Länder, mit denen Deutschland in internationalen Studien ausdrücklich den Vergleich sucht, wie z.b. Staaten der Vergleichsgruppen der IGLU (Internationale Grundschul-Leseuntersuchung, vgl. dazu Bos et al., 2007; Hornberg, Faust, Holtappels, Lankes & Schulz-Zander, 2007) den vorgenannten Ausstattungsschlüssel erreicht oder sogar in den letzten Jahren deutlich unterschritten. Der Anteil der deutschen Grundschulkinder, der in der Schule einen Computer nutzen kann, ist von 2001 bis 2006 um 24 Prozentpunkte auf 85 Prozent gestiegen. Im Vergleich zu anderen westeuropäischen Staaten rangiert Deutschland damit auf dem viertletzten Platz. Die Mehrzahl der OECD-Staaten berichtet, dass fast alle Kinder (> 95%) auf einen Computer in ihrer Grundschule zugreifen können (Hornberg et al., 2007, S. 55f). Deutlich wird die noch immer rückständige IT-Ausstattungssituation deutscher Grundschulen in der IGLU-

2006-Berichterstattung: Nur knapp 40 Prozent der Schulen weisen ein Computer-Schüler-Verhältnis von 1:5 oder besser auf. In Staaten wie England, Island, Kanada (Alberta, Britisch Kolumbien und Ontario) sind dies mehr als 90 Prozent der Schulen und im OECD-Durchschnitt ziemlich genau 70 Prozent. Fast 40 Prozent der deutschen Grundschulen verfügen über eine Ausstattung, die für fünf bis zehn Grundschulkinder jeweils einen Computer vorhält. Die IT-Ausstattung mit flexibel nutzbaren Computern in Klassenräumen und mit Internetanschluss ist ebenfalls vergleichsweise gering. Die in IGLU 2006 gefundenen Ausstattungskennziffern für Deutschland werden für Grundschulen durch eine Studie der Europäischen Kommission im gleichen Erhebungsjahr bestätigt (Europäische Kommission, 2006a, 2006b). Insgesamt ermittelt die Europäische Kommission (2006a), dass Dänemark (Computer-Schüler-Verhältnis: 27:100), Norwegen (24:100), die Niederlande (21:100), Großbritannien und Luxemburg (je 20:100) am besten ausgestattet sind. In diesen Staaten ist die IT-Ausstattung von Einzelschulen deutlich umfangreicher als an Schulen in Deutschland, wo nur zehn Prozent der Schulen über mehr als 20 Computer pro 100 Schüler verfügen. Europaweit stehen 100 Schülern durchschnittlich zehn Computer mit Internetanbindung zur Verfügung, in Deutschland sind es lediglich acht, in Dänemark jedoch 26.

Die Ausstattungszahlen mit mobilen und stationären Geräten geben keine Hinweise über die Güte der Ausstattung unter dem Blickwinkel der unterrichtlichen Verwendung oder gar einer Veränderung der Lernkultur. Hingegen zeigt sich, dass die Qualität der Ausstattung und die ausgewiesene Verknüpfung zu pädagogischen Zielsetzungen eine Veränderung der Lernkultur bewirken *kann*, ohne konzeptionelle Verankerung und Einbettung in die Schulkultur aber nicht *muss* (Schulz-Zander & Riegas-Staackmann, 2004; Müller, Blömeke & Eichler, 2006; Schaumburg, Tschackert, Prasse & Blömeke, 2007; Voogt, 2008).

Nutzung digitaler Medien in Schulen

In den letzten Jahren wurden national und international vielfältige Anstrengungen unternommen, die Nutzung digitaler Medien im Schulunterricht zu intensivieren. Die Akzentuierung ist durchaus unterschiedlich und variiert zwischen *‚learn to use ICT'* und *‚use ICT to teach and learn'* (vgl. u.a. Petko, 2006). Für die unterrichtliche Nutzung gibt es unterschiedliche Begründungszusammenhänge, wie etwa den Lebensweltbezug, die Vermittlung von Medienkompetenz, die Verbesserung fachlicher und überfachlicher Kompetenzen, Schaffung von Chancengleichheit, interessantere und motivierendere Unterrichtsgestaltung und die Vorbereitung auf die Berufswelt (vgl. u.a. KMK, 1997; Petko, 2006; Voogt, 2008; Plomp, Anderson, Law & Quale, 2009). Internationale Vergleichsstudien, wie die PISA-Studien oder PIRLS, belegen, dass die Nutzung digitaler Medien im Laufe der letzten Jahre gestiegen ist. Die Nutzungszahlen für Deutschland sind im internationalen Vergleich jedoch bescheiden (s.u.). Die Europäische Kommission (2006b) ermittelt für das Jahr 2006, dass 78 Prozent der Lehrpersonen in Deutschland digitale

Medien im Unterricht nutzen. Die Nutzungszahlen zwischen städtischen und ländlichen Gebieten, über die Schultypen und -stufen hinweg, sind demnach nur gering. Der Mehrzahl der Lehrerinnen und Lehrer nutzen diese Medien allerdings in weniger als zehn Prozent ihrer Unterrichtsstunden. Nur sechs Prozent geben an, dass sie digitale Medien mindestens in der Hälfte ihrer Unterrichtsstunden verwenden. 22 Prozent der Lehrpersonen nutzen Computer überhaupt nicht. Die KIM-Studie 2008 (MPFS, 2009) untersuchte erstmals in der Serie der KIM-Studien nicht nur ob, sondern auch mit welcher Nutzungsintensität digitale Medien Eingang in den schulischen Alltag der 6- bis 13-Jährigen finden. Dabei hat die Schule als Nutzungsort nicht die erste Priorität. Die Nutzung des Computers findet dabei zum größten Teil zu Hause statt. 85 Prozent der Mädchen und 90 Prozent der Jungen nutzen mindestens einmal wöchentlich Computer im häuslichen Umfeld. In der Schule oder bei Freunden liegt der entsprechende Prozentsatz nur bei 38 Prozent. Insgesamt 41 Prozent nutzen den Computer überhaupt in der Schule. Dies ist ein Anstieg um fünf Prozent im Vergleich zur Studie aus dem Jahr 2006. Vor allem die Grundschulkinder (bis Klasse 4) nutzen digitale Medien eher selten. Mit dem zehnten Lebensjahr nimmt die Computernutzung *„sprunghaft"* zu (ebd., S. 36). Der Einsatz im Fach Mathematik spielt besonders für die Schulanfänger eine Rolle, bei den Fremdsprachen und Naturwissenschaften erfolgt die Nutzung erst mit dem Übergang auf die weiterführende Schule (MPFS, 2009). Im Deutschunterricht geht der Computereinsatz nach der Grundschule von 54 auf 40 Prozent *(„zumindest selten")* deutlich zurück. Während von Beginn an Lernprogramme zum Einsatz kommen, steigen die Nutzung des Internets, das Schreiben von Texten und das Erlernen des Umgangs mit Standard-Software aus Office-Paketen erst nach der Grundschulzeit an. Die Nutzungszahlen, die das BMBF im Jahr 2006 ermittelt hat (BMBF, 2007), liegen deutlich höher als die Angaben der KIM-Studie. Demnach nutzen bereits im Jahr 2006 mehr als 90 Prozent der Grundschulkinder häufig oder gelegentlich Computer im Deutsch-, Mathematik- und Sachunterricht und mehr als ein Drittel in fremdsprachlichen Fächern. Ein Rückgang für das Fach Deutsch wird beim Übergang in die Sekundarstufe ebenfalls ermittelt: von 93 Prozent in der Grundschule auf 87 Prozent in der Sekundarstufe. Die Unterschiede könnten auf die Datenquellen zurückzuführen sein: Die Daten des BMBF sind Daten, die die Schulen zur Verfügung gestellt haben. Die Daten der KIM-Studien gehen auf die Aussagen der Kinder und ihrer Eltern zurück.

Obwohl in PISA 2006 ein Anstieg der regelmäßigen Computernutzung nach Aussagen der Schüler auf 31 Prozent zu verzeichnen ist, ist Deutschland erneut das OECD-Land, das den Computer am seltensten im Unterricht einsetzt. Dieser Wert liegt deutlich unter dem OECD-Durchschnitt von 56 Prozent (Senkbeil & Wittwer, 2007). Die Zuwachsrate um acht Prozent in drei Jahren – der Wert aus 2003 wird in den PISA-2006-Veröffentlichungen bereinigt mit 23 Prozent angegeben – ist vergleichsweise niedrig. Das schlägt sich zum einen im noch größeren Abstand zum OECD-Mittel in 2006 nieder, aber auch im Vergleich zu Nachbarstaaten wie Österreich und der Schweiz hat sich die Differenz ebenfalls nochmals vergrößert. Bemerkenswert ist weiterhin, dass Länder wie Belgien, Irland und Japan, die in 2003 ebenfalls stark unterdurchschnittlich abschnitten, es innerhalb des betrachteten Zeitraums von drei Jahren geschafft haben, die regelmäßige schulische Computernutzung fast zu verdoppeln. Senkbeil und Wittwer (2007) berichten weiterhin, dass es deutliche Differenzen der schulischen Computernutzung zwischen den einzelnen Schulformen gibt. Während Realschulen und Integrierte Gesamtschulen mit 31 Prozent im deutschen Durchschnitt liegen, berichten nur 15 Prozent der Gymnasiasten über eine regelmäßige, d.h. mehrmals wöchentliche Computernutzung. Schulen mit mehreren Bildungsgängen (41 %) und Hauptschulen (39 %) nutzen demnach digitale Medien am häufigsten. Die Schulen mit mehreren Bildungsgängen weisen mit 15 Prozent den stärksten Zuwachs seit 2003 auf. Der Anteil der schulischen Computernutzung in PISA 2003 variiert über die Bundesländer erheblich.[4] Die Werte aus Bayern (34 %) und Brandenburg (31 %) sind mit denen Finnlands (35 %) und Kanadas (39 %) vergleichbar, aber weit unter denen anderer Staaten (Dänemark 65 %; Australien 58 %). In Thüringen, Sachsen-Anhalt und Rheinland-Pfalz finden sich die geringsten Werte, die die 20-Prozent-Marke deutlich unterschreiten.

In der für diese Arbeit Rahmen gebenden DFG-Studie wurde ermittelt, dass drei Viertel der befragten Lehrpersonen den Computer und das Internet in ihrem Unterricht einsetzen (vgl. auch Eickelmann & Schulz-Zander, 2008). Dieser Nutzungsanteil entspricht dem für Deutschland im selben Jahr durch die Europäische Kommission (2006a) repräsentativ erhobenen Wert. In Bezug auf die Form des Computereinsatzes bilden die Schulen ein breites Spektrum ab: Sowohl stationäre Computer in Medienecken und Computerräumen als auch mobile Endgeräte wie Handhelds, schülereigene und schuleigene Notebooks sowie Notebook-Wagen kommen zum Einsatz. Fast alle Nutzer unter den Lehrpersonen berichten, dass sie digitale Medien zur Informationsrecherche über das Internet nutzen, nur wenige nutzen lokale Datenträger. Der produktorientierte Einsatz der Medien bezieht sich vor allem auf das Schreiben von Texten, bei mehr als der Hälfte der Nutzer auch auf das Gestalten multimedialer Produkte, aber auch auf die Präsentation von Ergebnissen und Referaten. Fast die Hälfte der Lehrpersonen verwendet mindestens einmal wöchentlich Lern- und Übungssoftware, knapp ein Viertel digitale Lernspiele und deutlich weniger – jeder Zehnte – digitale Lexika und Wörterbücher. Etwa ein Drittel nutzt digitale Medien zur Unterstützung von Kooperationsprozessen zwischen Lernern, mit Eltern oder zwischen Lehrern und Externen. Zur Beratung von Schülerinnen und Schülern (11 %) und zur Unterstützung der Klassenführung (8 %) werden digitale Medien in der Stichprobe der DFG-Studie eher selten eingesetzt. Deutlich wird, dass die Lehrpersonen, die innovative pädagogische Aktivitäten durchführen, zu einem großen Anteil di-

---

4 Für PISA 2006 liegen hinsichtlich der Computernutzung in den Bundesländern die entsprechenden Werte bisher nicht vor.

gitale Medien unterstützend verwenden. Nahezu alle Nutzer unter den Lehrpersonen setzen digitale Medien in offenen Unterrichtsformen ein. Jeweils ca. 80 Prozent der Nutzer lassen mithilfe digitaler Medien neue Lerninhalte erarbeiten, üben oder setzen Computer und Internet zur Binnendifferenzierung ein. Mehr als die Hälfte der Lehrpersonen führt Unterrichtsprojekte zum forschenden Lernen durch. Kooperatives Lernen in Form einer Zusammenarbeit mit Schülerinnen und Schülern anderer Schulen oder anderer Länder (7 % aller Lehrpersonen), aber auch E-Learning (12 % aller Lehrpersonen) spielen eine vergleichsweise geringe Rolle. Es zeigen sich deutliche Unterschiede zwischen den Schulstufen. In der Primarstufe werden die digitalen Medien besonders zum Üben, zur Binnendifferenzierung und zur Gestaltung offener Unterrichtsformen eingesetzt. Lehrpersonen der Sekundarstufe verwenden digitale Medien in den angeführten Kontexten auch, aber deutlich seltener. E-Learning und Unterrichtsprojekte zum forschenden Lernen werden kaum umgesetzt, obwohl ein Angebot an Unterrichtsmaterialien und -konzepten auch in deutschsprachigen Internetangeboten in den letzten Jahren deutlich gestiegen ist. Zusätzlich wurden die Lehrpersonen danach gefragt, welche Lehreraktivitäten sie während einer typischen Schulwoche *„öfter (ein- bis zweimal pro Woche)"/„sehr oft"* durchführen und ob sie zur Unterstützung dieser Aktivitäten digitale Medien nutzen. Die Lehrpersonen, die forschende Lernaktivitäten durchführen, beurteilen die digitalen Medien zur Unterstützung beim forschenden Lernen (71 %) als besonders geeignet. Lehrpersonen, die im Unterricht Informationen präsentieren lassen, differenzieren, individualisieren und setzen mehrheitlich digitale Medien unterstützend ein.

In den Fallschulen der Primarstufe werden digitale Medien vor allem für Internetrecherchen und zum Schreiben von Texten am Computer genutzt. Der Einsatz digitaler Medien in der Klasse 10 ist vielseitiger: Neben der Informationsrecherche im Internet und dem Schreiben von Texten gewinnen die mediale Darstellung von Unterrichtsergebnissen und Referaten, die Gestaltung von Texten, E-Mail-Kommunikationen und im Unterricht eines Fünftels der Schüler – auch Tabellenkalkulationen – an Bedeutung. In der Jahrgangsstufe 12 reduziert sich die Nutzungsvielfalt. Auch der Anteil der Schülerinnen und Schüler, die von einer regelmäßigen Nutzung berichten, geht zurück. Nur etwas mehr als die Hälfte nutzen häufig/sehr häufig im Unterricht das Internet zur Gewinnung von Informationen. Nur knapp ein Drittel – und damit deutlich weniger als in der Klasse 10 – berichtet von medial unterstützten Präsentationen. Ein Viertel schreibt im Unterricht Texte oder nutzt E-Mail-Funktionen für Unterrichtszwecke.

2.2.2   Zentrale Befunde der IEA-Studie SITES M2

Zentrale Befunde von SITES M2 werden an dieser Stelle kurz referiert, da sie den Rahmen der von mir durchgeführten Studie bilden und die relevanten Kategorien für die betrachteten pädagogischen Zielsetzungen und Kompetenzen liefern. Ausführlich finden sich die internationalen und nationalen Befunde der SITES M2 in verschiedenen Forschungsberichten und Publikationen (Büchter, Dalmer & Schulz-Zander, 2002; Schulz-Zander,

Büchter & Dalmer, 2002; Kozma, 2003a; Schulz-Zander et al., 2003; Schulz-Zander, 2005). Die Begleitung der Innovationen in den Schulen und die Auswertung der erhobenen Daten von SITES M2 haben zu folgenden zentralen Ergebnissen auf nationaler und internationaler Ebene geführt: Die Bandbreite der Einsatzmöglichkeiten von IKT in den untersuchten Fällen lässt sich in *sieben Cluster* (Kozma & McGhee, 2003) einteilen und *vier Modellen* zuordnen. Diese sind jeweils in der internationalen Auswertung zentral und haben auch auf nationaler Ebene einen großen Stellenwert. Die deutschen Fälle lassen sich den auf internationaler Auswertungsebene gewonnen Cluster zuordnen. Dabei bilden die Cluster die unterschiedliche Art der Verwendung des Computers im Unterricht sowie die Lehrer- und Schüleraktivitäten ab und ordnen den Stellenwert des Einsatzes digitaler Medien ein.

Folgende Cluster wurden ermittelt (vgl. Kozma, 2003a; Schulz-Zander, 2005):

1. *Tool-Use-Cluster:* Hier überwiegt die Nutzung des Internets zur Informationsrecherche, die Verwendung von E-Mail-Programmen und von Präsentationssoftware sowie der Einsatz computerbasierter Produktionswerkzeuge zur Erstellung medialer Produkte. Projektarbeit ist die vorherrschende Arbeitsform.

2. *Student-Collaborative-Research-Cluster:* Maßgeblich sind Partner- und Gruppenarbeit. Offene Unterrichtsformen stellen schülergemäße Forschungstätigkeiten in den Vordergrund. Die Lehreraktivität ist durch strukturierende und beratende Aktivitäten gekennzeichnet.

3. *Information-Management-Cluster:* Der Einsatz der digitalen Medien bezieht sich in diesem Cluster auf die Unterrichtsplanung und -organisation und damit vorwiegend auf die Nutzungsmöglichkeiten durch Lehrpersonen. Charakteristisch ist zudem, dass sich die Lehrpersonen kollaborative Arbeitsformen aneignen und dass Curricula weiterentwickelt werden.

4. *Teacher-Collaboration-Cluster:* Bei den Fällen, die diesem Cluster zugeordnet werden können, ist die ausgeprägte Zusammenarbeit der Lehrpersonen untereinander und mit den Lernenden wichtig. Auffällig ist, dass die Lehrpersonen in stärkerem Maße Unterrichtsmaterialien entwickeln. Der hier durchgeführte, offene Unterricht spiegelt sich in der flexiblen Anlage der Lernorte wider.

5. *Outside-Communication-Cluster:* In den Fällen, die unter diesem Cluster zusammengefasst werden, nutzen die beteiligten Lerngruppen die Möglichkeit der komfortablen E-Mail-Kommunikation, teilweise im Rahmen von internationalen Projekten und zur Zusammenarbeit mit externen Partnern.

6. *Product-Creation-Cluster:* Die eigenverantwortliche Erstellung und Präsentation medialer Produkte durch Schülerinnen und Schüler unter Nutzung von IKT bildet den Kern dieses Clusters. Die Aufgaben der Lehrpersonen begleiten den Lern- und Arbeitsprozess der Schülerinnen und Schüler und leiten diese im Sinne einer Mentorentätigkeit an.

7. *Tutorial-Cluster:* Die Fälle, in denen Schülerinnen und Schüler sich mithilfe von Tuto-renprogrammen eigenständig Fertigkeiten angeeignet haben und zugleich durch die-se Programme Rückmeldungen über ihre Leistungen erhalten haben, werden durch das Tutorial-Cluster beschrieben.

Als besonders wichtig werden die beiden Muster ‚Student-Collaborative-Research-Cluster' und ‚Information-Management-Cluster' erachtet. Diese sind im besonderen Ma-ße mit der Weiterentwicklung von Kompetenzen der Beteiligten verbunden. Die beson-dere Rolle dieser Cluster wird dadurch unterstrichen, dass sie die wesentlichen Verände-rungen, die mit der Implementation von digitalen Medien in Lehr-Lern-Prozesse einher-gehen, widerspiegeln.

Im Rahmen einer zweiten internationalen Analyse sind unter Berücksichtigung von Ge-meinsamkeiten und Überschneidungen *vier Modelle* generiert worden, dabei findet Be-rücksichtigung, dass in allen analysierten Fällen ‚Kernaktivitäten' identifiziert werden können. Die SITES-Modelle bilden Gemeinsamkeiten der begleiteten Unterrichtspraxis ab. Auch hier können die einzelnen nationalen und internationalen Innovationen pas-senden Modellen zugeordnet werden.

Als Ergebnis finden sich die folgenden Modelle (Kozma, 2003a; Schulz-Zander, 2005).

1. Modell Schülerzusammenarbeit (‚Student Collaboration Model')

2. Produkt-Modell (‚Product Model')

3. Modell ‚Schüler forschen' (‚Student Research Model')

4. Modell ‚Zusammenarbeit mit Externen' (‚Outside Collaboration Model')

Weiterhin ergab die Analyse aller Fälle eine Veränderung der Lehrer-Schülerrolle bei der Arbeit mit IKT im Unterricht. Die Schülerinnen und Schüler sind aktiver am Unterrichts-geschehen beteiligt, übernehmen mehr Verantwortung. Lehrerinnen und Lehrer beraten und unterstützen. Damit wird Lernen in konstruktivistisch geprägten Lernumgebungen ermöglicht und gefördert. Betrachtet man die Ergebnisse im Hinblick auf die Unterrichts-entwicklung, stellt man zunächst fest, dass der beobachtete Unterricht durch offene Arbeitsformen mit problemorientierten Lernsituationen (vgl. dazu auch Hense, Mandl & Gräsel, 2001) gekennzeichnet ist. Dabei ist die richtige Balance zwischen Instruktion und Konstruktion entscheidend. Die Schülerinnen und Schüler organisieren und strukturieren ihre Lernprozesse größtenteils selbst und werden durch instruktionale Anteile von der Lehrperson angeleitet. Selbstreguliertes Lernen wird ermöglicht und von den beteiligten Lehrerinnen und Lehrern durch Bereitstellung von Methodenwissen (z.B. Anleitung zum Führen von Lerntagebüchern und Mind-Maps) unterstützt.

Die Arbeit mit den Technologien wurde verstärkt zum Anlass genommen in Lerngemein-schaften zu lernen und zu arbeiten. Hier sind vor allem Peer-Tutoring, klasseninternes kooperatives und kollaboratives Lernen und Lerngemeinschaften mit externen Partnern zu nennen. Diese Kooperationen, die ohne den Einsatz digitaler Medien in den untersuchten Fällen entweder in der Form nicht möglich gewesen wären bzw. nicht initiiert worden wären, hat zur Folge, dass die Schüler mit erhöhtem Leistungsanspruch und größerer Motivation arbeiten. Neben der Vertiefung fachlicher Kompetenzen sind in vielen Fällen die Förderung überfachlicher Kompetenzen erklärte Ziele wie z.b. Medienkompetenz, Methodenkompetenz, Fähigkeiten des Informationsmanagements, des selbstgesteuerten Lernens oder Sozialkompetenz. In mehreren Fällen stehen die Ziele im Kontext des gesellschaftlichen Wandels zur Wissensgesellschaft.

In Bezug auf die Anbindung an Curricula ergaben die internationalen fallübergreifenden Analysen von Voogt und Pelgrum (2003) drei Innovationstypen (vgl. auch Schulz-Zander et al., 2003, S. 27f.):

Fachbezogener Innovationstyp (‚single-subject curricular focus'): Hierunter werden Innovationen, die sich auf ein Fach beziehen und fachbezogene Ziele verfolgen, zusammengefasst. Der Medieneinsatz dient in erster Linie dem Erwerb bereichsspezifischer Kompetenzen. In problemorientierten Kontexten werden Informationstechnologien als Werkzeug und als Informationsressource genutzt. Der Medieneinsatz zielt auf ein tiefer gehendes Verständnis von Lehrplaninhalten ab. Die Förderung von Methodenkenntnissen, metakognitiven Kompetenzen oder auch Medienkompetenz ist teilweise Bestandteil dieser Ziele oder wird ergänzend intendiert.

Themenbezogener Innovationstyp (‚thematic curricular focus'): Dieser Typ bündelt Innovation in denen die innovative Praxis mit fächerübergreifenden Themenstellungen, sehr oft authentischen Problemen und einem projektorientierten oder problemorientierten Unterrichtskonzept verknüpft ist. Die in diesem Typ subsumierten Fälle beschäftigen sich häufiger mit Zielen zur Förderung von Schlüsselkompetenzen im Kontext des gesellschaftlichen Wandels: Medienkompetenz, Methodenkompetenz, Teamfähigkeit und selbstständiges Lernen.

Schulbezogener Innovationstyp (‚schoolwide curricular focus'): Für Fälle, die zu diesem Typ zusammengefasst werden, hat der innovative Unterricht einen besonderen Bezug zum medienbezogenen Schulprofil, Schulprogramm oder Schulcurriculum. Der Einsatz digitaler Medien ist konzeptionell schulisch verankert und weist in seinen Zielsetzungen Bezüge zur Selbstverantwortung der Schülerinnen und Schüler für ihr Lernen, interkulturelles Lernen, kooperatives Lernen und Teamarbeit oder auch Medienbildung auf.

2.3 Schulentwicklung, Schuleffektivität und digitale Medien

Im nachfolgenden Abschnitt werden verschiedene Ansätze erläutert, die eine Verbindung zwischen Schulentwicklung und der Nutzung und Implementation digitaler Medien in Schulen herstellen. Auch für die Schulentwicklung mit digitalen Medien geht der Weg in die Richtung, einen engeren Zusammenhang zur Schuleffektivität und Schuleffektivitätsforschung herzustellen. Dieser Aspekt wird ebenfalls in diesem Abschnitt ausgeführt.

2.3.1   Schulentwicklung mit digitalen Medien

Schulz-Zander (1999, 2001) erweitert die Triade Unterrichtsentwicklung, Personal-entwicklung und Organisationsentwicklung von Schulentwicklung um die Technologie-entwicklung und die Kooperationsentwicklung als zentrale Elemente, wobei sich die ent-stehenden fünf Ebenen, auch Dimensionen genannt, nicht voneinander trennen lassen, ohne den Entwicklungsprozess insgesamt zu beeinträchtigen.

Als ein maßgeblicher Prädiktor für die Verankerung informations- und kommunikations-technischer Innovationen in Schulen wird die Verbindung von Technologieeinführung und Schulentwicklung ausgewiesen (Hendricks & Schulz-Zander, 2000). Erst die Verbin-dung von Technologie- mit Schulentwicklungskonzepten kann eine qualitativ hochwerti-ge, effektive Nutzung digitaler Medien in Schule und Unterricht erzielen (Lindau-Bank & Magenheim, 1998; Schnoor, 1998; Schulz-Zander, 1999; Schulz-Zander, 2001).

2.3.2   Medienkonzepte und Medienentwicklungspläne

Ende der 1990er Jahre haben Schulen und Schulträger begonnen, gezielt IT-Pläne als Ins-trumente der Steuerung von Schulentwicklung mit digitalen Medien zu entwickeln (Brei-ter, 2001). Es sind zunächst im Wesentlichen Ausstattungskonzepte, die zunehmend auch Support-Konzepte beinhalten. Mit der Forderung, schulische IT-/Medienkonzepte integriert in Schulprogrammen zu entwickeln, ist die Ebene der Prozesssteuerung ange-sprochen. Die vielschichtigen hemmenden Faktoren der Integration digitaler Medien in die Schulen verweisen auf die Notwendigkeit der stärkeren Verzahnung von Ausstat-tungskonzepten, Support-Konzepten, pädagogischen Medienkonzepten und der Profes-sionalisierung sowie ihrer Überprüfung durch Evaluationen, um Forderungen nach Quali-tätsentwicklung und Qualitätssicherung im Schulbereich zu entsprechen (vgl. dazu Hunneshagen & Schulz-Zander, 2001; Scholl & Prasse, 2001; Schulz-Zander, 2001).

Medienentwicklungspläne können das Zusammenspiel von pädagogischen Medien-konzepten, technischer Umsetzung und verfügbaren Ressourcen beschreiben, wie es in Baden-Württemberg der Fall ist (vgl. Pacher & Kern, 2005). Sie können aber auch auf Ausstattungs- und Supportkonzepte begrenzt sein wie in Nordrhein-Westfalen. Dort sind Schulträger für die kommunale Medienentwicklungsplanung zuständig, die allerdings vorzugsweise schulische Medienkonzepte als Basismaterial für die kommunalen Medien-entwicklungspläne verwenden. Die schulischen Medienkonzepte umfassen oftmals nur Ausstattungskonzepte, ggf. auch Fortbildungskonzepte, aber nicht unbedingt pädago-gische Medienkonzepte (Rösner, 2005). Unabhängig davon, wie sich im Einzelnen die nachhaltige Planung des Medieneinsatzes an Schulen in den Bundesländern vollzieht, ist eine gemeinsame Leitfrage dieses Prozesses, wie die IT-Ausstattung, die Vernetzung und der laufende Betrieb des schulischen Netzes beschaffen sein müssen, damit die pädago-gischen Anforderungen und die Aufgaben des Unterrichts unter Berücksichtigung der örtlich zur Verfügung stehenden Ressourcen am besten erfüllt werden können (vgl. Pacher & Kern, 2005). Das idealtypische vierstufige Phasenmodell einer schulischen Me-

dienentwicklungsplanung nach dem baden-württembergischen Modell, das die pädagogischen und technischen Konzepte integriert, beschreiben Pacher und Kern wie folgt:

1. Vorphase: Teambildung
    Daran beteiligt sind Schulleitung, Netzwerkberater/innen, Multimediaberater/innen,
    Fachbereichsleiter/innen; der/die Sprecher/in verfügt über pädagogische und techni-
    sche Kompetenzen.

2. Phase 1: pädagogisches Medienkonzept
    Dieses wird basierend auf einer Bestandsaufnahme des Medieneinsatzes an der
    Schule entwickelt.

3. Phase 2: technisches Konzept
    Es beinhaltet die Bestandsaufnahme der Technik sowie das Vernetzungs-,
    Ausstattungs-, Service-/Betriebs- und Nutzungskonzept.

4. Phase 3: Finanzierung, Umsetzung und Evaluation
    Die Finanzplanung umfasst die Anschaffungs-, Betriebs- und Instandhaltungskosten
    sowie einen genauen Zeitplan für die Umsetzung. Darüber hinaus ist die abschließen-
    de Evaluation zur Schul- und Qualitätsentwicklung integraler Bestandteil dieser Pha-
    se.

Auf der Grundlage einer Befragung der Kultusministerien der Länder und der Landesinsti-
tute ermittelten Eickelmann und Schulz-Zander (2006) Ziele, die mit der Erstellung von
schulischen Medienkonzepten verbunden sind. Mit unterschiedlicher Gewichtung in den
Ländern sind Intentionen auf verschiedenen Ebenen maßgeblich. Schulische Medienkonzepte sollen die Verankerung von Medien im Unterricht bewirken, bilden aber auch die
Grundlage für die Zuweisung von Fördermitteln. Dabei sind Ziele in allen fünf Bereichen
der Schulentwicklung mit digitalen Medien identifizierbar. Für die Unterrichtsentwick-
lung sind dies die organisational verankerte und nachhaltige Integration der digitalen
Medien in den täglichen Unterricht, der Wandel der Verwendung von Computern vom
Unterrichtsgegenstand zum Werkzeug, ,Denkzeug' bzw. instrumentalen Medium, die
Entwicklung tragfähiger pädagogischer Konzepte an den jeweiligen Schulen wie z.B. die
Förderung eigenständigen und kooperativen Lernens durch den Einsatz digitaler Medien
sowie die Verankerung des Erwerbs von Medien-, Methoden- und Sachkompetenz bei
Schülerinnen und Schülern. Für den Bereich der Technologieentwicklung ermitteln die
Autorinnen auf der Grundlage der länderübergreifenden Analysen die Entwicklung einer
Basis für eine sachgerechte, finanzierbare und nachhaltige Ausstattung von Schulen mit
Hard- und Software, die Standardisierung der Ausstattung der Einzelschulen unter Be-
achtung schulischer Besonderheiten und die Planung des Ressourcenbedarfs und des
Ressourcenrahmens als Zielvereinbarungen in schulischen Medienkonzepten. Aspekte
der Organisationsentwicklung umfassen die Schaffung von Klarheit über die schulische
Medienentwicklung, die Unterstützung des Schulentwicklungsprozesses und die Grundlage für die Evaluation und Weiterentwicklung der schulischen Arbeit. Die Personalent-

wicklung wird durch die Entwicklung von Konzepten zur Personalentwicklung und zu Fortbildungen und die Verankerung des Erwerbs von Medien-, Methoden- und Sachkompetenz sowie von medienpädagogischer Kompetenz bei Lehrpersonen berücksichtigt. Die Verständigung im Kollegium über die Verankerung des Einsatzes digitaler Medien und die Förderung des pädagogischen Diskurses über den Einsatz digitaler Medien sind Zielsetzungen im Bereich der Kooperationsentwicklung.

Die Erstellung schulübergreifender Konzepte in Form von kommunalen Medienentwicklungsplänen wird in 2006 noch als ein vergleichsweise neues Arbeitsfeld eingeschätzt; der Grad der Verbindlichkeit der Erstellung solcher Konzepte und ihre Inhalte sind in den Bundesländern sehr unterschiedlich (s. dazu Eickelmann & Schulz-Zander, 2006, S. 295ff.). Die Steuerung von Innovationsprozessen in Schulen kann sich auf den Input, den Prozess und den Output beziehen. Sowohl bei der Einführung der ITG als auch bei der globalen Vernetzung der Schulen erfolgt eine Input-Steuerung über umfangreiche Maßnahmen des Bundes und der Länder bezogen auf die IT-Infrastruktur, Curricula und Fortbildung. Da Ressourcenfragen bei der Medienentwicklungsplanung nicht in der Verantwortung der Schule, sondern in der des Schulträgers liegen, erfolgt die Medienentwicklungsplanung auf mehreren Ebenen und zielt auf schulübergreifende kommunale Lösungen, die jedoch die spezifischen Rahmenbedingungen und Bedürfnisse der Einzelschule berücksichtigen sollten. Aber erst in wenigen Bundesländern wurden Medienentwicklungspläne auf kommunaler Ebene bereits flächendeckend verbindlich gemacht. Zunehmend gewinnen die Medienentwicklungsplanung und schulische Medienkonzepte als Instrumente der Schulentwicklungsplanung und Schulentwicklung an Bedeutung. Der Medienentwicklungsplan thematisiert die Rahmenbedingungen, die Ziele und die notwendigen Mittel zur Umsetzung der Forderung, die digitalen Medien in den Unterrichtsalltag zu integrieren und allen Schülerinnen und Schülern den Umgang mit den digitalen Medien zu ermöglichen. Die Lernenden sollen alters- und zielgruppengerechte Stufen der Medienkompetenz erwerben. Mit schulischen Medienkonzepten sollen die Prozesse der Einzelschulen auf dem Weg der Verankerung digitaler Medien in Schule und Unterricht unterstützt und gesteuert werden (vgl. Eickelmann & Schulz-Zander, 2006). Die Schuleffektivität in einem umfassenderen Verständnis würde sich an der Zielerreichung von schulischen Medienkonzepten bzw. Medienentwicklungsplänen überprüfen lassen, wie sie bereits von einigen Schulträgern durch externe Evaluationen auf den Weg gebracht wurden (vgl. u.a. Eickelmann & Schulz-Zander, 2006; Schulz-Zander, Schmialek & Stolz, 2007; Welling, Stolpmann & Breiter, 2007).

2.3.3 Schuleffektivität und digitale Medien

Für die USA, Kanada, England und Australien stellen Thomson, Nixon und Comber (2006) fest, dass als gute Schulen solche angesehen werden, die *„wired up"* und *„connected"* sind (ebd., S. 465). Unter dem Aspekt des konkurrierenden Schulangebotes und des damit einhergehenden Wettbewerbs werben dort die Schulen mit ihren Technologiekonzepten für den Unterricht, um ihre moderne und zukunftsweisende Ausrichtung zu belegen und Schülerinnen und Schüler medienkompetent (*„computer literate"*) in den Arbeitsmarkt zu entlassen. In diesem Zusammenhang fanden auch Altrichter, Prexl-Krausz und Soukup-Altrichter (2005) in Fallstudien an österreichischen Schulen heraus, dass eine um Schülerzahlen und Reputation konkurrierende Schullandschaft eine Schulprofilierung mit dem Schwerpunkt auf der Verwendung von Informations- und Kommunikationstechnologien befördert.

In ihrem Beitrag zur Schuleffektivität und zur Schulentwicklung aus der Perspektive der Nutzung digitaler Medien in Schulen führen Eickelmann und Schulz-Zander (2008) Schulentwicklung und Schuleffektivität zusammen (vgl. Abbildung 2-1).

Für den Medienbereich ist aufgrund des Begründungszusammenhangs und der Ziele des Einsatzes digitaler Medien ein umfassenderes Verständnis von Schuleffektivität geboten, die über eine Beschränkung auf den bereichsspezifischen Kompetenzerwerb hinaus geht. Chapman, Garrett und Mählck (2004) weisen darauf hin, dass Unterschiede hinsichtlich des Erfolges der Implementation digitaler Medien in den einzelnen Schulen zu Unterschieden in Bezug auf die Schulqualität und die Qualität des Lernens zur Folge haben kann (ebd., S. 19f.). Wong und Li (2008) bilanzieren als Ergebnis ihrer Mehrebenenanalyse zur Schuleffektivität, dass zunächst von den Praktikern festgelegt werden muss, welche Ziele sie mit der Implementation digitaler Medien überhaupt anstreben möchten. Die Kernfrage sei dabei, ob es um Verbesserung von Prozessen und Wissen im tradierten Sinne geht oder ob nicht vielmehr neue Lernwege und ein neues Verständnis von Wissen durch den Einsatz digitaler Medien befördert werden können (ebd., S. 15).

Konsens ist, dass der Einsatz digitaler Medien im Bildungsbereich stets auf den Erwerb eines Bündels überfachlicher Kompetenzen, die in der Wissensgesellschaft für ein lebenslanges Lernen benötigt werden, und zwar auf Medien- und Informationskompetenz, Lernkompetenzen, Methodenkompetenz und soziale Kompetenzen, abzielt. Entscheidend tragen dazu die besonderen Merkmale digitaler Medien bei (vgl. Schulz-Zander & Tulodziecki, 2007):

1. Multimedialität: Verarbeitung und Präsentation von Inhalten in unterschiedlicher Codierung und Sinnesmodalität.

2. Interaktivität: Eingriffs- und Steuerungsmöglichkeiten des Systems durch den Nutzer, Initiierung wechselseitiger Dialoge zwischen Nutzer und System.

3. Vernetzung: Bereitstellung und Verwendung verteilten Wissens durch global vernetzte Systeme sowie neue Formen der Kommunikation, Kooperation, Betreuung und Unterstützung.

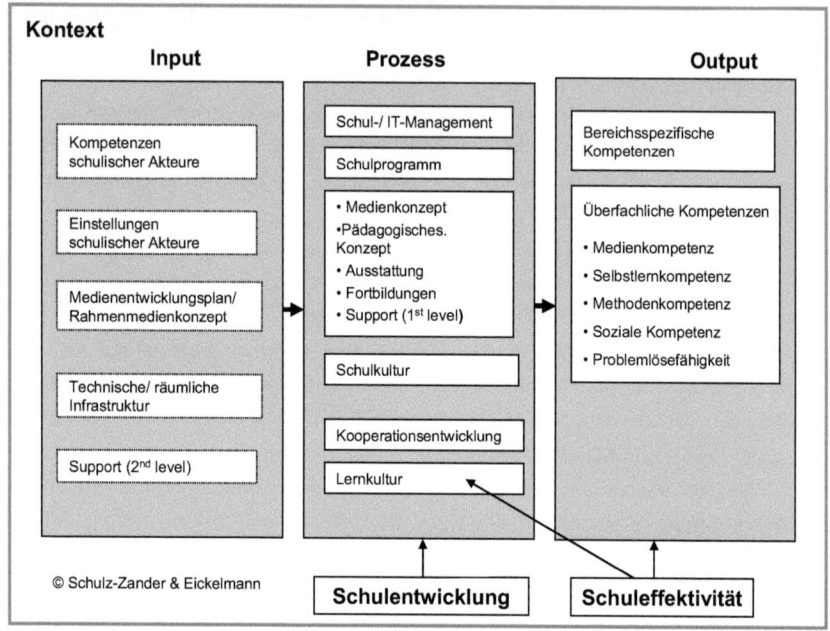

Abbildung 2-1: Modell zum Zusammenhang von Schulentwicklung, Schuleffektivität und dem Einsatz digitaler Medien (Eickelmann & Schulz-Zander, 2008, S. 159)

Diese – gegenüber traditionellen Medien erweiterten – medienpädagogischen Potenziale können gezielt für fachliches und überfachliches Lernen unterstützend genutzt werden. Digitale Medien bieten aufgrund der genannten Merkmale zusätzlich zu Aspekten des Kompetenzerwerbs die Möglichkeit der Veränderung der Lern- und Schulkultur.

Besondere Aufmerksamkeit finden die Aspekte der Wirksamkeit digitaler Medien im Hinblick auf:

- Befunde zum bereichsspezifischen Kompetenzerwerb,
- Befunde zum überfachlichen Kompetenzerwerb im Unterricht mit digitalen Medien und
- die Potenziale digitaler Medien zur Veränderung der Lernkultur.

Auf der Prozessebene der Schule sind vor allem die Lernkultur, die verbindliche Festlegung eines schulischen Medienkonzeptes, das Ausstattungskonzept, die Fortbildungen sowie die Kooperationsentwicklung relevant. Wirkfaktoren sind die Einstellungen der Lehrpersonen, ihre didaktischen und medienpädagogischen Kompetenzen und ihre Medienkompetenz. Lehrerkooperationen als ein Merkmal guter Schulen können durch die Nutzung digitaler Medien unterstützt werden. Die Nutzung digitaler Medien findet seit einigen Jahren neben den klassischen Bedingungsfeldern schulischer Leistungen – wie individuelle Merkmale von Schülerinnen und Schülern und der Einfluss der Familien – als Wirkfaktor auf Lernprozesse Beachtung (vgl. u.a. Wang, Haertel & Walberg, 1993; Helmke, 2004; Schulz-Zander & Riegas-Staackmann, 2004; Helmke & Schrader, 2006; Senkbeil & Wittwer, 2006; Herzig & Grafe, 2006). Im Folgenden wird der Forschungsstand zur Förderung fachlicher und überfachlicher Kompetenzen durch den Einsatz digitaler Medien und zur Lernkultur dargestellt.

In der Anfangszeit der schulischen Computernutzung seit Beginn der 1960er Jahre fanden sich überwiegend Evaluationen zur Lernwirksamkeit des Einsatzes bestimmter Softwaretypen. Grundsätzlich wurde in Studien und Metastudien ein schwacher Vorteil von computergestütztem Unterricht gegenüber Unterricht ohne den Einsatz digitaler Medien gefunden (vgl. u.a. Schaumburg, 2003). Die älteren Untersuchungen beziehen sich zunächst auf den Einsatz und die Wirkung von sogenannten Drill-and-Practice-Programmen und tutoriellen Lernprogrammen. Ab den 1980er Jahren fokussieren sie auf Simulationen und Mikrowelten und schließlich ab den 1990er Jahren auf hypermediale Programme und Anwendersoftware. Studien aus den 1980er Jahren zeigen unter Berücksichtigung von Lernmerkmalen, Schulfächern und Anwendungskontexten, dass Grundschulkinder (Effektstärken von $0.40 < d < 0.55$) stärker vom computerbasierten Lernen profitieren als Schülerinnen und Schüler der Sekundarstufe mit Effektgrößen von $d=0.20$ oder darunter (u.a. Kulik, Kulik & Brangert-Drowns, 1985; Fletcher-Flinn & Gravatt, 1995). Lehmann und Lauterbach (1985), die ebenfalls drei Metastudien aus dem angelsächsischen Bereich mit über 100 Einzelstudien analysiert haben, kommen zu dem Ergebnis, dass die Tendenz zu eher positiven Zusammenhängen zwischen der Computernutzung in der Schule und der Entwicklung von Lernleistungen darauf zurückzuführen sei, dass *„zunehmend [...] in Zeitschriften nur noch Untersuchungen mit positiven Effekten veröffentlicht werden bzw. ‚positive' Ergebnisse an Zeitschriften herangetragen werden"* (ebd., S. 26). Schacter (1999) fasst die Ergebnisse aller US-amerikanischen Studien und Meta-Studien bis zum Jahr 1999 folgendermaßen zusammen: Schülerinnen und Schüler, die im Unterricht Computer verwenden oder Zugang zu Computern und vernetzten Technologien haben, schneiden in standardisierten Tests, landesweiten Tests und von Forschern entwickelten Leistungstests besser ab. Studien aus den 1980er und 1990er Jahren fanden außerdem eine stärkere Lernwirksamkeit des Computers im Mathematikunterricht als in anderen Fächern. Für die Bereiche Lesen und Schreiben ergab sich keine empirische Evidenz.

Seit den 1990er Jahren sind mit der enormen Weiterentwicklung der Informations- und Kommunikationstechnologien hinsichtlich der Merkmale Multimedialität, Interaktivität und Vernetzung erhöhte Potenziale für schulisches Lernen vorhanden, was einen erneuten Forschungsbedarf erzeugt hat. Neuere Studien ergeben – wie im Folgenden detaillierter dargestellt – kein einheitliches Bild in Bezug auf die Verbesserung bereichsspezifischer Kompetenzen, wenn digitale Medien im Unterricht genutzt werden.

Die israelischen Forscher Angrist und Lavy (2002) sowie die US-amerikanischen Forscher Leonard und Leonard (2006) stellen fest, dass trotz erheblicher finanzieller Investitionen im Bereich der Schulen die Maßnahmen in weiten Teilen nicht zu der erhofften Verbesserung von Schülerleistungen geführt haben. Ihre Befunde relativieren Angrist und Lavy, indem sie vermuten, dass positive Effekte der Computernutzung im Unterricht möglicherweise erst nach einem mehrjährigen Zeitraum zu beobachten sind. Die Befunde von Prothereo (2005) an Primarschulen in den USA ergaben, dass der Einsatz von digitalen Medien dann zu höheren Kompetenzen bei den Lernern führt, wenn sie in neue Formen des Lehrens und Lernens integriert sind. Den Nachweis dafür erachtet sie jedoch aus verschiedenen Gründen als schwierig: Schulen formulieren im Hinblick auf den Einsatz digitaler Medien oftmals entweder unklare oder zu viele Zielsetzungen, sodass eine Überprüfung der Effektivität der Schule im Hinblick auf die Erreichung der Ziele schwierig ist. Harrison et al. (2004) ermitteln einen positiven Zusammenhang zwischen dem Einsatz digitaler Medien im Unterricht und den Schülerleistungen, die über landesweite Tests in den Kern- und Nebenfächern im Rahmen des ImpaCT2 Forschungsprojektes in britischen Grund- und Sekundarstufenschulen mit einem zweijährigen Untersuchungszeitraum erhoben wurden. Die Schülerleistungen wurden auf der Grundlage von zwei Jahre zuvor erhobenen Basisdaten geschätzt und mit den erzielten Leistungsständen auf Schülerebene verglichen. Alle Modellrechnungen kamen zu positiven Ergebnissen, wenn auch die Mehrebenenmodellierung die geringsten Effektstärken auswies. In den Jahrgangsstufen fünf und sechs ergaben sich zudem statistisch signifikante Unterschiede bezüglich der Effektstärken der Computernutzung zwischen den Geschlechtern, die in der Muttersprache Englisch zugunsten der Mädchen und in Mathematik zu Gunsten der Jungen gefunden wurden. O'Byrne et al. (2006) haben im Kontext des Programms ,No Child Left Behind' herausgefunden, dass Software, die auf die Bedarfe und Kompetenzen von lernschwachen Schülerinnen und Schülern zugeschnitten ist, zu einer signifikanten Verbesserung der Leistungen führen kann. Wenglinsky (2005) ermittelt basierend auf den für die USA repräsentativen Daten der NAEP 2001 (National Assessment of Educational Progress, US Department of Education), dass die stärksten Effekte auf Schülerleistungen nicht durch den Computereinsatz im Fachunterricht zurückzuführen seien, sondern vielmehr durch außerhalb des Fachunterrichts erworbene IT-Kenntnisse.

Fußangel, Schulz-Zander und Kemna (2006) haben im Rahmen der Evaluation der berufsvorbereitenden Maßnahme ,workshop zukunft' in einer quasi-experimentellen Studie mit einer Prä-Post-Messung einen Lernzuwachs beim Erwerb von Berufsweltwissen festgestellt, welches Schülerinnen und Schüler unter Nutzung von E-Learning-Bausteinen zur Berufsweltorientierung in den 8. und/oder 9. Jahrgangsstufen an nordrhein-westfälischen und thüringischen allgemeinbildenden Schulen erworben haben. Der Lernzuwachs in den Projektklassen unterschied sich signifikant von dem der Kontrollklassen; die Effektstärke ist mit $d = 0.26$ allerdings als klein einzustufen und hauptsächlich auf die Mädchen zurückzuführen. Die OECD hat auf der Grundlage der PISA-2003-Daten ermittelt, dass es einen positiven Zusammenhang zwischen schulischer Computernutzung und mathematischen Kompetenzen gibt, wobei moderate Computernutzer die besten Leistungen erzielen (Schleicher, 2006). Aussagen über Kausalzusammenhänge werden nicht gemacht. Eine Längsschnittanalyse der Daten zur Kompetenzentwicklung im Verlauf eines Schuljahres auf der Basis einer erneuten Befragung einer Teilstichprobe aus PISA 2003 im Jahre 2004 ergibt weiterhin, dass eine häufige häusliche Nutzung digitaler Medien noch kein Indikator für eine verbesserte fachliche Leistung im Fach Mathematik ist (Senkbeil & Wittwer, 2006). Als einen Befund der PISA-Studie 2006 bilanzieren Prenzel et al. (2007), dass die programmbezogene Computernutzung unter bestimmten Umständen den schulischen, insbesondere den fachbezogenen, Kompetenzerwerb unterstützen kann. Die Effektstärken sind mit d<0.1 allerdings gering. Senkbeil und Wittwer (2007) analysieren die Wirkung des Computereinsatzes auf mathematische Kompetenzen. Der Umfang der Computererfahrungen zeigt zwar einen förderlichen, aber sehr geringen Effekt auf die mathematische Kompetenz. Sie bilanzieren, dass der in anderen Studien berichtete Einfluss der Computernutzungshäufigkeiten und der Computererfahrungen auf die fachlichen Kompetenzen von Schülerinnen und Schülern deutlich überschätzt worden sei. Jedoch wirke sich die Art der Computernutzung auf den Erwerb schulischer Kompetenzen aus. Eine vornehmlich programmbezogene Nutzung kann den mathematischen Kompetenzerwerb fördern (Senkbeil & Wittwer, 2006). Die Nutzung von anspruchsvollen Computeranwendungen verbessert die Problemlösefähigkeit und unterstützt dadurch den mathematischen Wissenserwerb. Voraussetzung hierfür ist eine geeignete Lernkultur, die im besten Fall eine selbst gesteuerte und problembezogene Computernutzung bei der Lösung fachbezogener Probleme zulassen sollte. Senkbeil und Wittwer (2007) bilanzieren, dass ein vorwiegend programmbezogener Einsatz in der Schule sowohl für den Erwerb fachlicher Kompetenzen als auch für IT-Kompetenzen bedeutsam ist. In vertiefenden Analysen zu PISA 2006 belegen Senkbeil und Wittwer (2008), dass die außerschulische Mediennutzung vom sozialen Milieu der Familie abhängt (ebd., S. 119). Speziell in der von ihnen identifizierten Klasse der ‚Medienuninteressierten' fehle es an ausreichenden Zugangsmöglichkeiten zu Medien sowie der familiären Unterstützung beim Umgang mit Medien. Dabei erzielen – auch aufgrund informeller Lernprozesse durch die Freizeitmediennutzung – Jugendliche mit einer anspruchsvollen Mediennutzung sowohl in den Naturwissenschaften als auch im Lesen deutlich höhere Kompetenzwerte als Jugendliche mit unterhaltungsbezogener Medienaneignung. Die Art der Mediennutzung in der Freizeit liefert in den vertlefenden PISA-Analysen einen eigenständigen Beitrag für die Erklärung von Unterschieden in beiden Kompetenzbereichen. Der beobachtete fachübergreifende Aspekt legt nach Ansicht der Autoren die Vermutung nahe, „dass anhand informeller Lernprozesse mit Medien tatsächlich Schlüsselkompetenzen wie Selbstregulationsfähigkeit erworben werden, die sich positiv auf den schulischen Kompetenzerwerb auswirken können" (ebd., S. 124). Dieser Befund ist im Hinblick auf die nachfolgend beschriebene Untersuchung von besonderem Interesse, da das Kategorienschema zur Analyse der Bedingungsfaktoren Schülervariablen als Prädiktor auf der Inputebene einbezieht (vgl. Abschnitt 4.2). Voss (2006) untersucht vergleichend die Lesekompetenz von Viertklässlern im Hinblick auf Print- und Hypertexte und erweitert damit die Befunde der IGLU 2001 (vgl. Bos et al., 2003) um Aspekte des Einsatzes von Hypertexten im Leseunterricht. Die Ergänzungsstudie zu IGLU 2001 findet, dass Mädchen auch beim Lesen von Hypertexten höhere Testleistungen als Jungen erzielen. Kinder, deren Eltern häufig mit ihnen am Computer Informationen suchen, spielen oder schreiben, erreichen beim Lesen am Computer höhere Testleistungen. Gründe sieht Voss in den unterschiedlichen Anforderungen, die mit dem Lesen der beiden Textgattungen verbunden sind. Das Lesen von (nicht-linearen) Hypertexten erfordert zusätzlich ein eigenständiges Navigieren durch den Text und ein selbstständiges Zusammenstellen der Leseinhalte.

Auch Notebook-Studien untersuchen die Potenziale der digitalen Medien. Vermutet wird, dass mobile Geräte aufgrund ihrer ständigen Verfügbarkeit die Potenziale digitaler Medien eher ausschöpfen können. Die bisherigen Forschungen nutzen überwiegend ein Kontrollgruppendesign, in dem die Schülerleistungen in Notebook-Klassen mit denen in Nicht-Notebook-Klassen verglichen werden (Stevenson, 1998; Ross et al., 2001; Schaumburg & Issing, 2002; Schaumburg, 2006; Reinmann & Häuptle, 2006; Shapley et al., 2006; Warschauer, 2006; Dunleavy, Dexter & Heinecke, 2007; Schaumburg, Prasse, Tschackert & Blömeke, 2007). Die Befunde zur Veränderung von fachlichen Leistungen von Notebook-Schülerinnen und -Schülern weisen bisher uneinheitliche, tendenziell aber lernzuwachsförderliche Ergebnisse auf. Der Einsatz mobiler Computer verändert demnach bereichsspezifische Leistungen nicht oder führt zu einer Verbesserung (Fouts & Stuen, 1997; Ross, Morrison & Lowther, 2001; Schaumburg, 2006) oder zu einer Stagnation der Fachleistungen, während in Vergleichsgruppen die fachlichen Leistungen über den gleichen Zeitraum abnahmen (z.B. Ricci, 1999). Während die Förderung von Kompetenzen im Bereich des Lesens und Schreibens durch den Notebookeinsatz in verschiedenen Studien als effektiv befunden wird (Schaumburg & Issing, 2002; Schaumburg, 2006; Warschauer, 2006), ist das Bild in anderen Bereichen uneinheitlich. Schaumburg (2002) und Warschauer (2006) weisen jedoch darauf hin, dass die Testverfahren verschiedener Untersuchungen im Hinblick auf die Validität überprüft werden müssen: Teilweise konfundieren die zu messenden Kompetenzen mit anderen Fähigkeiten. Schaumburg und Issing (2002) legen auf der Grundlage einer längsschnittlichen Erhebung mit einem Kontrollgruppendesign Befunde zu Mathematik- und Deutschleistungen vor. Im Bereich Mathematik konnte die gymnasiale Laptop-Gruppe im Bereich Sachrechnen auf multivariatem Niveau signifikant höhere Leistungen erzielen als die Vergleichsgruppe. Im Fach Deutsch konnte die Laptop-Gruppe Vorteile in den Bereichen der Textproduktion, der Ausdrucksfähigkeit und der Rechtschreibleistung erzielen. In der Längsschnittstudie untersuchte Schaumburg den Einfluss elektronischer Textverarbeitung auf die Aufsatzleistungen von Neuntklässlern (2006). Die Laptopschülerinnen und -schüler, die den Aufsatz am Computer geschrieben hatten, erzielten in den Dimensionen Inhalt, Aufbau, Ausdruck und Textlänge signifikant bessere Ergebnisse als beide Gruppen, die den Aufsatz mit der Hand geschrieben hatten. In der Einzelfall-Laptop-Studie von Häuptler und Reinmann (2006) an einer bayerischen Hauptschule, die allerdings keine Prä-Post-Messung mit Tests einsetzte, erzielten die Lerner der Notebook-Klassen im Beobachtungszeitraum eine Verbesserung der Schulnoten im Fach Deutsch, die aber geringer als in der Vergleichsgruppe, einer Nicht-Notebookklasse, ausfiel. Schulnoten in weiteren Fächern aus dem Bereich der Gesellschaftswissenschaften blieben in der Notebook-Klasse unverändert. Eine Verbesserung der Leistungen bzw. Noten wird von den Fachlehrpersonen nicht in erster Linie auf das Medium, sondern eher auf spezielle Schülertypen oder die Lern- und Arbeitshaltung der Schüler zurückgeführt. Das Texas Center for Educational Research hat in 2006 erste Ergebnisse der Evaluation des Texas Technology Immersion Projektes, das ein Ausstattungs- und Qualifizierungsprogramm beinhaltet, vorgelegt (Shapley et al., 2006). Schulen, deren Schülerschaft zu etwa 70 Prozent aus einem ökonomisch benachteiligten häuslichen Umfeld kommt und die sich durch einen hohen Grad ethnischer Diversität auszeichnet, konnten sich an dem Programm beteiligen. Nach Ablauf eines Jahres hat die Maßnahme, die aus sechs Komponenten besteht, zu zahlreichen Veränderungen in den Schulen und bei den Akteuren geführt, nicht aber zu einer Verbesserung der fachlichen Leistungen der getesteten Schülerinnen und Schüler an *middle schools* (Klassen 6–8). Leistungstests in Mathematik und Lesen wiesen sogar eine nicht signifikante Leistungsverschlechterung aus. Gründe für diese Ergebnisse vermuten die Forscher in dem kurzen Untersuchungszeitraum, in der teilweise fehlenden Bereitschaft von Lehrpersonen zur Verwendung der Notebooks im Unterricht und nicht stattgefundenen Veränderungen des herkömmlichen, traditionellen Unterrichtsstils. Eine Veränderung der Lernkultur sehen Shapley und Mitarbeiter als eine notwendige Bedingung für eine Verbesserung des Lernens. Warschauer (2006) fasst die Ergebnisse der mehr als 30 in den USA seit 2001 durchgeführten Notebook-Studien zusammen, darunter auch die Begleitforschungen zu den großen Ausstattungsinitiativen in Maine und Kalifornien, und ergänzt diese um eine eigene qualitative ‚Laptop-and-Literacy'-Studie: Insgesamt ergeben sich aus den Laptopstudien nur wenige Hinweise darauf, dass sich Lernleistungen, gemessen in Tests, durch den Laptopeinsatz verbessern.

Schaumburg, Prasse, Tschackert und Blömeke (2007) haben in dreizehn Schulen in Niedersachsen, die an dem Projekt ‚1000 mal 1000: Notebooks im Schulranzen' teilnahmen, u.a. Auswirkungen auf fachliche Leistungen, vor allem in den Fächern Mathematik und Deutsch, über einen Zeitraum von eineinhalb Jahren untersucht. Die Entwicklung der fachlichen Leistungen wurde im Rahmen einer Prä-Post-Messung mit Kontrollgruppen durch standardisierte Leistungstests überprüft. Darüber hinaus wurde zu zwei Messzeitpunkten jeweils ein Aufsatz geschrieben. Während im Bereich Mathematik keine Unterschiede zwischen Notebook- und Nicht-Notebookschülerinnen und -schülern feststellbar sind, zeigen Notebook-Klassen im Deutschtest eine positivere Entwicklung als Nicht-

Notebook-Klassen. Der Aufsatztest ergibt für Schülerinnen und Schüler der Realschulen und Gymnasien verbesserte Leistungen in den Dimensionen Inhalt, Aufbau und Ausdruck. Im Bereich Rechtschreibung und Grammatik sind keine Unterschiede zu den Vergleichsgruppen erkennbar. Einige Merkmale der mit der Notebook-Initiative angestrebten Veränderung der Lernkultur konnten lediglich bei einem Teil der beobachteten Klassen festgestellt werden. Dies kann zur Erklärung der relativ geringen Effekte in der untersuchten Stichprobe beitragen.

Chandra und Lloyd (2008) fanden mit qualitativen und quantitativen Methoden in einem Vergleichsgruppendesign für die Nutzung von E-Learning-Modulen in den Fächern Chemie und Physik über einen Beobachtungszeitraum von zwei Jahren heraus, dass Schülerinnen und Schüler der zehnten Klassen sich sehr unterschiedlich an die neue Lehr- und Lernstruktur gewöhnen. Die Ergebnisse der Leistungstest für die beiden getesteten Fächer ergaben trotz gleicher Inhalte zu Vergleichsgruppen mit traditionellen Unterrichtsmethoden verbesserte Testscores. Geschlechterunterschiede gingen in die Richtung, dass Mädchen mit eher guten Vorleistungen in der E-Learning-Gruppe in ihren Leistungen abfielen, während sich leistungsschwache Jungen in dieser Gruppe im Laufe der Untersuchung verbesserten.

Nach Means und Olson (1995) ist es durchaus verständlich, dass bei der Einführung neuer Technologien in den Unterricht deren Effektivität im Vergleich zu eher traditionellen Medien, z.b. in Kontrollgruppenuntersuchungen, erhoben wird. Für solche „Horse-Race-Studien" (ebd., S. 31) sehen sie aber Grenzen in der Reichweite der Aussagekraft, da immer ein Zusammenhang zu den im Unterricht eingesetzten Methoden und dem Unterrichtsinhalt selbst bestünde, der zu berücksichtigen sei. Zumindest diese Aspekte – fordern sie – müssten im Vergleichsgruppendesign konstant gehalten werden. Hinzu kommt, dass die Testzeiträume vielmals zu kurz greifen, da in Lerngruppen, in denen digitale Medien neu eingeführt werden, Unterrichtszeit für die Einführung in die Handhabung der Technologien benötigt werden.

Über bereichsspezifische Kompetenzen hinaus verspricht der Einsatz digitaler Medien – neben der Veränderung der Lernkultur – eine Erweiterung des überfachlichen Kompetenzerwerbs. Weiterhin liegen Befunde zu computerbezogenen Kompetenzen und zur Medienkompetenz vor. Eine Steigerung computerbezogener Kompetenzen weisen verschiedene Studien aus (vgl. Warschauer, 2006; Shapley et al., 2006; Schaumburg & Issing; 2002; Fußangel, Schulz-Zander & Bauer, 2007). Schaumburg und Issing (2002) fanden Effekte des Einsatzes von Laptops im Unterricht hinsichtlich der Förderung von Computerkompetenz über einen Zeitraum von drei Jahren in der Sekundarstufe I eines Gymnasiums. Die ständige persönliche Verfügbarkeit von Notebooks hat sich deutlich positiv auf die Bedienkompetenz, auf die Fähigkeiten zur Nutzung des Internets zur Informationsgewinnung und zur E-Mail-Kommunikation ausgewirkt, nicht aber auf die kritische Reflexionsfähigkeit in Bezug auf Sicherheitsaspekte sowie auf die Einstellung zum Computer als Werkzeug (Schaumburg & Issing, 2002). Ein Kompetenzzuwachs ist vor allem bei den Mädchen zu verzeichnen. Die Evaluation der Einführung einer 1:1-Computerausstattung mit portablen Tablet-Computern[5] und integrierter Software in einer privaten Mittelschule in den Vereinigten Staaten ergab, dass nach einem einjährigen Einsatz die Schülerinnen und Schüler verbesserte Kompetenzen in der Technologienutzung wie Audiobearbeitung, Multimediaproduktion und Nutzung von Peripheriegeräten berichteten (Oliver & Corn, 2008). Vor allem der häufigere Einsatz von Unterrichtsaktivitäten wie wechselseitige Kommunikation und die gemeinsame Bearbeitung von Wikis werden als ursächlich dafür herangezogen. Durch die Einführung der Tablet-Computer stieg die Nutzungsfrequenz in den meisten Fächern, vor allem in Mathematik, den Naturwissenschaften und geisteswissenschaftlich ausgerichteten Fächern. Auch die am berufsorientierenden Projekt ‚workshop zukunft' teilnehmenden Schülerinnen und Schüler konnten ihre Werte im Vergleich zur Kontrollgruppe im Computerwissenstest statistisch signifikant steigern (Fußangel, Schulz-Zander & Kemna, 2006). Multivariate Analysen der PISA 2000-Daten von Wirth und Klieme (2002) ergeben, dass die Nutzungshäufigkeit des Computers an Schulen wenig zu computerbezogenen Kompetenzen und Interessen beiträgt, die Nutzungshäufigkeit im häuslichen Bereich hat dagegen eine hohe Erklärungskraft. PISA 2006 untersucht, in welcher Weise der häusliche und schulische Computereinsatz auf die Art der Computernutzung wirken (Senkbeil & Wittwer, 2007). Prenzel et al. (2007) bilanzieren basierend auf den Befunden von PISA 2006, dass vor allem programmbezogene Aktivitäten für spätere Berufe qualifizieren. Es wird deutlich, dass die schulische Computernutzung das Potenzial hat, computerbezogene Kenntnisse und Fähigkeiten zu vermitteln, die ausgleichend zu freizeit- und internetbezogenen häuslichen Nutzungsmustern wirken können. Weiterhin dokumentieren die Analysen der PISA-2006-Daten geschlechterbezogene Unterschiede in der Computervertrautheit: Mädchen weisen in Bezug auf ihr Computerwissen, ihre computerbezogenen Interessenlagen und ihre Selbstwirksamkeit Rückstände gegenüber Jungen auf. Seit PISA 2003 haben sich diese Unterschiede insgesamt verringert und entsprechen schwachen Effekten. Weiterhin ergibt sich, dass Mädchen und Jungen den Computer für unterschiedliche Zwecke nutzen: Mädchen setzen den Computer vor allem programmbezogen ein; für Jungen steht die intensive und freizeitbezogene Verwendung im Vordergrund. Dies entspricht auch den Befunden der JIM-Studie 2006 (MPFS, 2007). Hinzu kommt, dass die Mädchen überproportional in der Gruppe der ‚eingeschränkten Nutzer' vertreten sind und sie Computer und Internet sehr selektiv und eher selten nutzen. Diese Befunde deuten darauf hin, dass Schule einen Beitrag zur Kompetenzförderung leisten und bestehende Unterschiede im

---

5 Ein Tablet-Computer bzw. Tablet-PC ist ein tragbarer Computer, welcher primär über einen Bildschirm gesteuert wird. Gebräuchlich sind auch ‚Convertables', die die Notebook- und Tablet-Idee vereinen: Ihren Bildschirm kann man komplett umklappen.

häuslichen Bereich ausgleichen kann. Der Zuwachs an Medienkompetenz spiegelt sich jedoch nicht in der subjektiven Selbsteinschätzung wider (vgl. Schaumburg & Issing, 2002; Schulz-Zander & Riegas-Staackmann, 2004; Preussler & Schulz-Zander, 2004; Rösner, Bräuer & Riegas-Staackmann, 2004). Schaumburg und Issing verweisen auf einen möglichen ‚Deckeneffekt' bei den Jungen. Signifikante Unterschiede zwischen den Geschlechtern beim Selbstkonzept computerbezogener Fähigkeiten belegen auch die Schülerbefragungen der Evaluationsstudien des IFS zu ‚Schulen ans Netz', zu SelMa und zur ‚e-nitiative.nrw'. Die Schüler schätzen ihre computerbezogenen Fähigkeiten durchweg signifikant höher ein als die Schülerinnen (vgl. Hunneshagen, Schulz-Zander & Weinreich, 2000; Schulz-Zander, 2002). Wirth und Klieme (2002) ermittelten Geschlechterunterschiede in der Selbsteinschätzung der computerbezogenen Fähigkeiten, die weniger durch unterschiedliche Zugangsmöglichkeiten als durch die unterschiedliche Nutzungshäufigkeit des häuslichen Computers beeinflusst werden. Der Einfluss unterschiedlicher Interessen von Jungen und Mädchen ist demnach deutlich stärker als der der Zugangsmöglichkeiten zu Hause.

Schulen sind im Hinblick auf die Notwendigkeit des lebenslangen Lernens gefordert, Selbstlernkompetenz und Sozialkompetenz zu fördern und hierfür digitale Medien zu nutzen (vgl. KMK, 1997). In diesem Zusammenhang werden Arbeitsformen des offenen Unterrichts mit einer stärkeren Schülerorientierung empfohlen, um diese überfachlichen Kompetenzen zu stärken. Die spezifischen Merkmale digitaler Medien eröffnen die Möglichkeit, den Erwerb der damit verbundenen Fähigkeiten zu unterstützen. Daran lassen sich Überlegungen zur Förderung überfachlicher Kompetenzen anschließen. Lernen mit digitalen Medien – sowohl mit stationären aber vor allem mit mobilen Geräten – eröffnet Möglichkeiten zur Umsetzung einer stärkeren Schülerorientierung des Unterrichts mit hohen Anteilen von aktiv-konstruktiver Selbsttätigkeit, Selbstorganisation sowie Selbststeuerung und geringeren instruktionalen Anteilen durch die Lehrperson und damit einhergehend auch eine Veränderung der Lehrer- und Schülerrollen. Eine Analyse empirischer Befunde zur veränderten Lernkultur haben Schulz-Zander und Riegas-Staackmann (2004) durchgeführt; eine Übersicht zu nationalen Befunden haben Herzig und Grafe (2006) zusammengestellt. Es ergibt sich, dass eine Veränderung der Lernkultur stattfindet, dass Schülerinnen und Schüler stärker eigenaktiv tätig sind, Informationen recherchieren, oftmals vermehrt zusammenarbeiten (vgl. auch Schulz-Zander, Büchter & Dalmer, 2002) und Lehrpersonen mehr individuell beratend und unterstützend agieren. Gleichwohl bleibt lehrergesteuerter Unterricht weiterhin ein fester und aus Sicht aller schulischen Akteure berechtigter Bestandteil des Unterrichts. Hervorzuheben sind die Befunde der internationalen ‚Second Information Technology in Education Study – Module 2' (SITES M2), in der Fälle innovativer pädagogischer Praxis unter Nutzung von Informations- und Kommunikationstechnologien in Schulen analysiert wurden. Es zeigt sich, dass sich in einem beträchtlichen Anteil der Fälle Lehren und Lernen durch den Einsatz digitaler Medien maßgeblich verändert haben (vgl. Kozma & McGhee, 2003; Schulz-

Zander, Büchter & Dalmer, 2002; Schulz-Zander, 2005). In diesen Fällen waren die Lernenden aktiv, haben selbstständig Informationen recherchiert, Produkte gestaltet, Arbeitsergebnisse präsentiert oder publiziert und häufig mit anderen zusammengearbeitet – sowohl klassenintern, aber auch klassenübergreifend oder mit externen Partnern. In den meisten Fällen haben die Lehrpersonen den Unterricht strukturiert, die Schüleraktivitäten organisiert, die Lernenden bei ihren Aktivitäten beraten sowie den Lernfortschritt begleitet und bewertet. Die Analyse der zwölf deutschen Fallstudien aus SITES M2 zeigt ähnliche Ergebnisse: Der Unterricht ist schülerorientiert mit hohen Anteilen selbstständigen und kooperativen Lernens; durchgängig sind strukturierende Anteile durch die Lehrpersonen vorhanden (vgl. Büchter, Dalmer & Schulz-Zander, 2002; Schulz-Zander, Büchter & Dalmer, 2002).

2.3.4 Digitale Medien als Katalysator von Schulentwicklung

Im vorangegangenen Abschnitt ist deutlich geworden, dass die Implementation digitaler Medien nicht nur eine Möglichkeit zur Profilierung von Schulen bietet, sondern auch Auswirkungen auf schulischen Kompetenzerwerb, auf die Lern- und Schulkultur, auf die Formulierung von Visionen und auf die Kooperationen der Schule haben kann. Damit ist die Implementierung digitaler Medien eine schulische Innovation, die nicht als Ergänzung zusätzlich in Schulen eingeführt wird, sondern ihrerseits auf die Schule zurückwirken kann. Die UNESCO sieht die Gesamtorganisation Schule durch die Integration der digitalen Medien in einem Übergangsprozess (UNESCO, 2005). Dabei befindet sie sich in einem Spannungsfeld zwischen Kreativität und Disziplin, Pflichten und Freiwilligkeit, der klassischen Hierarchie des Lernens („vom Einfachen zum Schwierigen') und der Eigenverantwortlichkeit. Maddux (2003) stellt als Ergebnis einer Meta-Studie fest, dass die Einführung von Computern in Schulen nicht die *„revolution in education"* (ebd., S. 35) in Gang gesetzt habe, die man ihnen über Jahre zugeschrieben hat.

Die Beobachtung, dass sich die Implementation digitaler Medien in Schulen auf die Organisation Schule auswirken kann, wurde in verschiedenen Untersuchungen und Publikationen bereits seit Mitte der 1990er Jahre thematisiert (Means & Olson, 1995; Schnoor, 1998). Means und Olson (1995) beschreiben auf der Grundlage von Fallstudien die Rolle der Technologien in schulischen Reformen. Die Implementation digitaler Medien kann demnach einen Anstoß für eine Überprüfung von pädagogischen Zielen und Strukturen sein. Sie weisen auf die Notwendigkeit hin, längerfristig angelegte Unterrichtsprojekte und das Arbeiten in Gruppen durch eine veränderte Rhythmisierung des Unterrichts zu unterstützen. Weitere Unterstützungen einer Veränderung von Schul- und Lernkultur könnten durch Lehrplanänderungen „top-down" unterstützt werden (ebd., S. 179; Voogt, 2008). Als noch effektiver erachten sie die Ermutigung zum Aufbau von außerschulischen Partnern und Maßnahmen wie die Entwicklung einer schulweiten Vision, Schaffung eines ausreichenden und einfachen Zugangs zu Technologien, einen ausreichenden technischen Support, Lehrerfortbildungen zur Integration digitaler Medien in den Unterricht,

eine Struktur, in der Lehrpersonen Raum, Zeit und Freiheiten haben, Unterricht zu innovieren, Verankerung von Lehrerkooperationen, die Verankerung projektorientierten Lernens und die breite Verankerung über alle Fächer hinweg. Passend zu diesen Erkenntnis-
sen fügt sich der Ansatz von Mandl, Reinmann-Rothmeier und Gräsel (1998) ein.
Demnach leiste *„Implementation in diesem Sinne [...] letztlich einen entscheidenden Beitrag zur Schulentwicklung"* (ebd., S. 32). Dörr und Strittmatter (2002) verwenden zur Beschreibung der Rückkopplung der Implementation digitaler Medien auf die Schule und
auf die Unterrichtsentwicklung den Begriff des Katalysators, in dessen Rolle sie die digitalen Medien sehen. Dieser Begriff wurde bereits 1996 von der durch das Niederländische
Ministerium eingesetzten internationalen Kommission COMMITT (Committee On
MultiMedia In Teacher Training) verwendet (vgl. Plomp, ten Brummelhuis & Rapmund,
1996). Auch Voogt (2008) erläutert als eine Begründung der Implementation digitaler
Medien in Schulen die katalytische Funktion digitaler Medien für schulische Veränderungen und betont ihre wichtige Rolle für Veränderungsprozesse (ebd., S. 118). Die wohl
umfassendste empirische Studie zum Zusammenhang von IKT und Schulentwicklung ist
die OCD-Studie *‚ICT and the quality of learning'* (Venezky & Davis, 2002). Mit fünf for-
schungsleitende Fragen untersuchte die Studie die Katalysator-Funktion von IKT für schulische Veränderungen und die Diffusion von IKT in Schulen im Sinne Rogers (2003). Im
Ergebnis wurde gefunden, dass die Implementation digitaler Medien nur in Kombination
mit erweiterten Ansätzen und innovativen Methoden zu schulischen Veränderungen im
Sinne von Schulentwicklung führen können. Der Einsatz digitaler Medien kann als Kataly-
sator fungieren, indem sich neue Lehr-/Lernformen herausbilden. Kooperationen in Form
von virtuellen Gemeinschaften innerhalb der Schule und über Schulen hinaus wurden als
wirksamster Weg für schulische Veränderungen gefunden. Auch Müller, Blömeke und
Eichler (2006) ermittelten empirisch, dass sich etwa eine Veränderung des Unterrichts
nicht notwendigerweise aus dem Medieneinsatz ergibt, sondern ihre Verwendung tendenziell eher der bestehenden pädagogischen Praxis der Lehrpersonen entspricht (vgl.
auch Balanskat & Blamire, 2007; Somekh, 2008). Häuptle und Reinmann (2006) formulieren als ein Ergebnis ihrer Notebookstudie in einer bayerischen Hauptschule, dass schulische Veränderungen nicht immer von den Akteuren intendiert oder wahrgenommen
werden:

> Der Notebook-Einsatz an der untersuchten Hauptschule gilt als Einzelprojekt und ist nicht di-
> rekt in die Profilbildung der Schule eingebunden. Auch wird darunter kein Bezug zur Schulent-
> wicklung gesehen. Die vor allem von der Schulleitung genannten Gründe hierfür sind plausibel,
> verkennen aber das Potenzial von Notebooks auf die Organisation Schule (ebd., S. 64).

Insgesamt lässt sich festhalten, dass digitale Medien die Basis für neue pädagogische
Möglichkeiten und eines neuen Verständnisses von Schule bieten, in der Schülerinnen
und Schüler zum lebenslangen Lernen befähigt werden. Dazu sind die Schulen aufgefordert, neue Lernumgebungen zu gestalten (Eickelmann & Schulz-Zander, 2006).

2.3.5   Prozessmodelle der Integration digitaler Medien

Kubicek und Breiter (1998) haben die Stage-Theory von Nolan (1973, vgl. auch Nolan, Croson & Seger, 1993), der die Implementation der Informationstechnologien in betrieblichen Zusammenhängen phasenorientiert darstellt, auf Innovationsprozesse mit digitalen Medien in Schulen übertragen. Der Innovationsprozess beginnt mit der Phase der Initialisierung, in der die Innovation von Einzelnen betrieben wird. Die Phase der Ausbreitung zeigt erste Steuerungsversuche. Erst in der dritten Phase folgt eine IT-spezifische Steuerung und in Grenzen ist eine reproduzierende Verwendung der Medien zu identifizieren. In diesem Vierstufenmodell von 1998 findet sich die Nachhaltigkeit in der vierten Phase *„Integration"* wieder. Diese stellt die nachhaltige Implementierung als Zeitmarke dar, die dann erreicht ist, wenn der Einsatz der Technologien in die betreffenden Bereiche und Strukturen der Schule integriert ist. Dazu gehören die Integration in Schulentwicklungspläne sowie in schulische Finanz- und Personalpläne. Die Nutzung erfolgt aktiv und eigenständig und ist in die alltäglichen Arbeitsabläufe und den Unterricht integriert. Für die vorliegende Studie wird dieser Aspekt aufgegriffen und bei der Formulierung der Nachhaltigkeitsindikatoren (vgl. Abschnitt 4.3) berücksichtigt. Insbesondere wird der Eingang digitaler Medien in schulische Konzepte und bei der Formulierung schulischer Zielsetzungen berücksichtigt. Der angesetzte Zeitraum bis zur Erreichung der Phase *„Integration"* kann nach Kubicek bis zu 20 Jahre betragen. Die meisten deutschen Schulen befanden sich Ende der 1990er Jahre in den Phasen der Initialisierung und der Ausbreitung (Kubicek & Breiter, 1998). Diese Aussage wird durch die Ergebnisse der Begleitforschung der Initiative ‚Schulen ans Netz' gestützt. Danach wurde die Stufe der Steuerung im Jahr 1999 allenfalls von einem kleinen Teil der Schulen und die der Integration nahezu gar nicht erreicht (Weinreich & Schulz-Zander, 2000; Hunneshagen, Schulz-Zander & Weinreich, 2000).

Schnoor führt 1998 aus, dass eine umfassende Integration der Neuen Medien in den Schulalltag noch nicht erreicht ist. Er klassifiziert Schulen in drei Typen von Medienschulen, deren Entwicklung er in Anlehnung an Dalin, Rolff und Buchen (1995) als einen dreistufigen Prozess ansieht:

- Die *sporadische Medienschule*, die den digitalen Medien mit Skepsis begegnet und in denen die Einbindung von IKT vom Engagement einzelner Lehrpersonen abhängt.

- Die *additive Medienschule*, in der verschiedene Aktivitäten stattfinden, aber ein systematischer Zusammenhang fehlt. Der Einsatz digitaler Medien erfolgt hier zumeist domänenspezifisch.

- Die *sich selbst erneuernde Medienschule*, die das Idealbild einer pädagogischen Medienintegration darstellt. Hier wird der Computer im Unterricht situationsorientiert neben anderen Medien genutzt. Der Einsatz digitaler Medien wird mit dem Einsatz neuer Unterrichtsformen kombiniert. Die digitalen Medien sind aufgrund ihrer pädagogischen Wirksamkeit und ihrer Potenziale ausdrücklich in den Bildungs- und Erziehungszielen der Schulen verankert. Die Stufe der Integration von Informationstechnologien wäre erreicht, wenn alle den Einsatz dieser Technologien betreffenden organisatorischen, personellen und finanziellen Aspekte in die allgemeine Personal- und Finanzplanung bzw. in Schulentwicklungsplänen berücksichtigt sind. Dies setzt allerdings nach Kubicek und Breiter eine Schulverwaltungsreform voraus, die den Schulen eine *„größere Entscheidungs- und Haushaltsökonomie"* verleihen (Kubicek & Breiter, 1998, S. 127). Diese für 1998 visionäre Aussage hat auch insofern Einfluss auf das hier beschriebene Forschungsprojekt, als in die Instrumentierung die Fragen nach der Selbstständigkeit der Schule im Sinne einer erweiterten Schulautonomie und deren möglicher Einfluss auf die Integration digitaler Medien Berücksichtigung finden.

In der Zusammenschau aller phasenorientierten Prozessmodelle wird deutlich, dass die nachhaltige Implementierung in den beschriebenen Phasenmodellen stets in die letzte Phase fällt. Nicht genügend berücksichtigt ist möglicherweise bisher der Aspekt, dass die ständige Weiterentwicklung der Technologien die Schulen nicht mehr mit der Einführung digitaler Medien als ‚Generalinnovation' konfrontieren. Vielmehr produziert möglicherweise jede, für Schulen relevante technische Neuerung eine neue Schleife in den Prozessmodellen oder gar einen Neuanfang eines Prozesses, den Hargreaves (2006) mit dem Begriff *„waves of reform"* beschreibt (ebd., S. 18). Dies ist auch vor dem Hintergrund zu reflektieren, dass die Schnelllebigkeit der Technologien und die fast übergangslosen Veränderungen dazu führen, dass ein neuer Innovationsprozess beginnt, ohne dass die vorherigen abgeschlossen sind. Dies kann die Innovationsbereitschaft der Lehrpersonen beeinträchtigen (Schulz-Zander, 2001). Um die Vielzahl der Schleifen in dem Innovationsprozess oder – je nach Verständnis – die Vielzahl von Innovationsprozessen in Bezug auf digitale Medien zu fassen, ist es daher möglicherweise sinnvoll, die Schnelllebigkeit in dem Sinne zu berücksichtigen, indem der Schwerpunkt der Anbindung digitaler Medien auf pädagogische Zielsetzungen gelegt wird. IT-Ausstattungs- und Nutzungskonzepte sind diesem Aspekt in diesem Ansatz unterzuordnen und wie Pacher und Kern (2005) vorschlagen bei der Formulierung schulischer Medienkonzepte zu berücksichtigen (vgl. auch Abschnitt 2.3). Diese Idee ließe weiterhin die Hypothese zu, dass vor allem Schulen, die die Schnelllebigkeit der Technik berücksichtigen, aber den Innovationsprozess an pädagogischen Zielsetzungen ausrichten, erfolgreicher digitale Medien implementieren als Schulen, in denen zum einen kleinschrittig Technik eingeführt wird und zum anderen eine Anbindung an übergeordnete Ziele fehlt sowie das Zusammenspiel zwischen pädagogischen Visionen und Ausstattung nicht genügend Berücksichtigung findet.

2.4 Bedingungsfaktoren der Integration digitaler Medien

Betrachtet man die spezifischen schulischen Innovationen mit digitalen Medien, finden sich nationale und internationale Befunde zu Bedingungsfaktoren vorwiegend in der Anfangsphase der Implementierung digitaler Medien. Dies liegt in Deutschland auch darin begründet, dass multimediafähige PCs und die Internetanbindung der Schulen erst Ende der 90er Jahre Einzug gehalten haben. Erst im Jahr 2004 (vgl. BMBF, 2005) wurde eine europäische Empfehlung für den Umfang der IT-Ausstattung der Schulen in Deutschland erreicht.[6] Die Einführung digitaler Medien zielt im Kern auf eine Qualitätsverbesserung von Unterricht und Schule und die Entwicklung einer neuen Lernkultur (Schulz-Zander, 1998). Dem gegenüber steht eine vergleichsweise geringe Nutzung (s. Abschnitt 2.2.1).

Bisher wurden verschiedene nationale Untersuchungen und internationale Studien mit deutscher Beteiligung durchgeführt, die Befunde zu den Gelingensbedingungen in der ersten Phase oder in den ersten Phasen (vgl. Abschnitt 2.3.5) des Implementationsprozesses ausweisen. Im deutschsprachigen Raum ist die Erhebung von Bedingungsfaktoren oder der „Hauptprobleme", so die Wortwahl des entsprechenden Items im Fragebogen aus dem Jahr 1998, erstmalig mit der Computerkoordinatorenbefragung im Rahmen der Evaluation ‚Schulen ans Netz' (Weinreich & Schulz-Zander, 2000) erhoben worden. In Bezug auf die Erforschung der Gelingensbedingungen der Implementierung digitaler Medien in Schulen weist die Literatur verschiedene Ansätze zur Systematisierung der Bedingungsfaktoren aus. Pelgrum (2001) sowie Eickelmann und Schulz-Zander (2006) unterscheiden materielle und immaterielle Faktoren. Schaumburg (2002) und die BECTA (2003) differenzieren die immateriellen nach schulorganisatorischen Gründen und Lehrervariablen. Andere, im Folgenden berichtete Forschungen nehmen Perspektiven einzelner Akteure ein und analysieren deren Zutun zur erfolgreichen Integration digitaler Medien. In wieder anderen Studien findet eine Fokussierung auf den Unterricht oder auf didaktische Ansätze statt.

2.4.1 Forschungsbefunde zu den Bedingungsfaktoren

Von 1998 bis 2000 wurde die Anbindung deutscher Schulen an das Internet von dem Verein ‚Schulen ans Netz e. V.' und der Deutschen Telekom gefördert. Der damit verbundene Innovationsprozess in den Schulen wurde wissenschaftlich begleitet (Hunneshagen, Schulz-Zander & Weinreich, 2000; Schulz-Zander, Hunneshagen, Weinreich, Brockmann & Dalmer, 2000). Die Evaluationsstudie des Institutes für Schulentwicklungsforschung an der Universität Dortmund liefert Befunde zu hemmenden und fördernden Bedingungen in der Anfangsphase der Anbindung der Schulen an das Internet. Das Ergebnis der Befragung der Computerkoordinatoren ergibt als zentrale implementationsfördernde Fakto-

---

6 Zum Vergleich: In Kanada, Dänemark, Großbritannien und den USA wurde diese Ausstattungsquote (Schüler-Computer-Verhältnis von 15:1) schon im Jahr 1998 (Pelgrum & Anderson 1999) erreicht bzw. teilweise sogar deutlich unterschritten.

ren die Unterstützung der Schulleitungen (Weinreich & Schulz-Zander, 2000, vgl. auch Breiter, 2001; Collis & Carleer, 1993; Chen & Looi, 1999; Dwyer, 1994; Scholl & Prasse, 2001), die Akzeptanz von Computer und Internet als Medium für den Unterricht sowie die Arbeit von schulischen Projektteams (Hunneshagen, Schulz-Zander & Weinreich, 2000). Die Computerkoordinatoren sehen hinsichtlich der Einbindung des Internets in den Unterricht den hohen Zeitaufwand, technische Schwierigkeiten und hohe Kosten als hinderlich. Weiterhin führten 39 Prozent der zwischen 1998 und 2000 befragten Lehrerinnen und Lehrer an, dass für die Internetnutzung nicht genügend Zeit in den Lehrplänen vorgesehen sei. Ein Drittel der Lehrpersonen führte die geringe Anzahl von Schülerarbeitsplätzen an; das Schüler-Computer-Verhältnis lag 1998 bei 36:1. Ein Viertel gab an, zu wenige Kenntnisse über das Internet zu haben. In Bezug auf die Computernutzung kristallieren sich neben den Ressourcenproblemen (fehlende Computerarbeitsplätze, fehlende Softwarelizenzen) auch pädagogische Hemmnisse heraus, wie die Frage nach der sinnvollen Integration des Computers in den Unterricht und der Feststellung, dass bei der Einbindung des Computers in den Unterricht eine Lehrperson pro Lerngruppe nicht als ausreichend angesehen wird.

Ein weiterer Befund dieser Evaluationsstudie ist, dass die Technologieentwicklung eine wesentliche Bedeutung im Prozess der Implementation einnimmt. Die Erneuerung der Organisation ist häufig ein notwendiger aber auch sinnvoller Aspekt einer erfolgreichen Implementation technischer Systeme. Zudem erfordert eine erfolgreiche Nutzung digitaler Medien die Einbeziehung schulinterner und externer Kooperationspartner (vgl. Hunneshagen & Schulz-Zander, 2001). Die traditionelle Triade der Schulentwicklung, die die Dimensionen Organisationsentwicklung, Personalentwicklung und Unterrichtsentwicklung umfasst (vgl. Rolff, 1998) wird daher um die Dimensionen Technologieentwicklung und Kooperationsentwicklung erweitert (Schulz-Zander, 1999, vgl. auch Abschnitt 2.3).

Im Rahmen der organisationsbezogenen Evaluation der Initiative ‚Schulen ans Netz', durchgeführt von dem Institut für Psychologie an der Humboldt Universität Berlin, haben Prasse und Scholl (2000) auf die Rolle der Prozesssteuerung und Prozesspromotion durch Lehrpersonen als Prozessmanager hingewiesen, die bei der Einführung der Innovation von großer Wichtigkeit sind. Vor dem Hintergrund des Promotorenmodells (Witte, 1973) werden Schulakteure zu Promotoren, wenn sie bezogen auf die Innovation und den verbundenen Aufgaben überdurchschnittliches Engagement zeigen und Kollegen motivieren und unterstützen. Dieses Modell postuliert, dass Fach-, Prozess- und Machtpromotoren dafür sorgen, dass eine Innovation nicht an den existierenden Barrieren scheitert.

Der Kooperation unter den Lehrkräften wird in der Schulentwicklungs- und Schuleffektivitätsforschung in den letzten Jahren zunehmend eine besondere Bedeutung beigemessen (vgl. u.a. Gräsel, Fußangel & Pröbstel, 2006; Steinert, Klieme & Maag-Merki, et al., 2006; Terhart & Klieme, 2006; Kelchtermans, 2006). Im Hinblick auf die Kooperationsentwicklung der Schule sind vor allem schulinterne als auch -externe Kooperationen für das Gelingen der Implementation von Innovationen von besonderer Relevanz. Für die Schulentwicklung mit digitalen Medien wird die Kooperationsentwicklung seit Ende der 1990er Jahre als besonders relevant eingestuft (Lindau-Bank & Magenheim, 1998; Schulz-Zander, 1999; Schulz-Zander, 2001; Dexter, Seashore & Anderson, 2002; Schulz-Zander, Büchter & Dalmer, 2002; Hennessey, Ruthven & Brindley, 2005; Hunneshagen, 2005; Looi, Lim & Chen, 2008). Sie kann für ein aufeinander abgestimmtes Lehrerhandeln sorgen, die Lehrerprofessionalisierung unterstützen und die Implementation digitaler Medien positiv befördern. Bereits 1998 führten Riel und Becker (2000) in den USA eine Studie durch, die den Grad der Professionalisierung von Lehrpersonen sowie deren Kooperationen mit anderen Lehrpersonen in Verbindung mit der Häufigkeit und pädagogischen Einbindung digitaler Medien in den Unterricht untersuchte. Demnach sind Lehrpersonen mit hohem professionellem Engagement, die elaborierte Formen der Lehrerkooperationen wie das Ko-Konstruieren von Wissen praktizieren, eher geneigt, digitale Medien in konstruktivistische Lernszenarien einzubinden. Sie verwenden weniger einfache Lernprogramme und eher Software mit Werkzeugcharakter (ebd., S. 27). Als besonderes Ergebnis stellen Riel und Becker heraus, dass vor allem Lehrpersonen dieser Gruppe effektiver (*„more effective"*, S. 32) ihre Überzeugungen in Bezug auf Lernen und Computernutzung in die Praxis umsetzen. Die höhere Effektivität äußert sich darin, dass sie schüleraktivierend unterrichten und Wissen in projektbasierten Lernkontexten konstruieren lassen. Die Konstruktion von Wissen durch Kooperationen und Wissensmanagement verdeutlichen auch Huber (2004) und Eickelmann und Schulz-Zander (2008). Mit dem Wissensmanagementansatz zur Implementation digitaler Medien versucht man, das *„verstreute, allzu oft verdeckte, nicht wahrgenommene Wissen Einzelner kommunizierbar und für die Entwicklung der Schule fruchtbar zu machen"* (Huber, 2004, S. 71). Neben der Distribution von Informationen soll auch Steuerungswissen generiert werden, das zur Beurteilung und Optimierung für die die Innovation betreffende Vorgänge und Arbeitsabläufe notwendig ist und ein bedeutsamer Faktor für den Erfolg der Implementation digitaler Medien sein kann (Mandl, Reinmann-Rothmeier & Gräsel, 1998, S. 31). Die Betrachtung von Entwicklungen und von Best-Practice-Beispielen auf internationaler Ebene kann in Bezug auf die Kooperationsentwicklung mit digitalen Medien impulsgebend oder richtungweisend sein: Studien in anderen Ländern zeigen, dass die Lehrerkooperation eine entscheidende Rolle zur erfolgreichen Implementation digitaler Medien einnimmt, diese aber weder top-down nachhaltig befördert werden, sondern auf der Kontext-, Input- und Prozessebene unterstützt werden muss, um im Hinblick auf die Schuleffektivität wirksam zu sein (Tearle, 2004; Krumsvik, 2005; Shapley et al., 2006). Dazu ist es vor allem wichtig, die Schulkultur demokratisch zu prägen, die gesamtschulische Entwicklung zu erfassen und diese soweit zu entwickeln, dass eine Selbstverpflichtung auf das gemeinsame Ziel – in diesem Falle die Integration digitaler Medien in den Unterricht – erfolgt. Dabei ist der Weg zur Selbstverpflichtung ein Prozess, der im Idealfall kollaborativ und kooperativ verläuft und Gestaltungszeit benötigt, die bei der Planung der schulischen Innovation berücksichtigt werden muss (Tearle, 2004). Auch wird deutlich, dass die Kooperationen vor allem darauf ausgerichtet sind, computerbezogenes und pädagogisches Wissen weiter zu geben, wissen zu ko-konstruieren sowie durch arbeitsteiliges Vorgehen und Kooperationen – im Kollegium und mit Externen – die Effizienz der Anstrengungen zu erhöhen. Dexter, Seashore und Anderson (2002) fanden auf der Grundlage der Analyse sechs der elf US-amerikanischen SITES-M2-Fallstudien, dass professionelle Gemeinschaften in Schulen dazu beitragen können, digitale Medien in der Breite zu integrieren und schulisches Ziele und Visionen neu zu definieren und eine kontinuierliche Weiterentwicklung der Schule in Bezug auf die Nutzung digitaler Medien zu gewährleisten. In den Fallschulen gefundene Varianten der Schwerpunktsetzung der Arbeit der Lehrergemeinschaften beziehen sich u.a. auf den reflexiven Dialog über die Technik. Weiterhin wurde in einer Fallschule besonders der Zusammenhang und die wechselseitige Unterstützung von Lehrerkooperation und Technologie deutlich. Als besonders nützlich wurde die De-Privatisierung von Unterricht im Sinne gegenseitiger Unterrichtsbesuche genannt. Diese Aspekte der Lerngemeinschaften zusammen mit einem an die Schulbefürfnisse angepasstem Support und der Unterstützung der Schulleitung identifizieren die Autoren als wichtige Prädiktoren für die Integration digitaler Medien. Zu einem ganz ähnlichen Ergebnis kommt die Forschergruppe um Owston, die als Ergebnis einer vertiefenden Analyse der kanadischen SITES-M2-Fälle herausstellen, dass nicht ein einzelner Bedingungsfaktor hinreichend für eine erfolgreiche IT-Integration sein kann (Granger, Morbey, Lotherington, Owston, & Wideman, 2002). Vielmehr wird die Erfüllung einer ganzen Reihe von notwendigen Bedingungsfaktoren identifiziert, die in die prägnante Formel *„computers, commitment und community"* gesetzt wird (ebd., S. 487). Dabei steht *„computers"* stellvertretend für die Verfügbarkeit von moderner Ausstattung, technischen Support, möglichst über einen Vollzeitadministrator. Unter diesem Punkt subsummiert die Autorengruppe auch die Fortbildungen für Lehrkräfte, wobei sich für die kanadischen Fälle ein *„just-in-time- learning"* am nützlichsten erwies (ebd., S. 487, vgl. auch Netzwerk Medienschulen, 2001). Der Aspekt *„commitment"* umfasst das Engagement und die Einbindung der Lehrpersonen in die Sache und damit die Verpflichtung auf die Unterstützung der Lernprozesse der Schülerinnen und Schüler sowie die Suche nach kreativen Wegen zur Integration digitaler Medien. Ein wesentlicher Bestandteil ist auch das Nachdenken über die Technik und wie diese ihre Unterrichtstätigkeit beeinflusst. Der Community-Aspekt umfasst die kollegiale Unterstützung, das gemeinsame Lernen von Lehrpersonen und die Unterstützung durch die Schulleitung, die sowohl Bestandteil der Community sein kann oder auch Unterstützungsstrukturen und Zuspruch für den Aufbau von Lerngemeinschaften bereitstellen kann.

In Nordrhein-Westfalen wurde über einen Zeitraum von zwei Jahren die e-nitiative.nrw, eine Ausstattungs- und Qualifizierungsinitiative, wissenschaftlich begleitet und evaluiert

(Rösner, Bräuer & Riegas-Staackmann, 2004). Die Ergebnisse dieser Studie basieren auf einer in den Jahren 2002 und 2003 zeitlich um ein Schuljahr versetzten quantitativen Befragung. Die Initiative führte innerhalb eines Jahres dazu, dass digitale Medien verstärkt im Unterricht eingesetzt werden. Dabei stieg nicht die Anzahl der Vielnutzer, sondern die Zahl derjenigen Lehrerinnen und Lehrer, die sich an den Computereinsatz langsam herantasten. Jedoch geben nur ein Drittel aller Schülerinnen und Schüler an, einmal pro Woche oder häufiger mit dem Computer zu arbeiten. Dabei wird – im Gegensatz zu früheren Untersuchungen – nicht der geringe Ausstattungsgrad der Schulen Haupthinderungsgrund für die Computernutzung, sondern Variablen auf der Lehrerebene. Die Schweizer DORE-Studie *ICT-Nutzung an High-Tech-Schulen'* (Elsener, Luthiger, & Roos, 2004) und auch die nationalen Befunde der OECD-CERI-Studie *ICT and the quality of learning'* (Haass, Seeber & Weininger, 2003) konnten exemplarisch zeigen, dass eine gute IT-Ausstattung von Schulen nicht unbedingt mit einer intensiven Nutzungskultur einhergeht. Das Ausstattungsargument bleibt daher weiterhin bestehen: Die Europäische Kommission (2006b) ermittelte, dass 48 Prozent der Lehrpersonen in Deutschland die unzureichende Computerausstattung in ihrer Schule und 41 Prozent das Fehlen von zugänglichen Internetanschlüssen als wichtigen Hinderungsgrund für die unterrichtliche Nutzung einschätzen. Venezky und Davis (2002) betonen, dass vor allem in der Anfangsphase der Implementierung die Zuverlässigkeit der Technik ausschlaggebend ist. Computer würden, so die Forschergruppe um Venezky und Davis, vor allem dann eingesetzt, wenn sie sich in die Unterrichtsroutine der Lehrpersonen integrieren lassen, diese einen Mehrwert erkennen und fortgeschrittene Anwendungskenntnisse haben. Diese Faktoren befördern gegenüber digitalen Medien positive Einstellungen und Nutzungsabsichten der Lehrpersonen (Teo, 2009). Die Diskussionen um die geringe Verbreitung der unterrichtlichen Nutzung digitaler Medien heben in verschiedenen Studien seit Mitte der 1980er Jahre bis heute auf die Einstellungen der schulischen Akteure, insbesondere der Lehrpersonen ab (vgl. u.a. Knezek & Christensen, 2008; Cox, 2008). Einstellungen beschreiben eine psychologische Tendenz, die eine überdauernde positive oder negative Bewertung zu einem Objekt umfasst und sich durch kognitive Reaktionen – wie Überzeugungen, Meinungen, Vorstellungen – und affektive Reaktionen sowie Verhaltensreaktionen (Verhaltensabsichten und Handlungstendenzen) beobachten lässt (Stroebe, Hewstone & Stephenson, 1988; Aronso et al., 2004). Schulz-Zander, Pfeifer und Voss (2008) weisen als Ergebnis ihrer Literaturzusammenschau zu Einstellungen und Kompetenzen schulischer Akteure in Bezug auf Technologien darauf hin, dass die Methode der Beobachtungen einen wichtigen Hinweis auf die Einstellungen und Kompetenzen der Akteure liefert, sich aber im Sinne einer objektiven, reliablen und validen Forschungsgüte ein multimethodischer Ansatz am geeignetsten erscheint (ebd., S. 377). Insgesamt weisen die bisher dokumentierten Studien aus dem letzten Jahrzehnt unverändert aus, dass die schulischen Akteure dem Einsatz digitaler Medien positiv gegenüberstehen (vgl. Hunneshagen, Schulz-Zander & Weinreich, 2000; Schulz-Zander et al., 2000; Scholl & Prasse, 2000;

Schulz-Zander, 2005; Herzig & Grafe, 2006; Bofinger, 2007). Die Grundhaltung der Beteiligten ist insgesamt kein Hemmnis: Lerner, Lehrkräfte und Eltern vertreten übereinstimmend die Auffassung, dass Kenntnisse über digitaler Medien und ihr Einsatz im Unterricht wichtig und auszuweiten seien (Rösner, Bräuer & Riegas-Staackmann, 2004). Lehrpersonen schreiben dem Einsatz digitaler Medien im Unterricht positive Effekte in Bezug auf die Lernfreude und Motivation der Lernenden, auf den fachlichen Kompetenzerwerb und Erwerb von Medienkompetenz, auf die Entwicklung metakognitiver Fähigkeiten bezüglich der Informationsgewinnung und -analyse, des selbstständigen Lernens, des interdisziplinären Lernens und der Problemlösefähigkeit zu. Die Förderung des sozialen Lernens und der Divergenzminderung sowie der Chancengleichheit innerhalb einer Klasse werden eher nicht erwartet (vgl. Hunneshagen, Schulz-Zander & Weinreich, 2000). Hinsichtlich der Förderung sozialer Kompetenzen und Kooperationsfähigkeiten hat sich in den letzten Jahren eine positive Verschiebung der Einstellungen vollzogen: Anfängliche Befürchtungen, dass der Computereinsatz zu einer Isolierung von Lernern führe, wurden durch Befunde zur Steigerung der Kooperation und Kommunikation abgelöst. Vor allem diejenigen Lehrpersonen, die eine konstruktivistische Ansatz von Lehren und Lernen haben, sind eher geneigt digitale Medien zu nutzen und diese in erweiterte Unterrichts- und Lernformen zu integrieren (Ertmer, 2005). Petko (2006) sieht auf der individuellen Ebene den Einsatz von Unterrichtsvideos und videografierte, didaktisch aufbereitete Good-Practice-Beispiele und Fallstudien in der Lehrerausbildung als Ausgangspunkt professioneller Weiterbildung.

Aus deutscher Sicht ist jedoch zu ergänzen, dass im Gegensatz zu den in Deutschland bisher ermittelten positiven Lehrereinstellungen zu digitalen Medien eine Studie der Europäischen Kommission (2006a) ergibt, dass deutsche Lehrpersonen im europäischen Vergleich der Verwendung digitaler Medien im Unterricht besonders skeptisch gegenüberstehen. Unter den Nicht-Nutzern stellt nahezu die Hälfte (48 %) einen Mehrwert des Computereinsatzes im Unterricht infrage, im europäischen Durchschnitt dagegen nur etwa ein Sechstel. Ähnliche Befunde zu Einstellungsdisparitäten liegen aus der Evaluation Schulen ans Netz bezogen auf Internet-Nutzer und Nicht-Internet-Nutzer vor (Hunneshagen, Schulz-Zander & Weinreich, 2000; Scholl & Prasse, 2001). Etwa ein Fünftel der Nicht-Nutzer hat kein Interesse an einer Computernutzung im Unterricht (Europäische Kommission, 2006a). Auch diese Zahl übertrifft den europäischen Durchschnitt (9 %) deutlich. Zu der Gruppe der sehr skeptischen Nicht-Nutzer gehören vor allem ältere Lehrpersonen bzw. langjährig tätige Lehrpersonen. Tearle (2004) fand in einer Einzelfallstudie an einer der best-getesteten Sekundarschulen Großbritanniens, deren IKT-Integration als gut gelungen beschrieben wird, dass eine Verstärkung durch eine im Kollegium vorhandene soziale und gemeinsame Verpflichtung zur Nutzung digitaler Medien (*„social obligation"*) die Einstellungen Einzelner positiv beeinflussen kann. Negative Einstellungen als hemmende Bedingungsfaktoren wurden in ihrer Untersuchung nicht identifiziert oder wurden hinter der kollektiven Verpflichtung zur Nutzung digitaler Medien zurückgestellt. Als Ergebnis der Befragung der Lehrpersonen in dem der in dieser Forschungsarbeit Rahmen gebenden Untersuchung lässt sich zur Einstellung der Lehrpersonen zu digitalen Medien auch unter Berücksichtigung pädagogischer Ziele und Aufgaben Folgendes feststellen (vgl. Eickelmann & Schulz-Zander, 2008): Nahezu alle befragten Lehrpersonen stufen Kenntnisse über digitale Medien als Teil der Allgemeinbildung ein. Als besonders wichtig erachten sie die digitalen Medien zur Vorbereitung auf spätere berufliche Anforderungen und zur Informationsgewinnung. Des Weiteren bewerten sie den Computereinsatz für das schulische Lehren und Lernen als hilfreich und nützlich, wobei der Anteil in den Grundschulen etwas niedriger ausfällt (Primarstufe: 85 %, Sekundarstufe: 94 %). Mehrheitlich (54 %) schätzen Lehrpersonen digitale Medien als wertvolles Arbeitsmittel zur Verbesserung der Qualität des Lernens ein. Mehr als die Hälfte der Lehrpersonen sehen Potenziale zur Förderung der Selbstverantwortung und Selbstorganisation von Lernprozessen sowie zur Individualisierung von Lernen und zur stärkeren Schüleraktivierung. Die Bedeutung digitaler Medien zur Verbesserung von Leistungen und zum Erreichen eines tiefer gehenden Verständnisses fachlicher Zusammenhänge stufen die Lehrpersonen jedoch eher zurückhaltend ein. In der Gesamtstichprobe schätzt mehr als ein Viertel die digitalen Medien als unwichtig ein und etwas weniger als ein Viertel als wichtig ein. In den Grundschulen liegt der Anteil deutlich höher als in Sekundarstufenschulen. Bezüglich der Potenziale zur Verbesserung der Leistungen unterscheiden sich in vertiefenden Analysen die Einschätzungen hinsichtlich Alter und Dauer der Lehrtätigkeit nicht. Etwas mehr als ein Viertel der Nutzer erachten digitale Medien als wichtig für die Leistungsverbesserung, aber nur zehn Prozent der Nicht-Nutzer. In Bezug auf Internetnutzer und Nicht-Internetnutzer, die separat abgefragt wurden, fallen die Unterschiede etwas geringer aus. Der geringere Unterschied kann darin begründet sein, dass einige der Nicht-Internetnutzer dem Einsatz digitaler Medien positiv gegenüber eingestellt sind, ihnen aber für den Unterricht kein Internetanschluss zur Verfügung steht. Auffällig ist, dass die Mehrzahl der Lehrpersonen einen Mehrwert der digitalen Medien bei der Unterstützung von Erkundungs- und Rechercheaufgaben, bei der Individualisierung von Lernerfahrungen und einer stärkeren Schüleraktivierung bei der interessanteren Gestaltung von Lernprozessen sieht. Weiterhin erscheinen in den Grundschulen die Berücksichtigung unterschiedlicher Leistungsniveaus und die Bereitstellung von Lern- und Übungsaufgaben als bedeutsam. Vor allem der als eher gering eingeschätzte Beitrag digitaler Medien zur Unterstützung kooperativen Lernens ist nicht erwartungskonform. Dieses Ergebnis relativiert die hohen Erwartungen, die mit dem Einsatz digitaler Medien zur Förderung kooperativen Lernens aus vorangegangenen Studien – z.B. der internationalen SITES M2 (vgl. Kozma, 2003a) – identifiziert wurden.

Weitere Ursachen in der geringen Verbreitung werden in fehlenden technischen und didaktischen Kompetenzen der Pädagogen gesehen (vgl. auch Smeets et al., 1999; Ross, Hogaboam-Gray & Hannay, 1999; Pelgrum, 2001; Venezky & Davis, 2002; Rösner, Bräuer & Riegas-Staackmann, 2004; Schulz-Zander, Schmialek & Stolz, 2007). Nach wie vor wird auch festgestellt, dass die Konzentration von Computerarbeitsplätzen auf Fachräume eine flexible Nutzung einschränkt. Der Zugang zu geeigneter Lernsoftware wird ebenfalls als Problem benannt. Bestätigt wird die Relevanz der Probleme bei der Wartung der Systeme. Tendenziell wird die Administration durch Externe nur als Entlastung empfunden, wenn damit kein Zeitverzug verbunden ist. Als förderlich werden die Ausstattung der Schulen mit mobilen Rechnern, die Einrichtung von Selbstlernzentren und die Verantwortlichkeit für Wartung und Support durch den Schulträger sowie die schulübergreifende Kooperation genannt. In diesem Zusammenhang wird als wichtig erachtet, dass Grundschulen und weiterführende Schulen gemeinsame Konzepte entwickeln und die an den Grundschulen vermittelte Wissensgrundlage kontinuierlich weitergeführt wird. Die verbindliche Entwicklung von Medienkonzepten wird nach Angaben der Schulträger von den Schulen grundsätzlich befürwortet. Welchen Stellenwert die Schulen bzw. die Beteiligten in den Schulen den Medienkonzepten für die konkrete Arbeit im Unterricht zuweisen, wurde bisher nicht erhoben.

Weiterhin hat Hunneshagen (2005) als Ergebnis einer Teilstudie zur Evaluationsstudie ‚Schulen ans Netz' die Relevanz verschiedener Faktoren anhand von qualitativen Analysen herausgearbeitet (zu den quantitativen Analysen der Studie vgl. auch Hunneshagen, Weinreich & Schulz-Zander, 2000). Im Hinblick auf die eigene Untersuchung ist jedoch festzustellen, dass es sich auch bei diesen Ergebnissen um Resultate in der Anfangsphase von Innovationen handelt. Geht man von den weiter oben dargestellten Phasenmodellen für Innovationsprozesse aus, beziehen sich auch die von Hunneshagen dargestellten Befunde auf die erste und zweite Phase der Implementierung digitaler Medien in Schulen (vgl. Nolan, Croson & Seger, 1993; Kubicek & Breiter, 1998; Fullan, 2001; Hunneshagen, 2005). In dieser Phase sind Aspekte der ersten Erfahrungen mit den Technologien mit der Einschränkung maßgeblich, dass der Technikeinsatz im Unterricht weder gezielt noch systematisch erfolgt. Als Beispiele für die von Hunneshagen (2005) identifizierten innovationsfördernden Merkmale seien das Engagement der Schulleitung, die Offenheit im Kollegium für Neuerungen, die realistische Einschätzung der Innovation, die Durchführung von Fortbildungsprogrammen, der Kontakt zu externen Organisationen und Informationsquellen und ein technisches Gesamtkonzept genannt. Ausgewählte innovationshemmende Merkmale der Schule sind: die Ablehnung der mit der Innovation verbundenen Mehrbelastung, das isolierte Arbeiten von Lehrpersonen, das Fehlen eines Gesamtkonzeptes, die Zufriedenheit und Vertrautheit mit dem Istzustand, mangelnder finanzieller Hintergrund, mangelnde oder instabile technische Ausstattung und eine zu komplizierte Technik.

2.4.2   Neuere Befunde und Untersuchungsschwerpunkte

Die Aktualität des Themas und der forschungsleitenden Fragestellungen dieser Arbeit wird durch zahlreiche nationale und internationale Publikationen und empirische Erhebungen im Erhebungsjahr 2006 und den nachfolgenden Jahren deutlich. Dabei beziehen sich die Untersuchungen sowohl auf die Implementierung neuer technischer Applikationen (1), auf die nötigen Bedingungsfaktoren, mit digitalen Medien eine Veränderung der Lernkultur zu befördern (2) und auf den Einfluss von Bedingungsfaktoren auf die Implementierung digitaler Medien mit dem Ziel erweiterte pädagogische Konzepte oder fachliche bzw. überfachliche Kompetenzen zu fördern (3). Weitere Schwerpunkte, die in den letzten Jahren besonderes Interesse geweckt haben, sind die Integration digitaler Medien in Grundschulen und ihre Bedingungsfaktoren (4) sowie internationale Vergleichsstudien zur innovativen Nutzung digitaler Medien auf der Lehrer-, Schul- und Systemebene, namentlich die IEA-Studie SITES 2006 (5).

(1) Bedingungsfaktoren für die Implementierung neuer technischer Applikationen

Die oben angeführten Studien und Bedingungsfaktoren für die Anfangsphase der Implementierung digitaler Medien beziehen sich zumeist auf die generelle Einführung von Computern und des Internets in den Unterricht. In den letzten Jahren sind verstärkt Untersuchungen hinzugekommen, die sich auf die Einführung spezieller computerbasierter Medien oder Anwendungen beziehen. Allen voran sind die Einführung von mobilen Endgeräten, schülereigenen Notebooks und Notebookklassen zu nennen. Diese haben primär im anglo-amerikanischen Kulturraum aber auch in anderen Staaten bereits eine längere Tradition. Weiterhin stehen in anderen Staaten webbasierte Technologien und deren Integration in den Unterricht verstärkt in der Erprobung und werden dort auch wissenschaftlich begleitet sowie konzeptionell aufgearbeitet. Hierzu gehören Web-2.0-Technologien, webbasierte Lernumgebungen und das Online-Lernen generell. Obwohl es im Internet Zusammenschlüsse und Hilfestellungen von und für Lehrpersonen zur Integration neuer Netzanwendungen gibt, hat sich eine breite schulische Anwendung von Web-2.0-Technologien in Deutschland noch nicht vollzogen. Auch steht die wissenschaftliche Begleitung solcher Anwendungen noch in den Anfängen. Um *„new digital trends"* in die Schule zu bringen, fordert Krumsvik (2008) digitale Kompetenzen – technische und didaktische – durch situiertes Lernen zu befördern. Als zentrale Aspekte identifiziert er in einem theoretischen Beitrag die Verankerung in Lehrplänen, die Ausstattung der Lehrpersonen mit Notebooks, die Bereitstellung von Lernplattformen und virtuellen Klassenzimmern sowie als *„most important steering instrument for advancing the use of ICT by teachers"* (ebd., S. 282) die Implementation von computergestützten Prüfungen, in denen Schülerinnen und Schüler in Schulen der Sekundarstufe Prüfungen an ihrem eigenen Notebook absolvieren. Belland (2009) erweitert diese Forderung auf die Lehrerausbildung, in der angehende Lehrerinnen und Lehrer ebenfalls situiert, beispielgebunden und in konstruktivistisch ausgerichteten Ausbildungsszenarien digitale Medien in der Ausbildungsphase verwenden sollten.

In Bezug auf die Implementation von Notebooks in den Unterricht sind für Deutschland vorrangig die Studien von Schaumburg und Issing (2002), Häuptle und Reinmann (2006) und von Schaumburg, Tschackert und Blömeke (2007) zu nennen, die auch Bedingungsfaktoren für die Implementation anführen. Häuptle und Reinmann (2006) differenzieren etwa die Bedingungen des Notebook-Einsatzes nach Kontextbedingungen, Ausgangssituation und Unterrichtsbedingungen. Zu den Kontextbedingungen gehören Finanzierungsfragen und die Teilnahmemotivation der Lerner und der Eltern. Weiterhin siedeln die Autorinnen die Technik auf dieser Ebene an, die – wenn sie nicht funktioniert – ein „K.-o.-Kriterium des Notebook-Einsatzes" ist (ebd., S. 19). Als günstige Bedingung auf der Kontextebene wird die Zusammenfassung von Fächern zu Fächergruppen angesprochen. Diese bewirkt, dass einzelne Lehrpersonen mehrere Stunden in einer Lerngruppe unterrichten und die Realisierung schülerzentrierter und offener Unterrichtsformen mit dem Notebookeinsatz begünstigt wird. Lehrer, Schüler und die strategische Ausrichtung der Schule, wie etwa die Formulierung und die Inhalte eines Leitbildes oder die Kommunikation mit Eltern, wird ebenfalls auf der Kontextebene angesiedelt. In Bezug auf Lehrpersonen wird das Engagement hervorgehoben. In Bezug auf die Schülerschaft ermitteln Häuptle und Reinmann die Akzeptanz und die Erwartungen an den Mehrwert digitaler Medien für das eigene Lernen als besonders relevant. Die strategische Ausrichtung der Schule könnte aus Sicht der Schulforschung auch einer Prozessebene zugeordnet werden, die aber im gewählten Zugang nicht berücksichtigt wurde. Unter dem Aspekt der Ausgangssituation fassen Häuptle und Reinmann familiäre Faktoren, den Unterstützungsbedarf der Kinder und die häusliche Ausstattung mit digitalen Medien, die Elternperspektive, Erwartungen und Motivationen der Akteure und geschlechterspezifische Unterschiede zusammen. Diese Bedingungsfaktoren könnte man in Teilen möglicherweise aus Sicht der Schulforschung eher der Kontextebene zuordnen. Als relevant für die Unterrichtsebene werden der Zeitaufwand bei der Unterrichtsvorbereitung, die Medienkompetenz der Notebook-Lehrer, der Zwiespalt zwischen der für die Innovation benötigten Zeit im Unterricht und den Prüfungsvorbereitungen, sowie die Prüfungsanforderungen, die die „Lern- und Arbeitsweisen, wie sie in Notebook-Unterricht gefordert und ausgeformt werden" nicht berücksichtigen, benannt (ebd., S. 25). Die Unvereinbarkeit mit zentralen Prüfungen und Prüfungsinhalten führen zu einer verminderten Akzeptanz des Notebook-Einsatzes der Akteure in der Fallschule. Schaumburg et al. (2007) unterscheiden innerschulische, technische und außerschulische Rahmenbedingungen. Auf Schulebene untersuchen sie die schulinterne Organisation, die Rolle der Schulleitung, Lehrerkooperation, Medienkonzepte sowie die Qualifikation und Kompetenzen der Lehrkräfte. Technische Rahmenbedingungen finden sie in Ausstattungs- und Supportfragen. Außerhalb der Schule stellen sie die Unterstützung und Zusammenarbeit mit Schulträgern und Eltern heraus. Als besonders wichtig identifizieren sie die Koordination der Integration eines 1:1-Ausstattungskonzeptes mit mobilen Endgeräten durch eine einzelne Person oder ein Team, die Unterstützung durch die Schulleitung, Vernetzungsmaßnahmen und Kooperationsstrukturen. Auf der technischen Ebene sind Probleme mit der zunehmenden Störungsanfälligkeit älterer Notebooks und der (Un-)Zuverlässigkeit von Netzwerken in vielen Schulen noch ungelöst, wenn keine personellen Ressourcen vorhanden sind. Zu den externen Bedingungsfaktoren zählen die Forscherinnen die insgesamt positive Zusammenarbeit mit den Schulträgern, das Fehlen von Ressourcen, die positive Resonanz der Eltern, die aber teilweise fehlende Transparenz hinsichtlich der Verwendung der Geräte in den Unterricht monieren. Auch in diesem auf das Land Niedersachsen beschränkten Projekt erweist sich die Bindung von Ressourcen durch andere schulische Innovationen, wie etwa die Änderung des Schulgesetzes im Beobachtungszeitraum, als hemmend für die Innovation. Hilfestellungen für eine erfolgreiche Implementation digitaler Medien kann der Blick in die USA sein, die über längere und vielfältigere Erfahrungen mit Notebooks in Schulen verfügen: Peck und Sprenger (2008) fassen aufgrund von Erfahrungen in US-amerikanischen Schulen zehn Ratschläge für eine erfolgreiche Integration mobiler Endgeräte in einem 1:1-Schüler-Computer-Verhältnis zusammen. In Anlehnung an Fullan (2007) stellen sie die Formulierung von pädagogischen Visionen, die die Verbindung zwischen ansonsten unverbundenen Einzelinnovationen ausmacht, an die erste Stelle. Die Formulierung eines *„vision statements"* (ebd., S. 936) soll festhalten, wie die Technologien von den schulischen Akteuren, auch unter Einbeziehung der Eltern, genutzt werden sollen und welcher Nutzen daraus resultieren soll und wie dieser Nutzen operationalisiert oder gemessen wird. Weitere Aspekte sind die Ausweitung von Teilnahme und Verpflichtung in der Schule und über die Schule hinaus, die Auswahl von Software und Hardware, die professionelle Entwicklung der Akteure im Hinblick auf computerbezogene und didaktische Kompetenzen, die Infrastruktur, systematische Notfallpläne für Ausfälle von einzelnen Geräten oder technischer Infrastruktur, die Beschränkung auf wenige Anbieter und Firmen, ein Versicherungskonzept, die Ausweitung des technischen Personals in Schulen sowie die Vorbereitung der Beteiligten auf Turbulenzen und Schwierigkeiten.

Für die neuen webbasierten Technologien im Kontext von Web-2.0-Aktivitäten befinden sich die Forschungen zu deren Verwendung in Lehr-/Lernkontexten noch in den Anfängen. Im Prinzip fangen die betreffenden Studien, allen voran die Studien der BECTA wieder damit an, zunächst die Art und Weise der Nutzung der neuen Technologien zu erfassen und Bedingungsfaktoren für die Anfangsphase der Implementierung zu erforschen. Die zentralen Forschungsfragen der BECTA gelten den Erfahrungen von Jugendlichen im Umgang mit Web-2.0-Technologien innerhalb und außerhalb der Schule und der Frage nach dem Nutzen der Integration dieser Anwendungen in den Unterricht und für das Lehren und Lernen (Crook & Harrison, 2008). Weiterhin wurden die Nutzungsmuster, die Möglichkeiten und die Bedingungsfaktoren untersucht. Ein zentraler Aspekt dabei ist der Gesichtspunkt der Sicherheit im Umgang mit Internetressourcen und der Bereitstellung eigener Inhalte im Internet. Im ersten Schritt der Forschung zur Nutzung des Web 2.0 in der Schule wurden elf Web-2.0-Aktivitäten identifiziert: Handel im Internet (*„trading"*), Medientausch (*„media sharing"*), internetbasierte Kommunikation in *„conversational areas"*, Online-Spiele und virtuelle Welten, Social Networking, Blogging, Social Bookmarking, online basierte Empfehlungssysteme, kollaboratives Editieren von digitalen Produkten, Wikis, Nutzen von RSS-Feeds. Es stellt sich heraus, das die Jugendlichen in ihrer Freizeit Web-2.0-Technologien im Vergleich zur schulischen Verwendung häufig nutzten: Es ergab sich eine eher seltene Verwendung im Unterricht. Als positiven Effekt des Nutzens von Web-2.0-Technologien im Unterricht stellt die Forschergruppe um Crook und Harrison fest, dass das Engagement ansonsten ‚stillerer' Lerner steigt und dass durch die Nutzung von Online-Diskussionen im Unterricht die Nutzung dieses Instrumentes auch außerhalb des Unterrichts befördert wird. Einige Schülerinnen und Schüler weiten ihre Lernzeiten und -orte aus. Das Gefühl der Verantwortlichkeit und der Eigentümerschaft an im Internet publizierten Inhalten verbessert die Qualität von Lernergebnissen. Mehr als die Hälfte der befragten Lehrpersonen gaben an, dass Web-2.0-Technologien häufiger im Unterricht zum Einsatz kommen sollten. Die meisten Lehrpersonen nutzten jedoch zum Erhebungszeitpunkt diese Technologien noch nicht im Unterricht. Als Haupthinderungsgrund nannten sie den Zeitfaktor, insbesondere die Vorbereitungszeit für Lehrpersonen, sich selbst mit den Anwendungen zunächst vertraut zu machen und daran anknüpfend didaktische Konzepte zu entwickeln. Auch wurde genannt, dass die Verbindung der neuen Lernszenarien und aktueller Leistungsbeurteilungen noch nicht zu vereinbaren seien. Die langsamen Übertragungsraten der schulischen Internetverbindungen wurden ebenfalls genannt. Ein weiteres Problem stellte die Frage der Sicherheit, der *„e-safety"*, dar. Dazu gehören sowohl der Umgang mit jugendgefährdenden Inhalten als auch die Bereitstellung von persönlichen Informationen und eigenen Produkten im Internet.

Für das Online-Lernen in der Schule ermitteln Schaumburg und Seidel (2009) schulische Rahmenbedingungen, die einer Innovation des Unterrichts durch die Nutzung des Internets entgegenstehen. Sie formulieren Empfehlungen für die erfolgreiche Einbeziehung des Internets in der Schule. Als einzigen eigenen Befund stellen sie die Rolle der Lehrpersonen bei der Veränderung von Unterricht heraus, welche eher von *„Veränderungspotenzialen als über tatsächliche Veränderungen"* in Befragungen berichten (ebd., S. 364). Allerdings prognostizieren sie, dass mit zunehmendem Einsatz digitaler Medien das Vertrauen in eigene Kompetenzen der Lehrpersonen und in die Kompetenzen der Lerner wachse. Ebenfalls zum Online-Lernen führt Wang (2008) vom National Institute of Education, Nanyang University in Singapore, die notwendigen Kompetenzen von Lehrpersonen für die erfolgreiche Integration digitaler Medien in Lehr-/Lernkontexte in einem Dreikomponentenmodell zusammen. Auf der theoretischen Grundlage von konstruktivistischen Ansätzen, einem Design für Interaktivität und der Idee eines zweckdienlichen Supports entwickelt er ein Modell, das Prädiktoren für eine erfolgreiche Integration von webbasierten Lernumgebungen, Weblogs und Online-Diskussionen in den Unterricht umfasst: *„pedagogy, social interaction and technology"* (ebd., S. 412). Im Kern hebt Wang dabei auf das Lehrerhandeln und die Unterrichtsebene ab. Er bezieht aber – abgesehen vom technischen Support – keine Prädiktoren auf anderen schulischen Ebenen ein. Dabei bestimmen als primäre Bedingungsfaktoren vor allem das pädagogische und das soziale Design die *„effectiveness of learning"* (ebd., S. 413). Die pädagogische Komponente umfasst den Hinweis auf die Notwendigkeit der Berücksichtigung die verschiedenartigen Bedürfnisse, Hintergründe und Lernziele von Lernern. Um das Lernen zu unterstützen, sollen verschiedene Lernmaterialien und -aktivitäten vorbereitet werden. Die soziale Komponente weist auf die neuen Möglichkeiten des netzbasierten kollaborativen Lernens hin. Dazu sollen Lernsituationen geschaffen werden, die sicher und komfortabel ist, in denen Lerner bereit sind, Informationen auszutauschen und die eine unkomplizierte webbasierte Kommunikation ermöglichen. Aus der technologischen Perspektive ist der Fokus auf einen ständig verfügbaren, geeigneten und schnellen Internetzugang, der die Gebrauchstauglichkeit digitaler Medien im Unterricht nach Wang maßgeblich determiniert und als *„basic condition"* angesiedelt wird (ebd., S. 413). Die Gemeinsamkeiten zwischen den drei Modell-Komponenten sieht Wang im Interaktionsaspekt: Der pädagogische Teil umfasst die Interaktion mit dem Inhalt, der soziale den mit den Menschen und der technologische mit dem technischen Interface und dessen Design. Vor dem Hintergrund dieses Modells ergeben sich für die Einbeziehung unterschiedlicher Technologien verschiedene spezielle Prädiktoren (vgl. ebd., S. 417). Beispielsweise stellt die Arbeit mit Weblogs die Einbindung eines sehr persönlichen Werkzeuges dar, das den Schülerinnen und Schülern die Verantwortung für Inhalte überlässt und sich daher nach Wang eher für die Begleitung und Dokumentation individueller Lernprozesse einsetzen lasse. Die Nutzung von Diskussionsforen diene eher dem Austausch von Ideen, unterstütze das kollaborative Lernen: Lerner sind eher Teilnehmer als Produzenten von Wissen.

Interessant ist der Hinweis von Wang (2008) auf Vorgängermodelle:

- ASSURE-Modell, das für *„Analyse learners; State objectives, Select media and material, Utilise media and materials, Require learner participation, Evaluate and revise"* steht (vgl. Wang, 2008, S. 411).
- ICARE-Modell, das für die Medienintegration die Schritte *„Introduce, Connect, Apply, Reflect, Extend"* vorschlägt (vgl. Wang, S. 411).

(2) Bedingungsfaktoren, mit digitalen Medien eine Veränderung der Lernkultur zu befördern

Schulz-Zander und Riegas-Staackmann (2004) beschreiben ausführlich anhand empirischer Befunde, u.a. aus der internationalen SITES M2, die Potenziale digitaler Medien zur Veränderung der Lernkultur. Möglich sind vor allem Veränderungen der Lehrer-Schüler- und Schüler-Schüler-Kooperationen, der Lehrer- und Schülerrollen überhaupt sowie eine Förderung schülerorientierter Lernarrangements. Allerdings führt der Einsatz digitaler Medien nicht zwangsläufig zu einer Verbesserung der Unterrichtsqualität und Veränderung der Lernkultur (Ilomäki, Lakkala & Lehtinen, 2004; Schulz-Zander & Riegas-Staackmann; Müller, Blömeke, & Eichler, 2006; Eickelmann & Schulz-Zander, 2008). Studien im Kontext der Bedingungsfaktoren der Veränderung der Lernkultur durch den Einsatz digitaler Medien greifen diese Beobachtung auf und untersuchen, unter welchen

Umständen digitale Medien die Lernkultur verändern können. Die Ergebnisse gehen tendenziell in die Richtung, dass digitale Medien eine Veränderung der Lernkultur unterstützen aber nicht ursächlich bewirken können. Die Stellschrauben bleiben die Einstellungen der einzelnen Lehrpersonen und deren subjektive Theorien vom Lehren und Lernen.

Müller, Blömeke und Eichler (2006) beschreiben auf der Grundlage von Videoanalysen und Befragungen für den Einsatz der digitalen Medien drei ‚IKT-Skripts': (1) Das *lehrerzentrierte IKT-Skript* wurde in vier der achtzehn Unterrichtsstunden mit einem vor allem fragend-entwickelnden Unterricht mit lehrergelenktem Unterrichtsgespräch, einer fehlenden Aufgabendifferenzierung, einer wenig effektiven Zeitnutzung und einem vorwiegend durch die Lehrperson gesteuerten Medieneinsatz beobachtet. (2) Das *schüleraktivierende IKT-Skript* (in fünf der achtzehn Stunden) und (3) ein *IKT-Mischskript* (in neun der achtzehn Stunden). Dem schüleraktivierenden Skript wird die höchste Unterrichtsqualität beigemessen. Es ist gekennzeichnet durch Aufgaben mit einem hohen kognitiven Anregungsgehalt, einer Leistungsdifferenzierung und einer effizienten Nutzung von Unterrichtszeit. Das Mischskript zeichnet sich dadurch aus, dass die Lehrpersonen hinsichtlich der Merkmale der Unterrichtsgestaltung und des Medieneinsatzes eine mittlere Position einnehmen und in Bezug auf Merkmale der Unterrichtsqualität unterdurchschnittlich sind. Auch wenn die Ergebnisse nicht repräsentativ sind, liefert die gefundene dreiteilige Typisierung von Unterrichtsskripts wichtige Hinweise für die Reflexion der Wirksamkeit der Integration digitaler Medien im Zusammenhang mit der Diskussion um Unterrichtsqualität und Schuleffektivität. Zusammenfassend bleibt festzuhalten, dass sich eine Veränderung der Lernkultur nicht per se durch den Einsatz digitaler Medien ergibt. In Singapur wurde bereits 1997 ein erster Masterplan zur Integration digitaler Medien auf den Weg gebracht (Lim, 2007). Das Hauptziel dieses ersten Masterplans war es, die Integration digitaler Medien in schulische Curricula sicherzustellen und eine neue Denkkultur, die Vorbereitung auf lebenslanges Lernen und den sozialen und verantwortungsvollen Umgang mit IKT zu befördern. Die Umsetzung fokussiert auf vier konkrete Handlungsebenen: (1) Lehrpläne und Begutachtungen, (2) Lernmittel, (3) Lehrerfortbildungen sowie (4) materielle und technische Ausstattungen. Die Umsetzung des Plans erfolgte in vier Stufen, wobei erfahrene Schulen als Beispielschulen für alle weiteren Schulen fungierten. Es wurden zehn Fallstudien an besonders computererfahrenen Schulen durchgeführt: fünf in der Primarstufe, drei in Sekundarschulen und zwei in Junior Colleges. Die Analysen der Fallstudien ergaben, dass sowohl effektive als auch ineffektive Wege der Integration zu beobachten waren (ebd., S. 110). Als zentral für die Implementierung digitaler Medien zur Veränderung der Lernkultur im Sinne eines konstruktivistischen Verständnisses von Lernen identifizierten Lim und Mitarbeiter ein drei Komponenten umfassendes System von interdependenten Determinanten:

1. Tools: Digitale Medien und deren Verfügbarkeit.
2. Rules: Einführung von Regeln zur Regulierung von Prozeduren in Bezug auf den Umgang mit den Medien und im Miteinander.

3. Division of Labor: Unterstützung der Lehrpersonen beim Auftreten technischer Probleme oder zur Unterstützung der Lerner durch Mitschüler oder ‚teacher assistents'.

Für computergestützten Unterricht lassen sich diese Aspekte aufgrund der durchgeführten Studie ausdifferenzieren. Effektives Klassenmanagement in computerunterstützten Stunden unterscheidet sich demnach von dem in anderem Unterricht und ist dann zu finden, wenn Schülerinnen und Schüler durchweg in Lernaktivitäten eingebunden sind und sich der Umfang der nicht-unterrichtsbezogenen Aktivitäten auf ein Minimum reduziert. Dazu müssen nicht nur computerbasierte Medien verfügbar und zugänglich sein, sondern Regeln und Prozeduren in Bezug auf den Umgang mit den Medien und im Miteinander (*„rules"*) und Arbeitsteilung zwischen Lehrern, ‚teacher assistents' und Schülern (*„division of labor"*) eingeführt werden. Regeln und vereinbarte Ablaufstrukturen meinen beispielsweise, dass nur autorisierte Personen Programme installieren können, Computereinstellungen nicht verändert werden und die Schüler während des Unterrichts keine Computerspiele spielen (S. 99f.). Zu den erzieherischen Aspekten dieser Regeln und Prozeduren gehören, dass in besonders effektiv gestalteten beobachteten Unterrichtsszenarien die Lehrperson die Funktionalität der verwendeten Hard- und Software, beispielsweise ein computergestütztes Experiment mit einem Mikroskop und passender Software, zu Beginn der Stunde erklärt und die Schüler erst danach Zugriff zu dem Medium haben und in diesem Falle das Experiment ohne technische Probleme durchführen können. Der Aspekt der Arbeitsteilung bezieht sich darauf, dass die Lehrperson als Lernberater fungiert, die Schülerinnen und Schüler in ihrem eigenen Tempo arbeiten können und die Lehrpersonen leistungsschwächere Lerner betreut.

Die Verwendung digitaler Medien im Unterricht zielt auch darauf ab, eine stärker problemorientierte Lernumgebung zu schaffen. Dazu führten Ertmern et al. (2009) Fallstudien durch, die die Erfahrungen und Praktiken von fünf im Bereich des problembasierten Lernens mit digitalen Medien erfolgreichen Lehrpersonen an ‚*middle schools'* untersuchten und deren Strategien analysierten. Erfolgreich waren diese Lehrpersonen in dem Sinne, dass sie hemmende Bedingungen erkannten und den Hinderungsgründen zur Umsetzung problembasierten Lernens mit digitalen Medien begegneten. Erfolgreiche Strategien waren vor allem Strukturierungsmaßnahmen wie die Gruppierung von Schülerinnen und Schüler, regelmäßige, tägliche Überprüfungen des Arbeitsfortschritts, die Aufteilung der Bearbeitung der Arbeitsaufträge in *„mini-lessons"* und die Bereitstellung von relevanten Webressourcen.

(3) Einfluss von Bedingungsfaktoren auf die Implementierung digitaler Medien mit dem Ziel, fachlicher und überfachlicher Kompetenzen zu fördern

Ein Aspekt, der unter dem Blickwinkel der Entwicklung zur Outputsteuerung im Schulbereich zunehmend an Relevanz gewinnt, ist die Untersuchung des Beitrages digitaler Medien zu bereichsspezifischen und überfachlichen Kompetenzerwerb. Im Folgenden wird in Ergänzung zum Abschnitt 2.3.3 eine neuere Studie angeführt, die vom Forschungsdesign anders als alle bisher angeführten Studien ist. Die Evaluationsstudie von Lowther et al. untersuchte im Jahr 2006 in Tennessee, USA, empirisch: *„Does technology integration work when key barriers are removed?"* (ebd., S. 195). Die Idee war, zu erforschen, ob der Einsatz digitaler Medien das Lernen und Lernergebnisse verbessert, wenn bekannte Hemmfaktoren ausgeschaltet werden. Dazu wurden zunächst als zentrale Hemmnisse für die Integration im Vorfeld der Studie die Verfügbarkeit und der Zugang zu Computern, die Verfügbarkeit von Lernmaterialien, die Einstellungen von Lehrpersonen und die technischen Kenntnisse der Lehrpersonen sowie das Fehlen von gegenseitigem Support ermittelt (ebd., S. 198). Im Rahmen des Interventionsprogramms ‚Tenessee EdTech Launch', kurz TnETL, wurden den Lehrerinnen und Lehrern in Vollzeit beschäftigte Computerkoordinatoren und eine verbesserte IT-Ausstattung zur Verfügung gestellt. Die weitere Unterstützung durch die Computer-Coaches umfasste die Entwicklung und Recherche von Lernmaterialien, die gemeinsame Planung von Unterricht, einen technischen 1:1-Support, die Vermittlung von technischem und inhaltlichem Wissen sowie die Organisation von schulinternen Lehrerkooperationen. Damit schienen die aus Sicht der Forschergruppe wichtigsten Hemmnisse für eine Nutzung digitaler Medien beseitigt zu sein. Im Ergebnis ergaben sich eine häufigere Nutzung digitaler Medien, elaborierte in pädagogisch erweiterte Kontexte eingebundene Nutzungsformen, eine positivere Einstellung zu computerbasierten Unterrichtsmedien und ein höheres Selbstvertrauen der Lehrpersonen im Umgang mit Computern im Unterricht sowie eine schülerorientierte Lernumgebung und Hinweise auf die Förderung kritischen Denkens. In Leistungstests zeigten sich aber weder in Mathematik noch in Lesen/Sprache in den Klassen 5 und 8 durchschnittliche Verbesserungen der Leistungen. Als mögliche Ursachen vermuten die Forscher, dass die Schülerinnen und Schüler den verstärkten Computereinsatz auch als Anlass für weniger anspruchsvolle Anwendungen genommen haben (ebd., S. 206). Weiterhin wird vermutet, dass die Maßnahmen des Programms vom Umfang und Inhalt möglicherweise nicht den Bedürfnissen der Lehrpersonen entsprochen haben.

(4) Integration digitaler Medien in Grundschulen und ihre Bedingungsfaktoren

Erst seit Mitte bis Ende der 1990er Jahre wird der Computereinsatz in Grundschulen in Deutschland verbreitet erprobt. Nach anfänglichen Vorbehalten haben digitale Medien nunmehr Einzug in deutsche Grundschulen gehalten: 85 Prozent der Grundschulkinder haben einen Zugang zu Computern, 65 Prozent zum Internet (Hornberg, Faust, Holtappels, Lankes & Schulz-Zander, 2007). Dabei ist vor allem in den letzten Jahren eine Verbesserung der IT-Ausstattung in Grundschulen zu verzeichnen: Teilten sich im Jahr 2001 noch 31 Grundschulkinder einen Computer, entfallen in 2006 auf je 100 Kinder 8 Computer (BMBF, 2007). Dies entspricht einer Verbesserung des Schüler-Computer-Verhältnisses von 31:1 auf 12:1 innerhalb von fünf Jahren. Trotz zahlreicher Maßnahmen zur Integration in Richtlinien und Lehrplänen, neuerdings auch in der Formulierung von Standards, ist die unterrichtliche Nutzung vergleichsweise wenig verbreitet. In 2006 berichten nur 24 Prozent der im Rahmen von PIRLS/IGLU befragten Kinder in Deutschland eine mindestens wöchentliche Nutzung digitaler Medien, während die Vergleichszahlen in anderen Staaten deutlich höher lagen: in England 85 Prozent, in Kanada und den USA über 70 Prozent und im internationalen Durchschnitt 40 Prozent (Mullis et al., 2007). Trotz der gestiegenen Ausstattungszahlen wird eine vergleichsweise geringe Nutzung digitaler Medien in Grundschulen festgestellt (vgl. u.a. Europäische Kommission, 2006a).

Mitzlaff (2007) rekuriert in einem eigenen Beitrag in der umfassendsten deutschsprachigen Publikation zur Computernutzung in Grundschulen, dass vor allem die schwierige Anfangsphase noch immer auf die Integration auswirke. Weiter habe die Bund-Länder-Kommission 1987 durch ihr Gesamtkonzept für die Informationstechnische Bildung die Grundschulen systematischen ausgenommen und dem Vermitteln traditionellen Kulturtechniken Vorrang eingeräumt. Die Auswirkungen kommentiert der Arbeitskreis Grundschule, so Mitzlaff, mit den Worten, dass Mitte der 1990er Jahre deutsche Grundschulen hinsichtlich der Computernutzung noch auf dem Niveau von Entwicklungsländern stünden. Mittlerweile sei jedoch das *„ursprüngliche Tabu [...] gefallen"* und die *„Ablehnung ist auf eine kleine Minderheit zusammengeschmolzen"* (Mitzlaff, S. 97). Als Ergebnis seiner Zusammenschau zur Integration digitaler Medien in den Unterricht der Grundschulen stellt Mitzlaff (ebd., S. 114) *„6 Aspekte"* zusammen, *„von denen die Nutzung"* von Computern in Grundschulen *„abhängen wird"*.

Diese lauten zusammengefasst (vgl. ebd., S. 114):

1. Technischer Support und entsprechende personelle Ressourcen,
2. Lehrerbelastung und Lehr- und Lernbedingungen (z.B. Klassenstärke),
3. Kooperationsbereitschaft und Erfahrungsaustausch der Lehrpersonen,
4. Lehrerfortbildungen, insbesondere didaktisch ausgerichtete,
5. nationale und internationale Forschung unter Einbezug von Good-Practice-Beispielen und
6. qualitativ hochwertige computerbasierte Unterrichtsmaterialien.

Die vorgenannte Idee, Good-Practice-Beispiele auch für den Primarstufenbereich zu erforschen, greift bereits neben verschiedenen Modellversuchen die internationale IEA-Studie SITES M2 auf. Diesem Ansatz wird die vorliegende Arbeit, die als Folgeuntersuchung zur deutschen SITES M2 konzipiert ist, ebenfalls gerecht. Die grundschulspezifischen Ergebnisse dieser Untersuchung werden, abgesehen von den ausgewählten Fallberichten, Im Rahmen der vorliegenden Arbeit unter Einbeziehung aller Grundschulfälle der Studie in Eickelmann, Schulz-Zander und Gerick (2009) ausgewiesen. Für die vergleichsweise geringe Verbreitung digitaler Medien ermitteln sie in dieser Teilunterschung der von der DFG-geförderten Studie, die auch den Rahmen für die vorliegende Untersuchung bildet, dass digitale Medien vor allem in Grundschulen eine starke Verbindung zu den pädagogischen Zielen der Schule und derer einzelner Lehrkräfte aufweisen sollten, wenn sie in der Breite genutzt werden sollen. Dabei ergibt sich die Verbindung nicht a priori, sondern muss vielmehr einem Teil der Beteiligten – z.B. im Rahmen von Fortbildungen –

aufgezeigt werden. Besondere pädagogische Anknüpfungspunkte ergaben sich in der Studie in der Förderung der Lernmotivation der Schüler, der Förderung und Differenzierung sowie in der Unterstützung der Schüler-Schüler-Kooperationen. Cross-Case-Analysen ergaben weiterhin, dass Schulen, denen die Implementation erfolgreich gelungen ist, sich auf ein Medienkonzept verpflichten, das an die pädagogischen Ziele der Schule anknüpft. Aber selbst, wenn die Schulen alle Möglichkeiten auf der Prozessebene auschöpfen, bleibt die Unterstützung durch Schulträger und Ministerien unerlässlich. Diese liegt im günstigsten Fall in der Bereitstellung von Mitteln für Neuanschaffungen und Instandhaltung, in der Bereitstellung von geeigneten Fortbildungsangeboten und in der professionellen Systembetreuung, die auch durch umfangreiche Entlastung für eine Lehrperson, die computerkoordinatorische Aufgaben übernimmt, ersetzt werden kann.

Als einen förderlichen Aspekt des Einsatzes digitaler Medien in Grundschulen nennt Volp (2001) die Kooperationsanlässe, die Schülerkooperationen bewirken, welche ohne den Medieneinsatz in der Form nicht vorstellbar seien. Dadurch ergäben sich vielfältige Kommunikationssituationen und reichhaltige Möglichkeiten für soziale Lernprozesse. Als hemmende Bedingung in Grundschulen stellt Schwichtenberg (2001) feinmotorische Schwierigkeiten der Grundschulkinder bei der Handhabung der Computermaus heraus. Weiterhin seien für viele Kinder zu Beginn der Grundschulzeit die für die erfolgreiche Arbeit am Computer notwendigen Handlungsabfolgen zu komplex, sodass für diese Kinder ein selbstständiges Arbeiten kaum möglich sei. Blatt (2001) spricht an, dass für leistungsstarke Lerner, die in der Regel auch gute Leser sind, kein Problem sei, zielgerichtet Informationen aus dem Internet zu entnehmen und mit diesen zu arbeiten. Für Kinder mit geringeren Lesekompetenzen könne es aber zu kognitiven Überlastungen und Desorientierung kommen.

Aber auch in anderen Ländern wird ein Nachholbedarf an der unterrichtlichen Nutzung digitaler Medien im Primarstufenunterricht ermittelt und die Gründe dafür wissenschaftlich erforscht: Tondeur, Valcke und van Braak (2008) untersuchten beispielsweise im belgischen Flandern mit einem multidimensionalen Ansatz, welche Lehrer- und Schulvariablen mit der Art und Weise, wie digitale Medien im Grundschulunterricht (Klasse 1 bis 6) genutzt werden, zusammenhängen. Dabei weisen sie zunächst drei Grundmuster der Nutzung aus (ebd., S. 495):

1. Vermittlung von *„basic computer skills"*,
2. *„use of computer as information tool"*,
3. *„use of computer as learning tool"*.

Mittels Lehrer- und Computerkoordinatorenbefragungen in 68 Grundschulen fanden sie, dass anteilig mehr männliche Lehrpersonen als weiblich digitale Medien nutzen. Besondere Geschlechterdifferenzen ergaben sich hinsichtlich der Nutzungsform *„information tool"*, die männliche Lehrpersonen häufiger umsetzen. Lehrpersonen, die eher eine konstruktivistische Auffassung von Lernen haben, nutzen digitale Medien in allen drei Varianten häufiger als Lehrpersonen, die eine eher traditionelle Auffassung von Unterricht haben. Weiterhin fanden sie eine positive Korrelation zwischen den beiden Faktoren ‚Offenheit der Schule gegenüber Innovationen' und ‚Vorhandensein eines Medienkonzeptes' und der Nutzungsformen *„computer as learning tools"* sowie *„basic computer skills"* im Sinne der Vermittlung basaler computerbezogener Fertigkeiten. Gemeinsame schulische Visionen, innerschulische Fortbildungen und die Ausstattung der Klassenräume mit digitalen Medien und damit die Zugänglichkeit zu Computern sind die drei zentralen Faktoren auf der Schulebene, die in der belgischen Studie die erfolgreiche Implementation digitaler Medien in Grundschulen befördern.

Die aktuelle Entwicklung in Grundschulen fokussiert zur Unterstützung der Nutzung digitaler Medien in Schulen vor allem auf die Bereitstellung von Unterrichtsmaterialien, Lernsystemen und Online-Angeboten.

(5) Internationale Vergleichsstudien zur innovativen Nutzung digitaler Medien – Ergebnisse der SITES 2006

Die internationale IEA-Studie SITES 2006 bildet das dritte Modul der Second Information Technology in Education Study (Law, Pelgrum & Plomp, 2008). Auf der Grundlage der Ergebnisse der beiden vorangegangenen SITES-Module wurden – ohne deutsche Beteiligung – in 22 Bildungssystemen mittels schriftlicher Erhebungen in 2006 Schulleitungen, IT-Koordinatoren und Lehrpersonen der Fächergruppen Mathematik und Naturwissenschaften zum pädagogischen Einsatz von digitalen Medien befragt. Die beiden forschungsleitenden Fragestellungen lauteten (ebd., S. 9, eigene Übersetzung):

1. In welchem Ausmaß können die innovativen computergestützten pädagogischen Nutzungsmuster, die im Rahmen der SITES M2 identifiziert wurden, in einer größeren Lehrerstichprobe gefunden werden?

2. Welcher Zusammenhang besteht zwischen einer innovativen Nutzung von IKT und Faktoren im Zusammenhang mit den Schul- und Systemebenen?

Im Kern stand die Frage, in welchem Umfang pädagogische Kontexte mit digitalen Medien zum Einsatz kommen, denen die Förderung von sogenannten 21st-Century-Skills zugeschrieben wird. Unter ‚21st Century Skills' wird das Vermögen, lebenslanges Lernen zu stützen und die *„connectedness"*, das heißt die Kommunikation und Kooperationen mit externen Partner und Experten verstanden (Law, Pelgrum & Plomp, 2008). Grundsätzlich wurde festgestellt, dass die IT-Ausstattung in den beteiligten Bildungssystemen gestiegen ist. Da sich die Nutzungszahlen zwischen Fächergruppen in den einzelnen Staaten allerdings durchaus unterscheiden, wird vermutet, dass die Lehrplangestaltung einen bedeutenden Einfluss auf die Nutzung im Unterricht hat.

Pelgrum (2008) identifiziert als zentrale Bedingungsfaktoren auf der Schulebene die technische Infrastruktur, den Support, die Fortbildungsmaßnahmen, die Visionen und die Prioritäten der Schulleitungen sowie das Schulmanagement. Die Erhebung der Verfügbarkeit technischer Infrastruktur, gemessen in der Einheit Schüler-Computer-Verhältnis und des technischen Supportes weist auf große Unterschiede zwischen den Teilnehmerstaaten hin. Hier sieht Pelgrum für die Folgejahre nach wie vor Entwicklungspotenzial, weist aber darauf hin, dass in einigen Teilnehmerstaaten bereits Schülerinnen und Schüler eigene mobile Computer mitbringen. Große Unterschiede gibt es zwischen den Staaten auch hinsichtlich der Fortbildungsstrukturen. Dabei sehen die Schulleitungen in der Professionalisierung ihres Kollegiums eine Grundvoraussetzung, digitale Medien in erweiterten pädagogischen Kontexten einzusetzen und gemeinsam, schulische Visionen zu entwickeln (ebd., S. 120). Auch die Analysen hinsichtlich des Change Managements und organisationaler Strukturen zur Unterstützung sind in den beteiligten Bildungssystemen unterschiedlich. Diesbezügliche Unterstützungsstrukturen sind Workload-Entlastung der Lehrpersonen zur Förderung gemeinsamen Planens von Unterricht, Schaffung von Anreizsystemen um Lehrpersonen zu ermutigen, digitale Medien einzusetzen und die Einbeziehung von Eltern.

Law und Chow (2008) nehmen in ihren Analysen vor allem die Perspektive der Lehrpersonen ein. Neben Lehrervariablen wie Alter, Geschlecht, Qualifikation sowie technische und pädagogische Kenntnisse in Bezug auf die IKT-Nutzung und die Teilnahme an Fort- und Weiterbildung weisen sie den Einfluss von Faktoren auf Organisations- und Systemebene auf Lehrpersonen aus. Als weiteren Aspekt beziehen sie die Lehrerkooperationen ein. Die Analysen über alle Teilnehmerländer hinweg ergaben, wie auch andere Studien zuvor, dass das Alter der Lehrpersonen und die Nutzung von digitalen Medien nicht korrelieren. Obwohl tendenziell eher männliche Lehrpersonen digitale Medien nutzten, konnte in der Hälfte der Länder kein statistischer Unterschied nachgewiesen werden. Law und Chow vermuten die Gründe für die unterschiedliche Nutzung eher in sozialen, historischen, kulturellen und anderen kontextuellen Faktoren als in geschlechterspezifischen Unterschieden (ebd., S. 186).

Die Ausbildung und Zertifizierung der Lehrpersonen ist in den Bildungssystemen so unterschiedlich, dass die Analysen diesbezüglich keine substanziellen Ergebnisse lieferten. Tendenziell bestätigte sich die Hypothese, dass Lehrpersonen mit höherer akademischer Qualifikation („*master's degree or above*", ebd., S. 189) eher digitale Medien im Unterricht einsetzen. Interessanterweise fand sich auf Bildungssystemebene, dass hohe, selbst berichtete computerbezogene und didaktische Kompetenzen keine notwendigen Indikatoren für eine häufige Nutzung digitaler Medien sind (ebd., S. 192). Im Rahmen von logistischen Regressionsanalysen ergab sich jedoch, dass mit Ausnahme von Hongkong und Japan, die selbst eingeschätzten Fähigkeiten durchaus in einem positiven Zusammenhang mit der Häufigkeit der Computernutzung standen (ebd., S. 207). In Bezug auf Fortbildungen wurde über alle Bildungssysteme hinweg deutlich, dass die Lehrpersonen häufiger an technischen als an didaktischen Fortbildungen zur Integration digitaler Medien in den Unterricht teilnehmen. Als Ursache wurde gefunden, dass die Anzahl an technischen Fortbildungsangeboten über denen didaktischer Angebote lag. Die Lehrpersonen hingegen meldeten Bedarfe und Interesse im didaktischen Bereich an (ebd., S. 198). Weiterhin auf der Grundlage der Lehrerbefragung wurden hemmende Bedingungen der unterrichtlichen Nutzung von digitalen Medien erfragt und zur besseren Übersicht theoriegeleitet in drei Gruppen systematisiert: schulbezogene Faktoren, lehrerbezogene Faktoren und schülerbezogene Faktoren (ebd., S. 198ff.). Für jedes teilnehmende Bildungssystem wird die Zustimmung der befragten Lehrpersonen für jede Bedingungsfaktorengruppe ausgewertet. Mit dem Ergebnis, dass sich die Schwerpunkte der Hinderungsgründe zwischen den beteiligten Staaten erheblich unterscheiden. Durchschnittlich mehr als 70 Prozent der Lehrpersonen in Südafrika, Thailand und in der Russischen Föderation berichteten Gründe auf der Schülerebene, wie etwa fehlende computerbezogene Kenntnisse und fehlender Zugang zu IKT außerhalb der Schule. Wohingegen in Slowenien nur 20 Prozent der Lehrpersonen die schülerbezogenen Aspekte als hinderlich einschätzen. Schulbezogene Aspekte werden am seltensten, lehrerbezogene am häufigsten berichtet. Kritisch anzumerken ist die nicht immer nachvollziehbare Systematisierung der Hemmfaktoren durch die Autorinnen: Diese wird nicht datengestützt unternommen und die inhaltliche Zuordnung darf für einige Items hinterfragt werden, beispielsweise die nicht weiter erläuterte Zuordnung des Lehreritems *„I do not have access to ICT outside the school"* zur Schulebene. Vertiefenden Regressionsanalysen ergaben, dass schul- und lehrerbezogene Hinderungsgründe negativ mit der Nutzung von digitalen Medien im Unterricht korrelierten. Die Interpretation der Autorinnen hier *„negative predictors of teachers' use of ICT in teaching and learning"* (ebd., S. 209) identifiziert zu haben, reicht aber m. E. zu weit, da sie mit dieser Formulierung einen kausalen Zusammenhang suggerieren, den die durchgeführten Regressionsanalyse nicht liefern kann.[7]

Schließlich betrachten die Autorinnen den Aspekt der *„community of practice"* (ebd., S. 203ff.), der in Bezug auf geteilte Visionen, Teilnahme an Entscheidungen, professioneller Kooperationen und technischem Support vier scheinbar ganz unterschiedliche Facetten zusammenfasst, deren zugrunde liegendes, verbindendes Konzept Law und Chow in der institutionell bestimmten Kultur ansiedeln und wie folgt beschreiben:

> The presence of a community of practice (COP) is often considered an important factor supporting pedagogical innovation and change in schools [...]. The idea underpinning this concept is that professionals in an institutional context. Teachers' beliefs and practices are therefore strongly influenced by the cultures and practices of the organizational setting within which they operate. (ebd., S. 203)

Binäre logistische Regressionsanalysen zur Exploration der Zusammenhänge der Indikatoren des COP-Konzeptes und der unterrichtlichen Nutzung digitaler Medien ergaben

---

7 Eine Rückfrage an den wissenschaftlichen Leiter der SITES 2006, J. W. Pelgrum, Niederlande, bestätigt diese Einschätzung. In seiner elektronischen Rückmeldung heißt es: *„With regard to the regression analyses and interpretation. I interpret them as mere co-variation and not cause-effect, as I strongly believe that our data cannot be used to identify causality. Hence the term predictor should rather be taken as meaning 'hypothesized predictor'."*

schwache Zusammenhänge zwischen der unterrichtlichen Nutzung und dem Konzept ‚geteilte Visionen'. Statistisch signifikante positive Zusammenhänge ergaben sich für den technischen Support und die Teilnahme an Entscheidungen. Bezüglich der vier Indikatoren zeigen sich aber Mehrebenenprobleme: Die Stärke der Zusammenhänge variiert zwischen den beteiligten Bildungssystemen.

Zusammenfassend ergibt sich aus der SITES 2006 für die befragten Mathematiklehrerinnen und -lehrer sowie naturwissenschaftlichen Lehrpersonen, die in achten Klassen in 22 Bildungssystemen unterrichten, dass die IKT-Kenntnisse der Lehrpersonen, die Teilnahme an pädagogisch-didaktisch ausgerichteten Fortbildungen im Bereich der unterrichtlichen Verwendung digitaler Medien, der technische Support sowie die Teilnahme an Entscheidungen als Teil der Schulkultur die stärksten Zusammenhänge zur Nutzung von IKT aufweisen (ebd., S. 211).

In der Zusammenschau der gefundenen Bedingungsfaktoren in allen vorgenannten Studien und Berichten wird deutlich, dass einige der identifizierten Prädiktoren über alle Studien hinweg als besonders wichtig eingeschätzt werden. Die Vielfalt der Ansätze und die damit verbundene Komplexität der Frage nach den Bedingungsfaktoren digitaler Medien verdeutlichen Hinostroza et al. (2008): Sie sehen die vier Hauptgründe der Schwierigkeit des Unterfangens, Bedingungsfaktoren für die Implementation digitaler Medien in Schulen zu ermitteln in (1) den verschiedenen schulischen Kontexten und Ebenen in denen digitale Medien genutzt und verankert werden, (2) der Variation der pädagogischen Ansätze, (3) der Spannbreite der unterrichtlichen Aktivitäten mit digitalen Medien und (4) der Vielfalt technischer Applikationen und ihrer Verwendungsmöglichkeiten (ebd., S. 86ff.). Folgt man aber dem Ansatz von Schulz-Zander und anderen (s. Abschnitt 2.3) und betrachtet die Integration digitaler Medien als schulische Innovation, die aus Sicht der Schulentwicklungsperspektive zu sehen ist und alle schulischen Ebenen und deren Zusammenspiel umfassen sollte, wird deutlich, dass die meisten Untersuchungen auch nach 2006 jeweils Einzelaspekte herausgreifen. Hendricks und Schulz-Zander bilanzieren bereits im Jahr 2000 als einen maßgeblichen Hemmfaktor für die Integration und Institutionalisierung der Innovation im Zeitraum der 1980er bis Anfang der 1990er Jahre die fehlende Einbindung der IKT in Prozesse der Schulentwicklung. Erst zu Beginn der 1990er Jahre ist die Notwendigkeit der Verbindung von Technologie- mit Schulentwicklungskonzepten ins Bewusstsein gedrungen, um eine nachhaltige Nutzung der digitalen Medien in Schule und Unterricht zu erzielen. Die Integration digitaler Medien im Kontext von Schulentwicklung wird inzwischen selbstverständlich eingefordert. Die oben angeführten Untersuchungen beziehen sich vornehmlich auf die Anfangsphase der Implementation von Computern und Internet oder neuerer technischer Applikationen. Neben punktuellen Einzelerhebungen liegen Untersuchungen mit ein- bis zweijährigen Untersuchungszeiträumen vor. Nach dem Verständnis der Schulentwicklungsforschung deckt ein solcher Beobachtungszeitraum aber nicht den gesamten drei- bzw. vierphasigen Innovationsprozess bis zur letzten Stufe – der nachhaltigen Verankerung digitaler Medien – ab.

Das Erreichen dieser Stufe ist aber gerade ein Maß für den Erfolg einer Innovation (vgl. 1.3.1). Befunde in diesem Zusammenhang werden im nachfolgenden Abschnitt 2.5 zusammengestellt.

2.5 Bedingungsfaktoren der nachhaltigen Integration digitaler Medien

Während die Bedingungsfaktoren für die Anfangsphase der Implementation digitaler Medien vielfach empirisch untersucht wurden, zielt diese Arbeit darauf ab, die Bedingungsfaktoren zu ermitteln, die dazu führen, dass es einigen Schulen gelingt, die letzte Phase des Innovationsprozesses digitaler Medien zu erreichen, während andere Schulen weniger erfolgreich abschneiden. Im folgenden Abschnitt wird der Forschungsstand zu den vorliegenden Befunden und Konzepten der nachhaltigen Integration digitaler Medien in Schulen ausgeführt und eine Forschungslücke aufgezeigt. Diese fokussiert auf fehlende Befunde aus mehrjährigen Beobachtungszeiträumen, die den Ansatz der mehrstufigen Prozessmodelle der Implementation von Innovationen und der Schulentwicklung mit digitalen Medien berücksichtigen (vgl. Abschnitt 2.1.2 und 2.3.5).

Schulz-Zander (2001) gibt als Bedingungen für eine erfolgreiche Implementation digitaler Medien Systeme die wechselseitige Anpassung der technischen Systeme und der bestehenden Strukturen, Prozesse und Aufgaben an. Einen für den Erfolg kritischen Punkt macht sie für die Anfangsphase der Implementation aus: „Läuft die Einführung schlecht, kann der Implementationsprozess auch scheitern" (ebd., S. 271).

In der qualitativ ausgerichteten IEA-Studie SITES M2 (Second Information Technology in Education Study, Modul 2, 1999-2002, vgl. auch Abschnitt 2.2) wurde die Frage nach der Nachhaltigkeit der Implementation digitaler Medien in Schulen erstmals als eigenständige Forschungsfrage formuliert. Der Beobachtungszeitraum der Innovationen ließ jedoch keine abschließende Formulierung über Bedingungsfaktoren zu; es konnten nur erste Anhaltspunkte zusammengeführt werden (Owston, 2003). Von den in Deutschland im Rahmen der SITES M2 Befragten wurden die folgenden Probleme bei der Integration digitaler Medien in den Unterricht benannt (Schulz-Zander et al., 2003):

- Curriculare Vorgaben zum Computereinsatz, ausgereifte Medien- und Unterrichtskonzepte sowie Bewertungskriterien und Bewertungsformen für Schülerleistungen fehlen,
- Überforderung der Lehrpersonen durch die Umsetzung der Innovation aufgrund der hohen Anforderungen, die mit der Durchführung der Innovation – eingebettet in offene Unterrichtsformen – verbunden sind,
- Schwierigkeiten bei der Finanzierung der benötigten Hardware,
- unzureichende technische Ausstattung der Schule,
- Betreuung und Wartung der Systeme,
- unzureichende Unterstützung durch die Schulbehörde,

- hohe zeitliche Belastung der beteiligten Lehrpersonen,
- Kritik im Kollegium, vor allem zu Beginn der Durchführung der Innovation.
- Dissonanzen im Kollegium wegen der finanziellen Investitionen in die technische Infrastruktur,
- unterschiedliche Bewertung der Lehrerinnen und Lehrer in Bezug auf den didaktischen Zugewinn durch Einsatz digitaler Medien im Unterricht,
- Einschränkung der Selbststeuerung des Arbeitsprozesses der Lernenden durch den 45-Minuten-Rhythmus und
- Erschwerung der Realisierung von fächerübergreifenden Ansätzen durch den Stundenplan.

Die Auswertungen der internationalen SITES M2 für den Bereich der Nachhaltigkeit der untersuchten Innovationen bezieht 59 der insgesamt 174 Fälle ein (Owston, 2003). Für die Analysen wurden die Daten der Schulen ausgewählt, die konkrete Nachweise erbringen konnten, dass sie zur Zeit der Datenerhebung schon mindestens zwei Jahre in den Fallschulen Bestand hatten und die zusätzlich entweder über durchgeführte Vorhaben oder konkrete Pläne berichten konnten, die den inner- oder außerschulischen Transfer der Innovation umfassten. Die Analyse der Daten dieser 59 Fälle sollte Aufschluss über die Gründe geben, warum innovative pädagogische Praxis mit digitalen Medien nachhaltig im oben genannten Sinne in den Schulen verankert werden konnte. Mit einem Grounded-Theory-Ansatz wurde angestrebt, ein Modell für die Nachhaltigkeit zu erschließen. Das gefundene Modell (vgl. Abbildung 2-2) umfasst zwei Gruppen von Faktoren, die eine nachhaltige Implementierung bedingen, und bezieht auch die Interdependenzen der Faktoren ein.

Die erste Gruppe umfasst Faktoren, die notwendig (*„essential"*) aber nicht hinreichend sind. Demnach ist die Unterstützung von schulischen Akteuren, nämlich der Lehrpersonen, der Schulleitung und der Schülerinnen und Schüler notwendig. Dabei ist die Unterstützung der Implementation digitaler Medien in den Unterricht durch Lehrpersonen von besonderer Bedeutung, da nur diese die Innovationen in die Unterrichtspraxis einbinden können. Besonderen Einfluss auf das Engagement der Lehrperson hat ihre professionelle Entwicklung. Dazu gehören nicht nur die Teilnahme an Fortbildungen sondern ebenso informelle Lerngelegenheiten, die Owston als möglicherweise noch wirksamer einschätzt. Für Lehrpersonen ist weiterhin wichtig, dass sie einen didaktischen Mehrwert in der Innovation sehen: Sie neigen eher dazu, die schulischen Innovationen mit digitalen Medien zu unterstützen, wenn sie eine positive Wirkung auf die Schüler erkennen können. Diese kann z.B. eine Verbesserung der Leistung, der Motivation oder eine positive Veränderung von Einstellungen sein. Weiterhin ausschlaggebend ist die Unterstützung der Schulleitung. Sämtliche vorgenannte Faktoren konnten in allen betrachteten Fällen gefunden werden. Die weiteren identifizierten Faktoren werden als förderlich (*„contributing"*) eingestuft (ebd., S. 133). Im Einzelnen sind dies die Unterstützung der

Innovation innerhalb der Schule, z.B. durch andere Lehrpersonen, sowie durch Externe, z.B. durch Eltern oder den Schulträgern.

Auch das Engagement der *innovation champions'*, das sind Personen, die die Innovation in der Anfangsphase gestaltet und begleitet haben, erweisen sich in der Folge als förderlich, sind aber ausdrücklich nur *„contributing"* und nicht *„essential"*[8]. Das ist darauf zurückzuführen, dass eine nachhaltig verankerte schulische Innovation auch Bestand haben kann, wenn die *innovation champions'* die Schule verlassen (ebd., S. 149). Gerade dann erweist sich der Implementierungsprozess als erfolgreich und nachhaltig.

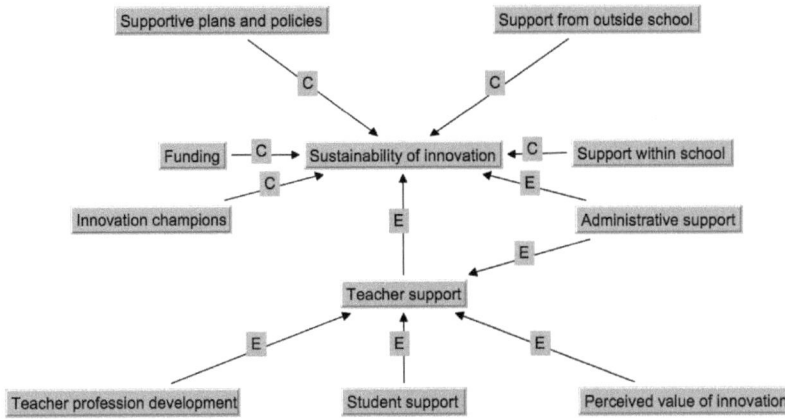

Abbildung 2-2: Vorläufiges Modell zur Nachhaltigkeit (Owston, 2003, S. 133)

Die finanzielle Förderung geht ebenfalls mit einer nachhaltigen Verankerung der Innovation einher. Besteht diese Förderung nur in der Anfangsphase, ist es wichtig, dass alle notwendigen Bedingungsfaktoren erfüllt sind, um die Innovation aufrecht zu erhalten. Als förderlich wird weiterhin die Einbettung der betrachteten Innovation in ein bildungspolitisches Gesamtkonzept eingeschätzt: Der Fortbestand der Innovationen wird wahrscheinlicher, wenn sie Teil eines stützenden Rahmenplans sind. Die angeführten förderlichen Bedingungsfaktoren konnten in mehr als der Hälfte der betrachteten 59 Fälle identifiziert werden.

Die dazu vorliegenden Ergebnisse auf der Grundlage der ausgewählten internationalen Fälle zur Nachhaltigkeit, die in einem ersten Modell (s. Abbildung 2-2) zusammengefasst sind, identifizieren die Relevanz folgender Faktoren auf die nachhaltige Implementierung innovativer pädagogischer Praxis unter Nutzung von IKT:

  – die Unterstützung durch die Lehrpersonen,

---

8 *Essential'* im Sinne von *wesentlich'*, *notwendig'* bzw. *unerlässlich'*.

- die Akzeptanz der Schülerinnen und Schüler,
- die Einschätzung und Wahrnehmung des (Mehr-)Wertes der Innovation,
- die Entwicklung der Professionalisierung der Lehrerschaft und
- die Unterstützung auf administrativer Ebene.

Weiterhin tragen zur nachhaltigen Implementierung nach dem Modell von Owston (2003) die weitere Unterstützung in der Schule, die Unterstützung von außen, die finanzielle Unterstützung und günstige bildungspolitische Rahmenbedingungen bei. Überraschend ist, dass dem ‚innovation champion' – also der Lehrperson, die die Innovation in der Anfangsphase hauptsächlich trägt – eine verhältnismäßig geringe Bedeutung zukommt. Dies liegt darin begründet, dass sich die Innovation im Kollegium ausbreiten soll und von mehreren oder sogar von allen Kollegen getragen werden soll. Den Stellenwert des Modells schätzt Owston als vorläufigen Befund ein, der einen Ausgangspunkt für nachfolgende Forschungsarbeiten bietet:

> Our explanatory model for sustainable innovations should not be considered as definitive, however. [...] Nevertheless, we believe that it provides a starting point for discussion and conjecture about the reasons why some ICT-based innovations fail while others flourish. (ebd., S. 134)

Plomp (2003), als Mitglied des Internationalen Steering Committee der SITES M2, fordert ebenfalls eine sich an die Durchführung der SITES M2 anschließende Untersuchung der Nachhaltigkeit:

> But for such innovations to become part of the institutional practice data on sustainability across time are needed. (ebd., S. 7)

Diese soll ausgehend von dem Owston-Modell durch die hier dargestellte Forschungsarbeit realisiert werden.

Ergänzend haben die Analyse der SITES M2 Daten und der Daten der OECD-Studie ‚ICT and the Quality of Learning' auf jeweils nationaler Ebene die folgenden Ergebnisse geliefert (vgl. Haass & Schulz-Zander, 2003):

Der Einsatz der Neuen Medien im Schulunterricht wird in den meisten Fällen zunächst von engagierten Lehrpersonen initiiert und getragen. Diese Promotoren spielen in der Implementierungsphase eine große Rolle. Deren Unterstützung durch die Schulleitung ist diesbezüglich von großer Bedeutung. Als Fazit werden folgende Empfehlungen für Schulen und Entscheidungsträger zur nachhaltigen Implementierung des Medieneinsatzes gegeben: die Integration digitaler Medien in die gezielte Entwicklung der Einzelschulen, die Einrichtung von Projektteams und Steuergruppen in Schulen (vgl. auch Huber 2004), die Einbettung in das Schulkonzept, die Anerkennung guten und innovativen Unterrichts durch Schulleitungen und Entscheidungsträger, die Schaffung von Anreiz- und Kompensationsmöglichkeiten für Promotoren, das Führen eines didaktischen Diskurses über die Rolle der Neuen Medien, die Fortbildung der Lehrerkollegien und der Schulleitungen, die

Entwicklung von Unterrichtskonzepten und die Flexibilisierung von Rahmenbedingungen (z.B. Rhythmisierung des Unterrichts) zur Unterstützung erweiterter Lernformen.

Die Diskussion um die Nachhaltigkeit der Implementation digitaler Medien in Schulen wird national seit den 1990er Jahren geführt: Nicht rein empirisch sondern tendenziell programmatisch und auf der Grundlage von Erfahrungen in Unterrichtsprojekten und Modellversuchen stellt Eschenauer bereits 1999 ein *„Entwurf eines Konzeptes zur nachhaltigen Integration neuer Medien in den schulischen Unterricht"* vor (Eschenauer, 1999, S. 36ff.). In ihrem Konferenzbericht einer deutsch-amerikanischen Konferenz aus dem Jahr 1997, organisiert von der Bertelsmann-Stiftung, stellt Eschenauer folgende drei Kernkomponenten eines Konzeptes zur erfolgreichen Integration digitaler Medien vor (ebd., S. 36f.):

1. *„Neue Medien als Teil politischer Bildung".*
2. *„Lehrerfortbildungen als Kernstück von Reformen und Brücken zur Praxis".*
3. *„Integration neuer Medien auf der Grundlage eines mehrjährigen Stufenplans".*

Unter Berücksichtigung dieser Aspekte entwickelt sie für die Integration einen mehrjährigen Stufenplan und siedelt konkret einzelne Entwicklungsschwerpunkte chronologisch an. Für das erste Jahr fordert sie einen Schwerpunkt auf Lehrerfortbildungen, die helfen sollen, Ängste vor dem Computer abzubauen, die Zugänglichkeit zu Computern für alle interessierten Lehrpersonen zu ermöglichen, externe Trainer einzubeziehen, Austauschgelegenheiten für Lehrpersonen zu schaffen, die Wartung durch ein Beratungsangebot zu gewährleisten und die Eltern einzubinden.

Im zweiten Jahr sollen *„Pilotprojekte"* (ebd., S. 40) in den Schulen gestartet werden, die Lehrpersonen paarweise planen und reflektieren. Im dritten Jahr werden die Projekte überarbeitet und erweitert. Durch Reflexion der Projekte im gesamten Kollegium und durch externe Beratung sollen die Projekte auf die ganze Schule ausgeweitet werden. Im vierten und in den nachfolgenden Jahren soll der Schwerpunkt auf den Erwerb neuer Kompetenzen (bei den Schülerinnen und Schülern) gelegt werden. Dies geschieht zum Beispiel durch die Erhöhung der Anzahl der Projekte.

Während der Ansatz von Owston (2003) versucht, die Komplexität der Bedingungsfaktoren auf empirischer Grundlage zu erfassen, weist Eschenauer Handlungsempfehlungen aus. Deutlich wird, dass Eschenauer mit ihren Ideen, die in Richtung Professionalisierung, mit einem starken Fokus auf Lerngemeinschaften und organisatorisch verankerter Kooperation einhergehen, spätere Befunde bereits erfasst. Auch ihr Ansatz, einen längeren Zeitraum zu wählen und ein demokratisches Vorgehen zu ermöglichen, das auf pädagogische Aspekte fokussiert, ist – so zeigt die Entwicklung in den nachfolgenden Jahren – visionär. Demgegenüber steht, dass der Transfer von Innovationen, der auch Thema im Rahmen der SITES M2 war (vgl. dazu Owston, 2003), nicht durch rezeptartige Abläufe beschrieben werden kann und der formulierte Ablauf – trotz möglicher Modifikationen – auf andere Schulen mit anderen Vorerfahrungen, Problemen, Zielen und Bedürfnissen passt. Resümierend fordert sie Evaluationen und empirische Forschungen (Eschenauer, 1999, S. 45f.).

Etwa zeitgleich zur eigenen, hier dargestellten Studie führten Deaney und Hennessey (2007) eine Studie mit einer ähnlichen Konzeption, ähnlichen Fragestellungen aber etwas anderen Ausgangsbedingungen und einem mit drei Jahren kürzeren Beobachtungszeitraum in England durch. Im Anschluss an das TiPS-Projekt (TiPS für Technology-integrated Pedagogical Strategies, 2000–2001) führten die Autorinnen eine Follow-Up-Studie auf der Basis von Fallstudien in fünf englischen Sekundarschulen durch. Diese Schulen und sechzehn Lehrpersonen, sogenannte *„teacher-researchers"* (ebd., S. 71), in diesen Schulen hatten zum Beginn des Jahrtausends Konzepte zur Integration von digitalen Medien in sechs Fächern (Englisch, Naturwissenschaften, Geografie, Geschichte, Technologiedesign, Englisch als Fremdsprache) entwickelt. Nach einem Zeitraum von drei Jahren untersuchten Deaney und Hennessey die Nachhaltigkeit, Transferierbarkeit und Entwicklung der Projekte und fragten (ebd., S. 69):

- Ob diese Unterrichtskonzepte noch durchgeführt, weiterentwickelt oder sogar transferiert wurden,
- welche motivationalen und organisationalen Faktoren Einfluss auf die Entwicklung hatten und welche der erfolgreich verankerten Konzepte sich positiv auf den Lernerfolg auswirken konnten und
- welche Hindernisse im Hinblick auf für die nachhaltige Implementation oder die Verbreitung der Konzepte bewältigt wurden und welche organisationalen oder administrativen Beschränkungen auftraten.

Es wurden in den Schulen Interviews mit den sechzehn involvierten Lehrpersonen und insgesamt neun weiteren Lehrpersonen durchgeführt. Auf der Grundlage von fallübergreifenden Analysen ermittelten Deaney und Hennessey, dass nach drei Jahren noch alle Unterrichtsprojekte bestanden oder weiter entwickelt wurden. In der Mehrzahl der Fälle wurden die Konzepte von anderen Lehrpersonen der gleichen Fachrichtung erprobt und an deren Bedürfnisse angepasst. Eine Verbreitung auf andere Fächer hat nicht stattgefunden. Hemmende Bedingungen für die Nachhaltigkeit, die Entwicklung und die Dissemination der Konzepte wurden auf der organisationalen, motivationalen sowie pädagogischen Ebene identifiziert. Als *„organizational factors"* (S. 78ff.) wurde am häufigsten der Zugang zur unterrichtlichen Nutzung digitaler Medien genannt. Für die Entwicklung und Verbreitung der innovativen Konzepte konnte als wichtiger Hinderungsgrund weiterhin der Zeitfaktor ermittelt werden. Dazu gehört die Auseinandersetzung mit neuen Technologien im Rahmen der Unterrichtsvorbereitung. Weiterhin standen in einigen Fällen die Schulkultur bzw. die Lernkultur in den Fächergruppen der Fallschulen der Entwicklung und Verbreitung entgegen. Auch die curricularen Vorgaben, das Fehlen von Fortbildungen und als technischer Aspekt die Unzuverlässigkeit der Technik hinderten die Entwicklung, Verbreitung und damit auch die nachhaltige Verankerung der Projekte. Die identifizierten, motivationalen hemmenden Faktoren erwachsen in erster Linie auf das Selbstvertrauen der Lehrpersonen beim Einsatz der Technologien und Erprobung neuer Ansätze. Je mehr die neuen Konzepte den subjektiven Auffassungen von Lehrern und Lernen der einzelnen Lehrpersonen glichen, desto wahrscheinlicher war eine Übernahme der Unterrichtspraktiken. Als pädagogische Hemmfaktoren wurden die Fokussierung auf die Verbesserung fachlichen Lernens und Lernleistungen ermittelt.

Ein wesentlicher Unterschied dieser Studie zur eigenen Untersuchung besteht darin, dass die eigene Untersuchung nicht auf Einzelprojekte fokussiert, sondern die gesamte Schulentwicklung mit digitalen Medien einbezieht. Auch sind die schulischen Akteure selbst nicht als Forscher einbezogen.

Als Ergebnis aus einem Forschungs- und Entwicklungsprojekt an einer norwegischen Schule, die ebenfalls an der SITES M2 beteiligt war, beschreibt Krumsvik (2005), dass die „Entmystifizierung" der Implementierung digitaler Medien als schulischen Einzelinnovation der Weg zur nachhaltigen Verankerung digitaler Medien sein kann. Dies bedingt, dass die alltägliche Nutzung im Unterricht ein Bottom-up-Prozess im Sinne eines demokratisch und kooperativ gefundenen Weges ist, der sich in eine „community of practice" einbindet, die neben Lehrerkooperationen auch andere innerschulische und außerschulische Kooperationen einbezieht.

Als Analyse einer Lehrerbefragung finden Häuptle, Florian und Reinmann (2008) als Nachhaltigkeitsfaktoren auf der Ebene der Einzelschule die persönlichen Kompetenzen der Lehrpersonen, die Veränderung der Unterrichtsgestaltung durch Fortbildungsteilnahme, die durch Lehrpersonen wahrgenommene erhöhte Motivation der Lerner und auf der Schulebene die Zusammenarbeit im Kollegium, das Verhältnis zu Schülerinnen und Schülern und zu Eltern. Technische Rahmenbedingungen und zeitliche Ressourcen geben die Befragten als hemmend an. Auf Schulsystemebene finden sie die Verankerung in Richtlinien, die Eigenverantwortung der Schulen, Evaluationsmaßnahmen und die Fortbildungsverpflichtung. Hemmend auf dieser Ebene schätzen die befragten Lehrpersonen den geringen Stellenwert digitaler Medien im Unterricht, das Auslaufen von Medienprojekten, die Auslastung durch Umstrukturierung und den Mangel an bedarfsgerechten Fortbildungen heraus.

Die angeführten Befunde stimmen in Teilen mit den eigenen Analyseergebnissen überein. Hinsichtlich einer Begleitung von Schulentwicklungsprozessen über einen mehrjährigen Zeitraum wird allerdings eine Forschungslücke deutlich. Diese greift die eigene Untersuchung vor dem Hintergrund von theoretischen Ansätzen aus der Schulentwicklung und Schulentwicklung mit digitalen Medien auf.

2.6   Zusammenfassung des Kapitels

Ausgehend von der Auffassung, dass Einzelschulen die Entwicklungseinheit von Schulentwicklungsprozessen sind, konnte aufgezeigt werden, dass schulische Innovationen in Phasen verlaufen, deren jeweils letzte Phase die nachhaltige Implementierung der Innovation ist. Folgt man diesen Phasenmodellen, verlaufen Schulentwicklungsprozesse nicht linear, vielmehr kann es erforderlich sein, dass die einzelnen Stufen mehrfach durchlaufen werden. Die Gründe für das Wiederholen von Phasen können sehr unterschiedlich sein. Diese machen die Bedingungsfaktoren der Innovation aus. Während förderliche Bedingungen den Innovationsprozess qualitativ oder auch zeitlich befördern, führen hemmende Bedingungen zur Verlangsamung des Prozesses und können im Extremfall den Erfolg der Implementation von Innovationen behindern oder sogar vereiteln. Fasst man die Implementation digitaler Medien als schulische Innovation auf, gelten auch für sie phasenorientierte Prozessmodelle, auf die diese Arbeit zurückgreift. Zum Verständnis der Implementation digitaler Medien und der Erfassung der Bedingungsfaktoren, die zur Erreichung der mit der Innovation angestrebten Zielsetzungen verbunden sind, greift diese Arbeit auf ein bewährtes, aber wie weiter unten ausgeführt, vor allem auf die erhobenen Daten adaptierbares Modell zur Schul- und Unterrichtsqualität zurück. Dieser Rückgriff ermöglicht zum einen ein tieferes Verständnis der Daten, zum anderen aber auch die Anschlussfähigkeit der Forschungsarbeit an aktuelle Diskussionen in der Bildungsforschung. Während Forschungsbefunde zur Anfangsphase der Implementation digitaler Medien bereits vorliegen, fokussiert diese Studie Arbeit auf die Ermittlung der Bedingungsfaktoren, die dazu führen, dass es einigen Schulen gelingt, digitale Medien nachhaltig zu verankern und somit die letzte Phase des Innovationsprozesses digitaler Medien zu erreichen. Dazu setzt sie an vorliegenden Forschungsbefunden der deutschen und internationalen SITES M2 an.

3   Anlage, Durchführung und Methoden der eigenen Studie

Die Durchführung und Modellierung von Längsschnittuntersuchungen ist für die Konzeption quantitativer Forschungsdesigns weit verbreitet. Qualitative Forschungen beziehen sich überwiegend – oft aufgrund fehlender Forschungsförderung oder der vergleichsweise aufwendigen Datenauswertung – nur auf einen Messzeitpunkt und wenige Erhebungen, die zeitlich dicht zusammen liegen. Hingegen kann eine fallbasierte Erhebung von mehrjährigen Entwicklungen einen wichtigen Beitrag zur Rekonstruktion von (Schulentwicklungs-)Prozessen liefern (vgl. Schulz-Zander & Eickelmann, 2008). Dieser Ansatz wird in einer von der DFG geförderten Studie zur Schulentwicklung mit digitalen Medien unter der Leitung von Prof. Dr. Renate Schulz-Zander verfolgt. Die vorliegende Forschungsarbeit bildet einen Teilausschnitt aus der vorgenannten Studie, der von der Autorin dieser Arbeit konzipiert und bearbeitet wurde. Die Folgeuntersuchung fünf Jahre nach dem Erhebungszeitraum der SITES M2 zielt darauf, wissenschaftlich-analytisches und prozedurales Wissen über Schulentwicklungsprozesse mit digitalen Medien zu generieren, indem die zentralen Forschungsfragen (vgl. Abschnitt 1.2) zu den Bedingungsfaktoren der nachhaltigen Integration digitaler Medien bearbeitet werden. Im Sinne einer Methoden- und Datentriangulation werden qualitative und quantitative Ansätze kombiniert, qualitative Daten vertiefend quantitativ ausgewertet und verschiedene Datenquellen – mündliche und schriftliche Befragung von Personen und Analyse von Textdokumenten – herangezogen. Einer Forschertriangulation wird durch die Erhebung und in Teilen auch durch die Analyse der Daten von mindestens zwei Forscherinnen und Forschern Rechnung getragen.

3.1   Beobachtungszeitraum

Die von der DFG geförderte Folgeuntersuchung zu SITES M2 ist eine qualitative und quantitative Studie auf der Basis von Fallstudien nach einem Zeitraum von fünf Jahren. Die Analyse von Innovations- und Schulentwicklungs*prozessen* erfordert streng genommen eine Datengrundlage von mindestens zwei aufeinander aufbauenden Erhebungen. Die Darstellung der Phasenmodelle der Schulentwicklung unter Berücksichtigung der digitalen Medien macht deutlich, dass die nachhaltige Implementierung in den beschriebenen Phasenmodellen stets in die letzte Phase fällt und dieser Prozess mehrere Jahre beansprucht (vgl. Abschnitt 2.1.2). Zielführende Untersuchungen bezüglich der hemmenden und förderlichen Bedingungen der nachhaltigen Implementierung müssen daher von festen Ausgangspunkten in Einzelschulen konzipiert sein. Weiterhin ist der Entwicklungsprozess über Jahre hinweg zu dokumentieren und nach Ablauf eines angemessenen Zeitraums ist der Grad der Nachhaltigkeit zu messen. In dieser Folgeuntersuchung beträgt der Zeitraum, über den der Entwicklungsprozess und seine Bedingungsfaktoren rekonstruiert werden, fünf Jahre.

Für das gesamte Untersuchungsdesign gibt es zwei Erhebungszeitpunkte:

Messzeitpunkt 1:   Ende 2000/Anfang 2001, Datenerhebung im Rahmen der SITES M2

Messzeitpunkt 2:   Frühjahr bis Herbst 2006, Datenerhebung der von der DFG geförderten Folgeuntersuchung zur SITES M2

3.2   Design, Stichprobe, Instrumentierung und Erhebung

Das Forschungsdesign der DFG-Studie und der hier dargestellten Forschung schließt an Ergebnisse der nationalen und internationalen qualitativen IEA-Studie SITES Modul 2 an, greift deren Methodenrepertoire auf und erweitert dieses um weitere quantitative Instrumente und Methoden. Zum einen wurden in Fallschulen[9] im Rahmen der Folgeuntersuchung qualitative und quantitative Daten zu den Gelingensbedingungen auf den Kontext-, Input- und den Prozessebenen der Schulen erhoben. Zum anderen wurde in den betrachteten Fällen der Grad der Nachhaltigkeit der Implementation über ein in der vorliegenden Forschungsarbeit entwickeltes System von Nachhaltigkeitsindikatoren gemessen. Der Nachhaltigkeitsgrad ist als Maß dafür zu sehen, wie erfolgreich den Schulen die Integration von digitalen Medien in Lehr-/Lernkontexten gelungen ist; er bildet also den Entwicklungsstand ab. Die Bedingungsfaktoren geben an, welche hemmenden und förderlichen Faktoren bei der Integration digitaler Medien in den Schulen identifiziert werden können. Eine Prämisse der Forschungsarbeit ist demnach, dass die Bedingungsfaktoren in ihrem Zusammenwirken dazu führen, dass sich die betrachteten Schulen in Bezug auf die Integration digitaler Medien weiterentwickeln, stagnieren oder gar zurückentwickelt haben. Aus Sicht der Schulentwicklungsforschung sind besonders solche Fälle interessant, in denen digitale Medien entweder in einem hohen Grad nachhaltig verankert sind oder in denen – trotz guter Ausgangslage und nachfolgender Bemühungen – die Integration digitaler Medien eher nicht erfolgreich verlaufen ist.

3.2.1   Stichprobe und Übersicht über die Instrumentierung

Für die Auswahl der Stichprobe stehen gemäß obiger Konzeption hypothetisch zwei Varianten zur Verfügung. Die eine ist, Schulen auszuwählen, die durch Zielvereinbarungen ausweisen, dass sie die digitalen Medien verbreiten und nachhaltig integrieren möchten.

---

9 Die Analyseeinheiten in dieser Untersuchung sind im Gegensatz zur SITES M2 nicht die IPPUTS (in der Regel Unterrichts- oder Schulprojekte), sondern – da die Untersuchung auf Schulentwicklung fokussiert – die einzelnen Schulen, die hier Fallschulen genannt werden.

In diesen Schulen könnte dann mit mindestens zwei Messzeitpunkten der Prozess begleitet, die Bedingungsfaktoren erhoben werden und im Sinne einer Effektivitätsbestimmung und Verortung der Schulen in Bezug auf den Prozess der Grad der Nachhaltigkeit gemessen werden. Alternativ – und auf diesen Ansatz greift die vorliegende Forschungsarbeit zurück – können Schulen ausgewählt werden, in denen Messzeitpunkt 1 unter den obigen Rahmenbedingungen bereits dokumentiert wurde. Diese umfassen – mit dem gebotenen zeitlichen Abstand zur Erstuntersuchung – die Stichprobe einer Folgeuntersuchung. Diese besteht für die hier durchgeführte Folgeuntersuchung aus den Schulen, die in Deutschland für die IEA-Studie SITES M2 nach international festgelegten Kriterien von einem nationalen Beirat ausgewählt und vom Internationalen Koordinationsausschuss (ICC) überprüft und bestätigt wurden. Die für SITES M2 jeweils ausgewählte Innovation für die Fallstudie, das sog. IPPUT ('Innovative Pedagogical Practice Under Use of Information Technology') sollte in jedem Fall die ersten beiden, möglichst jedoch alle der folgenden international vereinbarten Kriterien erfüllen:

1. Evidenz für Veränderungen der Schüler- und Lehrerrollen, der Ziele des Curriculums, der Leistungsbewertungen und des Unterrichtsmaterials oder der Infrastruktur.
2. Substanzielle Rolle der IKT im Unterricht, und zwar im Sinne einer Bereicherung der Unterrichtspraxis, nicht als Unterrichtsersatz.
3. Positive Wirkungen auf Schülerergebnisse.
4. Nachhaltigkeit der Innovation innerhalb der Schule und Übertragbarkeit auf andere Schulen.

Weiterhin sollte das IPPUT im nationalen Kontext als innovativ gelten, d.h. auf die Wissensgesellschaft vorbereiten. Eine Beispielliste mit möglichen Indikatoren für 'innovative Praxis', resultierend aus den Ergebnissen von SITES M1, diente der Orientierung für die nationale Fallauswahl. Sie beinhaltete u.a. aktives und selbstständiges Lernen, Förderung von IT-Kompetenzen, Öffnung des Unterrichts, Projektlernen, Bearbeiten authentischer Probleme, individuelle Förderung, Chancengleichheit und interkulturelles Lernen. Die Festlegung der Kriterien folgte damit insgesamt dem Forschungsansatz der SITES M2 und berücksichtigt, dass digitale Medien für sich genommen nicht hinreichend für qualitative Veränderung von Unterricht sind, sondern erst deren Einbettung in erweiterte pädagogische Kontexte (Schulz-Zander et al., 2003).

Die deutschen SITES M2-Schulen wurden für die Fallstudienfolgeuntersuchung erneut ausgewählt, da:

– Umfangreiche Kenntnisse über den Stand der Schulentwicklungsprozesse im Jahr 2001 vorliegen, dokumentiert durch qualitative Daten und Fallberichte. Die genaue Kenntnis dieser Schulen (vier Schulen der Primarstufe, drei Schulen der Sekundarstufe I und vier Schulen der Sekundarstufe II) und der stattgefundenen Innovationen ermöglichen die Anbindung an die zuvor gewonnenen Ergebnisse.

- Die ausgewählten deutschen Schulen decken ein breites Spektrum bezüglich der Schulformen, Einzugsgebiete und Verteilung auf die Bundesländer ab, auch wenn die neuen Bundesländer nicht beteiligt waren (vgl. Schulz-Zander et al., 2003).

Für diese Folgeuntersuchung standen aufgrund einer Schulschließung noch elf der zwölf deutschen SITES-Schulen zur Verfügung, die sich alle bereit erklärten, an einer weiteren wissenschaftlichen Studie teilzunehmen.

In dem in der Folgestudie gewählten Ansatz erfolgt ein Rückgriff darauf, dass es auch in Deutschland eine steigende Anzahl von Schulen gibt, die die Integration von digitalen Medien in den Unterricht zur Förderung der verantwortlichen und gleichberechtigten Nutzung von Informations- und Kommunikationstechnologien durch alle Schülerinnen und Schüler als ein Leitziel ihrer schulischen Arbeit verankert haben. Basierend auf der Erkenntnis, dass der Einsatz digitaler Medien ohne Einbettung in innovative päd-agogische Kontexte nicht notwendigerweise einen Mehrwert bringt (vgl. Schulz-Zander & Riegas-Staackmann, 2004; Moser, 2005), wurden für diese Untersuchung Schulen aus-gewählt, die den Computereinsatz im Unterricht in ein didaktisches Gesamtkonzept inte-griert haben. Neben der Generierung wissenschaftlich-analytischen Wissens sollte damit die Grundlage dafür geschaffen werden, an die Erfahrungen dieser Schulen anzuknüpfen. Die auf diesem Wege gewonnenen Erkenntnisse dienen der Weiterentwicklung des zu-grunde liegenden Rahmenmodells von Owston (2003). Die Erhebungsinstrumente wur-den so konstruiert, dass sie sowohl den Entwicklungsprozess rekonstruieren lassen als auch erforderliche Informationen über den Grad der Nachhaltigkeit der Implementierung liefern. Zu bedenken ist dabei, dass bis zum Erhebungszeitpunkt noch keine Instrumente zur Messung der Nachhaltigkeit der Implementation digitaler Medien vorlagen und ein solches erst im Rahmen dieses Forschungsvorhabens theorie- und empiriegeleitet entwi-ckelt und überprüft wird.

Die erforderlichen Daten wurden über leitfadengestützte Interviews, problemzentrierte Gruppeninterviews, standardisierte Befragungen mit Fragebögen und Materialien wie Schulprogramme, Schulhomepages und schulinterne Curricula sowie Medienkonzepte erhoben.

Leitfadengestützte Interviews

Den Kern der Folgeuntersuchung bildeten leitfadengestützte Interviews mit jeweils min-destens einem Vertreter der folgenden Personengruppen:

- Schulleitung,
- Computerkoordinatorinnen und -koordinatoren bzw. IT-/Medienbeauftragte der Schulen,
- Innovationslehrperson der SITES M2 oder IT-Nutzerinnen und IT-Nutzer[10]

---

10 IT-Nutzerinnen bzw. IT-Nutzer werden im Folgenden kurz Nutzerin oder Nutzer genannt.

- und an der Innovation seinerzeit nicht beteiligte Lehrpersonen, die aber im Rahmen der SITES M2 als *other teachers* befragt wurden bzw. Nicht-IT-Nutzerinnen und -Nutzer.

Die Interviewleitfäden aus SITES M2 wurden im Hinblick auf die Forschungsfragen adaptiert und erweitert.

Problemzentrierte Gruppeninterviews

Es wurden ergänzend problemzentrierte Gruppeninterviews mit Schülerinnen und Schülern durchgeführt, sofern erkennbar war, dass diese aufgrund der Befunde aus SITES M2 zu schulentwicklungsbezogenen Fragestellungen Auskunft geben konnten.

Standardisierte Befragungen mit Fragebögen

Ergänzt werden die qualitativen Daten im Sinne einer Daten- und Methodentriangulation durch folgende standardisierte Befragungen mit Fragebögen der folgenden Personengruppen:

- Schulleitung,
- Computerkoordinatorinnen und -koordinatoren bzw. IT-/Medienbeauftragte,
- Schülerinnen und Schüler der jeweiligen Abschlussjahrgänge,
- Lehrpersonen.

Der Fragebogen für die Computerkoordinatoren und der Schulleiterfragebogen aus SITES M2 wurden – ergänzt durch neue forschungsbezogene Items – erneut eingesetzt. Zusätzlich wurde mit dem Schulleiterfragebogen eine Zeitleiste vorgelegt, auf der markante Zeitpunkte der IKT-Entwicklung an der Schule veranschaulicht werden konnten. Die vorgegebenen einzutragenden Zeitmarken wurden theoriegeleitet, z.B. aus den oben beschriebenen Prozessmodellen für Schulentwicklung mit digitalen Medien, erschlossen.

Für die ergänzende standardisierte Befragung der Schülerinnen und Schüler sowie der Lehrpersonen wurden Instrumentarien aus anderen Studien adaptiert und eigene Items entwickelt, da in SITES M2 diese beiden Zielgruppen nicht über Fragebögen befragt wurden. Der Anspruch, Informationen aus dem Handlungsfeld zu erheben, die durch standardisierte Antwortvorgaben nicht erfasst werden können, wurde über einen Katalog mit offenen Fragen erfüllt.

Die Erhebung richtete sich an elf Schulleitungen, elf Computerkoordinatoren, 680 Lehrpersonen und die Schülerinnen und Schüler der Abschlussklassen der Schulen (N=930). Die Auswahl der Lehrpersonen als Interviewpartner geschah in Absprache mit der Schulleitung und im Einvernehmen mit den Beteiligten. Dabei wurden im Vorfeld Anforderungsprofile festgelegt, um eine Vergleichbarkeit zwischen den Fällen zu ermöglichen und um zu gewährleisten, dass die befragten Lehrpersonen zu dem Forschungsgegenstand Auskunft geben können. Nach Möglichkeit wurden die im Rahmen von SITES M2 interviewten Personen ausgewählt, die ihrerseits in Nutzer und Nicht-Nutzer digitaler Medien klassifiziert wurden. Zusätzlich wurden an einigen Schulen zusätzlich ausgewiesene IT-Nutzer oder Innovationslehrpersonen befragt, welche die Integration digitaler

Medien in den Fallschulen zum Zeitpunkt der Folgeuntersuchung maßgeblich gestalten, aber an der Befragung im Rahmen der SITES M2 nicht teilgenommen hatten. Insgesamt liegen aus der Folgeuntersuchung 55 leitfadengestützte Interviews mit Schulleitungen, Lehrpersonen und Computerkoordinatoren und sechs problemzentrierte Interviews mit Schülerinnen und Schülern vor.

Eine Übersicht über die verwendeten Instrumente gibt die schematische Darstellung in der Abbildung 3-1.

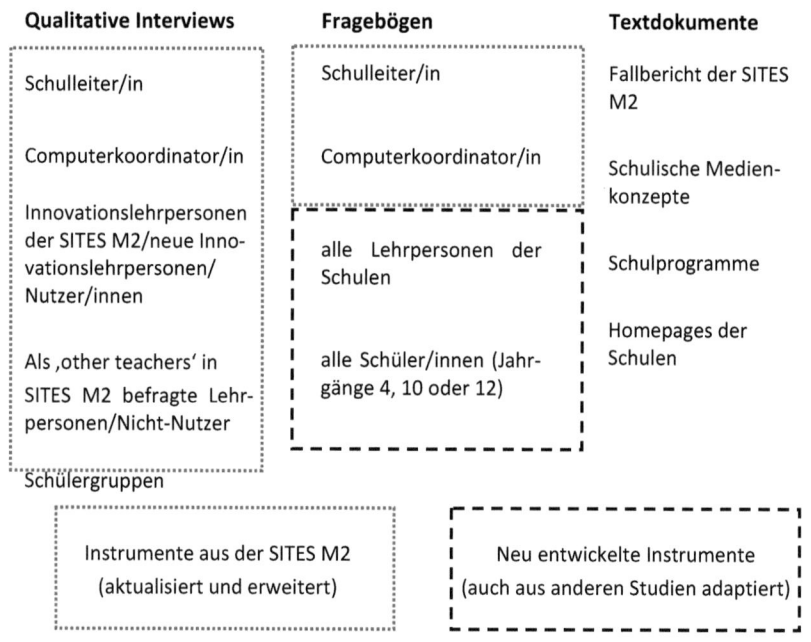

Abbildung 3-1: Übersicht über die eingesetzten Instrumente

In Bezug auf die Befragung der Schulleitungen und technischen Koordinatoren mit Fragebögen kann eine Quasi-Längsschnittuntersuchung (zwei Querschnitte) realisiert werden, da die Instrumente und Befragungsergebnisse aus SITES M2 zur Verfügung stehen. Ziel ist es, eine Einordnung der Befunde der Fallstudien und fallübergreifender Ergebnisse in einen Gesamtzusammenhang zu ermöglichen. Über eine standardisierte Schülerbefragung sollen das Outcome der Innovationspraktiken und somit die Nachhaltigkeit der Wirkungen auf die Lernenden und ihren Unterricht ermittelt werden. Einschränkend ist zu sagen, dass keine Tests eingesetzt wurden.

Zusammenfassend gilt, dass die Erfassung der Bedingungsfaktoren für die nachhaltige Verankerung von digitalen Medien in Schulen zwei Messzeitpunkte umfasst, die in dieser

Forschungsarbeit eine Zeitspanne von fünf Jahren abdeckt. Die Identifizierung der Bedingungsfaktoren wird anschlussfähig auf der Grundlage von Schulqualitätsmodellen erfasst werden. Für die Messung der Nachhaltigkeit musste jedoch ein neues ‚Messinstrument' entwickelt werden. Dieses besteht in der vorliegenden Arbeit aus einem System von 16 Indikatoren, die einzeln eingeschätzt werden und auf die verschiedene Messmodelle angewendet und damit verglichen werden (vgl. Abschnitt 4.5.1). Die Indikatoren ergeben sich aus theoretischen Vorannahmen, die anhand der Daten exploriert und modifiziert werden.

3.2.2 Durchführung und Erhebung

Die entwickelten Instrumente der Folgeuntersuchung sind zunächst in einer *Pilotstudie* an einer Schule, die nicht zur Stichprobe gehört, getestet worden. Die ausgewählte Schule zeichnet sich dadurch aus, dass an ihr – zeitgleich mit der Durchführung von SITES M2 – pädagogische Innovationen unter Nutzung digitaler Medien eingeführt und wissenschaftlich begleitet wurden. Es zeigte sich, dass die schriftlichen Erhebungsinstrumente in der gegebenen Zeit angemessen zu bearbeiten waren. Sie konnten unverändert eingesetzt werden. In den leitfadengestützten Interviews bot es sich an, zwei Fragen zu verändern. Zum einen war eine Frage nach Schnittstellen der Unterrichts- und Personalentwicklung in Bezug auf digitale Medien den Befragten zu abstrakt. Diese Frage wurde in zwei Teilfragen aufgegliedert. Eine weitere Frage nach dem Zusammenhang zwischen Allgemeinbildung und dem Einsatz digitaler Medien stieß in einem Pretest-Interview auf Unverständnis und in einem anderen löste es eine bildungstheoretische Diskussion aus, die den Rahmen des Interviews sprengte. Diese Frage wurde aus dem Interviewleitfaden gestrichen.

Die Schulleiter- und Computerkoordinatorenfragebögen wurden im Vorfeld des Schulbesuches im März/April 2006 versendet und direkt ausgewertet. Die erhobenen Daten wurden mit den Daten und Analysen aus SITES M2 verglichen und für die Fallschulen besonders markante Veränderungen und Themen herausgestellt. Dies betrifft z.B. die Veränderung von Ausstattungskonzepten oder Veränderungen der pädagogischen Schwerpunkte der Schulen durch einen Schulleiterwechsel. Auf diese schulspezifischen Besonderheiten konnte in den nachfolgenden Interviews in Form von Vertiefungsfragen eingegangen werden. Dieses Vorgehen ermöglichte es, die Bedingungen und die Entwicklungen in den Einzelschulen besser zu erfassen und nachzuvollziehen.

Die leitfadengestützten Interviews an den elf Schulen hat ein Forschertandem über einen mehrmonatigen Zeitraum ab Mai 2006 durchgeführt. Befragt wurden jeweils mindestens ein Vertreter aus den Personengruppen der Schulleitung, Computerkoordinatorinnen und -koordinatoren, der Innovationslehrperson oder Nutzerinnen und Nutzern sowie den Nicht-Nutzerinnen und Nicht-Nutzern bzw. den Lehrpersonen, die im Rahmen der SITES M2 befragt wurden, nicht aber die Innovation mitgestalteten (‚*other teacher*'). Ergänzend wurden in der Hälfte der Schulen problemzentrierte Schülerinterviews durchgeführt, die sich jeweils auf die ganz unterschiedlichen im Rahmen der SITES M2 begleiteten pädagogischen Praktiken bezogen. Beispielsweise konnten vier Schülerinnen und Schüler für ein Interview gewonnen werden, die zur wissenschaftlich begleiteten Laptop-Klasse in einem achten Jahrgang an einem Hamburger Gymnasium gehörten und zum Zeitpunkt der Folgeuntersuchung kurz vor den Abiturprüfungen standen.

Der Einsatz der Lehrer- und Schülerfragebögen fand zeitgleich in den Monaten Mai und Juni 2006 statt, um die Vergleichbarkeit der Ergebnisse zu gewährleisten. Sofern die Schulen die Innovationen vor allem in der Oberstufe implementiert haben, wurde mit Rücksichtnahme auf die Abiturvorbereitung zum geplanten Erhebungszeitpunkt die Befragung in die Jahrgangsstufe 12 statt 13 gelegt.

Zusätzlich werden – wie schon in SITES M2 – weitere Quellen wie Schulprogramme, Homepages der Schulen und schulinterne Curricula sowie Medienkonzepte gesichtet und im Hinblick auf die Forschungsfragen analysiert. Mit der Analyse der zusätzlichen Informationsquellen wurden erneut Triangulationsaspekte – und damit eine Erhöhung der Validität der Ergebnisse – angestrebt. Insbesondere dient sie der Generierung eines umfänglichen Bildes der Schule, der schulischen Arbeit und der Schwerpunktsetzungen, Gewinnung zusätzlicher und ergänzender Informationen sowie der Absicherung der aus den Interviews gewonnenen Erkenntnisse. Als weitere Textdokumente wurden die Fallberichte der beteiligten Schulen, die im Rahmen der SITES M2 erstellt wurden (vgl. Schulz-Zander et al., 2003), analysiert.

3.3 Forschungsmethodische Grundlagen

3.3.1 Fallstudienfolgeuntersuchung, Fallstudien und Cross-Case-Analysen

Für diese Forschungsarbeit, die einen Ausschnitt aus der Folgeuntersuchung zur deutschen SITES M2 bildet, wurde als Untersuchungsdesign eine Fallstudienfolgeuntersuchung gewählt (vgl. Tabelle 3-1). Unter diesem Ansatz verstehen Schulz-Zander und Eickelmann (2008) eine Untersuchung auf der Basis von Fallstudien, die querschnittlich zu zwei Erhebungszeitpunkten durchgeführt wird. Bezogen auf die hier beschriebene Forschung bedeutet dies, dass diejenigen zwölf Fallschulen, die im Rahmen der deutschen SITES M2 im Zentrum der Forschung standen, mit einem Abstand von fünf Jahren erneut als Stichprobe einer Folgeuntersuchung ausgewählt wurden (vgl. 3.2). Weiterhin wurden Untersuchungsinstrumente wie Fragebögen und Interviewleitfäden, die modifiziert, aktualisiert und ergänzt wurden, erneut eingesetzt (vgl. 3.2). Ein weiteres wichtiges Merkmal der hier dargestellten Fallstudienfolgeuntersuchung ist, dass die Forschungsergebnisse zum ersten Messzeitpunkt – also der SITES M2 – in die Folgeuntersuchung und den zugehörigen Analysen eingehen. Dabei gehen die Befunde zum einen in die Erweiterung und Modifizierung der Instrumente ein. Zum anderen werden zur Rekonstruktion der Schulentwicklungsprozesse die wissenschaftlichen Fallberichte vor den Schulbesuchen gesichtet und für die Analysen verwendet (vgl. 4.4).

Unter diesen Bedingungen konnten im Rahmen der Folgeuntersuchung elf neue Fallstudien – eine der deutschen SITES-M2-Schulen wurde zwischenzeitlich geschlossen – unter dem Aspekt der Schulentwicklung mit digitalen Medien durchgeführt werden.

Tabelle 3-1: Entwurf der Charakteristika einer Fallstudienfolgeuntersuchung

Charakteristika einer Fallstudien-folgeuntersuchung	Vier zentrale Merkmale: – Untersuchung auf der Basis von Fallstudien – Stichprobe und Erhebung: quer- oder längsschnittliche Erhebungen zu mindestens zwei Messzeitpunkten – Instrumentierung: zumindest in Teilen Adaption der (qualitativen und quantitativen) Instrumente aus Messzeitpunkt 1 für Messzeitpunkt 2 usw. – Berücksichtigung der Befunde der ersten bzw. vorangegangenen Erhebungswelle zur Weiterentwicklung der Instrumente und Analyse der Daten zu nachfolgenden Erhebungswellen

Der Begriff ‚Fallstudie' kennzeichnet eine Vielzahl von Ansätzen (Fuhs, 2007), die nach Flick (2000) zu den Basisdesigns qualitativer Forschung gehören und in ihren Zielen sehr unterschiedlich sein können (Creswell, 1998). Die Datengrundlagen für die in dieser Arbeit betrachteten Fallstudien bieten sowohl qualitative als auch quantitative Daten. Dies fügt sich in das Verständnis von Lamnek (1995) ein, der ausführt, dass Fallstudien als *„approach"* anzusehen sind (ebd., S. 4f.), der mit keiner bestimmten Erhebungstechnik zwingend verbunden ist. Mayring (1999) möchte *„während des gesamten Analyseprozesses den Rückgriff auf den Fall in seiner Ganzheit und Komplexität"* erhalten sehen. Dies wird durch die Verwendung verschiedener Erhebungsmethoden angestrebt. Auch die hier vorliegenden Fallstudien sind multimethodisch orientiert und entsprechen somit der Idee der Methodentriangulation, die die Stärken qualitativer und quantitativer Verfahren im Hinblick auf die Fragestellung und den Gegenstand des Forschungsvorhabens nutzt (vgl. u.a. Bos & Koller, 2002, S. 282).

In der Literatur wird zwischen Einzelfallstudien und Studien mit mehreren Fällen unterschieden. Diese Fälle können entweder *explorativ (fautl"exploratory")*, *beschreibend (fautlf"descriptive")* oder *erklärend (fautlf"explanatory")* sein (Yin, 1994). Dabei hängt die Art der Ausrichtung in erster Linie von der forschungsleitenden Fragestellung ab. Der hier ausgeführten Forschungsarbeit liegen mehrere Fallstudien zugrunde, die in Yins Systematik *beschreibend* und darüber hinaus im Rahmen der Fallvergleiche auch als *erklärend* und erläuternd aufbereitet und analysiert wurden. Weiterhin bieten Studien mit mehreren Fällen die Möglichkeit, Fälle miteinander zu vergleichen und in Beziehung zu setzen. Die-

ser Ansatz ist zentral für die Bearbeitung der in dieser Arbeit betrachteten Forschungsfragen. Der Schritt der Fallvergleiche bzw. Cross-Case-Analysen im Sinne von Miles und
Huberman (1994) schließt sich an die Betrachtung der Einzelfälle an: *„Cross-case analysis
depends on coherent within-case information"* (ebd., S. 178). Solche fallübergreifenden
Analysen ermöglichen sowohl fall- als auch variablenorientierte Auswertungsstrategien
im Sinne eines tieferen und ganzheitlicheren Verständnisses von Innovationsprozessen
(Müller, 2002) wie es auch in dieser Arbeit angestrebt wird. Allerdings stehen wie schon
bei SITES M2 die fallübergreifenden Analysen im Vordergrund, sodass von einem *„instrumental"* statt eines *„intrinsic"* Ansatzes gesprochen werden kann (vgl. dazu Stake,
1995; Kozma, 2003b):

> In an instrumental case study, the focus of the analysis is on the underlying issues, relation-
> ships, and causes that can be used to generalize beyond the case – what can be learned about
> an underlying issue or research question. (Kozma, 2003b, S. 22)

Zunächst werden dazu in Abschnitt 4.4 sechs der elf Fälle der Studie im Hinblick auf die
Forschungsfragen vertiefend analysiert und auf der Grundlage qualitativer und quantitativer Daten in Form von Fallberichten dokumentiert. Daran schließen sich fallübergreifende Analysen an (S. 271ff.).

3.3.2   Aufbereitung der Daten

Die Datengrundlage bilden leitfadengestützte und problemzentrierte Interviews, Fragebogenerhebungen, schulische Dokumente und Fallberichte. Die Aufbereitung der quantitativen Daten erfolgte durch Eingabe in die Statistiksoftware SPSS. Die Interviews wurden im Einverständnis mit den Interviewten elektronisch mithilfe der Transkriptionssoft-
ware f4, die an der Universität Marburg in den Fachbereichen Erziehungswissenschaft
und Informatik entwickelt wurde, erfasst. Die Verschriftlichung der Interviews bildet eine
erste Verdichtung und auch eine erste Interpretation des Materials, da *„eine Transkrip-
tion nie eine mündliche Kommunikation vollständig in Schrift und Symbole erfassen"* kann
(Fuhs, 2007, S. 84). Die Interviews wurden auf der Grundlage von zuvor vereinbarten
Transkriptionsregeln standardsprachlich in Schriftdeutsch transkribiert. Die Schulen wurden gebeten, schulische Dokumente elektronisch zur Verfügung zu stellen. Texte wie
Schulprogramme oder schulische Medienkonzepte wurden dazu zeitgleich in allen Schulen angefragt und gegebenenfalls von den Homepages der Schulen in Textdokumente
kopiert. Weitere relevante, z.B. auf schulische Ziele oder Medien bezogene Aspekte, sind
ebenfalls gesichtet und elektronisch gespeichert worden. Zu deren Identifikation haben
zwei Forscher der Projektgruppe unabhängig voneinander die schulischen Homepages
gesichtet. Die Fallberichte der deutschen SITES M2 lagen als Textdokumente vor. Daraus
wurden u.a. relevante Textpassagen extrahiert und in die Bewertung der Nachhaltigkeitsindikatoren einbezogen. Die verwendeten Textauszüge aus den Fallberichten der

SITES M2 sind in gebotener Kürze in den neuen Fallberichten zitiert und auch im Materialbuch[11] zu dieser Arbeit dokumentiert.

Die folgenden Abschnitte erläutern den anschließenden Analyseprozess der aufbereiteten Daten.

3.3.3 Eingesetzte qualitative Verfahren

Die computergestützten Analysen von Interviewdaten und schulischen Dokumenten orientieren sich in dieser Arbeit an Standardverfahren zur Inhaltsanalyse von qualitativen Daten, die sowohl induktive als auch deduktive Kategorienbildungen einbeziehen (Bos & Tarnai, 1989; Mayring, 2000; Kuckartz, 2003). Sie findet für die qualitative Inhaltsanalyse *„im Spannungsfeld von Induktion und Deduktion statt"* (Bos & Tarnai, 1989, S. 8). Dabei folgt der Gesamtablauf des inhaltsanalytischen Vorgehens dem forschungslogischen Ablauf in der Sozialforschung und wird von Bos und Tarnai in fünf Hauptschritte gegliedert, deren Kern die Kategorienbildung mit der Operationalisierung der Kategorien, die Bestimmung der Stichprobe und die Bestimmung der Analyseeinheit bildet (ebd., S. 9f.). Insbesondere Bos und Tarnai gehen auf Möglichkeiten ein, qualitative Analysen vertiefend mit quantitativen Verfahren zu untersuchen. Diese grundsätzliche Idee wird auch in dieser Arbeit aufgegriffen. Dazu gehört auch die Aufbereitung qualitativer Daten mit dem Verfahren der skalierenden Strukturierung nach Mayring (2000), das neben einem eigenen Erkenntnisgewinn in dieser Arbeit die vertiefende Analysen ermöglicht (vgl. Abschnitt 3.3.8 und Abschnitt 4.5.1 ff.).

3.3.4 Analyse der Interviewdaten: Kategoriensystem und Kodierungen

Ein wesentlicher Teil des Auswertungsprozesses umfasst die Analyse der Interview-Daten. Dazu wird das Interviewmaterial gemäß der beiden übergeordneten forschungsleitenden Fragestellungen einmal im Hinblick auf Bedingungsfaktoren der Implementation digitaler Medien und in einem davon unabhängigen Durchgang unter dem Aspekt des Grades der Nachhaltigkeit (vgl. S. 13) analysiert. Für beide Teilforschungsfragen wurde das gesamte Interviewmaterial aller elf beteiligten Fallschulen im ersten Schritt einer Kodierung unterzogen. Die in diesem Schritt zugrunde gelegte Systematik besteht jeweils aus deduktiven und induktiven Kategorien. Die theoriegeleiteten deduktiven Kategorien werden auf der Materialgrundlage modifiziert und um induktive Kategorien ergänzt.

Für die Entwicklung des Kodierungsleitfadens zu den Bedingungsfaktoren wurde zunächst für jede der drei verschiedenen Schulstufen und für jede der vier Personengruppen ein Interview betrachtet (vgl. Tabelle 3-2).

Zur Auswahl dieser ersten zwölf Interviews wurde eine Zufallsstichprobe mit Nebenbedingungen gezogen. Nebenbedingung war es, jede der elf Fallschulen, jede Schulstufe

---

11 Das Materialbuch umfasst 1192 Seiten. Es kann bei der Autorin eingesehen werden.

und jede Personengruppe mindestens einmal zu berücksichtigen. Konkret wurden zunächst acht Interviews zufällig aus der Grundgesamtheit aller Interviews gezogen. Da das neunte, zufällig gezogene Interview die Nebenbedingung verletzte, wurde dann so ergänzt, dass die Verteilungsbedingungen erfüllt waren. Das neunte und die drei weiteren Interviews für die erste Kodierung zur Erstellung des Kodierungsleitfadens wurden kombinatorisch so ausgewählt, dass die Gleichverteilungsbedingung auf die Personengruppen, Schulstufen und Fallschulen erfüllt war.

Tabelle 3-2: Interviewauswahl zur Entwicklung des Kodierungsleitfadens

	Primarstufe	Sekundarstufe I	Sekundarstufe II
Schulleitung	Grundschule Hessen	Hauptschule NRW (Fallschule D)	Gymnasium Schleswig-Holstein
Innovationslehrperson(en)	Grundschule Niedersachsen (Fallschule A)	Gymnasium Hamburg	Gymnasium Bayern (Fallschule E)
Nicht-beteiligte Lehrperson(en)	Grundschule Berlin	Gesamtschule I NRW (Fallschule D)	Gesamtschule II NRW (Fallschule F)
Computerkoordinator(in)	Grundschule Bayern (Fallschule B)	Gesamtschule II NRW (Fallschule C)	Gymnasium Rheinland-Pfalz

Nach erfolgter Ziehung wurde die Verteilung auf die Geschlechter geprüft. Zu den gefundenen zwölf Interviews ergab sich eine paritätische Geschlechterverteilung. Auch in der Grundmenge aller Interviews bildet sich eine hälftige Verteilung auf die Geschlechter ab, sodass nicht nur die Gesamtstichprobe anteilig abgebildet wird sondern auch die Geschlechter gleichberechtigt vertreten sind. Ferner ist in jeder Untergruppe – bezogen auf die Personengruppen und Schulstufen, spalten- und zeilenweise – jedes Geschlecht vertreten. Vor dem Hintergrund, dass sich vielfach unter den Lehrpersonen geschlechterspezifische Einstellungen und Nutzungsmuster, vor allem aber unterschiedliche computerbezogene Selbstkonzepte[12] finden lassen, erschien die Prüfung dieser zusätzlichen Bedingung notwendig.

Die zwölf Interviews wurden für die Erstellung und Prüfung des Kodierungsleitfadens genutzt (vgl. Tabelle 3-2). Bei einer Gesamtzahl von insgesamt 61 Interviews in der Hauptstichprobe entspricht dies einem Anteil von ca. 20 Prozent und damit den Empfehlungen zum Vorgehen bei qualitativen Inhaltsanalysen, wie sie z.B. bei Kuckartz (1999) zu finden sind.

Der erschlossene Kodierungsleitfaden enthielt zunächst 172 Einzelkategorien. Die Umsetzung eines solchen differenzierten Leitfadens erwies sich weder als praktikabel noch als zielführend im Hinblick auf eine Verdichtung des Materials. Der Umgang mit diesem ersten Kodierungsleitfaden wurde daher in einem erweiterten Forscherkreis diskutiert. Ein Aspekt der Diskussion war, die Anschlussfähigkeit der Forschungsergebnisse vorzubereiten. Ein Vorschlag war, die vorliegenden Kategorien zu gruppieren. In einem ersten, später verworfenen Ansatz wurden die Kategorien nach den fünf Dimensionen der Schulentwicklung mit digitalen Medien gruppiert (vgl. Schulz-Zander, 1999 und Abschnitt 2.3). Schließlich ließen sich nicht alle zuvor gefundenen Einzelkategorien eindeutig zuordnen. Beispielsweise konnte die Kategorie aus der ersten Kodierungsrunde ‚Vermittlung von Basiskompetenz im Umgang mit digitalen Medien ist kein Bildungsauftrag der Schule' nicht eindeutig zugeordnet werden.

Übergeordnetes Ziel des nachfolgend beschriebenen Vorgehens ist es, im Sinne Fatkes (1997), das Ergebnis der Fallanalysen zu den vorhandenen allgemeinen Wissensbeständen in Beziehung zu setzen, um eine wissenschaftlich-theoretische Erkenntnis sichtbar zu machen (ebd., S. 62). Angestrebt wird diese Idee durch die Strukturierung der Daten nach einem Modell zur Schul- und Unterrichtsqualität. Auf diesen Ansatz greift die hier beschriebene Forschungsarbeit zurück und verwendet als Rahmenkonzeption die Analyse der Bedingungsfaktoren für die nachhaltige Implementierung digitaler Medien in unterrichtliche Lehr-/Lernkontexte das Modell von Ditton (2000, vgl. auch Abschnitt 2.1.3). In diesem zweiten, später auch verwendeten Ansatz, wurde das Modell von Ditton zur Schul- und Unterrichtsqualität (2000) eingesetzt. Auch für diesen neuen Zugang galt es, zu prüfen: (a) ob dieses Modell als Lösungsansatz und zur Systematisierung der Kodierung überhaupt geeignet ist und (b) wie die verschiedenen Ebenen und Facetten des Ditton-Modells in Bezug auf digitale Medien besetzt sind. Im Ergebnis konnten alle Einzelkategorien zugeordnet werden und für alle Ober- und Subkategorien konnten im Hinblick auf die forschungsleitenden Fragestellungen sinnvolle Textstellen gefunden werden. Das so gewonnene hierarchische Kategoriensystem bildet das Gerüst für die

---

12 Eine Untersuchung des computerbezogenen Selbstkonzeptes konnte im Rahmen der übergeordneten DFG–Studie zumindest für die Teilstichprobe der Grundschullehrerinnen und Grundschullehrer – realisiert werden. Es ergaben sich – wie auch in anderen Studien – geschlechterspezifische Unterschiede (Schürmann, 2007).

schrittweise Kodierung der Interviews und liegt tabellarisch vor (Tabelle 3-3). Für die ersten zwei Interviews der Tabelle 3-2 wurden im nächsten Schritt zunächst Textstellen im Sinne von Kodierungseinheiten, die *hemmende* Bedingungen umfassten, von zwei Forschern unabhängig markiert und im Anschluss die zu kodierenden Textstellen konsensuell bestimmt.

Tabelle 3-3: Leitfaden für die Kodierung der Bedingungsfaktoren[13]

Oberkategorie	Subkategorien
Kontextebene	Administrativer Kontext
	Sozial-regionaler Kontext
	Externe Kooperationspartner
Inputebene	Intentionen
	Bildungsziele/Lehrpläne
	Einstellungen/Haltungen
	Bedingungen
	strukturell
	personell
	materiell
	finanziell
	sozial/ideell
	zeitlich
	Individuelle Variablen
	Lehrpersonen und Schüler/innen
Prozessebene: Schule	Schulmanagement
	Schulkultur
	Kooperation
	Personalpolitik und Personalentwicklung
Prozessebene: Unterricht	Qualität des Unterrichts
	Angemessenheit
	Motivierung
	Unterrichtszeit

Als Kodierungseinheit wurden Sinnabschnitte festgelegt. Nach Bortz und Döring (2002) ist es zwingend erforderlich, die Kodierungseinheit vor der Kodierung genau festzulegen und wird schon von Bos und Tarnai (1989) als wesentlich für den Kodierungsprozess herausgestellt. Als Einheiten für die Auswertung von Texten kommen nach Bortz und Döring Sinneinheiten, Textabsätze, Sätze oder einzelne Wörter infrage.

---

13 Ausführungen zur Outputebene vgl. Abschnitt 4.6.6.

Die Betrachtung von Sinnabschnitten, also in der Regel Textpassagen, die über mehrere Sätze gehen, hat für die zu kodierenden Interviews den Vorteil, dass diese ohne Angaben zum Kontext im Interview selbsterklärend sind. Daher wurden Sinneinheiten als Kodierungseinheiten festgelegt und die relevanten Sinneinheiten aus den Interviews konsensuell bestimmt (vgl. dazu auch Bonsen, S. 213). Im nächsten Schritt schätzen unter Berücksichtigung des Maßes für die Interkoderreliabilität, gemessen in Cohens Kappa, zwei Beobachter die identifizierten Sinnabschnitte auf der Grundlage des Kodierungsleitfadens unabhängig voneinander ein. Dieser Schritt lieferte in Bezug auf den Kodierungsprozess zwei Ergebnisse: (1) Der gewählte Kodierungsleitfaden mit dem oben dargestellten Kategoriensystem erwies sich als stabil. (2) Die Übereinstimmung der Kodierungen zeigte sich zunächst als verbesserungswürdig: Die prozentuale Übereinstimmung lag zunächst nur bei 69 bis 78 Prozent und damit einem Wert für Cohens Kappa, der unter der angestrebten Zielmarke lag.[14] Damit ergaben sich als nächste Schritte im Kodierungsprozess:

1. Zur Klärung der Bedeutung und Unterschiede der einzelnen Kategorien wurde eine Liste mit den, den Kategorien bereits zugeordneten Sinneinheiten erstellt und später wie in den Tabellen 3-4 und 3-5 angeführt ergänzt.
2. Die bereits kodierten Interviews wurden gemeinsam eingeschätzt und die Kodierung im Hinblick auf Interpretationsspielraum und Trennschärfe der Kategorien diskutiert.
3. Das Verfahren wurde für die Identifizierung von förderlichen Bedingungsfaktoren analog wiederholt.
4. Die weitere Einschätzung dreier unabhängig voneinander eingeschätzter Interviews ergab eine gute prozentuale Übereinstimmung zwischen 85 und 94 Prozent bzw. Interkoderreliabilitäten von Cohens Kappa zwischen .81 und .90. Die unterschiedlich eingeschätzten Textstellen wurden konsensuell kodiert.

Tabelle 3-4: Beispielitems des Kodierungsleitfadens für ‚hemmende Bedingungen'

Kategorie	Kodierungsbeispiel ‚hemmende Bedingung'
Kontextebene	
Administrativer Kontext	Da kriegt man eine bestimmte Menge an Verwaltungsstunden als Schule. Und die Schule kann dann überlegen, wie sie die sinnvoll verteilt. Das bedeutet für unsere Schule allerdings, dass offiziell *eine* Verwaltungsstunde zur Verfügung steht. Bei einem Netzwerk von 90-100 Computern. Was lächerlich gering ist. (Computerkoordinator, Grundschule Berlin)

---

14 Zum Verhältnis von prozentualer Übereinstimmung und zufallskritisch abgesichertem Konkordanzwert Cohens Kappa siehe S. 106f.

Kategorie	Kodierungsbeispiel ‚hemmende Bedingung'
Sozial-regionaler Kontext	Es gibt schon noch Lehrkräfte, die den Einsatz des Computers als nicht wichtig betrachten, weil das Klientel an dieser Schule so zusammengesetzt ist, dass sie alles Andere braucht als unbedingt einen Computer. (Nutzerin, Grundschule Bayern)
Externe Kooperationspartner	Apple-Schule bedeutete, dass wir an irgendeiner Ausschreibungsrunde von ‚Schulen ans Netz' teilgenommen haben. Das wird auch etwa fünf, sechs Jahre her sein, dass wir eben dort aufgrund unseres Antrages genommen wurden und als Apple-Schule ausgezeichnet wurden. Abgesehen von den Mitteln, die wir eben in dieser Ausschreibungsrunde bekommen haben, also eine größere Anzahl von Computern eben, gab es da natürlich eigentlich keine Unterstützung. (Nutzer, Grundschule Berlin)
Inputebene	
Bildungsziele/Lehrpläne	Es ist ja kein Zwang da. Die Nutzung hängt immer von der Eigeninitiative ab. Und aus der Einsicht heraus, dass sie für die Kinder gewinnbringend ist und es einfach zu den Basisfertigkeiten gehört, die ein Kind heute haben muss, wenn es in der Medienwelt bestehen will. Das ist in den Grundschullehrplänen aber noch nicht verpflichtend. (Schulleiter, Fallschule B)
Einstellungen/Haltungen	Ja gut, das ist ja dann auch festgelegt im Lehrprogramm irgendwie. Und die Französischlehrer haben sich da nie eingeklinkt. Ich war dann auch fast ganz froh. (Nicht-Nutzer, Fallschule C)
Strukturelle Bedingungen	Das heißt, solange es nicht komplette Klassen gibt, die ich da nachmittags als Ganztagsschulklasse habe, werden die Möglichkeiten sehr eingeschränkt sein. (Computerkoordinator, Gymnasium Rheinland-Pfalz)
Personelle Bedingungen	Und letzten Endes hatten wir auch die Situation, dass ein Kollege, der gerade auch mit dem Einsatz von Neuen Medien beschäftigt war, versetzt worden ist. Und dann – wie es halt so ist an Schulen – lag der Bereich dann auch etwas danieder. (Nutzer, Fallschule F)
Materielle Bedingungen	Das Problem ist bei diesen Klassenräumen, dass wir teilweise bei 45 qm so eng sitzen, dass ich noch nicht einmal einem Schüler sagen kann, kannst du mal bitte an die Tafel kommen. Es sei denn, er sitzt gerade außen. (Schulleiter, Gymnasium Schleswig-Holstein)
Finanzielle Bedingungen	Ich glaube, unser Etat für dieses Jahr für die Schule, insgesamt für alle Kinder, beträgt 1150 Euro. Pro Kind ungefähr zwei Euro. Wo soll da noch Geld sein für Computer? Wir kaufen unser Papier schon selber, das wir bedrucken. Das muss man einfach sehen. (Nutzer, Grundschule Berlin)
Soziale/ideelle Bedingungen	Die Elternmeinung ist geteilt. Wenn wir den Eltern sagen, wir richten solche Laptop-Klassen ein. [...] Entweder sind sie euphorisch dafür und andere gehen in die Abwehr und sagen: ‚Nur nicht nur Medien'. Man muss ihnen das Konzept erklären, dann sind auch Eltern bereit, da mitzumachen. [...] Aber es haben sich eben nur zwei Klassen bilden können – aufgrund der Elternentscheidung. (Schulleiter, Gymnasium Hamburg)

Kategorie	Kodierungsbeispiel ‚hemmende Bedingung'
Zeitliche Bedingungen	Wir hatten ja damals, glaube ich, für jeden Kollegen drei oder vier Entlastungsstunden. Das waren zwölf Entlastungsstunden. Das ist ja fast eine halbe Stelle, die wir dann insgesamt im Laufe der vier Jahre hatten, um diese Materialien zu erarbeiten und uns fortzubilden, um uns in die verschiedenen Computerprogramme einzuarbeiten. Wir mussten das ja in HTML programmieren und so weiter. Und das brach natürlich dann ab 2003 ab. Es gab keinen Nachschub mehr an Software, es gab keine Fortbildungen mehr. Und es gab kein zur Verfügung stellen von, sage ich mal, zeitlichen Ressourcen. (Nutzer, Fallschule F)
Lehrervariablen	Im Grunde ist das schon ein Problem, dass mit dieser Computernutzung eigentlich sehr viel Arbeit verbunden ist. Und sehr viel technisches Wissen nötig ist. Und das haben eben die meisten Kollegen nicht. (Nicht-Nutzer, Fallschule D)
Schülervariablen	Ich gehe ins Internet, aber es interessiert mich jetzt nicht so am Computer was zu gestalten. Ich kann es dann halt auch nicht besonders gut. Aber die aus meiner Klasse, die das jetzt wirklich interessiert hat [...] die kann das jetzt, aber die hat das auch wirklich interessiert. Mich interessiert es nicht so und dann lerne ich es halt auch nicht so. (Schülerin Oberstufe, Fallschule E)
Schulebene	
Schulmanagement	Sie meinen jetzt unser sogenanntes Medienkonzept? Das ist bisher noch nicht im Schulprogramm. Das Schulprogramm ist geschrieben worden um 2001 und seitdem – die Schulleitung war einfach nicht gut besetzt, einfach unberührt belassen worden. (Schulleiter, Gymnasium Schleswig-Holstein)
Schulkultur	Ich würde mal sagen, es gibt vier bis fünf Computerfreaks hier an der Schule. Aber ich kann nicht feststellen, dass im gesamten Kollegium da heftigst über Neue Medien diskutiert wird. Eher überhaupt nicht. Für den kontinuierlichen Einsatz im Unterricht sehe ich da auch keine allzu großen Chancen. (Nicht-Nutzer, Gymnasium Rheinland-Pfalz)
Personalentwicklung/-politik	Und vielleicht noch ergänzend dazu kann man sagen, dass auch die Fortbildung der Lehrer so gut wie nicht stattfindet. Das ist ja eine Katastrophe. Es werden ja kaum Fortbildungsveranstaltungen angeboten. [...] Das ist ja auch eine Grundvoraussetzung, dass eine permanente Fortbildung stattfindet, um so eine Art Prozess in Gang zu setzen. (Nicht-Nutzerin, Gymnasium Rheinland-Pfalz)
Kooperationen	Es sind einfach die Laptop-Klassen gewesen in den Schulen, die die Möglichkeiten hatten. Die hatten die Rechner, die hatten die tolle Ausstattung. Aber es ist in der Schule wenig wahrgenommen worden. Die hatten mehr Besuch von außerhalb gehabt als innerhalb der Schule. Obwohl wir es immer wieder innerhalb der Schule den Leuten gezeigt haben. Oder aber sagen wir mal angeboten haben. Aber, es ist nicht so von den Leuten gekommen. Die Leute sind nicht so zu uns gekommen, wie wir uns das erhofft hatten. Warum das ist, weiß ich nicht. (Nutzer, Gymnasium Hamburg)

Unterrichtsebene

Qualität des Unterrichts	Ich bin nicht davon überzeugt, [...] dass es so besonders steigernd für die Schüler ist, was Wissen angeht. Für mich ist es ein Verpackungsmittel, ein Transportmittel, eine Schreibmaschine, die funktioniert und gleichzeitig Lexikon ist. (Nicht-Nutzer, Fallschule E)
Angemessenheit	Nein. Ich glaube nicht, dass die schwachen Schüler gefördert werden durch einen Computer. Und ich glaube auch nicht, dass die starken Schüler gefördert werden durch einen Computer. (Nutzerin, Gymnasium Hamburg)
Motivierung	Und die, für die das Lernen eine Dauerbelästigung ist, die tun es eben nicht gerne. Da sie das Medium jetzt alle kennen und zu Hause dann auch mehr oder weniger nutzen, gibt es keinen Zusatzreiz dafür. Bestenfalls in Klassen, die das hier nie machen. (Nutzer, Fallschule C)
Unterrichtszeit	Die Erstklässler haben einfach noch nicht das Vermögen dementsprechend schnell lesen zu können, dass sich der Zeit-Nutzen-Faktor rechnet. Es würde einfach unendlich lange dauern, wenn sie sich Informationen aus dem Internet holen wollten. (Nutzerin, Fallschule B)

Tabelle 3-5: Beispielitems des Kodierungsleitfadens zu ‚förderlichen Bedingungen'

Kategorie	Kodierungsbeispiel ‚förderliche Bedingung'

Kontextebene

Administrativer Kontext	Interviewerin: Was würden sie als Ursache für diese Veränderung der Schule und auch für diesen neuen Weg beschreiben?
	Lehrerin: Das hat mehrere Ursachen. Einmal natürlich die seit Jahren vorangetriebenen Ansprüche der Behörde: Profilbildung der Schulen. (Nutzerin, Gymnasium Hamburg)
Sozial-regionaler Kontext	Wenn man jetzt mal extern anfangen würde, ist sicherlich das Umfeld der Schule sehr förderlich. Als Gemeinde, wo doch sehr viele Akademiker angesiedelt sind, wo eben einfach die Väter bei Konzernen wie RDS oder Siemens arbeiten und von daher vom Elternhaus schon ein freundliches Klima dem Medium gegenüber herrscht und auch natürlich die entsprechenden finanziellen Kapazitäten da sind. (Nutzerin, Fallschule E)
Externe Kooperationspartner	Das [die Einrichtung von Laptop-Klassen] war eine Idee, auf die wir aufmerksam geworden sind, als wir mit der Bertelsmann Stiftung ‚Netzwerk Medienschulen' gemacht haben: Unser Ansatz damals ging sehr stark in Richtung Informations- und Wissensmanagement. Als wir aber dann in Gütersloh an der Schule dort diese Laptop-Klassen gesehen haben, haben wir uns überlegt, dass es eine sehr sinnvolle Entwicklung ist und das war für uns die größte Motivation [selbst Laptop-Klassen einzurichten]. (Nutzerin, Fallschule E)

Inputebene

Bildungsziele/Lehrpläne	Heute ist es ja auch in diesen Bildungsstandards und auch im Kerncurriculum Niedersachsen enthalten, dass man mit den neuen Technologien arbeitet. [...] Man fühlt sich bestätigt, in dem, was man sowieso schon lange macht. (Nutzerin, Fallschule A)

Kategorie	Kodierungsbeispiel ‚förderliche Bedingung'
Einstellungen/Haltungen	Und ich mache das deshalb, weil ich der Meinung bin, das gehört einfach zu einer guten Vorbereitung für einen Jugendlichen. [...] Wenn sie das nicht mitkriegen, geben wir ihnen eine außerordentlich schlechte Zukunftsperspektive. Wenn wir Hauptschüler auf dem Markt etablieren wollen, dann müssen wir wenigstens in dem Bereich auch mal zeigen, dass die was draufhaben. [...] Denn die haben zuhause keine PCs, die haben zuhause eben keine tollen Maschinen stehen. (Nutzer, Fallschule D)
Strukturelle Bedingungen	Und der zweite Punkt – wie ich schon angesprochen habe – sind die Intensivierungsstunden [in G8], wo die Klassen ja halbiert sind, mit der Zielsetzung einer individuellen Förderung der Schüler. Und wenn ich individualisieren will, dann bieten sich natürlich Arbeitsaufträge am Computer an und dort sofort Rückmeldungen zu bekommen, welche Fehler habe ich warum gemacht. (Schulleiter, Fallschule E)
Personelle Bedingungen	Aus dem Etat für die Lehrerstunden wird eine Medienassistentin finanziert, die dem Kollegium als Ansprechpartnerin für technische Probleme zur Verfügung steht. Die Kollegen nehmen dieses Angebot gerne an und wenden sich an sie. (Nutzer, Gymnasium Hamburg)
Materielle Bedingungen	Ich kann sagen, wie die technische Ausrüstung ist, das ist die eine Ebene. Die ist ziemlich gut geworden seit der letzten Studie. Wir haben im Grunde in jedem Klassenraum mittlerweile den Internetzugang und in vielen Räumen auch zwei internetfähige PCs. Manche Lehrerinnen, die viel mit dem PC arbeiten, haben noch einen dritten oder vierten, die sie dann als Schreib-PCs und für Lernsoftware benutzen. (Schulleiter, Grundschule Hessen)
Finanzielle Bedingungen	Wir bekommen auch wirklich jedes Jahr Geld für laufende Kosten, um Druckerpatronen zu kaufen und so weiter. Und wir bekommen Geld, um die Hardware zu ergänzen, wir können im Grunde jedes Jahr ein paar neue PCs kaufen. (Schulleiter, Grundschule Hessen)
Soziale/ideelle Bedingungen	Dass wir uns darum bemühen, neue Technologien gut in den Unterrichts- und Lernprozess einzubeziehen, ist glaube ich auch ein Grund, warum zumindest ein Teil der Eltern diese Schule so attraktiv findet, dass sie ihr Kind hier anmelden. (Schulleiter, Fallschule C)
Zeitliche Bedingungen	Es ist mittlerweile für eine Entlastung gesorgt. Das beträgt bei uns in der Schule drei Stunden – drei Wochenstunden. Und – sagen wir mal so – im Großen und Ganzen kommt man damit hin, wenn nicht größere Neuerungen anstehen. (Computerkoordinator, Gymnasium Rheinland-Pfalz)
Lehrervariablen	Es steht und fällt vieles mit der einzelnen Lehrerpersönlichkeit. [...] Da gibt es natürlich auch Kollegen, die da innovativ sind. Oder, die da auch sagen, ich kann das noch nicht mit dem Laptopkurs. Aber ich mache das mal und lerne das dann übers Tun. Die auch die Angst nicht haben oder die Herausforderung auch mögen. (Nutzer, Fallschule C)

Kategorie	Kodierungsbeispiel ‚förderliche Bedingung'
Schülervariablen	Schüler: Ich glaube, vor 20 Jahren hätte man gesagt, Computer gehören nicht in die Schule. Heutzutage kann sich auch eigentlich Schule nicht mehr gegen Rechner wehren. Weil es ist einfach eine Sache geworden, die man später im Berufsleben braucht. Und ich glaube in einer Schule, die sagen würde, wir verweigern das und machen nichts damit, dass es die Schüler auch später im Berufsleben ganz schön schwer haben werden. Weil ich glaube, man braucht es heutzutage. Und ich glaube, es geht nicht mehr ohne. Schülerin: Dem kann ich mich nur anschließen. (Schülergruppe, Fallschule C)
Schulebene	
Schulmanagement	Ich denke, wir haben auf alle Fälle die Unterstützung von der Schulleitung, die sich immer, wenn wir ein Problem hätten oder wir etwas Neues möchten, Gedanken machen würde, wie es realisiert werden könnte. (Nutzerin, Fallschule A)
Schulkultur	Und, seitdem wir neu angefangen haben, hat sich die Bereitschaft, da überhaupt dran zu gehen und was zu machen, erhöht. Weil wir eben nicht nur auf Computer gegangen sind, sondern gesagt haben, das ist ein gesamtheitliches Konzept und es gibt viele Möglichkeiten. Eine davon ist der Computer. Und das hat schon viele dazu gebracht, den auch mal zu nutzen. (Computerkoordinatorin, Fallschule B)
Personalentwicklung/-politik	Ich sehe bei uns oft, wenn mal wieder so eine kleine Fortbildung war, wie jetzt mit dem Antolin oder der Lernwerkstatt, dass es dann mal wieder so einen Schub gibt. (Nutzerin, Grundschule Hessen)
Kooperationen	Und wir haben uns jetzt verabredet, wir Lehrer intern. Weil das ein Kollege anbietet. Er sagt, ich habe ganz viel Material. Ich lade euch ein in meinen Klassenraum und zeige euch die Lernsoftware für Deutsch und Mathe. (Schulleiterin, Fallschule D)
Unterrichtsebene	
Qualität des Unterrichts	Da hatte ich schon den Eindruck, dass die [Kinder] dafür ihr Thema sehr viel mehr gedanklich durchdringen mussten. Denn mit einer Präsentation muss man es ja auch mehr strukturieren, als wenn sie jetzt im Sinne eines traditionellen Referates einen Text von oben bis unten vorgelesen hätten. Von daher würde ich da einen klaren Gewinn sehen. (Nutzer, Grundschule Berlin)
Angemessenheit	Im Bereich der Grundanforderungen profitieren sie alle gleich. Wenn es um Zusatzanforderungen und höhere Kompetenzen geht, geht die Schere schneller auseinander als früher. Das heißt, dass die höher Begabten oder Hochbegabten den anderen noch schneller davonlaufen. Was aber jetzt nicht negativ zu bewerten ist. Das kann man als Beleg dafür nehmen, dass die individuellen Möglichkeiten besser ausgeschöpft werden können als sonst. (Schulleiter, Fallschule C)
Motivierung	Die positiven Auswirkungen hatte ich ja schon beschrieben. Ich denke, dass individuelles Lernen gefördert, die Lernmotivation der Kinder gesteigert wird und dass sie die Kontrollsysteme gut finden – z.B. habe ich in diesem Schuljahr mit Antolin begonnen zu arbeiten und es ist toll, dass die Kinder Punkte sammeln können und sofort Erfolgserlebnisse haben. (Ehemalige Nicht-Nutzerin, Fallschule A)

Kategorie	Kodierungsbeispiel ‚förderliche Bedingung'
Unterrichtszeit	Bei den Laptop-Klassen kann man das klar und deutlich definieren. Es hat echte Vorteile. Und die Aussage, dass Schüler, die konsequent mit Laptops im Unterricht arbeiten, nach sechs Schuljahren gegenüber Schülern, die ohne Laptops gearbeitet haben, ein Schuljahr weiter sind, das kann man bestätigen. (Schulleiter, Gymnasium Hamburg)

Das dargestellte Verfahren wurde schrittweise mit mehr als 20 Prozent der Interviews durchgeführt. In den letzten Durchgängen ergaben sich weiterhin gute bis sehr gute Übereinstimmungen. Im Sinne eines forschungsökonomisch effektiven Vorgehens wurden aufgrund der guten Übereinstimmung die restlichen Interviews nur noch von einer Person kodiert.

3.3.5 Bestimmung der Interkoderreliabilität und eigener Beweis

In der inhaltsanalytischen Forschung werden Menschen als Kodierer, Beobachter oder Beurteiler, also als Messinstrumente eingesetzt (Friede, 1981). Einen maßgeblichen Beitrag zur Güte der dargestellten qualitativen Inhaltsanalyse der Interviews leistet die Bestimmung der Interkoderreliabilität oder Konkordanz, die ein Maß für die Reliabilität ist (Friede, 1981; Bortz & Döring, 2002; Bortz & Lienert, 1998; Bos & Tarnai, 1989). Messtheoretisch gesehen erfolgt dieses Vorgehen auf Nominalskalenniveau. Dazu ist es notwendig, das zu analysierende Material von mindestens zwei Forschern unabhängig voneinander einzuschätzen und die Ergebnisse der Kodierungen zufallskritisch abgesichert zu vergleichen. Aus forschungsökonomischen Gründen wird oft nur ein Teil des Materials von verschiedenen Personen kodiert.

Einen ersten Hinweis auf die Übereinstimmung der Kodierungen zweier Kodierer liefert die wenig aufwendige Bestimmung der prozentualen Übereinstimmung p. Diese lässt sich durch Abzählen der Übereinstimmungen einfach aus dem Quotienten der übereinstimmenden Kodierungen und der Gesamtzahl der Kodierungen bestimmen:

$$p = \frac{Anzahl\ der\ übereinstimmenden\ Kodierungen}{alle\ Kodierungen\ (eines\ Kodierers)}$$

Dabei ist $p=1$, wenn alle Kodierungen übereinstimmen, $p<1$, wenn es Abweichungen in den Übereinstimmungen gibt und $p=0$, wenn es keine Übereinstimmungen gibt.

Obwohl dieser Wert nicht zufallskritisch abgesichert ist – hierzu gibt es elaboriertere Verfahren, die im Folgenden dargestellt werden – gilt: Ist der Wert der prozentualen Übereinstimmung gering, lohnt der vergleichsweise höhere Aufwand der Bestimmung eines zufallskritischen Konkordanzwertes in der Regel nicht. Für eine zufallskritische Absicherung der Übereinstimmung wird für die Kodierungen in der Regel der Konkordanzkoeffizient Cohens Kappa bestimmt, der ein Maß für die Übereinstimmung von zwei Beurteilern angibt und im Gegensatz zu anderen Koeffizienten keine Verzerrung abbildet und abhängige Urteile zufallskritisch absichert (Friede, 1981, S. 22).

Cohens Kappa (κ) wurde auch in der vorliegenden Forschungsarbeit berücksichtigt und berechnet sich (vgl. Bortz & Döring, 2002) wie folgt:

$$\kappa = \frac{p - p_e}{1 - p_e}$$

Dabei ist p wieder die prozentuale Beobachterübereinstimmung und p_e schätzt den Anteil der erwarteten zufälligen Übereinstimmungen, die sich durch Addition der Produkte der Zeilen- und Spaltensummen, dividiert durch das Quadrat der insgesamt zu vergebenden Urteile ergeben. Die erforderlichen Tabellen, in denen die Kodierungen erfasst werden und in die die Kategorien jeweils als Spalte (für Kodierer A) und als Zeile (für Kodierer B) eingetragen werden, können in der verwendeten Software MAXQDA2 nicht elektronisch erfasst werden.[15] Vielmehr muss entweder per Hand oder mit einem Tabellenkalkulationsprogramm eine Tabelle erstellt und Cohens Kappa außerhalb des Kodierungsprogramms bestimmt werden. In der vorliegenden Forschungsarbeit ergaben sich, bei 22 Kategorien für jeden Kodierdurchgang, 22x22-Matrizen, für die unter anderem Spalten- und Zeilensummen zur Bestimmung des Konkordanzwertes berechnet wurden. Damit wird deutlich, dass der Aufwand – unabhängig ob Tabellenkalkulationen verwendet werden oder schriftlich mit Papier, Stift und Taschenrechner gerechnet wird – hoch ist und mit dem Umfang des Kodierungsleitfadens, also der Anzahl der Kategorien, steigt.

Daher soll an dieser Stelle mathematisch bewiesen werden, dass der einfach und schnell zu bestimmende Wert für die prozentuale Übereinstimmung p einen guten ersten Hinweis, nämlich eine obere Schranke, für die Interkoderreliabilität liefert, da dieser Wert stets größer als Cohens Kappa ist.

Behauptung: Stimmen die Beobachter in ihren Einschätzungen nicht überein, ist die prozentuale Übereinstimmung p echt größer als der Wert des Konkordanzkoeffizienten Cohens Kappa (κ).

Beweis[16]:   Es gilt – wenn nicht alle Kodierungen zweier Forscher abweichen:

$$p = \frac{Anzahl\ der\ \ddot{u}bereinstimmenden\ Kodierungen}{alle\ Kodierungen\ (eines\ Kodierers)} < 1$$

---

15   Gleiches gilt für die Nachfolgeversion.

16   Als Beweisverfahren wird ein ,direkter Beweis' verwendet. Aus einer gültigen Aussage wird durch Äquivalenzumformungen die behauptete Aussage abgeleitet.

Multiplikation der Ungleichung mit $(-p_e)$, wobei $p_e \geq 0$ und die Multiplikation mit $(-p_e)$ daher die Multiplikation mit einer negativen Zahl ist und somit sich das Relationszeichen umkehrt:

$$p \cdot (-p_e) > -p_e$$

Addiert man auf beiden Seiten p, so ergibt sich:

$$p - p_e p > p - p_e$$

Ausklammern von p auf der linken Seite gibt:

$$p \cdot (1 - p_e) > p - p_e$$

Division der Ungleichung durch $(1 - p_e)$, wobei $(1 - p_e) > 0$ und $p_e \neq 1$, gibt die Behauptung:

$$p > \frac{p - p_e}{1 - p_e}$$

q.e.d.

Damit ist bewiesen, dass die prozentuale Übereinstimmung p unabhängig vom Datenmaterial und unabhängig vom Kodiervorgang eine Abschätzung des Konkordanzkoeffizienten nach oben ist, also eine sogenannte obere Schranke. Liegt die einfach zu berechnende prozentuale Übereinstimmung p beispielsweise bei 70 Prozent (.70), so liegt Cohens Kappa darunter. Damit befindet man sich eher nicht im Bereich einer guten Übereinstimmung und es *lohnt* der Aufwand nicht, Cohens Kappa zu berechnen. Stattdessen muss der Kodierungsleitfaden überarbeitet werden und möglicherweise ein unterschiedliches Verständnis der Kategorien der Kodierer diskutiert und geschärft werden. Die prozentuale Übereinstimmung p ist nicht zufallskritisch abgesichert. Daher ist es schließlich bei guter prozentualer Übereinstimmung unerlässlich, den Konkordanzkoeffizienten methodisch sicher mit Cohens Kappa zu bestimmen:

> Akzeptiert man die Bestimmung der Intercoderreliabilität als das angemessene Konzept, [...], dann besteht das einfachste Verfahren in der Berechnung der prozentualen Übereinstimmung zwischen den Kodierern. Dieses Maß ist grundsätzlich unbefriedigend, da es nicht zufallskritisch abgesichert werden kann (Friede, 1981, S. 8).

Die Grenzwerte für gute und sehr gute Einstimmung im Maß von Cohens Kappa sind willkürlich festgelegt. Daher bietet sich eine Orientierung in der Literatur: Bortz und Döring (2002) etwa sprechen von einer guten Übereinstimmung, wenn Cohens Kappa mindestens bei .75 liegt. Für die Forschungsarbeit wurde ein ehrgeiziges Mindestmaß von .80 gewählt, das nach eigenen Berechnungen bei der betrachteten Anzahl von Kategorien einer prozentualen Übereinstimmungsquote von ungefähr 77 Prozent liegt. Das erscheint, – obwohl es höher liegt, als von Bortz und Döring vorgeschlagen – zunächst gering. Es ist aber vor dem Hintergrund, dass das Kategoriensystem recht umfangreich ist und der Wert im Laufe des Forschungsprozesses oft deutlich höher lag, vertretbar. Weiterhin sei darauf hingewiesen, dass nicht-übereinstimmende Kodierungen durchweg konsensuell bestimmt wurden, um die Güte der Forschungsarbeit weiter zu erhöhen.

3.3.6 Kodierung der Nachhaltigkeitsindikatoren

Für die Einschätzung der Nachhaltigkeitsindikatoren jeder Fallschule wurden neben quantitativen Daten, welche auf Schulebene aggregiert ausgewertet wurden, erneut die Interviewdaten einer qualitativen Inhaltsanalyse unterzogen. Dazu wurde nach einer ersten Sichtung des Materials theoriegeleitet und induktiv ein Kategoriensystem aus 23 Kategorien gebildet. Diese Kategorien wurden den Ebenen der Schulentwicklung mit digitalen Medien zugeordnet. Für die sechs in dieser Arbeit vertiefend betrachteten Fallschulen wurden die Interviews dieser Fallschulen – beginnend mit einer Fallschule – unabhängig voneinander kodiert und deren Kodierung verglichen, die Interkoderreliabilität bestimmt und zusätzlich abweichende Kodierungen diskutiert, um sie konsensuell einer Kategorie zuzuordnen. Dieses Verfahren wurde für die zweite Fallschule entsprechend wiederholt und eine Zwischenbilanz gezogen:

1. Die Übereinstimmung der Kodierungen erwies sich als verbesserungsbedürftig. Als Ursache für fehlende Übereinstimmungen wurde gefunden, dass u.a. die Kategorien ,Transfer medienbezogener Innovationen innerhalb der Schule' und ,schulinterne Kooperationen' nicht trennscharf waren. Die Kategorien wurden wie auch die Kategorien ,Transfer medienbezogener Innovationen nach außen' und ,Kooperationen mit Externen in Bezug auf digitale Medien' zusammengelegt.

2. Das Datenmaterial reichte nicht aus, um in Bezug auf die Personalentwicklung zwischen Angebot, Teilnahme und Nützlichkeit von Fortbildungen zu unterscheiden. Auch diese Kategorien wurden zusammengelegt.

3. Als Ergebnis der Prüfung und Modifikation des ursprünglichen Kategoriensystems ergab sich schließlich ein hierarchisches System mit sechzehn Subkategorien, die hier auch Nachhaltigkeitsindikatoren genannt werden. Diese können in fünf Oberkategorien, nämlich den Dimensionen der Schulentwicklung mit digitalen Medien nach Schulz-Zander (1999) gruppiert werden.

4. Die gesamte weitere Kodierung der Interviewdaten wurde von beiden Forschern unabhängig durchgeführt und Interkoderreliabilitäten bestimmt. Ziel war es – trotz sich ergebender guter Übereinstimmungen im Sinne von Cohens Kappa – *alle* unstimmigen Kodierungen zu diskutieren und die Güte der Forschungsarbeit zu erhöhen. Vor dem Hintergrund, dass ,nur' noch vier Fallschulen eingeschätzt werden mussten, schien der Ansatz, beide Beobachter mit dem gesamten Material arbeiten zu lassen und nicht zu reduzieren, auch forschungsökonomisch vertretbar.

3.3.7 Eingesetzte quantitative Verfahren

Quantitative Auswertungsverfahren und deren Analyseergebnisse bilden einen wichtigen Bestandteil der Fallanalysen und der fallübergreifenden Analysen. Zum Einsatz kommen einfache Verfahren der deskriptiven Statistik wie Häufigkeitsanalysen, die die Daten vorwiegend auf Schulebene aggregieren und somit Aussagen über die Fallschulen geben und Fallvergleiche zulassen. Weitere eingesetzte Verfahren sind interferenzstatistische Ver-

fahren wie etwa Klassifikationen mittels hierarchischer Clusteranalysen und Dimensions-
reduktionen mit Hauptkomponentenanalysen. Die Clusteranalyse wird in Abschnitt 4.5.2
eingesetzt, um die Fallschulen auf der Grundlage der Nachhaltigkeitsdaten zu klassifizie-
ren. Faktorenanalysen werden eingesetzt, um aus mehreren hochkorrelierenden Items
inhaltlich interpretierbare Skalen zu bilden. Die identifizierten Skalen gehen sowohl in die
Analyse der Bedingungsfaktoren als auch in die Nachhaltigkeitsanalysen ein. Dabei werden wiederum die Summen- bzw. Faktorscores auf Schulebene und damit auf Fallebene
aggregiert. Die Skalendokumentationen finden sich im Anhang zu dieser Arbeit.

Neben diesen Standardverfahren kommen Latent-Class-Analysen und quantitative Verfahren zur vertiefenden Analyse der qualitativen Daten zum Einsatz. Latent-Class-
Analysen sind ein Verfahren zur Identifizierung von Typen auf der Grundlage probabilistischer Testmodelle (Lazarsfeld & Henry, 1968; McCutcheon, 1987). Das Modell legt zugrunde, dass eine latente – gemeint ist eine nicht beobachtbare oder nicht beobachtete
– Variable die Abhängigkeit zwischen den beobachteten Variablen erklärt. Hierzu werden
Wahrscheinlichkeiten von Antwortmustern analysiert (Rost, 2004). Für die Modellgel-
tungsgüte der gefundenen Lösungen stehen verschiedene informationstheoretische Kriterien – wie z.B. das BIC (Best Information Criterion) – zur Verfügung. Senkbeil und
Wittwer (2008) weisen darauf hin, dass neben der Möglichkeit der Festlegung der opti-
malen Klassenanzahl durch Vergleich ebensolcher Kriterien auch direkte Beurteilungen
der Modellgüte über Bootstrapping-Verfahren möglich sind. Geeignete Prüfstatistiken
sind demnach Pearson- oder Cressie-Read-Statistiken (vgl. auch von Davier, 1997).

3.3.8   Analysen qualitativer Daten mit quantitativen Methoden

Eine grundlegende Fragestellung ist, wie überhaupt die Nachhaltigkeit der Implementation digitaler Medien in einer Schule gemessen werden kann und wie sie mit dem Grad
der Nachhaltigkeit in anderen Schulen verglichen werden kann. Übergeordnet steht die
Frage, wie der Begriff überhaupt zu fassen ist. Zur Bearbeitung dieser Fragestellungen
wird auf der Grundlage theoretischer Vorüberlegungen und auf der Datengrundlage ein
Messinstrument aus 16 Indikatoren entworfen (vgl. Abschnitt 4.3). Ein zentrales Element
der Auswertung bildet das Verfahren der skalierenden Strukturierung nach Mayring
(2000), das ermöglicht, qualitative Daten so zu interpretieren, dass sie quantitativ eingeschätzt werden können und für weitere vertiefende Analyseverfahren aufbereitet sind.
Ein Höchstmaß an Nachhaltigkeit ist demnach dann erreicht, wenn alle sechzehn Indikatoren maximal ausgeprägt sind.

Nach Mayring dient eine Datenanalyse im Sinne einer Strukturierung dem Ziel, *„bestimmte Aspekte aus dem Material herauszufiltern, unter vorher festgelegten Ordnungs-
kriterien einen Querschnitt durch das Material zu legen oder das Material aufgrund bestimmter Kriterien einzuschätzen"* (ebd., S. 58). Die Strukturierung im Sinne Mayrings ist
eine Form der qualitativen Inhaltsanalyse.

In diesem Kontext ist die Strukturierung von Daten neben der *Zusammenfassung* und *Explikation* eine der drei Grundformen des Interpretierens und ein Weg um *„zunächst unbekanntes (sprachliches) Material zu analysieren"* (ebd., S. 58).

Für die Strukturierung als Analysemethode unterscheidet Mayring vier verschiedene Untergruppen (ebd., S. 59):

1. Formale Strukturierung
2. Inhaltliche Strukturierung
3. Typisierende Strukturierung
4. Skalierende Strukturierung

Die *formale* Strukturierung filtert eine innere Struktur des Materials heraus. Die *inhaltliche* Strukturierung extrahiert verschiedene inhaltliche Aspekte aus dem Datenmaterial und fasst diese zusammen. Die *typisierende* Strukturierung identifiziert markante Ausprägungen, beschreibt diese genauer und sucht Typisierungsdimensionen. Die *skalierende* Strukturierung ist der Weg, um das Material nach *„Dimensionen in Skalenform"* einzuschätzen (ebd., S. 56). Das Ziel der skalierenden Strukturierung *„ist es, das Material bzw. bestimmte Materialteile auf einer Skala (in der Regel Ordinalskala) einzuschätzen"* (ebd., S. 92). Im Gegensatz zur inhaltlichen Strukturierung stehen die verschiedenen Ausprägungen der als Variablen aufgefassten Einschätzungsdimensionen in einem ordinalen Verhältnis zueinander (ebd., S. 93). Mayring weist darauf hin, dass solche Analysen bereits in den frühen 70er Jahren des vergangenen Jahrhunderts als Verfahren zu Valenz- oder Intensitätsanalysen in der Kommunikationswissenschaft angewendet wurden.

Für das genaue Vorgehen einer skalierenden Strukturierung entwickelte Mayring ein achtschrittiges Verfahren (ebd., S. 93):

1. Bestimmung der Analyseeinheit,
2. Festlegung der Einschätzungsdimensionen,
3. Bestimmung der Ausprägungen (Skalenpunkte) und Zusammenstellung des Kategoriensystems,
4. Formulierung von Definitionen, Ankerbeispielen und Kodierregeln zu den einzelnen Kategorien,
5. Materialdurchlauf: Fundstellenbezeichnung,
6. Materialdurchlauf: Bearbeitung der Fundstellen (Einschätzung),
7. Überarbeitung, gegebenenfalls Revision von Kategoriensystem und Kategoriendefinition,
8. Analyse von Häufigkeiten, Kontingenzen und Konfigurationen der Einschätzungen (in Abhängigkeit von der Fragestellung).

Dabei ist der Ablauf nicht linear zu verstehen. Vielmehr durchbricht der siebte Schritt die Linearität und bildet eine Schleife mit der Möglichkeit zur Überarbeitung und Revision.

Zusammenfassend und sehr anschaulich formuliert heißt dies für die Analysen in der vor-liegenden Forschungsarbeit, dass für jede Schule für jeden Indikator theorie- und empi-riegeleitet nach dem obigen Ablaufschema eine in vier Stufen differenzierte ordinal ska-lierte Bewertung erfolgt. Zu ergänzen ist, dass jeder Ausprägung nicht nur eine Zahl zwi-schen 0 und 3 zugeordnet wird, sondern diese Ausprägungen auch noch inhaltlich be-schrieben und damit nominal erfasst werden. Letzteres dient auch dazu, eine anschlie-ßende Erhebung in einer größeren Stichprobe mittels schriftlicher Erhebungsinstrumente vorzubereiten, die sich an die hier ausgeführte explorative Erhebung in einer kleineren Stichprobe (hier N=6) sinnvoll anschließen könnte.

3.3.9   Programme für die Datenanalysen

Für die Auswertung der erhobenen Daten kommen – neben statistischer Standardsoft-ware wie SPSS und das Tabellenkalkulationsprogramm EXCEL 2007 – einige Spezialpro-gramme zum Einsatz. Diese werden im Folgenden kurz vorgestellt und ihre Einsatzmög-lichkeiten im Rahmen empirischer Forschung werden skizziert.

MAXQDA2

Für die Analyse der insgesamt 61 zur Hauptstichprobe gehörenden Interviews bietet sich ein computergestütztes Verfahren an. Dafür stehen verschiedene Spezialprogramme zur Verfügung, die Interviewtranskripte einlesen können. Für Analysen auf der Grundlage eines Kodierungsleitfadens aus deduktiven und induktiven Kategorien bietet sich das Programm MAXQDA an, das in der verwendeten und zum Erhebungszeitpunkt aktuells-ten Version mit MAXQDA2 vorlag. MAXQDA unterstützt vor allem die qualitativen Analy-sen von Textdaten, die systematischen Auswertungen und Interpretationen der Texte. Es wurde im beschriebenen Forschungsprojekt verwendet, um Textpassagen aus den mehr als eintausend Seiten Interviewtranskripten zu identifizieren, die hemmende oder förder-liche Bedingungsfaktoren beschreiben. Es finden sich mehr als 2000 passende Textstel-len, die mithilfe des Programms verwaltet und nach unterschiedlichen Kriterien gefiltert wurden. Die Filterung ist leicht zu handhaben: Mit vergleichsweise geringem Mehrauf-wand ergaben sich aus den in dieser Arbeit erschlossenen Kodierungen bereits weitere Publikationen und wissenschaftliche Vorträge im Kontext der Schulentwicklung mit digi-talen Medien (u.a. Eickelmann, Gerick & Schulz-Zander, 2008a; Eickelmann, Gerick & Schulz-Zander, 2008b; Eickelmann, Schulz-Zander & Gerick, 2009).

Winmira2001

Mithilfe der Winmira2001-Software (von Davier, 2000) lassen sich auf der Grundlage probabilistischer Testmodelle Latent-Class-Analysen durchführen (vgl. Abschnitt 3.3.7). Im Gegensatz zu *MPlus* kann Winmira2001 Daten im SPSS-Format einlesen. Die gefunde-nen Lösungen, also Klassenzugehörigkeiten, können einfach an den bestehenden SPSS-Datensatz anhängt werden und stehen damit für vertiefende Analysen zur Verfügung. Dies ist für Berechnungen mit *MPlus* nur über Umwege möglich. Die Beschränkung, dass metrische Daten nicht mit Winmira2001 analysiert werden können, ist für die betrachtete Fragestellung keine Einschränkung, da die Analysen (vgl. Abschnitt 4.6.3) für kategoriale Variablen durchgeführt werden.

3.4   Zusammenfassung des Kapitels

In diesem Kapitel wurde die Anlage und Durchführung der Studie beschrieben und der besondere Bezug zur SITES M2 auf den verschiedenen Ebenen, wie Beobachtungszeitraum, Instrumentierung, Stichprobe und Erhebung, verdeutlicht. Ein weiterer Abschnitt widmet sich den forschungsmethodischen Grundlagen. Hier wurde das Konzept der Fallstudienfolgeuntersuchung, wie es in dieser Arbeit und in der zugrunde liegenden DFG-Studie Anwendung findet, vorgestellt. Weiterhin wird der wesentliche Kern des Forschungsdesigns aufgezeigt. Neu ist hierbei, dass die Bedingungsfaktoren für den Entwicklungsprozess bestimmt werden, indem gleichzeitig über die Messung der Nachhaltigkeit der Implementation digitaler Medien in den Fallschulen der Entwicklungsstand der Schulen festgestellt wurde. Dieses Konzept findet sich in dieser Form nicht in anderen Studien. Ein weiterer besonderer Aspekt dieser Arbeit wird in der Verbindung zu Modellen der Schul- und Unterrichtsqualität aufgezeigt, die insbesondere in die Ermittlung der Bedingungsfaktoren einfließt und eine Anschlussfähigkeit der im nachfolgenden Kapitel dargestellten Befunde ermöglicht. Des Weiteren wurde als besonderes Verfahren das inhaltsanalytische Verfahren der strukturierenden Skalierung qualitativer Daten vorgestellt. Es wurde gezeigt, wie es auf die Einbeziehung quantitativer Daten erweitert werden kann. Weiterhin konnte in diesem Abschnitt mittels eines eigenständig entwickelten mathematischen Beweises gezeigt werden, dass im Hinblick auf die Bestimmung der Interkoderreliabilität die Berechnung der prozentualen Übereinstimmung einen guten ersten Anhaltspunkt liefert, da die prozentuale Übereinstimmung stets größer als der zufallskritisch abgesicherte Konkordanzkoeffizient Cohens Kappa ist, der damit durch die prozentuale Übereinstimmung nach oben beschränkt ist.

4 Analyse der Daten

In diesem Kapitel erfolgt die Darstellung der fallvergleichenden und fallübergreifenden Auswertung der im Rahmen der Studie erhobenen Daten. Grundlage für die Datenanalysen sind die in Abschnitt 1.2 dargestellten Forschungsfragen und die in Abschnitt 3.4 beschriebenen Forschungsmethoden. Ziel ist es, die Bedingungsfaktoren in den Fallschulen im Jahr 2006 und rekonstruktiv von 2001 bis 2006 auf der Grundlage des qualitativen Datenmaterials, ergänzt um quantitative Ressourcen, zu erschließen. Um den Stand der Schulen in Bezug auf die Integration digitaler Medien zu erfassen, wird für jede Fallschule der ‚Grad der Nachhaltigkeit der Implementation digitaler Medien' gemessen. Die Messung als solche erfolgt über ein eigens dafür entwickeltes Analysesystem, das alle von der Fallschule vorliegenden – insbesondere qualitative und quantitative – Daten einbezieht. Fallweise werden nach dem in Abschnitt 4.3 ausführlich dargestelltem Konzept für jede entwickelte Kategorie nach der Idee der strukturierenden Skalierung nach Mayring (vgl. S. 110f.) in konsensueller Abstimmung Wertungspunkte vergeben. Unter Berücksichtigung verschiedener qualitativer und quantitativer Analysen wird schließlich ein *Nachhaltigkeitsgesamtscore* ermittelt und modelliert (vgl. S. 110). Das Ergebnis der Analysen liefert Antworten auf die forschungsleitenden Fragestellungen. Dazu gehören die Angabe von Bedingungsfaktoren auf den Ebenen ‚schulischer Kontext', ‚Input' und ‚Prozess' und die Modellierung eines Nachhaltigkeitsscores für jede Schule. Die Analysen münden in der Formulierung eines eigenen Nachhaltigkeitsmodells (vgl. Abschnitt 4.5.3) und werden durch weitere vertiefende Befunde arrondiert (vgl. Abschnitt 4.5.4 ff.).

4.1 Auswahl und Darstellung der sechs Fallschulen

Von den elf Fallschulen der zugrunde liegenden DFG-Studie wurden sechs für die Analysen dieser Forschungsarbeit kriteriengeleitet ausgewählt. Die Kriterien lauten:

1. Pro Schulstufe (Primarstufe, Sekundarstufe I und Sekundarstufe II) soll jeweils eine Fallschule einbezogen werden, die nach Durchführung der Erhebung und Durchsicht der Materialien als ‚eher nachhaltig/besonders nachhaltig' und eine, die als ‚eher nicht nachhaltig/nicht nachhaltig' einzuordnen ist.
2. Für die Schulen sollen vollständige Datensätze vorliegen. Da sowohl qualitative als auch quantitative Daten in die Analysen einbezogen werden sollen, ist es wichtig, die Schulen auszuschließen, die an der schriftlichen Befragung nicht teilgenommen haben.

Aus der Teilstichprobe der Primarstufenschulen gibt es nur eine Fallschule, die als *eher nachhaltig/besonders nachhaltig'* eingestuft werden kann. Von den verbleibenden Fallschulen wurde die zur weiteren Analyse ausgewählt, die als *eher nicht nachhaltig/nicht nachhaltig'* eingestuft werden konnte. Die dritte Fallschule repräsentiert eine mittlere Position. Für eine vierte Grundschule liegen nur die qualitativen Daten vor. Einer schriftlichen Befragung konnte die Schule aufgrund hoher zeitlicher Belastung nicht zustimmen. Damit konnten zwei Schulen der Primarstufe (die Fallschulen A und B, s.u.) eindeutig für eine vertiefende Untersuchung ausgewählt werden. Da die Grundschulen, die von diesen Analysen ausgeschlossen wurden, interessante Schulentwicklungsprozesse durchlaufen haben, wurde entschieden, alle vier Fallschulen der Primarstufe auch unter stufenspezifischen Gesichtspunkten gesondert auszuwerten. Die Ergebnisse wurden auf dem DGfE-Kongress in Dresden 2008 vorgestellt (Eickelmann, Gerick & Schulz-Zander, 2008). Weitere stufenspezifische Auswertungen unter dem Aspekt der Schuleffektivität und Einstellungen finden sich bei Eickelmann, Schulz-Zander und Gerick (2009) und im Abschnitt 4.6.8 dieser Arbeit.

Für die Sekundarstufe I gestaltete sich die Auswahl der Fallschulen eindeutig: Nur von zwei Fallschulen stehen komplette Datensätze zur Verfügung. Die beiden ausgewählten Schulen, die Fallschulen C und D (s.u.), konnten je einer der beiden Extremgruppen zugeordnet werden.

Für die Sekundarstufe II liegen von allen vier Fallschulen komplette Datensätze vor. Für die Analysen wurde eine dieser vier Schulen als besonders *nachhaltig'* eingeschätzt und daher sicher ausgewählt. Von den drei verbleibenden Schulen konnten zwei für die Fallschulen ausgeschlossen werden. Eine der beiden ausgeschlossenen Schulen zeichnet sich dadurch aus, dass sich die in SITES M2 dokumentierte Innovation nur auf ein Unterrichtsfach, nämlich das Fach Wirtschaft, bezog. Eine für ein großes Gymnasium wenig umfangreiche IT-Ausstattung mit nur einem Computerlabor für 700 Schülerinnen und Schüler, eine ländlich extrem isolierte Lage des Schulortes – und damit einer geringen Anzahl von Bewerbern bei Neueinstellungen – und einer Schulleitung, die kurz vor der Pensionierung die Gestaltung der Schule nicht mehr vorantreibt und durch Festhalten an alten Methoden, Traditionen und Einstellungen nach Aussagen der anderen Akteure Schulentwicklungsprozesse hemmt, wiesen darauf hin, dass die Analysen nicht besonders vielschichtige Ergebnisse liefern könnten. Die andere Schule, die für die vertiefenden Analysen nicht gewählt wurde, befindet sich im Norden Deutschlands. Die Schule – eine ehemalige Medienschule der Bertelsmann-Stiftung – besticht durch ein sehr engagiertes, neu eingesetztes Schulleitungsteam, das eine gute Prognose der schulischen Entwicklung – auch im Bereich der digitalen Medien – zulässt. Das neue Schulleitungsteam wurde extern eingesetzt und hatte zum Erhebungszeitpunkt von den innovativen Entwicklungen in der Schule um die Jahrhundertwende nur wenig Kenntnis. Dieser Schule kann man möglicherweise nur gerecht werden, wenn man ihren Entwicklungsprozess nach einer noch längeren Zeitspanne als dem gewählten Zeitraum von fünf Jahren bilanziert.

Deutlich wird, dass die Entwicklungsprozesse dieser beiden ausgeschlossenen Schulen für sich genommen ebenfalls untersuchenswert sind. Die zwei ausgewählten Schulen der Sekundarstufe II, die Fallschulen E und F (s.u.), eignen sich jedoch im Hinblick auf die Beantwortung der Forschungsfragen besser.

4.2   Analysekonzept I: hemmende und förderliche Bedingungen

Der Analyse hemmender und förderlicher Bedingungen liegt zum einen die in Abschnitt 3.3.4 beschriebene computergestützte qualitative Inhaltsanalyse der Interviewdaten zugrunde, die für die fallspezifischen Analysen durch die eingesetzte Software MAXQDA2 entsprechend gefiltert wurde. Zum anderen wurden alle schriftlichen Erhebungsinstrumente gesichtet und relevante Items auf Schulebene aggregiert ausgewertet und in die Analysen einbezogen (vgl. 119ff. und Tabelle 4-11). Zusätzlich wurden die Skalen zum unterrichtsbezogenen technischen Support, zur medienbezogenen Kooperation, zum evaluativen Potenzial und zu den schulischen Visionen einbezogen, die im Anhang dieser Arbeit dokumentiert sind. Die gesamte Datenmatrix zu jeder Fallschule mit allen Interviewpassagen und quantitativen Analysen findet sich in einem gesonderten Materialbuch zu dieser Arbeit.

4.3   Analysekonzept II: Messung der Nachhaltigkeit

Die Erfolgsmessung von Innovationen ist ein Ansatz, um die Nachhaltigkeit einer Innovation greifbar zu machen. Dabei unterscheidet Hausschildt (1993) für wirtschaftliche Kontexte systembezogene und individuelle Effekte einer Innovation. Er weist aber auch darauf hin, dass es der Wissenschaft bisher nicht gelungen sei, eine einheitliche Messkonvention für den Erfolg einer Innovation zu entwickeln. Hunneshagen (2005) bestätigt dieses Problem für den Bildungsbereich im Allgemeinen und für schulische Innovationen mit digitalen Medien im Besonderen. In dieser Arbeit wird ein solcher Versuch, den Erfolg der Innovation – hier die nachhaltige Implementation digitaler Medien – zu messen, unternommen. Büchter, Dalmer und Schulz-Zander (2002) betonen, dass der Aspekt der Nachhaltigkeit auf die besondere Bedeutung der Einbettung der Unterrichtsentwicklung in einen Schulentwicklungsprozess hinweist. Auf der Grundlage theoretischer Vorüberlegungen (vgl. dazu Kapitel 2) und der qualitativen Inhaltsanalyse der Interviews ergeben sich hierzu sechzehn Nachhaltigkeitsindikatoren auf den fünf Ebenen der Schulentwicklung mit digitalen Medien nach Schulz-Zander (1999). Diese (vgl. Tabelle 4-1) werden für jede Fallschule nach dem Verfahren der skalierenden Strukturierung (s. S. 110ff.) vierstufig eingeschätzt. Die einzelnen Stufen wurden für jeden Indikator nach der ersten Materialsichtung vorformuliert und im Verlauf der Analyse modifiziert. Neben den Interviews finden zur Einschätzung der Indikatoren auch die Daten aus den schriftlichen Befragungen, die schulischen Dokumente und die Fallberichte der SITES M2 Berücksichtigung (vgl. Schulz-Zander et al., 2003). Dazu wurden die Schuldokumente und Fallberichte gesichtet und die schriftlichen Befragungen auf relevante Items hin geprüft. Diese erweiterte Datengrundlage ist ebenfalls in der Tabelle dokumentiert.[17] Zu ergänzen ist, dass für jede Fallschule dieselben Items und Skalen (s. Anhang) auf der Grundlage der Fragebögen einbezogen wurden und diese einen Beitrag zur Vergleichbarkeit der fallspezifischen Ergebnisse liefern.

Tabelle 4-1: Nachhaltigkeitsindikatoren, Ausprägungen und Datenquelle

	Indikator	Nominale und ordinale Ausprägungen	Datenquellen
Indikatoren auf der Dimension der Organisationsentwicklung			
1.	Verankerung digitaler Medien im Schulprogramm/Medienkonzept	0. nicht oder randständig im Schulprogramm 1. zentral im Schulprogramm 2. zentral im Schulprogramm und findet partiell Anwendung 3. zentral im Schulprogramm und findet breite Anwendung	Interviews; Schuldokumente; Schulleiterfragebogen
2.	Verbindung digitaler Medien zu den zentralen pädagogischen Zielsetzungen der Schule	0. keine 1. Verbindung wird nicht von allen gesehen und getragen 2. deutliche Verbindung 3. digitale Medien haben einen zentralen Bezug zu den pädagogischen Zielen der Schule	Interviews; Schuldokumente; Schulleiterfragebogen
3.	Umfang der Problemlösung der in 2000/2001 in Bezug auf die innovative pädagogische Praxis mit digitalen Medien formulierten, fallspezifischen Probleme ('Problemlösekapazität')	0. Probleme bestehen unverändert 1. Probleme wurden teilweise gelöst 2. Für die meisten Probleme wurde eine Lösung gefunden. 3. Für alle Probleme wurden Lösungen gefunden oder erarbeitet.	Interviews; Fallberichte SITES M2; Fragebogen Computerkoordinator; Lehrerfragebogen
4.	Stufe der Innovation	0. Digitale Medien spielen in der Schule keine Rolle mehr. 1. Die Integration digitaler Medien hängt vom Engagement einzelner Lehrpersonen ab.	Interviews; Fragebogen Computerkoordinator

---

17 Die gesamte Nachhaltigkeitsdatenmatrix mit allen Textstellen und quantitativen Analysen zu jeder Fallschule finden sich ebenfalls im Materialbuch zu dieser Arbeit.

	Indikator	Nominale und ordinale Ausprägungen	Datenquellen
		2. Digitale Medien sind für bestimmte Bereiche (Fächer, Personen) nicht mehr als Innovationen anzusehen, sondern in den Alltag integriert.	
		3. Die Integration digitaler Medien ist selbstverständlicher Bestandteil im Unterrichts- und Schulalltag und daher keine Innovation mehr.	
5.	Promotoren der Innovation (bzw. Aufrechterhaltung der Innovation, wenn diese schon implementiert ist)	0. Es gibt keine Promotoren für die Implementation digitaler Medien. 1. Es gibt stellenweise Promotionsaktivitäten, die aber wenig wirksam sind. 2. Es gibt Promotionsaktivitäten, die wirksam sind. 3. Promotionsaktivitäten sind vielfältig und wirksam.	Interviews; Schulleitungsfragebogen
	Indikatoren auf der Dimension der Unterrichtsentwicklung		
6.	Besteht die Innovation aus SITES überhaupt noch?	0. nicht mehr 1. teilweise 2. regelmäßig und unverändert 3. weiterentwickelt	Interviews; falls fallspezifisch relevant: Fragebogendaten
7.	Verbreitung im Hinblick auf die Fächer	0. kein Fach 1. hauptsächlich in einem Fach 2. mehrere Fächer 3. alle oder fast alle Fächer	Interviews; Schulleitungsfragebogen; Fragebogen Computerkoordinator
8.	Verbreitung im Hinblick auf die Anzahl der Lehrpersonen	0. 0 %< x≤ 25 % IT-Nutzer 1. 25 %< x≤ 50 % IT-Nutzer 2. 50 %< x≤ 75 % IT-Nutzer 3. 75 %< x≤ 100 % IT-Nutzer	Interviews; Schulleitungsfragebogen; Fragebogen Computerkoordinator; Lehrerfragebogen
9.	Nutzungsfrequenz digitaler Medien im Unterricht	0. nie 1. gelegentlich 2. eher häufig 3. häufig bis regelmäßig (z.B. täglich, aber mindestens wöchentlich)	Interviews; Schülerfragebogen; Fragebogen Computerkoordinator

Indikator	Nominale und ordinale Ausprägungen	Datenquellen
10. Veränderung der Lernkultur	0. keine 1. nur in einzelnen Projekten einzelner Lehrpersonen 2. in einer größeren Zahl von Projekten verschiedener Lehrpersonen 3. weit verbreitet und systematisch	Interviews; Schülerfragebogen; Lehrerfragebogen; Fragebogen Computerkoordinator
Indikator auf der Dimension der Personalentwicklung		
11. Fortbildungen (Angebot, Teilnahme, Nützlichkeit)	0. gar nicht ausreichend 1. eher nicht ausreichend 2. eher ausreichend 3. völlig ausreichend	Interviews; Lehrerfragebogen; Fragebogen Computerkoordinator
Indikatoren auf der Dimension der Kooperationsentwicklung		
12. Verankerung von Kooperationen mit Externen in Bezug auf digitale Medien	0. keine (mehr) 1. vorhanden aber unsystematisch 2. vorhanden und teilweise systematisch 3. vorhanden und systematisch	Interviews; Schulleitungsfragebogen; Fragebogen Computerkoordinator
13. Verankerung schulinterner Kooperationen in Bezug auf digitale Medien, inklusive des Transfers medienbezogener Innovationen innerhalb der Schule	0. keine (mehr) 1. vorhanden aber unsystematisch 2. vorhanden und teilweise systematisch 3. vorhanden und systematisch	Interviews; Schulleitungsfragebogen; Fragebogen Computerkoordinator; Lehrerfragebogen
Indikatoren auf der Dimension der Technologieentwicklung		
4. Subjektiv wahrgenommene Ausstattungsqualität	0. gar nicht ausreichend 1. eher nicht ausreichend 2. eher ausreichend 3. völlig ausreichend	Interviews; Computerkoordinator Lehrerfragebogen (Skala ‚Subjektive Ausstattungszufriedenheit')
15. Objektiv eingestufte Ausstattungsqualität	0. weit unter dem bundesweiten Schnitt 1. leicht unterdurchschnittlich 2. durchschnittlich oder leicht überdurchschnittlich 3. überdurchschnittlich	Interviews; Schulleitungsfragebogen; Fragebogen Computerkoordinator

Indikator	Nominale und ordinale Ausprägungen	Datenquellen
16. Technischer Support	0. gar nicht ausreichend 1. eher nicht ausreichend 2. eher ausreichend 3. völlig ausreichend	Interviews; Lehrerfragebogen (Skala ‚Technischer Support im Unterricht')

4.4 Fallvergleichende Analysen: Berichte über die sechs Fallschulen

Die Falldarstellungen als Analysen der qualitativen und quantitativen Daten zu den sechs Fallschulen erfolgen für alle nach dem gleichen Schema:

a) Überblick über den Fall

b) Schulische Rahmenbedingungen

c) Kurzfassung des im Rahmen der SITES M2 begleiteten IPPUTs

d) Nachhaltigkeitsprofil und weitere Befunde der Analysen zur Nachhaltigkeit

e) Förderliche und hemmende Bedingungen der Integration digitaler Medien

f) Zusammenfassung der Besonderheiten des Falls

4.4.1 Erstellung und Aufbau der Fallberichte

Den Auftakt jedes Fallberichtes bildet ein Zitat aus den geführten Interviews, das einen ersten Anhaltspunkt für den Entwicklungsstand der Schule gibt. Auch wenn diese Zitate jeweils nur von einer Person stammen, geben sie bereits Hinweise auf zentrale Bedingungsfaktoren für die gelungene oder misslungene Integration digitaler Medien in der Fallschule. Nach diesem Eingangszitat wird unter a) jeweils als Einführung ein kurzer Überblick über den Fall gegeben. Weiter werden unter b) die schulischen Rahmenbedingungen genannt, welche auf der Grundlage aller Daten der Folgeuntersuchung zusammengestellt wurden. Da die Studie als Nachuntersuchung zur deutschen SITES M2 konzipiert ist, werden in die Darstellung der Fälle Informationen aus den Fallberichten eingebunden, die im Rahmen der SITES M2 erstellt wurden. Gleichfalls werden auch Entwicklungsverläufe der schulischen Rahmenbedingungen rekonstruiert. Weiterhin werden Einzelheiten zur IT-Ausstattung als Rahmenbedingungen angeführt und im Zuge der nachfolgenden Nachhaltigkeitsanalysen vertieft. Im Hinblick auf die Beschreibung und Rekonstruktion des Einsatzes digitaler Medien wird beachtet, dass die im Kontext der SITES M2 generierten Daten, die für das neue Forschungsvorhaben von Relevanz sind, insgesamt zur Kenntnis genommen wurden und in die Analysen eingehen, um Veränderungen und Entwicklungen abzubilden. Unter c) wird das IPPUT, also das in der SITES M2 beforschte Unterrichts- oder Schulprojekt, beschrieben. Die Abschnitte d) und e) widmen sich dem Kern der Arbeit; dem Nachhaltigkeitsprofil und den Bedingungsfaktoren in den Fallschulen.

Analog zur SITES M2 werden Zitate aus den Interviews zur Illustration der Fälle verwendet. Sie dienen jedoch nicht als singulärer Beleg für getroffene Aussagen. Vielmehr werden Erörterungen nur dann eingebunden, wenn sie durch mindestens zwei Datenquellen belegt werden können. Lediglich in besonders interessanten Ausnahmefällen finden auch einfach belegte Aspekte Erwähnung, z.b. um gegensätzliche Aussagen zu kontrastieren oder um Sachverhalte zu erläutern, die nur aus Sicht der betreffenden Person eingeschätzt werden können. Derartige Aussagen werden sprachlich entsprechend ausgewiesen. Dazu können für die Folgeuntersuchung – im Gegensatz zur SITES M2 – neben Interviewdaten und schriftlichen Befragungsergebnissen von Schulleiterinnen und Schulleitern sowie von Computerkoordinatorinnen und Computerkoordinatoren auch umfangreiche quantitative Daten von Lehrpersonen und Schülerinnen und Schülern berücksichtigt werden. Die quantitativen Daten werden dazu auf Schulebene aggregiert. Weiterhin konnten zu fünf relevanten Aspekten Skalen gebildet werden, die für alle Fälle, wieder auf Schulebene aggregiert, ausgewertet werden.

Die Fallberichte bilden im Sinne eines Bestandteils der Datenreduktion die Grundlagen für die fallübergreifenden Analysen.

Zu ergänzen ist, dass die Fälle in M2 als IPPUTs konstruiert waren. Der Kernbereich der Fallberichte und der Fall vergleichenden Analyse der deutschen SITES M2 bezog sich daher seinerzeit auch auf die Mikroebene, d.h. auf den Unterricht, das Lehrer- und Schülerhandeln und die Rolle der Medien. Die Erhebung umfasste Unterrichtsbeobachtungen und Analysen von Unterrichtsvideografien der IPPUTs. Im Zentrum der Folgeuntersuchung steht die Mesoebene.

Die Entwicklung der gesamten Schule in Bezug auf die Integration digitaler Medien wird als Fallbasis betrachtet. Die Analyseeinheiten bilden die sogenannten Fallschulen. Die nachfolgenden Fallberichte der Folgeuntersuchung dokumentieren und rekonstruieren datengestützt die Schulentwicklungsprozesse dieser Fallschulen vor der Folie der forschungsleitenden Fragestellungen (vgl. Abschnitt 1.2).

Die verwendete Skala zum evaluativen Potenzial geht auf eine Skala aus dem Skalenhandbuch zur Unterrichts- und Schulqualität von Steinert et al. (2003) zurück. Die zugehörigen Items wurden bereits bei der Konstruktion der Instrumente berücksichtigt. Die interne Konsistenz gemessen in Cronbachs α liegt dort mit $\alpha=0.66$ (ebd.) höher als in der eigenen Stichprobe ($\alpha=0.57$).

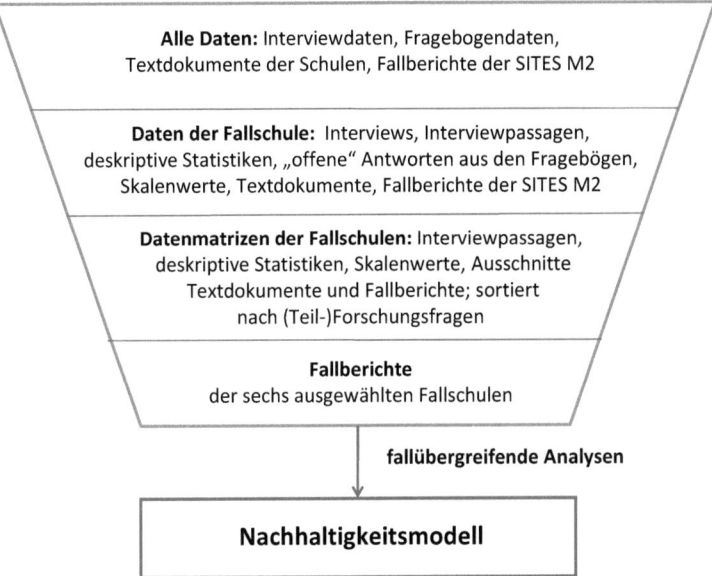

Abbildung 4-1: Darstellung der Datenreduktion

Die Skala zur medienbezogenen Kooperation ist bereits an anderer Stelle veröffentlicht worden (Eickelmann & Schulz-Zander, 2008).

Die weiteren vier Skalen konnten neu gebildet werden:[18]

1. Skala ‚Medienbezogene Kooperation', α=0.83

2. Skala ‚Gemeinsame schulische Visionen', α=0.81

3. Skala ‚Subjektive Ausstattungszufriedenheit', α=0.91

4. Skala ‚Technischer Support im Unterricht', α=0.72

4.4.2   Fallschule A (Grundschule in Niedersachsen)

Inzwischen ist dies Alltag für uns geworden, was den Inhalt betrifft. Wir suchen eigentlich bei jeder Unterrichtseinheit, die wir durchführen, auch nach Aufgaben, die am PC erledigt werden können, z.B. Internetrecherchen oder interaktive Lernmöglichkeiten. Für mich ist es so, dass es ein Teil vom Unterricht ist und nicht mehr Schwerpunkt. (Lehrerin, Innovationslehrerin in SITES M2)

---

18 Die ausführlichen Skalendokumentationen finden sich im Anhang.

a) Überblick über den Fall

Der Fallschule A ist es innerhalb des fünfjährigen Beobachtungszeitraums gelungen, digitale Medien in einem hohen Grad nachhaltig zu verankern und alle Lehrpersonen der Schule einzubeziehen. Dabei haben das engagierte Kollegium und die Schulleiterin vor allem Möglichkeiten auf der Prozessebene ausgeschöpft. Essenziell ist die Verpflichtung auf ein schulisches Medienkonzept, in dem die Verwendung digitaler Medien in einen engen Zusammenhang zu den pädagogischen Zielen gesetzt wird. Nicht alle förderlichen Bedingungsfaktoren liegen jedoch auf der Prozessebene: Fortbildungsangebote durch den Schulträger und die Bereitstellung einer Schulassistentin, die die Systeme betreut, sind wichtige Stützen für die Innovation. Davon profitieren vor allem diejenigen Lehrpersonen, die nicht zum Medienteam der Schule gehören. Diese haben sich in die Arbeit mit digitalen Medien und deren unterrichtlicher Verwendung im Beobachtungszeitraum eingearbeitet und sind erst im Laufe der Zeit zu Computernutzern geworden.

b) Schulische Rahmenbedingungen der Fallschule A

Die *Grundschule* befindet sich im Zentrum einer *mittelgroßen Stadt in Niedersachsen*. Insgesamt besuchten im Schuljahr 2005/2006 252 Schülerinnen und Schüler diese Schule. Die Schülerzahl ist seit 2001 etwa um eine Klassenstärke gestiegen. Das Kollegium umfasst 17 Lehrpersonen (in 2001: 15).

Der Anteil an Kindern mit Migrationshintergrund war zum Erhebungszeitraum der SITES M2 Anlass, das *Profil* des interkulturellen Lernens in der Schule zu entwickeln. Dieses hat aber zum zweiten Erhebungszeitpunkt in 2006 nicht mehr den gleichen, hohen Stellenwert. Begründet wird die Veränderung damit, dass sich der Anteil der Kinder mit Migrationshintergrund reduziert hat und Kinder dieser Gruppe *„recht gut Deutsch"* sprechen (Interview Innovationslehrerinnen). Das *Lernen mit digitalen Medien* findet unverändert besondere Beachtung im Unterricht. Seit der SITES M2 hat die Schule jedoch auch *neue Arbeitsschwerpunkte* gefunden. Dazu gehört vor allem ein naturwissenschaftliches Profil, die Förderung hochbegabter Schülerinnen und Schüler und die Mitarbeit in einem schulischen Netzwerk zur Förderung Gut- und Hochbegabter, die Mitarbeit an einem regionalen Integrationskonzept, der Schulchor und die Fokussierung auf anwendungsorientierten Mathematikunterricht.

Die Schule ist als Halbtagsgrundschule organisiert und ist nicht selbstständig im Sinne erweiterter Schulautonomie. Sie verfügt über elf Klassenräume, zwei Fachräume und einen Computerraum mit siebzehn Computern. In jedem Klassenraum und in der Forscherwerkstatt befindet sich jeweils ein Computer. Weitere digitale Arbeitsplätze sind in Lernecken über das Schulgebäude verteilt. Alle Rechner sind in das schulische Netzwerk eingebunden sowie internet- und multimediafähig. Sie werden von einer eigens vom Schulträger eingestellten Schulassistentin betreut, die zuvor als Systemadministratorin in der privaten Wirtschaft gearbeitet hat.

Seit 1999 hat die Schule ein *Schulprogramm* und seit 2001 ein *Medienkonzept*. Zentraler Aspekt des Medienkonzeptes ist, neben konkreten Handreichungen für den Unterricht in den vier Klassenstufen, die Festschreibung von Zielen, die mit dem Medieneinsatz verbunden sind. Dazu gehören die selbstständige Erschließung und die Aneignung von Wissen, die Nutzung digitaler Medien als Schreibwerkzeug, Einführung in die Nutzung von E-Mails, digitale Medien als Werkzeug interkulturellen Lernens und als Medium zur binnendifferenzierten Förderung. Digitale Medien werden an der Schule seit 1993 in den Unterricht integriert. So hat die Schule ein *Medienteam* mit didaktischer Ausrichtung gebildet, das allerdings nur *„sporadisch"* arbeitet (SL-FB, S. 6). Während zum Zeitpunkt der Erhebung der SITES M2 nicht alle Lehrpersonen digitale Medien im Unterricht eingesetzt haben, gibt es in 2006 keine Ausnahmen mehr: Nach Angaben der Schulleiterin nutzen mindestens einmal wöchentlich zwischen 51 und 75 Prozent des Kollegiums *Computer* und zwischen 26 und 50 Prozent das *Internet im Unterricht*. Die Lehrerbefragung ergibt, dass 90 Prozent der Lehrpersonen das Internet im Unterricht nutzen und 100 Prozent den Computer ohne Zugriff auf das Internet. Notebooks oder interaktive Whiteboards kommen nicht zum Einsatz. Nach Angaben der Lehrpersonen setzen 75 Prozent von ihnen Computer etwas oder viel häufiger im Unterricht ein als fünf Jahre zuvor. 88 Prozent nutzen das Internet etwas oder viel häufiger als fünf Jahre zuvor. Zum Zeitpunkt der Erhebung in 2006 ist die Schule nicht in Förderprogramme zur Integration digitaler Medien eingebunden.

c) Kurzfassung des im Rahmen der SITES M2 begleiteten IPPUTs an der Fallschule A

Die Schülerinnen und Schüler einer dritten Klasse der Grundschule erstellten während des Beobachtungszeitraums des SITES M2 eine Zeitung über eine Klassenfahrt zu einem Schulbauernhof. Zu den verschiedenen Tieren schrieben sie in Kleingruppen Zeitungsartikel mit einem Textverarbeitungsprogramm, recherchierten Informationen im Internet, auf lokalen Datenträgern und in der Bibliothek. Die Lehrerin organisierte und strukturierte zu Beginn des Unterrichts die Lernphasen und besprach mit den Schülerinnen und Schülern die Aufgaben. Während die Kinder selbstständig arbeiteten, klärte sie auftauchende Fragen. Der Unterricht knüpfte eng an die unmittelbare Erfahrungswelt der Kinder an und wurde fächerübergreifend (Deutsch, Sachunterricht, Mathematik) durchgeführt. Die begleitete Unterrichtseinheit war ein Teil der Umsetzung der im Medienkonzept der Schule verankerten Unterrichtseinheiten. Das Medienkonzept der Schule wurde u.a. von der begleiteten Innovationslehrerin entwickelt.

d) Nachhaltigkeitsprofil und weitere Befunde der Analysen zur Nachhaltigkeit der Fallschule A

Im folgenden Abschnitt werden auf der Grundlage qualitativer und quantitativer Daten und Analysen die sechzehn Nachhaltigkeitsindikatoren (vgl. Abschnitt 4.3, S. 115ff.) für die Fallschule A eingeschätzt. Zur besseren Übersicht wird in Form von zwei Diagrammen vorab das Ergebnis der fallspezifischen Analysen dargestellt.

Das Diagramm in der Abbildung 4-2 zeigt die Werte der Fallschule für die Nachhaltigkeitsindikatoren und vergleicht diese mit den Mittelwerten der Stichprobe. Es fällt zunächst auf, dass die Ausprägungen der Indikatoren – abgesehen von den Indikatoren 11
(Fortbildungen) und 14 (subjektiv wahrgenommene Ausstattungsqualität) – über den
Stichprobendurchschnittswerten liegen. Dieser Schule ist es im Beobachtungszeitraum
vergleichsweise gut gelungen, digitale Medien nachhaltig zu verankern. Das Diagramm in
der Abbildung 4-3 bildet die auf den fünf Ebenen der Schulentwicklung mit digitalen Medien aggregierten Fallwerte ab. Dazu werden die Mittelwerte der einzelnen Indikatoren
auf den Ebenen Organisationsentwicklung (OE), Unterrichtsentwicklung (UE), Personalentwicklung (PE), Kooperationsentwicklung (KE) und Technologieentwicklung (TE) gegen
die jeweiligen Mittelwerte der Stichprobe aufgetragen.

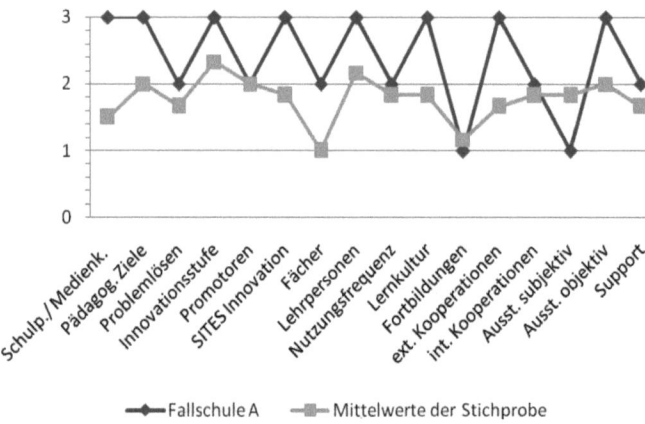

Abbildung 4-2: Nachhaltigkeitsprofil der Fallschule A[19]

Das Diagramm in Abbildung 4-3 leistet einen Vergleich zwischen den Fallschulen bezüglich der vorgenannten Entwicklungsdimensionen und gleicht eine mögliche Verzerrung
aus. Während beispielsweise für die Organisations- und Unterrichtsentwicklung jeweils
fünf Indikatoren formuliert wurden, ergaben sich für die Analyse der Personal-,
Kooperations- und Technologieentwicklung jeweils weniger als fünf Indikatoren. Der
Ausgleich der Verzerrung über die unterschiedliche Anzahl der Items pro Ebene geschieht über die Bildung der arithmetischen Mittel und deren Vergleich.

---

19 In diesem und den fünf folgenden Diagrammen zu den Nachhaltigkeitsprofilen der Fallschulen in
den Fallberichten sind die 16 Nachhaltigkeitsindikatoren auf der Abszisse abgetragen. Die ausge-
schriebenen Bezeichnungen finden sich u.a. in der Tabelle 4-1.

Für die Fallschule A ergeben die in der Abbildung 4-3 veranschaulichten Analysen, dass die Fallschule auf den Ebenen der Organisations-, Unterrichts- und Kooperationsentwicklung besonders erfolgreich gearbeitet hat. In Bezug auf die Technologieentwicklung liegt die Fallschule nur knapp über dem Mittelwert der Stichprobe. Der unterdurchschnittliche Wert zur Personalentwicklung weist diese als eine Schwachstelle der Schule aus.

Nachfolgend wird die Auswertung der skalierenden Strukturierung für jeden der sechzehn Nachhaltigkeitsindikatoren dargestellt und kurz begründet. Die Begründung geschieht auf der Grundlage von qualitativen und quantitativen Daten, die ausführlich in Anlehnung an die Vorgehensweise bei der Aufbereitung der Daten im Rahmen der SITES M2 in Form von separaten Datenmatrizen dokumentiert sind.

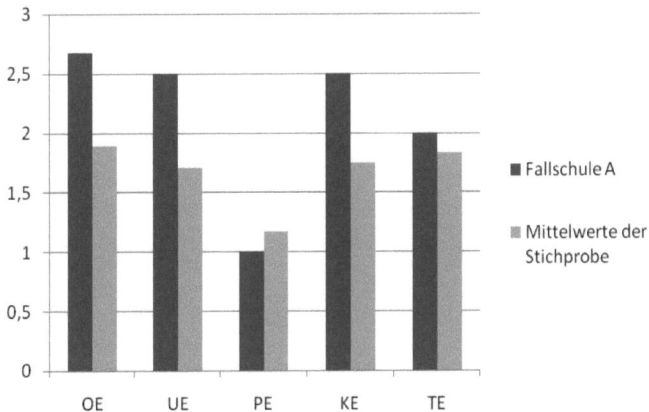

Abbildung 4-3: Nachhaltigkeitsprofil der Fallschule A bezogen auf die fünf Ebenen der Schulentwicklung mit digitalen Medien

Indikatoren auf der Ebene der Organisationsentwicklung (Fallschule A)

1. Verankerung digitaler Medien im Schulprogramm, im Medienkonzept bzw. in schuleigenen Curricula

Ausprägung: 3; zentral im Schulprogramm und findet breite Anwendung.

Das Medienkonzept der Schule wurde im Jahr 2001 erstellt und in das bestehende Schulprogramm integriert. Es konkretisiert die Ziele, die mit dem unterrichtlichen Einsatz digitaler Medien verbunden sind. Darüber hinaus beschreibt es die didaktische Einbindung der digitalen Medien in erweiterte Lernformen und benennt für jede Jahrgangsstufe konkrete Unterrichtssequenzen. Die befragten Lehrpersonen geben an, dass es ein erklärtes Ziel aller Lehrpersonen der Schule sei, die Kinder am Ende der vierten Klasse mit den im Medienkonzept ausgewiesenen Kompetenzen zu entlassen. Zur Unterstützung gibt es zwei wesentliche flankierende Maßnahmen. Zum einen haben die beiden Innovationslehrerinnen didaktische Handreichungen mit Unterrichtsbeispielen und Arbeitsmaterialien für alle Lehrpersonen der Schule erarbeitet und zur Verfügung gestellt. Zum anderen beschreiben verschiedene Lehrpersonen, dass sie die Erweiterung der Stundentafel jeder Klasse um zwei Computerstunden als besonders hilfreich empfinden. In diesen beiden Stunden bekommen weniger geübte Lehrpersonen Unterstützung von erfahrenen Lehrpersonen:

> Es ist das Ziel unserer Schule, dass alle Kinder am Ende mit dieser Kompetenz raus gehen. Weil sich nicht alle Kollegen dies zutrauen, gibt es hier einige Stunden, in denen einige Kollegen ‚Computerstunden' haben. (Innovationslehrerin)

Beide Maßnahmen sowie das Engagement der ehemaligen Nicht-Nutzerinnen, sich in kleinen Gruppen in die unterrichtliche Verwendung digitaler Medien selbstständig einzuarbeiten, haben dazu geführt, dass alle Lehrpersonen regelmäßig digitale Medien einsetzen und das schulische Medienkonzept in der Breite zur Umsetzung kommt. Unter Schulentwicklungsperspektive ist zu ergänzen, dass die ehemaligen Nicht-Nutzerinnen beschreiben, ihnen seien *„in den letzten zwei Jahren gute Durchbrüche gelungen"*. Dies geschah erst drei Jahre nach der Implementierung des Medienkonzeptes. Dieser Zeitraum fügt sich in die von Fullan (2001) für schulische Veränderungen anberaumte Zeitspanne ein. Auch Tearle (2004, vgl. dazu auch Eickelmann & Schulz-Zander, 2008) bestätigt, dass für die breite, erfolgreiche Integration digitaler Medien ein angemessener Zeitraum eingeplant werden muss.

2. Verbindung digitaler Medien zu den zentralen pädagogischen Zielsetzungen der Schule

Ausprägung: 3; digitale Medien haben einen zentralen Bezug zu den pädagogischen Zielen der Schule.

Der Einsatz digitaler Medien ist ein zentrales Anliegen der Schule, die zwei unterschiedliche Hauptzielsetzungen verfolgt. Ein Ziel ist die Förderung des Erwerbs computerbezogener Kompetenzen und Medienkompetenz. Dabei ist die *„Vermittlung von Medienkompetenz in Bezug auf die IKT bereits für die Grundschule ein wichtiges Ziel" (Schulprogramm der Fallschule)*. Die Nutzung digitaler Medien wird auch damit begründet, dass der Umgang mit ihnen als Kulturtechnik angesehen wird. Weiter sei es wichtig, sich selbstständig Wissen anzueigen und zu erschließen, auch wenn nicht sicher sei, welche Kompetenzen die Kinder als Erwachsene benötigten. Die Notwendigkeit, digitale Medien zu nutzen, wird im gleichen Sinne mit der Chancengleichheit begründet. Die Schule soll Kindern mit unterschiedlichen familiären Hintergründen und besonders auch Mädchen einen Zugang zu den Technologien ermöglichen. Die zweite Begründungslinie betrifft den didaktischen Mehrwert der Medien. Dieser Ansatz impliziert die Idee, der Einsatz digitaler Medien unterstützt und fördert die Umsetzung pädagogischer und didaktischer Leitlinien. Die Schule sieht darin die Möglichkeiten zur Veränderung der Lernkultur, zur

Unterstützung offener Unterrichtsformen, der Binnendifferenzierung und des interkulturellen Lernens. Dazu ist zu sagen, dass sich die Schwerpunktsetzung der Schule im Beobachtungszeitraum der letzten fünf Jahre etwas verschoben hat. Während die Förderung lernschwacher Kinder und die Förderung sozialer Kompetenzen weiterhin Ziele der Schule sind, ist die Förderung des interkulturellen Lernens eher in den Hintergrund gerückt. Die Begabtenförderung ist als ein weiterer Schwerpunkt der Schule hinzugekommen. Sowohl zur Förderung begabter als auch lernschwächerer Schülerinnen und Schüler eignet sich die Nutzung digitaler Medien aus Sicht der Lehrpersonen in besonderer Weise:

> Auf jeden Fall gibt es für die gut begabten Schüler immer Zusatzmaterial ohne Ende, wenn sie am PC arbeiten können und für die Schwachen ist es immer eine gute Trainingsmöglichkeit. (Innovationslehrerin)

Die Schule hat sich bei der bundesweiten Ausschreibung der Karg-Stiftung beworben: Sie nimmt an einem Programm zur integrativen Beschulung von Kindern mit besonderen Begabungen teil und kooperiert dazu auch mit der Orientierungsstufe eines Gymnasiums im eigenen Schulbezirk.

3. Umfang der Problemlösung der in 2000/2001 in Bezug auf die innovative pädagogische Praxis mit digitalen Medien formulierten, fallspezifischen Probleme („Problemlösekapazität')

Ausprägung: 2; für die meisten Probleme wurde eine Lösung gefunden.

Der SITES-M2-Fallbericht weist zwei Probleme der Schule in Bezug auf die Integration digitaler Medien für das Jahr 2001 aus (vgl. SITES-M2-Fallbericht, z.B. in Schulz-Zander et al., 2003). Ein Problem war die fehlende Bereitschaft aller Mitglieder des Kollegiums, sich im Bereich digitaler Medien zu engagieren. Das zweite Problem bezog sich auf die geringe Anzahl an Computern und die anfänglich fehlenden Finanzierungsmöglichkeiten der Computerausstattung. Das erste Problem ist gelöst: Drei Kollegen, die die Entwicklungen im Medienbereich nicht mittragen wollten, sind nach Angaben der Schulleiterin *„ausgeschieden"*. Zunächst nicht engagierte Lehrpersonen wie die beiden befragten Nicht-Innovationslehrerinnen, haben sich in das Thema der unterrichtlichen Nutzung digitaler Medien eingearbeitet. Das zweite, die IT-Ausstattung der Schule betreffende Problem konnte zwar gelöst werden, allerdings ist die Lösung nicht nachhaltig. An der Schule eingeführte Zwischenlösungen binden Ressourcen. Die zwischenzeitlich modernisierte Ausstattung der Schule droht erneut zu veralten. Darüber hinaus ist die Finanzierung von Neuanschaffungen und Instandhaltungen nicht gewährleistet. Die Schulleiterin berichtet, dass sie zur Finanzierung der IT-Ausstattung *„um jeden 10-Euro-Schein"* kämpfe.

4. Stufe der Innovation

Ausprägung: 3, die Integration digitaler Medien ist selbstverständlicher Bestandteil im Unterrichts- und Schulalltag und daher keine Innovation mehr.

Alle schulischen Akteure bestätigen in den Interviews und Fragebogenerhebungen, dass die Nutzung digitaler Medien selbstverständlicher Bestandteil des Unterrichts- und

Schulalltages ist und die Umsetzung des Medienkonzeptes über alle Klassen und Lehrpersonen hinweg gewährleistet ist. Die ehemaligen Nicht-Nutzerinnen haben sich erfolgreich in die Arbeit mit digitalen Medien eingearbeitet. Sie beschreiben nunmehr auch einen pädagogischen und didaktischen Mehrwert für ihren Unterricht. Darüber hinaus macht die Analyse der Schule – wie keine andere Fallschule – etwas deutlich, dass Stufflebeam (1972) wie folgt umschreibt: Die Innovation ist dann keine Innovation mehr, wenn sie in den Alltag integriert ist. Der Indikator dafür ist demnach, dass die Schule bereits neue Innovationen anstrebt. Für diese Fallschule sind es die Begabtenförderung und der Aufbau einer naturwissenschaftlichen Experimentierwerkstatt. Die Schulleiterin bringt den Gesamteindruck auf den Punkt: *„Ich denke, der Einsatz von Computern ist eigentlich ein selbstverständlicher geworden."*

5. Promotoren der Innovation (bzw. Aufrechterhaltung der Innovation, wenn diese schon implementiert ist)

Ausprägung: 2; es gibt Promotionsaktivitäten, die wirksam sind.

Die Macht- und Fachpromotion sind an dieser Schule durch die Schulleiterin bzw. durch die Schulassistentin, die auch Computerkoordinatorin ist, gewährleistet. Dies bestätigen alle Akteure. In Bezug auf die Prozesspromotion ergibt sich allerdings zunächst ein uneinheitliches Bild. Dies setzt sich daraus zusammen, dass die Schulleiterin die im Rahmen der SITES M2 als Innovationslehrerinnen beforschten Lehrpersonen nach wie vor als Prozesspromotoren angibt.

Diese sehen sich aber weder selbst in dieser Position, noch werden sie von den Kolleginnen als solche charakterisiert.

Ein Kritikpunkt, der bei den Interviews genannt wurde, ist das Fehlen eines aktiven Medienteams zur Unterstützung der Prozesspromotion. Die Lehrpersonen, die nicht als ‚innovation champions' einzustufen sind, haben sich die benötigten Kenntnisse selbstständig angeeignet. Die Schule hat dazu aus Sicht der Lehrerinnen keine adäquate Infrastruktur bereitgestellt. Zumindest in der Anfangsphase des Integrationsprozesses digitaler Medien fühlten sich die ehemaligen Nicht-Nutzerinnen ausgeschlossen. Ein Reader mit Unterrichtsbeispielen wurde ihnen jedoch zur Verfügung gestellt. Die Prozesspromotion ist allerdings nicht personell besetzt, und daher auch nicht wirksam. Trotz der positiven Einschätzung der Schulleiterin ist die Prozesspromotion eine Schwachstelle im Schulentwicklungsprozess der Schule. Diese Schwachstelle konnten die Nicht-Nutzerinnen nur durch ihr besonderes, selbst organisiertes Engagement mit hohem Arbeitsaufwand kompensieren.

Indikatoren auf der Ebene der Unterrichtsentwicklung (Fallschule A)

6. Besteht die Innovation aus SITES überhaupt noch?

Ausprägung: 3; weiterentwickelt.

Die im Rahmen der SITES M2 untersuchte Innovation bezog sich auf die Erstellung einer Klassenfahrtzeitung. Zum Zeitpunkt des Schulbesuches der hier beschriebenen Folge-untersuchung berichten zwei Lehrerinnen sowie die befragten Schülerinnen und Schüler davon, dass sie zurzeit eine solche Klassenfahrtzeitung erstellen. Die Innovation besteht zumindest unverändert weiter. Eine Weiterentwicklung gibt es aber – auch wenn das Unterrichtsprojekt sich möglicherweise nicht verändert hat – in Bezug auf zwei Aspekte: Zum einen wurde es als integraler Bestandteil in das schulische Medienkonzept aufge-nommen, und zum anderen – eben durch das Medienkonzept – auch von anderen Lehr-personen umgesetzt. Die beobachtete Innovation aus der SITES M2 ist in diesem Sinne *weiterentwickelt.* Vor allem die Integration des Projekts in das schulische Medienkonzept wird vom Forscherteam positiv eingeschätzt.

7. Verbreitung im Hinblick auf die Fächer

Ausprägung: 2; mehrere Fächer.

Die Bewertung dieses Indikators bezieht sich im Wesentlichen auf die Schülerbefragun-gen. Die Viertklässler berichten eine Nutzung digitaler Medien vor allem in den Fächern Deutsch, Sachunterricht aber auch Mathematik. Die Angaben der Lehrpersonen sind nur eingeschränkt nutzbar. Anders als an Schulen der Sekundarstufe sehen sich die Lehrper-sonen an dieser Grundschule eher als Klassenlehrerinnen denn als Fachlehrkräfte. Ihre Aussagen beziehen sich daher primär auf Klassen- und weniger auf Fachzusammen-hänge. Für das Fach Mathematik weisen die Schulleiterin und die Lehrpersonen vor allem auf die Möglichkeiten zur Förderung leistungsstarker bzw. begabter Schüler und Schüle-rinnen hin. In anderen Fächern ist die Nutzung digitaler Medien eher selten oder gar nicht dokumentiert.

8. Verbreitung im Hinblick auf die Lehrpersonen

Ausprägung: 3; 75 %< x≤ 100 %.

Alle Lehrpersonen, die den Fragebogen ausgefüllt haben, nutzen den Computer im Unterricht (100 %) und fast alle nutzen das Internet (89 %). Diese Prozentsätze könnten durch den Ansatz relativiert werden, dass eventuell nur die Nutzer den Fragebogen be-arbeitet haben und der Rücklauf einer positiven Verzerrung unterliegt. Allerdings ist fest-zuhalten, dass der schulische Computerraum häufig frequentiert wird. Darüber hinaus zeigen die Daten, dass sich auch die ehemaligen Nicht-Nutzer in die Nutzung digitaler Medien eingearbeitet haben.

> Zu Expo-Zeiten habe ich mich wenig um Neue Medien gekümmert, weil mein damaliger Schwerpunkt mehr ‚Interkulturelles Lernen' war. [...] Damals habe ich bis auf die Arbeit mit Microsoft Word, was ich für Arbeitsblätter gut gebrauchen konnte oder auch zum Zeugnis-

schreiben, wenig mit dem PC gemacht. Des Weiteren habe ich auch die nächsten zwei bis drei Jahre wenig gemacht. Als ich mit einer Weiterbildung durch war, habe ich mich auch mehr mit der PC-Arbeit beschäftigt. Meiner Meinung nach sind mir in den letzten zwei Jahren gute Durchbrüche gelungen. Ich arbeite mit meiner Klasse regelmäßig am PC. (ehemalige Nicht-Nutzerin)

Eine etwas geringere Einschätzung des Nutzer-Anteils durch die Computerkoordinatorin lässt sich dadurch erklären, dass sie vor allem zu den Lehrpersonen Kontakt hat, die den Computerraum nutzen. Über die Häufigkeit der Nutzung der Medienecken in den Klassenräumen kann sie nach eigenen Angaben nichts aussagen. Die Schülerinnen und Schüler geben an, dass alle Lehrpersonen im Umgang mit digitalen Medien *„fit"* (Schülerinterview) seien.

9. Nutzungsfrequenz digitaler Medien im Unterricht

Ausprägung: 2; häufig und aus Schülersicht (eher) ausreichend.

Auch für diesen Indikator kommen vor allem die Daten aus den Schülerfragebögen zum Tragen. Fast alle Schülerinnen und Schüler (97 %) berichten, dass sie digitale Medien mehrmals im Schuljahr bzw. fast jeden Monat nutzen. Die Antwortmöglichkeiten *„einmal pro Woche"* und *„täglich"* wurden nicht gewählt. Die Schülerinnen und Schüler wünschen sich mehrheitlich eine häufigere Nutzung von Computern und Internet. Positiv zu ergänzen ist, dass in dieser Fallschule ein großer Teil der Kinder angibt, computerbezogene Kompetenzen innerhalb der Schule zu erwerben. Dies ist der höchste auf Schulebene aggregierte Wert in der gesamten Stichprobe.

10. Veränderte Lernkultur

Ausprägung: 3; weit verbreitet und systematisch.

Die Fallschule zeichnet sich dadurch aus, dass sie ein sehr elaboriertes pädagogisches und didaktisches Konzept entwickelt hat. Die besondere Passung der digitalen Medien zu den, auch unter 2. (s.o.) beschriebenen, pädagogischen Zielsetzungen erzeugt die Schule dadurch, dass sie digitale Medien in erweiterten pädagogischen Lernkonzepten nutzt. Nach Angaben der Lehrpersonen und nach Durchsicht der Schülerdaten gehen mit den erweiterten Lernkonzepten eine stärkere Schüleraktivierung, eine erweiterte Lehrer- und Schülerrolle, Formen kooperativen und sozialen Arbeitens, und vor allem eine deutlichere Verantwortungsübernahme der Schülerinnen und Schüler für den eigenen Lernprozess einher. Diese Ansätze finden sich sowohl in den Beschreibungen der Innovationslehrerinnen als auch in den Beschreibungen der ehemaligen Nicht-Nutzerinnen. Als Folge ihres neuen Erfahrungshorizontes begründen die ehemaligen Nicht-Nutzerinnen den Einsatz digitaler Medien vor allem mit dem wahrgenommenen Mehrwert für den Unterricht in der oben beschriebenen Weise. Aufgrund der Datenlage kann man von einer weitverbreiteten und auch systematisch veränderten Lernkultur unter Nutzung digitaler Medien ausgehen. Einschränkend ist zu sagen, dass dieser Aspekt erst durch Videografie des Unterrichts vollständig geklärt werden kann (vgl. Clausen, 2002; Müller, Blömeke & Eichler, 2006).

Indikator auf der Ebene der Personalentwicklung (Fallschule A)

11. Fortbildung (Angebot, Teilnahme, Nützlichkeit)

Ausprägung: 1; eher nicht ausreichend.

Auf der Ebene der Personalentwicklung werden insbesondere die Fortbildungen betrachtet. Dabei geht es vor allem um die Frage, ob das Fortbildungsangebot ausreichend und nützlich ist und ob die Lehrpersonen der Schule es nutzen, falls Bedarf erkannt wird. Im Optimalfall schafft es die Schule entweder durch eigene Maßnahmen oder durch Teilnahme an externen Angeboten solche Fortbildungen für das Kollegium zur Verfügung zu stellen oder zu vermitteln, die die Integration digitaler Medien befördern. Ziel kann es nicht nur sein, schulinterne Fortbildungen anzubieten, sondern ein nachfrageorientiertes Gesamtkonzept und die zugehörige Infrastruktur gezielt einzusetzen, externe Fortbildung zu nutzen und schulintern zu ergänzen. Für diese Fallschule ist festzustellen, dass von der Schule selbst keine Fortbildungsstruktur aufgebaut wurde und Fortbildungen aus Sicht der neuen Nutzer fehlen. Nach Auskunft der Innovationslehrerinnen, die nach eigenen Angaben keine Fortbildungen besuchen, reicht das Fortbildungsangebot des Schulträgers und des Landes aus und macht schulinterne Fortbildungen entbehrlich. Dieses erscheint aber den Lehrerinnen, die sich in die Arbeit mit digitalen Medien neu eingearbeitet haben, für ihre Bedürfnisse nicht passend. Die Nützlichkeit der bisher besuchten, externen Fortbildungen beschreiben sie mehrheitlich als sehr eingeschränkt. Die in den Interviews angeführten praxisorientierten Fortbildungen werden von einer kleinen Gruppe von Lehrerinnen selbst organisiert und privat gezahlt. Insgesamt fügt sich dieser Eindruck in das Bild ein, das unter dem Aspekt der fehlenden Prozesspromotion weiter oben beschrieben wurde: Die Innovationslehrerinnen sind zufrieden mit ihrem Entwicklungsstand. Ihnen und der Schulleitung fehlt aber die Sicht für die Nicht-Nutzer und Einsteiger. Das Fortbildungsangebot und die Nützlichkeit der Angebote sind eher nicht ausreichend. Die Teilnahme ist aufgrund der Erfahrung, dass das Erlernte schlecht verwertet werden kann, gering. Aus Schulentwicklungssicht zeigt sich für die Schule hier Verbesserungsbedarf.

Indikatoren auf der Ebene der Kooperationsentwicklung (Fallschule A)

12. Pflege und Weiterführung der Kooperation mit Externen

Ausprägung: 3; vorhanden und systematisch.

Die Schule ist im Bereich der Vernetzung und der Pflege von Kooperationen mit Externen zur Unterstützung ihrer pädagogischen Ziele sehr engagiert. Allerdings erstrecken sich nicht alle Kooperationen über mehrere Jahre, wie die Kooperation zu den finnischen Klassen oder die Kooperation mit Microsoft zeigt. Kooperationen werden nur dann fortgeschrieben, wenn sie beobachtbare Gewinne für die Schule erzielen. Neue externe Kooperationen, wie die Vernetzung mit anderen Schulen, die auch Begabtenförderung anstreben, die Zusammenarbeit mit einer Stiftung und die Teilnahme an Wettbewerben werden aktiv gesucht und gestaltet. Sie beziehen sich auf die konzeptionell verankerten Ziele der Schule und erschließen neue Innovationswege.

13. *Verankerung schulinterner Kooperationen in Bezug auf digitale Medien, inklusive des Transfers medienbezogener Innovationen innerhalb der Schule*

Ausprägung: 2; vorhanden und teilweise systematisch.

Die fallspezifischen Daten spiegeln schulinterne Kooperationsaktivitäten in Bezug auf digitale Medien wider. Diese finden allerdings nur teilweise systematisch statt. Die systematischen Kooperationen beziehen sich auf Kooperationen in kleinen Gruppen und in Klassen- bzw. Jahrgangsstufenteams, in denen sie die Nutzung digitaler Medien thematisieren. Weiterhin werden der Austausch und die Weitergabe von Informationen in Konferenzen berichtet. Aus Sicht der interviewten ehemaligen Nicht-Nutzerinnen und als Ergebnis der Angaben in den schriftlichen Befragungen besteht jedoch noch Entwicklungspotenzial. Die Innovationslehrerinnen kooperieren vor allem untereinander. Sie schätzen möglicherweise die Kooperationsgewinne für sich selbst nicht hoch genug ein, wenn sie mit ehemaligen Nicht-Nutzerinnen kooperieren. Plausibler erscheint aufgrund der Datenlage aber, dass sie die Kooperationen in Bezug auf technische und didaktische Aspekte der Nutzung digitaler Medien für sich selbst als nicht mehr notwendig betrachten. Vielmehr berichten sie von Fortbildungsangeboten außerhalb der Schule und von autodidaktischen Aktivitäten. Für sie sind digitale Medien alltägliche Bestandteile des Unterrichts. Darüber hinaus hat sich die Einschätzung gefestigt, dass sich die ehemaligen Nicht-Nutzerinnen erfolgreich in die Thematik eingearbeitet haben und sich ausreichend durch Kooperationen mit der Computerkoordinatorin fortbilden. Systematischere schulinterne Kooperationen wären – vor allem nach Einschätzung der Nicht-Innovationslehrpersonen – wünschenswert.

Indikatoren auf der Ebene der Technologieentwicklung (Fallschule A)

14. *Subjektiv wahrgenommene Ausstattungsqualität*

Ausprägung: 1; eher nicht ausreichend.

Obwohl – wie weiter unten beschrieben – die technische Ausstattung der Schule umfangreich ist, ist die Ausstattungszufriedenheit der Akteure gering. Während die schriftliche Befragung der Lehrpersonen auf den ersten Blick ein eher positives Bild der IT-Ausstattung vermittelt, da sie sehr umfangreich ist, zeigt sich in den Interviews mehrheitlich betont, dass die Ausstattung teilweise veraltet ist. In den Interviews wird mehrfach geäußert, dass die schlechte IT-Ausstattung die pädagogische Arbeit behindert und Innovationen erschwert bzw. unmöglich macht:

> Ich denke nicht, dass man auf der einen Seite gut ausgearbeitete didaktische Konzepte machen kann und auf der anderen Seite scheitert es dann an den Geräten. (Nicht-Innovationslehrerin, ehemalige Nicht-Nutzerin)

Die Schulleiterin beschreibt, sie habe in ihrem eigenen Unterricht aufgrund technischer Schwierigkeiten außerschulische Kooperationen aufgegeben:

> Versucht habe ich mal, dass wir uns an den wöchentlichen und monatlichen Knobelaufgaben, z.b. der Uni Dortmund und des CVK-Verlages beteiligen. Das habe ich aber entnervt wieder aufgegeben, weil sehr häufig die Ausstattung in unseren Klassen nicht auf dem neuesten technischen Stand ist. Es dauert ewig, es stürzt ab. [...] Und das ist schwierig, wenn sie Kinder mit 24-25 Klassenstärke haben. [...] Dann muss das einfach klappen. Sonst gebe ich auf, weil es hinter mir dann laut wird und ich es dann selber nicht so gut hinkriege. (Schulleiterin)

15. Objektiv eingestufte Ausstattungsqualität

Ausprägung: 3; überdurchschnittlich.

Zur objektiven Einstufung der Ausstattungsqualität wird das Computer-Schüler-Verhältnis auf der Grundlage der Fragbogendaten ermittelt und mit den Werten der in 2006 durch die IT-Ausstattungsstudie des BMBF (2007) ausgewiesenen Verhältnisse verglichen. Die Ausstattungskennziffer beträgt in der Fallschule 252:33 = 7,63:1. Laut IT-Ausstattungsstudie des BMBF beträgt der bundesweite Durchschnitt für Grundschulen im Referenzjahr 12:1 (BMBF 2007, S. 7). Für die Schülerinnen und Schüler der Fallschulen wären 21 Computer nötig, um den Bundesschnitt zu erfüllen. Die Schule verfügt somit über ca. 50 % Computer mehr als die durchschnittliche deutsche Grundschule in 2006. Weiterhin waren bundesweit 52 % der Computer an Grundschulen an das Internet angeschlossen: In der Fallschule sind alle – bis auf das Notebook – an das Internet angeschlossen. Diese Zahlen belegen eine überdurchschnittliche IT-Ausstattung der Fallschule. Die geringe Anzahl an mobilen Einheiten (ein Notebook auf insgesamt 41 Computer) entspricht dem bundesweiten Verhältnis von mobilen und stationären Computern an deutschen Grundschulen im Jahr 2006 (174:1). Die Ausstattung mit Computern für die ausschließliche Nutzung durch Lehrpersonen ist gut: An der Schule unterrichten siebzehn Lehrpersonen. Für die fünfzehn nicht zur Schulleitung gehörenden Lehrpersonen stehen zwei an das Internet angebundene Computer zur ausschließlichen Nutzung durch Lehrende zur Verfügung.

16. Technischer Support

Ausprägung: 2; eher ausreichend.

Als eine der wenigen Fallschulen verfügt die Schule über eine hauptamtliche Computerkoordinatorin und über zusätzlichen Support durch Studenten. Die Computerkoordinatorin ist als Schulassistentin und nicht als Lehrperson eingestellt. Sie hat keine Unterrichtsverpflichtungen und kann den Lehrpersonen auch spontan während des Unterrichts helfen. Dies wird sowohl von den Lehrpersonen als auch von den Schülerinnen und Schülern sehr geschätzt. Es zeigt sich auch in dem überdurchschnittlichen Faktorscore in Bezug auf die Qualität des unterrichtsbezogenen Supports, dass dieses Konzept der Schule für die Wartung der Geräte erfolgreich ist. Dennoch ergaben die Interviews auch gegenteilige Aussagen. Insbesondere die Schulleiterin ist mit der Schulassistentin nicht zufrieden. Aus ihrer Sicht liegen die Fachkompetenzen der Mitarbeiterin hinter denen des vormals beschäftigten Computerkoordinators zurück. Auch die Innovationslehrpersonen beschreiben Grenzen in der Ausführung der Systemadministration. Dennoch beschreiben sie ihre Unterstützung insgesamt positiv.

e) Förderliche und hemmende Bedingungen der Integration digitaler Medien an der Fallschule A

Die nachfolgende Tabelle 4-2 gibt zunächst eine Übersicht über die identifizierten hemmenden und förderlichen Bedingungen der Integration digitaler Medien in der Fallschule A auf der Kontext- und Inputebene sowie auf den beiden Prozessebenen Schule und Unterricht. Die besonderen Stärken der Schule liegen auf der Schul- und Unterrichtsebene. Im Bereich der Verankerung innerschulischer Kooperationen liegt besonderes, noch zu wenig genutztes Entwicklungspotenzial.

Tabelle 4-2: Übersicht Bedingungsfaktoren Fallschule A

	Hemmende Bedingungsfaktoren	Förderliche Bedingungsfaktoren
Kontextebene	Dünne Personaldecke Eingeschränkte Verfügbarkeit des Schulbudgets Kaum Einfluss auf Neueinstellungen/Stellenprofile Fehlende Kontinuität bei Förderprogrammen	Kooperationen mit dem Land und mit dem Schulträger
Inputebene	Qualität der IT-Ausstattung Begrenztheit zeitlicher Ressourcen Fehlende finanzielle Ressourcen für Neuanschaffungen und Instandhaltungen Hemmungen der Lehrpersonen	Stelle der Schulassistentin Computerbezogene Kenntnisse der Lehrpersonen Hohes Engagement/Motivation der Lehrpersonen ‚Volle Halbtagsschule'
Schulebene	Fehlende innerschulische Fortbildungen Falsche Stellenprofilierung der Schulassistentenstelle	Engagement der Schulleiterin Verankerung digitaler Medien im Schulprogramm Förderliche inner- und außerschulische Kooperationen

	Hemmende Bedingungs- faktoren	Förderliche Bedingungs- faktoren
Unterrichtsebene	Überforderung der Lehrpersonen im Unterricht Teilweise nicht effiziente Nutzung von Unterrichtszeit	Förderung überfachlicher Kompetenzen und Motivation der Schüler/innen Binnendifferenzierung und Individualisierung Bessere Nutzung von Unterrichtszeit

Hemmende Bedingungen auf der Kontextebene (Fallschule A)

Der Grad der Nachhaltigkeit dieser Fallschule wurde als hoch ermittelt. Unabhängig davon, welches Messmodell zugrunde liegt, erreicht die Fallschule A jedoch nicht den höchsten möglichen Nachhaltigkeitsscore. Hemmende Bedingungen auf der Kontextebene, die möglicherweise auch stellvertretend für spezifische Kontextbedingungen an Grundschulen stehen, werden in den Interviews in vier Facetten genannt und tragen zu Einschränkungen in Bezug auf die nachhaltige Verankerung bei:

1. Es ist grundsätzlich schwierig, eine Lehrperson zu finden, die die technische Betreuung übernimmt. Aufgrund des ungünstigen Personalschlüssels an Grundschulen gibt es keinen Leistungsausgleich für die Computeradministration:

   > Der Berechnungsfaktor für Grundschulen ist sehr klein im Gegensatz zu den Klassenstufen 5 und 6, die den vierfachen Satz haben. Wir haben den Faktor von 0,3 pro Klasse. In den Orientierungsstufen beträgt der Faktor 1,2 pro Klasse. Das ist ein riesiges Manko beim Einsatz der neuen Technologie in Grundschulen. (Schulleiterin)

2. Aufgrund der *„Rangelei [...] zwischen Kultusbürokratie [...] und [...] den Schulträgern im Städtetag"* kann aus der Sicht der Schulleiterin für dieses Problem auf administrativer Kontextebene keine Lösung gefunden werden.

3. Die Schule verfügt nicht frei über das schulische Budget. Für den Medienbereich folgt daraus, dass im Budget vorhandene Gelder für Ersatz- oder Neuanschaffungen nicht eingesetzt werden dürfen, wohl aber für Reparaturen oder für die Aufrüstung von vorhandenen Geräten. Das erscheint den schulischen Akteuren aus ökonomischer Sicht wenig sinnvoll:

   > Man bekommt heute PCs für 300,- bis 400,-€, die wirklich gut und flott sind. Das Aufrüsten lohnt sich ja schon nicht mehr. Für einen neuen PC bekomme ich noch 2 Jahre Garantie, für das Aufrüsten eine Teilgarantie, und wenn das andere Teil kaputt ist, hat man Pech gehabt. Wir haben ja Bürokratie zum Davonlaufen. [...] Aber über diese ganze Budgetierung, diese Unvernunft, dieses von hinten aufarbeiten, könnte ich mich tot ärgern. (Computerkoordinatorin)

4. Bei Neueinstellungen richtet sich die Landesschulbehörde nicht nach dem spezifischen Bedarf der Schule. Möglichkeiten zur Profilierung der Stelle vonseiten der

Schule sind nicht gegeben, im günstigsten Fall darf die Schule Fächerkombinationen benennen.

5. Von finanzkräftigen externen Kooperationspartnern initiierte Programme – z.B. von IT- und Softwarefirmen – gibt es nach Aussagen der Schulleiterin für Grundschulen nicht mehr.

Förderliche Bedingungen auf der Kontextebene (Fallschule A)

Die Schulleiterin beschreibt als förderliche Bedingungen auf der Kontextebene die Kooperationen mit dem Land und dem Schulträger und die damit verbundenen finanziellen Zuwendungen. Weitere finanzielle Unterstützung im Zusammenhang mit Kooperationsprojekten waren vor allem zum Erhebungszeitpunkt der SITES M2 durch Landeswettbewerbe und den Verbund der EXPO-Schulen anlässlich der Weltausstellung im Jahr 2000 in Deutschland gegeben und haben die Integration digitaler Medien befördert. Sie sind zum Nachteil der Schule mittlerweile ersatzlos ausgelaufen. Weiterhin benennt die Schulleiterin die gute Zusammenarbeit mit dem Schulträger im Hinblick auf den 2nd-level-Support und die Unterstützung bei der Finanzierung von Softwarelizenzen. In ihren Ausführungen wird deutlich, dass die Fallschule – verglichen mit anderen Schulen in der Stadt – gut da steht. Dies lässt vermuten, dass die Kontextbedingungen nicht für sich genommen förderlich sind, sondern vielmehr ihre förderlichen Potenziale erst durch das Engagement und die Beharrlichkeit der Schulleiterin verstärkt werden. Unter dieser Prämisse könnte die Unterstützung durch den Schulträger auch als förderlicher Bedingungsfaktor auf der Prozessebene eingestuft werden, da sie sich erst durch die Aktivitäten der Schulleitung und mit großer Wahrscheinlichkeit auch aufgrund der guten pädagogischen Arbeit und der öffentlichkeitswirksamen, hervorragenden Reputation der Schule ergibt. Da sich dies nur vermuten lässt, wird die Unterstützung durch den Schulträger als Form förderlicher externer Kooperation den Kontextbedingungen zugeschrieben.

Hemmende Bedingungen auf der Inputebene (Fallschule A)

Obwohl die IT-Ausstattung der Schule vergleichsweise umfangreich ist, führen mehrheitlich Lehrpersonen sie als hemmende Bedingung bei der Integration digitaler Medien in den Unterricht an. Im Vordergrund stehen dabei, nach Auswertung der Fragebogendaten der Lehrpersonen, die Qualität der Ausstattung im Hinblick auf Zuverlässigkeit und Geschwindigkeit der Rechner. Die Aussagen der schulischen Akteure in den Interviews bestätigen diese genannte Problematik und beschreiben auch die Folgen für den Unterricht: Nach Aussagen einer Lehrerin, die sich auf der Schwelle von der Nicht-Nutzerin zur Nutzerin befindet, machen die Kinder im Rahmen ihres Lernens mit Technologien sodann *„miese"* Erfahrungen, wenn die Hardware nicht funktioniert. Weiterhin beschreibt die Schulleiterin, dass sie in ihrem eigenen Unterricht die Unterrichtsorganisation nicht bewerkstelligen könne, wenn das Internet zu langsam arbeite und die Kinder erst unruhig und dann laut würden. Darüber hinaus erscheinen die gestiegene Auslastung der Computerräume und eine größere Anzahl der Nutzerinnen und Nutzer als negative Auswirkung einer positiven Entwicklung problematisch. Erschwert wird die Zugänglichkeit der Computerräume durch die Gebäudeanordnung und die langen Wege zwischen den Klassenräumen und dem Computerraum der Schule. Für die Einrichtung von Computerarbeitsplätzen in den Unterrichtsräumen, sogenannten Medienecken, sind die Klassenräume zu klein. Insgesamt wird für diese Schule sehr deutlich, dass eine quantitative Erfassung von IT-Ressourcen, also ‚Computerzählen', nicht ausreicht, um die Ausstattungssituation und Nutzungsqualität unter pädagogischen Gesichtspunkten zu erfassen.

Unter der Kategorie ‚zeitliche hemmende Bedingungen' ließen sich an dieser Schule zwei Aspekte identifizieren: Zum einen wird – vor allem aus der Sicht der Nicht-Nutzer – das Medium Computer als *„Zeiträuber"* eingeschätzt. Zum anderen beschreiben die Akteure ihre Aufgabenvielfalt in der Schule und die Begrenztheit zeitlicher Ressourcen:

> Wir haben mittlerweile x Arbeitsgruppen, die sich mit unterschiedlichen Dingen beschäftigen. Ich könnte hier auch mein Nachtquartier aufschlagen [...] Man soll zwar informiert sein und damit [Anm.: mit den Medien] gut umgehen können, aber wo kommt eigentlich die Zeit her? (ehemalige Nicht-Nutzerin)

Auch hemmende finanzielle Bedingungen lassen sich identifizieren. Diese beschränken die Ausstattungssituation und beeinflussen im Ergebnis die Integration digitaler Medien in den Unterricht negativ, da eine veraltete oder wartungsbedürftige Ausstattung zu technischen Problemen im Unterricht führt, diese den Unterrichtsablauf stören und schließlich die Motivation der Beteiligten mindern. Diese Zusammenhänge hat die Schule als ein zentrales Problem erkannt: Nach einer guten und umfangreichen Grundausstattung, finanziert aus Mitteln des Schulträgers und des Landes, vor ungefähr fünf Jahren, stehen nur noch wenig Gelder für Folgekosten und Neuanschaffungen bereit. Hier liegt – auch nach Einschätzung der Akteure – möglicherweise ein zentraler hemmender Faktor für die Arbeit der Schule mit digitalen Medien in den nächsten Jahren.

Mit der Blickrichtung auf die Einstellungen der Lehrpersonen und auf die individuelle Lehrervariablen beeindruckt die Fallschule: Hemmende Bedingungen lassen sich diesbezüglich nicht bzw. nur in sehr geringem Umfang identifizieren. Im Rahmen des SITES-M2-Fallberichtes wurde darauf hingewiesen, dass es in der Schule wohl eine Reihe von Lehrerpersonen gab, die eine Fokussierung auf und eine Entwicklung von digitalen Medien nicht mittrugen bzw. nicht involviert waren (vgl. SITES M2 Fallbericht DE001, S. 11). Diese haben entweder die Schule verlassen oder sich sehr engagiert eingearbeitet.

Die einzigen hemmenden Bedingungen, die auf Personenebene angegeben werden, benennt die Schulassistentin: Ältere Lehrerinnen haben eher *„Angst"*, *„Scheu"* oder *„Respekt"* vor der Technik und Befürchtungen, dass *„sie etwas falsch machen können, sodass der PC nicht mehr funktioniert"*.

Auf der Inputebene werden nicht nur die individuellen Variablen der Lehrpersonen, sondern auch die der Lerner erfasst. Benannt wird, dass die Grundschulkinder sehr unterschiedliche Vorerfahrungen mitbringen und daher Kinder ohne Erfahrungen mit digitalen

Medien im häuslichen Bereich benachteiligt seien. Dass die Vorerfahrungen der Kinder zu gering seien, bestätigen in den schriftlichen Befragungen jedoch nur gut zehn Prozent der Lehrpersonen.

Auch auf der personellen Ebene gab es in den letzten fünf Jahren Veränderungen, die von der Schule bzw. den schulischen Akteuren nicht beeinflussbar waren und somit der Inputebene zugeschrieben werden. Die zentrale Veränderung ist der Weggang des als technisch sehr versiert beschriebenen Schulassistenten und die Neubesetzung der Stelle mit einer Schulassistentin, die zuvor als Systemadministratorin außerhalb des öffentlichen Dienstes tätig war. Im Vergleich stellen die befragten Lehrpersonen fest, dass die neue Schulassistentin einen besseren Zugang zu Kindern habe und auch die schulinternen von ihr organisierten und von den Teilnehmern privat finanzierten Fortbildungen werden positiv angenommen werden. Die technische Betreuung hat sich jedoch verschlechtert. Dies ist vor allem für die Schulleitung ein deutliches Hemmnis:

> Dann kam eine neue Schulassistentin, die aber nicht das technische Know-how hat wie der vorige [Schulassistent]. Und es steht und fällt auch viel mit der Betreuung der Rechner. [...] Die Schulassistentenstelle ist besetzt, aber wir raufen uns die Haare, weil die Betreuung nicht kompetent erfolgt. Sie sehen es an unserer Homepage, Sie sehen es an allen Sachen. Das ist ein Riesenproblem. (Schulleiterin)

Dass das Hemmnis auf der Inputebene zu verorten ist, macht die Schulleiterin sehr deutlich:

> Es reicht nicht, die PCs in die Schulen zu bringen und niemanden - also eine personelle Ressource - zu haben, der die PCs auch vernünftig wartet. Ich habe auch manchmal vor Wut gesagt: Wir beerdigen unseren Computerraum mit öffentlicher Wirkung. Wir laden das [lokale] Tageblatt und ich weiß nicht wen ein und schließen ab. (Schulleiterin)

Zusätzlich finden sich auch in den einzigen beiden zurückgemeldeten Antworten bezüglich der der offenen Frage zu hemmenden schulischen Bedingungen im Lehrerfragebogen Hinweise auf das Fehlen von technischer Unterstützung und mangelnde Wartung von Peripheriegeräten.

Unter dem Punkt der personellen hemmenden Bedingungen wird durch die Innovationslehrerinnen als weitere hemmende personelle Bedingung auf Inputebene genannt, dass sie rückblickend die doppelte Lehrerbesetzung im computergestützten Unterricht vermissen, die im Rahmen der ausgelaufenen Förderprogramme möglich war. Zur Einordnung dieses Hemmfaktors sei ergänzt, dass der beschriebene Wunsch nach Doppelbesetzung nicht nur in dieser Grundschule geäußert wird, sondern in der Gesamtstichprobe von der Teilgruppe ‚Grundschullehrpersonen' signifikant häufiger genannt wird als von Lehrpersonen, die in der Sekundarstufe unterrichten (vgl. dazu Eickelmann, Schulz-Zander & Gerick, 2009).

Förderliche Bedingungen auf der Inputebene (Fallschule A)

In den schriftlichen Befragungen geben die Lehrpersonen der Fallschule an, dass der Umfang der Computerausstattung kein Hindernis darstellt. Auch die vorhandene Software wird sowohl in der schriftlichen Befragung als auch in den Interviews als für den Unterricht gut geeignet beurteilt.

Als hemmende personelle Bedingung stellt die Schulleiterin die nicht ausreichende Kompetenz der Schulassistentin heraus (s. S. 133). In weiteren Interviews schreiben andere schulische Akteure der Funktion und der Person der Schulassistentin förderliche Potenziale zu: Die Schülerinnen und Schüler berichten über Hilfestellungen, die sie ihnen im Unterricht im Computerraum geben kann. Die Lehrpersonen äußern sich positiv darüber, dass die Schulassistentin – da sie keine eigenen Unterrichtsverpflichtungen hat – während der Unterrichtszeit im Computerraum ständig ansprechbar ist und bereitwillig Hilfestellungen gibt. Die interviewten Viertklässler stellen heraus, dass alle Lehrpersonen selbst im Umgang mit den Computern *„fit"* seien. In diesem Punkt liegt eine der zentralen Stärken der Schule: die hohe Bereitschaft, Motivation und professionelles Selbstbild der Lehrpersonen, sich für die Schülerinnen und Schüler zu engagieren und sich technisch und didaktisch weiterzubilden. Eine 62-jährige ehemalige Nicht-Nutzerin berichtet sehr eindrucksvoll:

> Ich selbst kämpfe mit dem Gerät. Ich brauche es, effektiv gesehen, für meinen Unterricht nicht. Ich sehe aber, dass ich mich gezwungenermaßen mit dem Medium auseinandersetzen muss, da wir ja nicht mehr im Steinzeitalter leben. (Nicht-Nutzerin)

Alle Lehrpersonen der Schule haben sich in Lerngemeinschaften oder autodidaktisch in die unterrichtliche Verwendung digitaler Medien eingearbeitet. Dahinter stehen – so belegen es auch die Daten aus den schriftlichen Lehrerbefragungen – positive Einstellungen zum Bildungswert digitaler Medien. Zusätzlich befördern die so genannten *„Schlussaktivitäten"* im Rahmen des Konzeptes ‚volle Halbtagsschule' als eine strukturelle Bedingung die Nutzung digitaler Medien: Dieses Konzept eröffnet zusätzliche Möglichkeiten, mit den Grundschulkindern im Anschluss an die Unterrichtszeit im Computerraum zu arbeiten.

Hemmende Bedingungen auf der Schulebene (Fallschule A)

Im Gegensatz zur Inputebene finden sich auf der Prozessebene nur wenige hemmende, aber eine Vielzahl förderlicher Faktoren. Die angeführten hemmenden Bedingungsfaktoren auf der Schulebene beziehen sich zum einen auf die Anfangsphase der Integration digitaler Medien: Aus den Interviews im Rahmen der dargestellten Folgeuntersuchung geht rückblickend hervor, dass nicht alle Lehrpersonen von Neuanschaffungen Kenntnis erhielten. Die Lehrpersonen, die sich von den Entwicklungen ausgeschlossen gefühlt haben, konnten sich daher nach eigenen Angaben nur mühsam in die unterrichtliche Verwendung digitaler Medien einarbeiten. Diese Lehrpersonen hätten sich mehr schulinterne Unterstützung, auch in Form von passenden Fortbildungsangeboten, gewünscht:

Auf der anderen Seite wäre es schon ein Stück meine Vision, dass gerade so hilflosen Menschen wie mir Unterstützung angeboten wird. [...] Ich hätte dann einfach gerne jemanden, der auch Fachmann ist [...]. Ich würde mir wünschen, uns würde man einen Freiraum anbieten, so eine Art Fortbildung. (ehemalige Nicht-Nutzerin)

Dagegen sehen die Innovationslehrerinnen keine Notwendigkeit für schulinterne Fortbildungen, da es an außerschulischen Fortbildungsangeboten nicht mangele. Diese Uneinigkeit geht zulasten der vorsichtigen Lehrpersonen. Weiterhin ist es im Hinblick auf die Personalpolitik förderlich, dass sich die Schulleiterin um eine Weiterführung der Stelle des Schulassistenten gekümmert hat. Allerdings ergibt sich eine Schieflage, die möglicherweise auf die Schule zurückzuführen ist: Die Schulassistentin beklagt, die Stellenausschreibung habe nicht zu ihrem späteren Aufgabenbereich – mit der starken Fokussierung auf den EDV-Bereich – gepasst.

Mit Blick auf die Schulkultur und die Integration digitaler Medien beschreiben die Innovationslehrerinnen, dass nach der intensiven Auseinandersetzung mit den Medien in der Anfangsphase der Integration *„im Kollegium [,] die Luft raus"* war, da man *„nicht fortlaufend in diesem Tempo weiter arbeiten"* konnte. Dieses *„implementation dip"* (Fullan, 2001) ist in der Theorie zu schulischen Innovationen ein bekanntes Phänomen, das für die in die Innovation Involvierten nach anfänglichen Höchstanstrengungen sowohl ein temporäres Abfallen des Leistungsverhaltens als auch des Selbstvertrauens umfasst.

Förderliche Bedingungen auf Schulebene (Fallschule A)

Auf der schulischen Prozessebene liegen die besonderen Stärken der Schule. Die Unterstützung der Lehrpersonen bei der Integration digitaler Medien in den Unterricht durch die Schulleitung, die besondere Ausrichtung des Schulprogramms sowie das Engagement und das Geschick der Schulleiterin sind in den letzten Jahren wichtige Stützen des Implementationsprozesses gewesen. Als besonderer personalpolitischer Verdienst der Schulleiterin ist die Einwerbung der Stelle der für die Betreuung der IT-Ausstattung zuständigen Schulassistentin positiv hervorzuheben, die im Stadtbezirk und damit im Schulträgerbereich einmalig ist. Ebenso wichtig für den Schulentwicklungsprozess mit Fokus auf die Integration digitaler Medien sind die sehr förderliche Schulkultur sowie die von und in der Schule initiierten Kooperationen: Die Fallschule weist in Bezug auf die Skala ‚Gemeinsame schulische Visionen' (vgl. S. 121) den zweithöchsten Wert in der gesamten Stichprobe der Studie auf (3,06 vs. 2,76 als Mittelwert über alle Fallschulen), der nur noch von einer weiteren Grundschule übertroffen wird.[20] Dies steht insgesamt im Einklang mit den aus den Interviews gewonnen Einsichten: Die Schule konzentriert sich als Ergebnis von Bedarfs- und Interessenanalysen auf ausgewählte Schwerpunkte schulischer Arbeit, verankert diese pädagogisch und konzeptionell und sucht sich hierzu gezielt schulische Netzwerke. Als Beispiel seien die Bemühungen um Begabtenförderung zu

---

20 Die verwendeten Skalen werden auf der Seite 121 eingeführt und sind ausführlich im Anhang dieser Arbeit dokumentiert.

nennen, zu denen digitale Medien nach Aussagen der schulischen Akteure einen wichtigen Beitrag leisten. Weiterhin liegt das evaluative Potenzial in Bezug auf schulische Innovationen für die Fallschule mit einem Wert von 1,81 deutlich besser, d.h. fast um den Wert einer Standardabweichung besser, als das von Steinert et al. (2003) berechnete Mittel von 2,36 in einer anderen Stichprobe und damit auch besser als der Mittelwert in der eigenen Stichprobe (2,07). Die hohe reflektierte Innovationsbereitschaft wird auch in den Interviews deutlich und durch wichtige, ganz unterschiedliche Einzelmaßnahmen flankiert: Dazu gehören die frühe Entwicklung eines Medienkonzeptes, die schulinterne Entwicklung eines Readers mit Unterrichtsbeispielen, die Gewährleistung der Zugänglichkeit der Rechner für Schülerinnen und Schüler auch außerhalb der Unterrichtszeit und die Installation von Wächtersoftware auf den Rechnern, die gewährleistet, dass keine beeinträchtigenden Einstellungen an den Computerarbeitsplätzen vorgenommen werden können und den Lehrpersonen Sicherheit gibt. Zu den schulinternen förderlichen Kooperationen gehören Unterrichtsbesuche, gemeinsame Unterrichtsplanung, die gegenseitige Beratung und der Austausch zwischen versierten Lehrpersonen und Lehrpersonen, die erst begonnen haben, digitale Medien zu nutzen. Gute Kooperationen mit der Schulassistentin und mit einzelnen Eltern werden ebenfalls angeführt. Daher ist es nicht verwunderlich, dass die Auswertung der Skala zur medienbezogenen Kooperation auf Schulebene für die Fallschule einen deutlich überdurchschnittlichen Wert (2,42 vs. 2,10 als Mittelwert über alle Schulen der Stichprobe) abbildet. Weiterhin kooperieren einzelne Lehrerinnen mit Lehrpersonen aus anderen Schulen und mit dem Medienzentrum. Ein besonderer Beitrag zur Entwicklung der Schule ergibt sich aus Kooperationen in schulischen Netzwerken.

Hemmende Bedingungen auf Unterrichtsebene (Fallschule A)

Wie auf der Schulebene finden sich auch auf der Unterrichtsebene vorwiegend förderliche Bedingungsfaktoren. Einschränkungen gibt es – wie in der schriftlichen Befragung der Lehrpersonen deutlich wird – bezüglich der Verbesserung von Leistung, der Förderung kooperativen Lernens sowie der Förderung handlungsorientierten Lernens. Die Übernahme von Informationen aus dem Internet wird kritisch gesehen: Drei Viertel der Lehrpersonen geben an, dass die Kinder Informationen übernehmen, ohne diese tiefer zu durchdringen und fachlich zu verstehen. Ausführlicher nehmen die schulischen Akteure zu hemmenden Faktoren in Bezug auf die effektive Nutzung von Unterrichtszeit Stellung. Aus den Fragebogendaten ist ersichtlich, dass die Hälfte der Lehrpersonen angibt, sie können nicht kontrollieren, ob die Lerner bei Internetrecherchen tatsächlich nur relevante Informationen suchen. Aus dem Schülerinterview wird ein möglicher Erklärungsansatz deutlich: Kindersuchmaschinen – explizit wird *„Blinde Kuh"* genannt – sind vergleichsweise langsam, sodass die Kinder im Unterricht mit Suchmaschinen für Erwachsene arbeiten dürfen (z.B. Google). Hier finden die Kinder Informationen, die für den Unterricht nicht relevant sind oder nicht kindgerecht aufbereitet sind. Das Abschweifen im Internet wird ebenfalls als Zeitverlust gesehen. Diesbezüglich setzen die Lehrpersonen auf die Erziehung zur Medienkompetenz, die Vermittlung der Selbstverantwortung für das Lernen und auf ein geeignetes Klassenmanagement. Die Schulleiterin wünscht sich zur effektiveren Nutzung digitaler Medien im Hinblick auf die Unterrichtszeit eine Verstärkung durch helfendes Personal, etwa *„Assistant-Teacher"* wie sie es aus England kennt, die den Lehrpersonen zuarbeiten und z.B. vor Beginn der Unterrichtsstunde die Computer starten.

Förderliche Bedingungen auf Unterrichtsebene (Fallschule A)

Bereits bei der Betrachtung der förderlichen Bedingungsfaktoren auf der Inputebene habe ich darauf hingewiesen, dass eine Stärke in der besonderen Bereitschaft der an der Fallschule tätigen Lehrpersonen liegt. Dies betrifft auch diejenigen Lehrpersonen, die nicht zu den ‚innovation champions' der Integration digitaler Medien an dieser Fallschule gehören, sondern sich erst im Laufe der letzten Jahre allmählich eingearbeitet haben. Folgt man deren Argumentation, liegen die Beweggründe in ihrer veränderten Einstellung bezüglich des Mehrwerts der digitalen Medien für die Kinder und den Unterricht.

> Die Kinder kommen und machen einfach. Sie kommen ganz eigenständig zu guten Ergebnissen. Und in meiner Klasse habe ich erlebt, dass sich gegenseitig geholfen wird. [...] Und die Kinder wissen auch, dass ich selbst Lernende bin, was sich auch sehr positiv im sozialen Prozess des Miteinanders auswirkt. Und, wie gesagt, jedes Kind geht mit seinem eigenen Erfolg raus. (Ehemalige Nicht-Nutzerin)

Ein wahrgenommener Wert des Einsatzes digitaler Medien im Unterricht findet sich in den Daten aller Akteure wieder. Sie nannten auf der Unterrichtsebene Aspekte zu den folgenden Kategorien:

1. Verbesserungen und Erleichterung bei dem Erwerb verschiedener Kompetenzen. Angeführt werden soziale Kompetenzen, Informationsmanagementkompetenzen, computerbezogene Kompetenzen, Förderung der Selbstständigkeit der Lerner sowie die Förderung der Verantwortungsübernahme für den Lernprozess. Auch die Förderung von Kommunikation spielt eine Rolle:

> Ich hatte ja zunächst Vorbehalte gegenüber der Arbeit am PC mit Kindern [...]. Es hat sich als sehr kommunikativ erwiesen. Ich hätte es nicht für möglich gehalten. (Ehemalige Nicht-Nutzerin)

2. Steigerung der Motivierung der Schülerinnen und Schüler
3. Die Motivationssteigerung wird nicht nur auf den Computer als besonderes Medium zurückgeführt, sondern auch auf die Anschaulichkeit und die Sichtbarkeit eigener Erfolge für die Schülerinnen und Schüler wie eine erfolgreiche Recherche, ein gestalteter Text oder Rückmeldung bei der Arbeit mit Lernsoftware und interaktiven Online-Angeboten – wie z.B. Antolin zur Leseförderung. Mehrfach werden in den Interviews motivationale Aspekte digitaler Medien hinsichtlich des Schriftspracherwerbs und des Lesens hervorgehoben. Z.B.:

Was ich richtig gut finde, ist, dass die Kinder, die sehr schreibschwach sind, mit der Tastatur ziemlich gut klarkommen und sich relativ schnell auf der Tastatur zurecht finden und dann zu besseren Ergebnissen kommen, als wenn sie handschriftlich schreiben. Solche Kinder erhalten sozusagen eine Lese-Rechtschreib-Förderung. Sie erfahren plötzlich, dass sie das, was sie über die Tastatur eingeben, lesen können. Das ist ein unendliches Glücksgefühl. (Ehemalige Nicht-Nutzerin)

4. Aus den schriftlichen Befragungen geht hervor, dass für zwei Drittel der Lehrpersonen der Fallschule digitale Medien wichtig (*„eher wichtig"* bzw. *„sehr wichtig"*) für die interessantere Gestaltung von Lernprozessen sind. Das restliche Drittel legt sich mit der Antwort *„teils/teils"* nicht fest. Den Kindern fällt kaum auf, dass sie bei der Arbeit mit dem Computer auch *„lernen"*. Sie berichten aus dem Unterricht:

> P: [...] Ab und zu gehen wir im Unterricht in den Computerraum. Am meisten Spaß machen die Programme Puschi, Zahlix, Pusteblume.

> F: Mir gefällt es auch. Und die genannten Spiele finde ich auch am besten.

> J: Mir gefällt es auch. Ich finde es macht richtig Spaß, Spiele zu spielen, wie z.B. Blitzrechnen, Zahlix, Pusteblume, Puschi. Einfach schön.

> Interviewerin: Lernt man denn beim Spiele spielen auch etwas?

> N: Ich würde sagen, dass man nur bei Pusteblume und bei Zahlix etwas lernt, aber bei Puschi eher nicht.

5. Möglichkeiten der Binnendifferenzierung und Individualisierung von Unterricht
   Gemeint ist, die *„Möglichkeit auf die großen Leistungsunterschiede der Kinder einzugehen"* (Schulleiterin) und *„dass das Kind auf jeden Fall immer individualisiert arbeiten kann ..., dass man nicht im Gleichschritt mit anderen arbeiten muss, und dass, gerade in den PC-Stunden, ich verschiedene Angebote setze und die Kinder frei wählen können."* (ehemalige Nicht-Nutzerin). Diese Erfahrungen werden von drei Vierteln der Lehrpersonen mitgetragen. Wichtig ist den Lehrpersonen, dass auch die gut begabten Kinder durch den Einsatz digitaler Medien zu fördern. Dies geschieht u.a. durch die Nutzung von Lernsoftware. Aber auch die Möglichkeiten des Internets werden in diesem Zusammenhang herausgestellt:

> Die Leistungsstarken hingegen können endlich tempoadäquat arbeiten und zum Teil in den Stunden Dinge bewerkstelligen, die gar nicht mehr Inhalt der Stunde sind, weil sie beispielsweise nach zehn Minuten ihre Arbeiten abgearbeitet haben und nachfragen, ob sie in bestimmten Interessengebieten im Internet recherchieren dürfen. Sie machen sozusagen auf eigene Faust weiter und präsentieren mir das hinterher. (Ehemalige Nicht-Nutzerin)

Unter dem Aspekt eines geschlechtergerechten Unterrichts als Beitrag zur Individualisierung werden Fördermaßnahmen sowohl für Jungen als auch für Mädchen gesehen:

> Ich habe erlebt, dass Mädchen sich unheimlich stark fühlen, wenn sie gleichberechtigt vor dem PC sitzen dürfen. Man muss allerdings darauf achten, weil sich die Jungen sehr schnell vordrängeln. (Ehemalige Nicht-Nutzerin)

Und was man ja auch so mitbekommt, ist, dass Jungen, was die Technik betrifft, sehr viel motivierter sind. Gerade was die Rechtschreibung betrifft – Jungen schreiben ja nicht so gern wie Mädchen. Über das Medium PC kriegt man aber die Jungen zum Schreiben. (Ehemalige NichtNutzerin)

6. Zur effektiven Nutzung von Unterrichtszeit – als zentrales Merkmal guten Unterrichts – im Kontext der Nutzung digitaler Medien werden vier Teilaspekte in den Interviews angeführt. Zur effektiven Nutzung von Unterrichtszeit wird bei der Heranführung der Kinder an die Technik ein Expertensystem durch die Einführung von Peer-Tutoring initiiert: Schülerinnen und Schüler, die sich gut mit der Arbeit am Computer auskennen, geben ihre Kenntnisse an andere weiter. Dies empfindet die Lehrperson nicht nur als Zeitersparnis sondern auch als Entlastung für sich selbst. Anders als bei dem vorgenannten Aspekt, bei dem Zeitprobleme, die erst durch den Einsatz digitaler Medien auftauchen, geschickt gelöst werden, beschäftigt sich ein weiterer Aspekt mit der effektiveren Nutzung von Unterrichtszeit bzw. Erweiterung des Lernprozesses über die Unterrichtszeit hinaus: Die Plattform ‚Antolin' motiviert die Kinder zum Lesen von Büchern. Da ‚Antolin' internetbasiert ist, können die Kinder auch außerhalb des Unterrichts damit arbeiten; jedes Kind hat einen eigenen Account. Als Vorteile werden benannt, dass die Schülerinnen und Schüler ihre Leseerfolge durch ein Punktesystem selbst einschätzen und mit denen anderer Kinder vergleichen können. Außerdem wird in den Interviews beschrieben, dass mit Blick auf den einzelnen Lerner, der durch digitale Medien passende Lernangebote erhält, der Unterricht für jeden einzelnen Lerner – und damit im Ergebnis für die gesamte Lerngruppe – effektiver gestaltet werden kann.

Abschließend sei bemerkt, dass in der überwiegenden Anzahl der Interviewstellen, die sich auf den Unterricht beziehen, deutlich wird, dass im Unterricht mit digitalen Medien die als disjunkt angenommenen Kategorien Qualität, Angemessenheit, Motivierung und Unterrichtszeit interdependent sind und sich im Ergebnis ihre Wirkung möglicherweise verstärkt. Beispielsweise wird folgender Zusammenhang im Handlungsfeld konstruiert: Die anschaulichere Gestaltung des Unterrichts wird hervorgehoben. Anschaulichkeit und Visualisierung sprechen wiederum verschiedene Lernertypen an und tragen damit zur Individualisierung und Motivierung bei. Dieser Weg fördert den Erwerb von Kompetenzen. Durch die Individualisierung kann jeder einzelne Lerner die Unterrichtszeit effektiver nutzen. Als Ergebnis wird die Unterrichtszeit auf Klassenebene effektiver genutzt.

f) Zusammenfassung der Besonderheiten des Falls (Fallschule A)

Alle schulischen Akteure sehen durch die Arbeit mit digitalen Medien Anknüpfungspunkte für ihre aktuelle und zukünftige pädagogische Arbeit. Sie erkennen bereits realisierte Synergieeffekte des Einsatzes digitaler Medien zu neueren pädagogischen Innovationen der Schule, z.B. zur Begabtenförderung. In der Fallschule wird – wie in keiner anderen Fallschule der Stichprobe – deutlich, dass die Innovation ‚Implementation digitaler Medien' keine Innovation mehr ist, sondern Bestandteil des Alltags. Als Indikator dafür gilt nach Stufflebeam (1972), dass die Schule bereits neue Innovationen anstrebt. Dies trifft für die Fallschule zu: In dieser Fallschule knüpft die Implementation digitaler Medien an neue Innovationen an. Bemerkenswert ist ein weiterer Aspekt: In den anderen beiden Fallschulen der Stichprobe, die als ‚besonders nachhaltig' eingestuft werden konnten, haben die Schulleitungen sich nicht nur als Macht-, sondern auch als Prozesspromotoren erwiesen und vielleicht dadurch die Integration digitaler Medien noch stärker als in dieser Fallschule befördert (vgl. Fallberichte zu den Fallschulen C und E).

4.4.3   Fallschule B (Grundschule in Bayern)

> Wir haben in dem letzten Jahr das einfach mal ein bisschen runter gefahren. Wir machen das, was sein muss oder das, was geht. Und mal einen Computerkurs und solche Sachen. (Computerkoordinatorin)

a) Überblick über den Fall

Obwohl die Grundschulrichtlinien für Bayern die Integration digitaler Medien in den Unterricht einfordern, ist es dieser Schule nicht gelungen, die Verwendung digitaler Medien auf eine breite Basis zu stellen. Neben dem Engagement des Schulleiters gibt es engagiert verfolgte, aber eher unverbundene Einzelaktivitäten. Die Innovationslehrerin der SITES M2 hat die Schule zwischenzeitlich verlassen. Der Weggang weiterer, im Medienbereich aktiver, Lehrpersonen erschwerte die Weiterentwicklung des Einsatzes digitaler Medien. Die neu eingesetzte Computerkoordinatorin sieht ihre Aufgabe eher in der Bearbeitung des pädagogischen als des technischen Bereiches. Um technische Belange kümmert sich der Hausmeister der Schule.

b) Schulische Rahmenbedingungen der Fallschule B

Die *Grundschule* befindet sich in einer *Kleinstadt* in Bayern. Mehr als 30 Lehrerinnen und Lehrer unterrichten die 475 Schülerinnen und Schüler in 2006 (in 2001: 620). Der Anteil der Schüler mit Migrationshintergrund hat sich seit 2001 erhöht und liegt bei mehr als 25 Prozent. Der *Einzugsbereich* der Schule ist groß, die Schülerinnen und Schüler kommen auch aus den umliegenden ländlichen Gemeinden. Das Schulgebäude ist für die große Schülerzahl zu klein. Daher sind zwei Schulklassen in einer benachbarten Schule untergebracht. Vier weitere Klassen werden in einer kleinen Zweigschule, die sich in einem sechs Kilometer entfernt liegenden Ort befindet, unterrichtet. Die Schule ist keine selbstständige Schule im Sinne erweiterter Schulautonomie und hat auch keinen Ganztagsbetrieb. Das Arbeiten mit den *digitalen Medien* war in 2001 ein Schwerpunkt der Schule. Der neue Schwerpunkt der Schule ist seit 2005 die gezielte Förderung von Kindern mit nicht-deutscher Muttersprache. Medien werden im neuen *Leitbild* nicht erwähnt.

Die Fallschule verfügt über fünfzehn Klassenräume und sechs Fachräume. Die Ziele aus 2001, einen Computerraum und eine Lernwerkstatt einzurichten, konnten nur teilweise realisiert werden: In der eingerichteten Lernwerkstatt sind acht stationäre Computer untergebracht. Ferner stehen seit 2001 in fast allen Klassenräumen mindestens ein, maximal zwei Computer. Diese sind nicht an das Internet angebunden.

Seit 2003 hat die Schule ein *Medienkonzept* und seit 2005 ein *Leitbild*. Nach Aussagen des Schulleiters thematisiert das Medienkonzept, inwieweit Neue Medien in einen kindgemäßen Grundschulunterricht integriert werden können. Das Medienkonzept konnte uns allerdings nicht vorgelegt werden und entzieht sich auch der Kenntnis aller anderen Befragten. Vielmehr sprechen die anderen Lehrpersonen von einem ‚Lernwerkstattkonzept'. Drei Lehrerinnen nehmen an dem Förderprogramm AMinoL/MindS (Medien in der Grundschule, angeboten von der Akademie für Lehrerfortbildung in Dillingen und dem bayerischen Schulministerium) zur Arbeit mit digitalen Medien teil und geben Informationen an das Kollegium weiter. Sie bilden gemeinsam mit dem technisch versierten Hausmeister das *Medienteam* der Fallschule. *Computer* werden überwiegend in den Klassenstufen zwei bis vier in Übungsphasen eingesetzt. Neben dem Einsatz von Lernprogrammen soll die unterrichtliche Nutzung digitaler Medien computerbezogene Grundtechniken und eine Einführung in die Nutzung des Internets vermitteln. Nach Aussagen des Schulleiters nutzen zwischen 26 und 50 Prozent der Lehrpersonen mindestens einmal wöchentlich *stationäre Computer*, weniger als zehn Prozent das Internet und Notebooks. Die Lehrerbefragung ergibt, dass fünfzehn Prozent der Lehrpersonen das *Internet im Unterricht* nutzen und 70 Prozent den Computer ohne Zugriff auf das Internet. Zwei Drittel der Lehrpersonen setzen den Computer etwas oder viel häufiger im Unterricht ein als fünf Jahre zuvor. Ein Viertel nutzt das Internet etwas oder viel häufiger im Unterricht als fünf Jahre zuvor. Jeder Sechste gibt an, dass das Internet nicht zur unterrichtlichen Nutzung zur Verfügung steht. Die Schule blickt auf eine mehr als zehnjährige *Tradition des Computereinsatzes* zurück: Sie hat 1994 an einem Modellversuch ‚Freiarbeit am Computer in der Grundschule' teilgenommen. Seit 1998 setzen viele Kolleginnen und Kollegen den PC im Unterricht ein bzw. erstellen ihre Arbeitsblätter mit dem Computer.

c)   Kurzfassung des im Rahmen der SITES M2 begleiteten IPPUTs an der Fallschule B

Das im Rahmen der SITES M2 begleitete und auch videografierte Literaturprojekt, das das IPPUT ausmachte, war fächerübergreifend in einer dritten Klasse verortet. Diese Lerngruppe kooperierte mit einer ersten und einer vierten Klasse und mit Klassen aus vier weiteren Schulen in Ungarn, Schweden, Tschechien und Deutschland. Es zielte darauf ab, die Lesefreude sowie das kreative Schreiben zu fördern. Dazu gestaltete die Klasse ein internationales Märchen- und Sagenbuch. Die Schülerinnen und Schüler schrieben Texte mit dem Computer und kommunizierten mit den europäischen Partnern über E-Mail.

d) Nachhaltigkeitsprofil und weitere Befunde der Analysen zur Nachhaltigkeit der Fallschule B

Wie schon für die Fallschule A werden auch für die Fallschule B den ausführlichen Herleitungen der Einschätzung der einzelnen Nachhaltigkeitsindikatoren zentrale Ergebnisse in Form von zwei Diagrammen mit kurzen Erläuterungen vorangestellt.

Das Diagramm in der Abbildung 4-4 zeigt, dass die Fallschule B im Vergleich zu den Mittelwerten der Stichprobe abgesehen von zwei Indikatoren stets schlechter abschneidet.

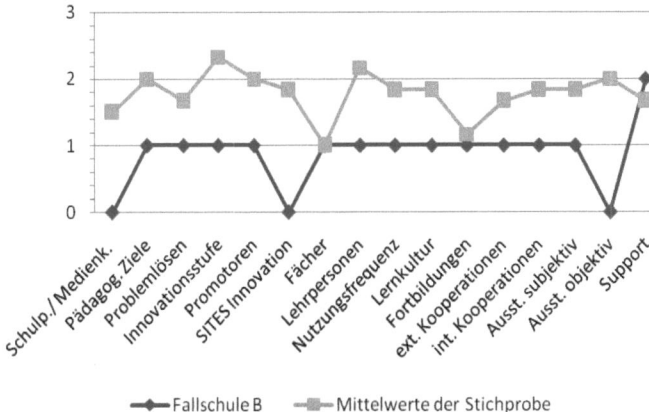

Abbildung 4-4: Nachhaltigkeitsprofil der Fallschule B

Für den Nachhaltigkeitsindikator 7 (Verbreitung im Hinblick auf die Fächer) liegt die Schule mit dem Stichprobenmittelwert gleichauf. Der technische Support (Indikator 16) wird überdurchschnittlich eingeschätzt.

Das Nachhaltigkeitsprofil bezogen auf die fünf Ebenen der Schulentwicklung mit digitalen Medien (Abbildung 4-5) zeigt für die Fallschule B deutliche Rückstände auf allen fünf betrachteten theoretischen Dimensionen der Schulentwicklung mit digitalen Medien. Die Fallschule B war damit im Beobachtungszeitraum im Hinblick auf die nachhaltige Integration digitaler Medien vergleichsweise wenig erfolgreich.

Indikatoren auf der Ebene der Organisationsentwicklung (Fallschule B)

1. Verankerung digitaler Medien im Schulprogramm, im Medienkonzept bzw. in schuleigenen Curricula

Ausprägung: 0; nicht oder randständig im Schulprogramm.

Die pädagogische Arbeit der Schule orientiert sich an einem Leitbild, im Sinne eines kurzen und prägnanten Schulprogramms, das die Schule kurz vor der Nachuntersuchung erstellt hat. Es enthält elf schulische Ziele; darunter allerdings keine Aussagen zum Lernen mit Medien bzw. digitalen Medien.

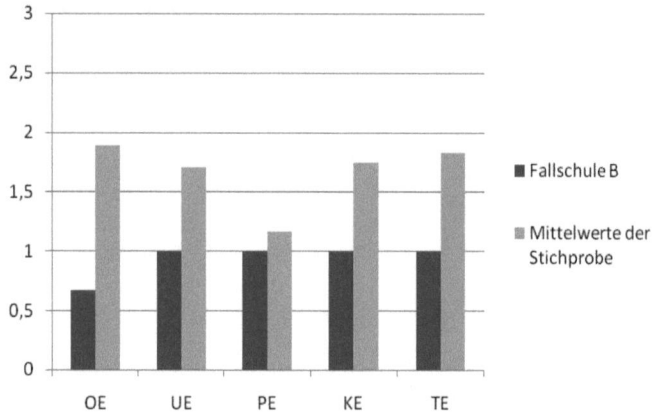

Abbildung 4-5: Nachhaltigkeitsprofil der Fallschule B bezogen auf die fünf Ebenen der Schulentwicklung mit digitalen Medien

Der Schulleiter gibt ab, dass digitale Medien in *„einem Nebensatz"* im Leitbild erwähnt seien. Dies ist aber für das uns vorgelegte Leitbild nicht der Fall. Weiterhin fußt – zumindest aus der Sicht einiger Lehrpersonen – die pädagogische Arbeit auf der Idee der Lernwerkstatt. Diese ist sowohl ein Unterrichtsraum als auch ein pädagogisches Konzept, das sich an die Werkstatt-Idee anlehnt. Dieses Konzept schätzen einige der befragten Lehrpersonen als wichtige Leitidee der schulischen Arbeit ein. Im Leitbild der Schule findet es aber ebenfalls keine Erwähnung. Mit Blick auf die Verankerung digitaler Medien in pädagogischen Konzepten ist erwähnenswert, dass in dem zugehörigen Raum ‚Lernwerkstatt' Computerarbeitsplätze für Schülerinnen und Schüler zur Verfügung stehen. Ihre Nutzung im Rahmen des nicht schriftlich festgeschriebenen Lernwerkstatt-Konzeptes obliegt den einzelnen Lehrpersonen. Im Rahmen einer offenen Antwort im Fragebogen äußert sich eine Lehrperson dahin gehend, dass das Kollegium mit der methodischen Umsetzung der Lernwerkstattidee *„alleine gelassen wurde[n]". (Lehrerfragebogen, lfd. Nr. 71, zu Frage 15)*, sodass nicht von einer breiten Umsetzung ausgegangen werden kann. Aus den Interviews mit Lehrpersonen der Schule geht weiterhin hervor, dass die Computerarbeitsplätze in der Lernwerkstatt keinen zentralen Stellenwert haben. Insgesamt bleibt festzuhalten, dass die Nutzung von (digitalen) Medien an keiner Stelle in schulischen Programmen oder Konzepten verankert ist.

2. Verbindung digitaler Medien zu den zentralen pädagogischen Zielsetzungen der Schule

Ausprägung: 1; Verbindung wird nicht von allen gesehen und getragen.

Die Schule hat seit der ersten Erhebung in 2001 eine Veränderung des schulischen Umfeldes und Einzugsgebietes festgestellt. Die Fallschule reagiert auf diese Veränderung mit der Formulierung eines Leitbildes. Die Umsetzung der im Leitbild ausgewiesenen pädagogischen Ziele der Schule fokussieren – gemäß den von den Akteuren beobachteten Veränderungen – vor allem auf eine Unterstützung leistungsschwacher Schülerinnen und Schüler sowie von Lernern mit Migrationshintergrund oder aus bildungsfernen Schichten. Mehrere Lehrpersonen der Schule geben an, dass die Vermittlung der Schlüsselkompetenzen ‚Lesen, Schreiben und Rechnen' vorrangig und für diese Zielgruppe besonders anspruchsvoll seien. Nur wenige Lehrpersonen berichten, dass sich vorhandene Lernprogramme besonders für die oben beschriebenen Schülergruppen eignen, z.B. zur Wortschatzerweiterung. Aus Sicht des Schulleiters – der die Relevanz der Verwendung digitaler Medien als sehr wichtig einschätzt – ist mit dem Computereinsatz vorrangig die Vermittlung computerbezogener Kompetenzen verbunden. Intentionen zur Veränderung oder Verbesserung der Unterrichtsqualität sowie der Lernkultur durch den Medieneinsatz oder Verbindungen zu den Zielen im schulischen Leitbild beschreibt der Schulleiter nicht. Insgesamt hat sich die Verbindung, digitale Medien zur Unterstützung der schulischen Zielsetzungen und spezifischen Förderung der Schülerinnen und Schüler zu nutzen, für die Akteure bisher kaum erschlossen. Andererseits ist aber auch die vom Schulleiter als besonders wichtig eingeschätzte Vermittlung computerbezogener Kompetenzen kein eigenständiges Ziel der Schule. Insgesamt gibt es kaum Anknüpfungspunkte zwischen dem Einsatz digitaler Medien und den pädagogischen Zielen der Schule; nur wenige Lehrpersonen stellen überhaupt eine Verbindung her.

3. Umfang der Problemlösung der in 2000/2001 in Bezug auf die innovative pädagogische Praxis mit digitalen Medien formulierten, fallspezifischen Probleme (‚Problemlösekapazität')

Ausprägung: *1; Probleme wurden teilweise gelöst.*

Der im Rahmen der SITES M2 erstellte Fallbericht (vgl. Schulz-Zander et al., 2003) führt im Hinblick auf die Integration und Nutzung digitaler Medien elf Problemfelder aus. Dazu gehören:

1. Unsicherheiten im Kollegium,
2. fehlende Motivation des Kollegiums,
3. fehlende Teilnahme des Schulleiters an konkreten Projekten,
4. fehlende Unterstützung von Seiten des Ministeriums,
5. unzureichende Stundenentlastung für technischen Support,
6. fehlende Verankerung in Lehrplänen und Richtlinien,

7. kritische Haltung der Eltern gegenüber offenen Unterrichtsformen,

8. Bedenken eines Teils des Kollegiums gegen die Nutzung digitaler Medien im Unterricht,

9. ungünstige Gebäudeanordnung und dadurch u.a. ungünstiger Informationsfluss,

10. fehlender Internetzugang und

11. fehlende technische Unterstützung (im Unterricht).

Das einzige Problem, das wirklich gelöst wurde, ist der Aspekt der technischen Unterstützung (11.). Durch die Einstellung des technisch-versierten und engagierten Hausmeisters verfügt die Fallschule über ausreichenden technischen Support, den er auf freiwilliger Basis leistet. Die Schule hat quasi zufällig und nicht gezielt kurz vor der Erhebung der Folgeuntersuchung einen Hausmeister mit ausgewiesenen IT-Kenntnissen eingestellt. Zu den anderen im Rahmen der SITES M2 an dieser Fallschule identifizierten Problemen bei der Integration digitaler Medien ergibt sich, dass z.B. der fehlende Internetzugang von den Nutzerinnen und Nutzern weiterhin als Problem herausgestellt wird. Durch die deutlich gestiegene Anzahl qualitativ ansprechender webbasierter Angebote und Materialien ist die Unzufriedenheit mit der Einschränkung des Internetzugangs eher noch ausgeprägter als zuvor. Weiterhin werden aber auch die Einschränkungen auf der Ebene der Lehrervariablen (Unsicherheiten, fehlende Motivation, Bedenken) unverändert artikuliert. Die fehlende Anteilnahme des Schulleiters wird nicht mehr benannt. Die innovative Lehrperson, die diesen Aspekt im Rahmen der SITES M2 wesentlich zu Protokoll gegeben hat, hat die Schule verlassen. Allerdings zeigt sich in den Interviews der Folgeuntersuchung, dass der Schulleiter über die konkrete Umsetzung und Arbeit mit digitalen Medien nur lückenhafte Kenntnisse hat (dazu genauer s.u.). Die weiteren aufgelisteten Problemfelder werden in der Folgeuntersuchung nicht mehr erwähnt oder nicht mehr als zentral dargestellt.

4. Stufe der Innovation

Ausprägung: 1; Die Integration digitaler Medien hängt vom Engagement einzelner Lehrpersonen ab.

Nach dem Weggang der besonders im Medienbereich engagierten Lehrerin, die auch als Innovationslehrerin in der SITES M2 aktiv war, musste die Schule die Implementierung digitaler Medien vollständig neu aufbauen. Als Ursache wird angegeben, dass die ehemalige Innovationslehrerin ihre Kenntnisse nicht an das Kollegium weitergegeben habe. Daher sollte ein neues, aber wenig erfahrenes Medienteam die Integration digitaler Medien vollständig neu aufbauen. Eine Lehrerin des neuen Medienteams, die die Schulleitung formal als Computerkoordinatorin benannte, beschreibt die Situation nach dem Weggang der Innovationslehrerin wie folgt:

> Wir haben in den letzten zwei Jahren Stunden über Stunden investiert, um überhaupt mal zu sehen: Was ist überhaupt da? Also man muss sagen: Die Frau ist weggegangen und wir standen da. So muss man das einfach sagen. (Computerkoordinatorin)

Erneute Fluktuationen im Lehrerkollegium, die auch das Medienteam betrafen, behinderten bzw. verlangsamten den neuerlichen Innovationsprozess. Weiterhin entschied sich das neue Medienteam für eine alternative Vorgehensweise: Die digitalen Medien sollten sich dem für die Schule neuen Lernwerkstattkonzept unterordnen und nicht mehr als eigenständige Innovation befördert werden. Zum Erhebungszeitpunkt der Nachuntersuchung ist im Ergebnis feststellbar, dass die Integration digitaler Medien sporadisch ist und stark vom Engagement, Interesse und den Kenntnissen der einzelnen Kollegen abhängt, der neue Weg über das Lernwerkstattkonzept aber mehr Akzeptanz im Kollegium findet.

5. *Promotoren der Innovation (bzw. Aufrechterhaltung der Innovation, wenn diese schon implementiert ist)*

Ausprägung: 1; Es gibt stellenweise Promotionsaktivitäten, die aber wenig wirksam sind.

Der Schulleiter unterstützt die Integration digitaler Medien, indem er sich u.a. um die Teilnahme an Förderprogrammen bemüht. Seine Möglichkeiten sieht er allerdings durch finanzielle Rahmenbedingungen und Vorgaben beschränkt. Die Lehrpersonen, die digitale Medien nutzen, fühlen sich durch seine positive Einstellung zu digitalen Medien bestärkt, diese im Unterricht einzusetzen. Im Vergleich zu anderen Fallschulen fällt auf, dass der Schulleiter sich nicht aktiv in die Prozesspromotion einbringt. Welche weiteren Promotionsaktivitäten sind in der Schule überhaupt zu identifizieren? Rückblickend stellen die Befragten fest, dass sie die Innovationslehrerin aus der SITES M2 nie als Prozesspromotorin wahrgenommen haben. Das neu eingesetzte Medienteam unternimmt ansatzweise Schritte in Richtung Prozesspromotion und gibt Fortbildungsinhalte auf Konferenzen weiter. Allerdings arbeitet sich das Medienteam neu ein. Insgesamt sind also vereinzelte Promotionsaktivitäten festzustellen, die vor allem nach dem Weggang der ehemaligen Innovationslehrerin auch in eine Richtung gehen, die Anbindungsmöglichkeiten für alle Lehrpersonen zulässt. Die beschriebene geringe Wirksamkeit mag durch den geringen IT-Kenntnisstand der Promotoren und den nicht ausgeschöpften Möglichkeiten des Schulleiters in der Funktion als Macht- und vielleicht auch Prozesspromotor begründet sein.

Indikatoren auf der Ebene der Unterrichtsentwicklung (Fallschule B)

6. *Besteht die Innovation aus SITES überhaupt noch?*

Ausprägung: 0; nicht mehr.

Das im Rahmen der SITES M2 wissenschaftlich dokumentierte und analysierte IPPUT – das fächerübergreifende Märchenprojekt – war im Rückblick nur für die direkt involvierten Lehrpersonen der Schule relevant. Nach dem Weggang der Innovationslehrerin ist es nicht mehr weitergeführt worden. Als Grund dafür, dass auch die Ideen und Erfahrungen nicht transportiert oder weiterentwickelt wurden, sehen die Befragten vor allem in der fehlenden Akzeptanz sowohl des Projektes als auch der ehemaligen Innovationslehrperson. Zu ergänzen ist, dass die an der Schule verbleibenden Lehrpersonen im Ende des Projektes und im Weggang der Innovationslehrerin eine Chance für die Schule sehen und diese nicht als Nachteil beschreiben. Ziel ist es seitdem, die Nutzung digitaler Medien nicht mehr an Einzelpersonen, sondern an ein Team zu binden und an pädagogische Konzepte – wie das Lernwerkstattkonzept – anzubinden.

7. Verbreitung im Hinblick auf die Fächer

Ausprägung: 1; hauptsächlich in einem Fach.

Computer werden nach Angaben der Viertklässler fast nur in den Fächern Mathematik und Deutsch genutzt. Nur etwa ein Sechstel der Viertklässler gibt an, Computer häufig oder sehr häufig in diesen Fächern zu nutzen. Die Hälfte der Kinder berichtet von einer seltenen, sehr seltenen oder nicht vorhandenen Nutzung in den genannten Kernfächern. Etwa ein Drittel gibt eine ‚mittlere' Nutzungsfrequenz für Mathematik und Deutsch an. Eine Nutzung in anderen Fächern haben nur vereinzelte Lerner angegeben. Die Computernutzung durch Viertklässler ist damit vergleichsweise gering. Bestätigt wird diese Einschätzung durch die Lehrpersonen und die Computerkoordinatorin, die im Fragebogen angibt, dass digitale Medien *„eher nicht"* in die Mehrzahl der Lehr-/Lernaktivitäten integriert sind und dass es völlig zutrifft, dass die Schule erst begonnen hat, digitale Medien in Unterrichtsfächer zu integrieren.

8. Verbreitung im Hinblick auf die Lehrpersonen

Ausprägung: 1; 25 %< x≤ 50 %.

Die Lehrerin, die als Computerkoordinatorin befragt wurde, stellt heraus, dass sich die Anzahl der Nutzer seit dem Weggang der ehemaligen Innovationslehrerin und seit dem Neubeginn deutlich gesteigert habe. Mehr als zwei Drittel (70 %) der Lehrpersonen, die den Fragebogen ausgefüllt haben, nutzen den Computer im Unterricht. Die Nutzungszahlen des Internets liegen mit fünfzehn Prozent deutlich niedriger. Auf der einen Seite müssen diese Prozentsätze relativiert werden, da möglicherweise überwiegend die Computernutzerinnen und -nutzer den Fragebogen bearbeitet haben könnten und daher eine positive Verzerrung zum Tragen kommt. Darauf deuten auch die Angaben des Schulleiters, der Computerkoordinatorin und einer Klassenlehrerin der ersten Klasse hin. Sie schätzen die Nutzungsquote mit ungefähr 50 Prozent geringer ein. Gleichzeitig finden sich in den Interviews Erklärungsversuche des relativ hohen Anteils an Nicht-Nutzerinnen und Nicht-Nutzern. Der Schulleiter beispielsweise sieht eine enge Verknüpfung zwischen dem geringen Engagement dieser Lehrpersonen und ihren fehlenden Kenntnis über neue Lehr-/Lernmethoden. Eine interviewte Lehrerin gibt als Hauptgrund für ihre Nicht-Nutzung die Notwendigkeit der Vermittlung von Schlüsselkompetenzen an, zu denen sie Medienkompetenz mit Bezug auf digitale Medien, Computervertrautheit oder computerbezogene Kompetenzen ausdrücklich nicht einbezieht.

Die geringe Verbreitung der Internetnutzung ist wahrscheinlich auf die geringe Anzahl der Computer mit Internetanschlüssen zurückzuführen. Hinzu kommt, dass sich die internetfähigen Rechner in einem separaten Raum befinden und daher eine flexible Nutzung des Internets nicht gegeben ist.

9. Nutzungsfrequenz digitaler Medien im Unterricht

Ausprägung: 1; häufiger, könnte aber nach Angaben der Schülerinnen und Schüler höher sein.

Wie bereits der Blick auf die Nutzung in den Fächern zeigt, ist die Nutzungsfrequenz digitaler Medien im Unterricht eher niedrig. Fast die Hälfte der Schülerinnen und Schüler gibt an, einen Computer mehrmals im Schuljahr / fast jeden Monat zu nutzen. Eine häufigere Nutzung, etwa mehrmals im Monat, wöchentlich oder täglich, wird nicht berichtet. Aber mehr als die Hälfte (54 %) der Schülerinnen und Schüler gibt an, nie einen Computer im Unterricht zu nutzen. Folgt man der Computerkoordinatorin, werden digitale Medien vor allem in den dritten und vierten Klassenstufen genutzt. Sie schätzt weiterhin, dass etwa die Hälfte aller Schülerinnen und Schüler am Ende der vierten Klasse mit einem Computer und ein Viertel oder weniger mit dem Internet im Unterricht gearbeitet haben. In den Interviews berichtet eine Klassenlehrerin einer ersten Klasse, dass sie durch den geringen Umfang der IT-Ausstattung (ein Computer für die gesamte Klasse) in der Nutzung digitaler Medien eingeschränkt sei. Dies wird sehr eindrücklich durch das Votum für eine häufigere Computer- und Internetnutzung von 80 Prozent der Viertklässler unterstrichen.

10. Veränderte Lernkultur

Ausprägung: 1; nur in einzelnen Projekten einzelner Lernpersonen.

Mit der Einführung des Lernwerkstattkonzeptes hat die Schule erste Schritte getan, eine veränderte Lernkultur auf den Weg zu bringen. Einschränkend ist festzustellen, dass dieses Konzept nicht schriftlich und verbindlich verankert ist; es wird nur von wenigen Lehrpersonen auf freiwilliger Basis praktiziert. Der Schulleiter stellt fest, dass der zugehörige Raum ‚Lernwerkstatt' nur wenig frequentiert wird. Weiterhin fehlen passende didaktische Konzepte und Materialien. Eine Verbindung zur Veränderung der Lernkultur mit digitalen Medien wird in den mündlichen Beschreibungen des Konzeptes nicht hergestellt. In der schriftlichen Befragung benennt die Computerkoordinatorin die *„Informationsgewinnung zu Unterrichtsthemen"* und den *„Umgang mit Computern (Word, Mails, Internet)"* als hauptsächliche Ziele des Einsatzes digitaler Medien. Viele Lehrpersonen halten eher an traditionellen Unterrichtsmethoden fest. Dies beobachtet der Schulleiter im Rahmen seiner Unterrichtsbesuche:

> Ich denke, viele Kollegen scheuen sich mit solch einer großen Klasse in den PC-Raum, die Lernwerkstatt zu gehen. Manche Kollegen sind auch mit den neuen Methoden der Gruppenarbeit oder des Lernzirkels noch nicht so vertraut und können es nicht nutzen, weil nicht alle Kinder an einem Computer sitzen können. (Schulleiter)

Im Gegenzug stellt die befragte Klassenlehrerin einer ersten Klasse fest, dass sie digitale Medien zur (Leistungs-)Differenzierung einsetzt. Dazu nutzt sie den Computer im Klassenraum. Hinsichtlich einer Möglichkeit des Einsatzes digitaler Medien zeigt sich auch in der schriftlichen Befragung der Lehrpersonen eine Spaltung: Etwa die Hälfte schätzt die Förderung von Selbstverantwortung für das Lernen und eine stärkere Schüleraktivierung positiv ein. Auch die Schülerinnen und Schüler entwerfen mehrheitlich ein Bild eines schülerzentrierten computergestützten Unterrichts.

Abschließend ist zu sagen, dass Ansätze zur Veränderung der Lernkultur mit digitalen Medien zu erkennen sind, sich aber auf einzelne Lehrpersonen und einzelne Unterrichtsphasen beziehen. Es entsteht der Eindruck, dass in der Breite die Möglichkeiten zur Veränderung der Lernkultur nicht im Bewusstsein der Lehrkräfte und damit der Schule sind. Offen bleibt die Frage, ob eine bessere IT-Ausstattung der Klassenräume eher zu einer Veränderung der Lernkultur führen kann.

Indikator auf der Ebene der Personalentwicklung (Fallschule B)

11. Fortbildung (Angebot, Teilnahme, Nützlichkeit)

Ausprägung 1; eher nicht ausreichend.

Ein Fünftel der Lehrpersonen gibt in der schriftlichen Befragung an, Fortbildungen im Kontext digitaler Medien zu belegen. Vor allem das Medienteam nimmt an staatlich organisierten Fortbildungen teil. Insgesamt haben vier Fünftel der Lehrpersonen angegeben, bereits außerschulische Fortbildungen im Medienbereich besucht zu haben. Deren Nutzen wird aber mehrheitlich als gering eingeschätzt. Schulinterne Fortbildungsmöglichkeiten bestehen nach Angaben der Computerkoordinatorin durch informelle Kontakte und Gespräche, Online-Fortbildungen und schulintern organisierte Fortbildungen über das Computerteam. An den verpflichtenden schulinternen Fortbildungen nahmen alle Lehrpersonen teil. Nach Einschätzung der Computerkoordinatorin sind Fortbildungen im Bereich digitaler Medien vergleichsweise unbeliebt. Den meisten Kolleginnen und Kollegen reichen computerbezogene Grundkenntnisse aus. Die Lehrpersonen der Schule wünschen sich mehr Fortbildungen, die aufzeigen, wie digitale Medien in den Unterricht integriert werden können. Sie würden eher an Fortbildungen teilnehmen, wenn es dafür Freistellungen vom Unterricht gäbe. Viele Lehrpersonen nehmen erst auf Druck der Schulleitung an Fortbildungen im Medienbereich teil. Die Anzahl der verpflichtenden Fortbildungen möchte der Schulleiter jedoch *„nicht überstrapazieren"*. Daher wurde das Angebot im Medienbereich in den letzten Jahren stark eingeschränkt, um es nicht zu einer *„Fortbildungsmüdigkeit" (Schulleiter)* kommen zu lassen.

Indikatoren auf der Ebene der Kooperationsentwicklung (Fallschule B)

12. Pflege und Weiterführung der Kooperation mit Externen

Ausprägung: 1; vorhanden aber unsystematisch.

Die Schule ist in ein staatliches Förderprogramm zur Integration digitaler Medien einge-bunden, das zum einen schulexterne Fortbildungen für ausgewählte Kollegen anbietet und zum anderen eine Entlastungsstunde pro Woche ermöglicht, die die Computerkoor-dinatorin erhält. Die Wirkung dieser Kooperation zeigt sich positiv im Sinne einer Erhö-hung der Motivation der Beteiligten und einer Erweiterung computerbezogener und me-diendidaktischer Kenntnisse. Der Schulleiter gibt – nach Vorlage einer entsprechenden Auswahlliste im Fragebogen – an, dass die Kooperationen mit anderen Schulen eher gut seien. Weitere Kooperationen bestünden auch mit Eltern, dem Schulträger und mit re-gionalen Beratungsstellen. Im Schulleiterinterview nachgefragt, ergibt sich, dass im Me-dienbereich keine relevanten schulübergreifenden Kooperationen bestehen. Dies bestä-tigt auch die Computerkoordinatorin. Insgesamt gibt es also neben vereinzelten unsys-tematischen Kooperationen nur die Einbindung in das Förderprogramm, die organisatio-nal verankert ist. Der Wirkungsgrad dieses Förderprogramms für die Schulentwicklung mit digitalen Medien ist jedoch sehr begrenzt, sieht man von den Kooperationsgewinnen für die wenigen aktiv Beteiligten ab.

13. Verankerung schulinterner Kooperationen in Bezug auf digitale Medien, inklusive des Transfers medienbezogener Innovationen innerhalb der Schule

Ausprägung: 1; vorhanden aber unsystematisch.

Die Kooperationen im Kollegium werden durchgehend als sehr gut beschrieben. Sie be-ziehen sich jedoch in der Regel nicht auf digitale Medien. Vielmehr *„probiert jeder selber aus" (Nutzerin).* Der pädagogische Austausch über die Nutzung digitaler Medien be-schränkt sich nach Angaben einer Nicht-Nutzerin auf die Pausenzeiten. Einzige erkennba-re systematische schulinterne Kooperation in Bezug auf digitale Medien ist die Weiterga-be von Kenntnissen aus den staatlichen Fortbildungen. Ohne diese würde die Computer-nutzung an der Schule *„dahinplätschern"* oder *„einschlafen" (Computerkoordinatorin).* Die Erkenntnisse aus diesen Fortbildungen werden entweder informell weitergegeben oder vom Medienteam verschriftlicht und weitergereicht. Die Lehrpersonen bewerten die Nützlichkeit dieser Fortbildungsstrukturen mit großer Mehrheit positiv. Zur Unter-stützung schulinterner Kooperationen werden digitale Medien eher nicht genutzt; allen-falls E-Mails. Weiterhin geben fast drei Viertel der Lehrpersonen an, nie gemeinsam mit anderen Kollegen Unterrichtsmaterialien für die Nutzung digitaler Medien zu entwickeln. Unterrichtskonzepte zum Medieneinsatz im Unterricht werden nur von der Hälfte des Kollegiums gemeinsam mit anderen Kollegen entwickelt. Die andere Hälfte (53 %) koope-riert diesbezüglich *„gar nicht".* Die stattfindenden Kooperationen gehen auf das Enga-gement und Interesse von Einzelnen zurück und sind nicht konzeptionell verankert.

Indikatoren auf der Ebene der Technologieentwicklung (Fallschule B)

14. Subjektiv wahrgenommene Ausstattungsqualität

Ausprägung: 1, eher nicht ausreichend.

Die Zufriedenheit mit der IT-Ausstattung der Schule ist bei den Akteuren sehr unterschiedlich. Die Computerkoordinatorin gibt im Fragebogen an, die Ausstattung sei aus ihrer Sicht *„völlig ausreichend"*. Der Schulleiter beschreibt, dass Teile des Kollegiums sich scheuten, den Computerraum zu nutzen, da dieser nicht zu ihren pädagogischen Überzeugungen passen würde. Grundsätzlich schätzt er die Anzahl der Computer als zu gering ein:

> Aber wir haben eigentlich zu wenige Geräte. Sprich: Ein Computer pro Klassenzimmer und acht Geräte in der Lernwerkstatt. (Schulleiter)

Ein weiterer Aspekt ist, dass ein Computerarbeitsplatz für Lehrpersonen gewünscht wird:

> Wir hätten gerne noch einen Arbeitsplatz für Lehrer. Ein Computerarbeitsplatz für Lehrer gesondert, der fehlt. (Computerkoordinatorin)

Die Ausstattung mit Software wird positiv bewertet:

> Die ganzen Lernspiele in der 1. Klasse sind auf das Lesen abgestimmt, inklusive der Wortschatzerweiterung. Was für diejenigen, die Deutsch nicht als Muttersprache haben, sehr wertvoll ist. Gerade die Übungen sind gut, wo der Computer ein Wort vorspricht oder ein Wort bildlich dargestellt wird. (Nutzerin)

Allerdings bestätigt diese Klassenlehrerin auch, dass die Nutzung der Computer durch die fehlende Verfügbarkeit von Hardware und Peripheriegeräten stark eingeschränkt ist. In der Folge können die einzelnen Kinder zu selten am Computer arbeiten. Die Probleme, die mit dem geringen Ausstattungsumfang verbunden sind, beschreibt eine Nicht-Nutzerin sehr anschaulich. Sie wünscht sich einen Unterrichtsraum, in dem für je zwei Kinder ein Computerarbeitsplatz zur Verfügung steht:

> So kann ich sie ja immer nur in Gruppen arbeiten [lassen]- und kann auch nicht immer nur bei der Gruppe sein, die jetzt am Computer ist. Ich muss den anderen ja auch noch erklären, was sie machen müssen. [...] Und wenn nämlich vier oder fünf Kinder an einem Computer sitzen, dann passt vielleicht der auf, der die Maus in der Hand hat und einer noch an der Tastatur. Von den anderen schalten mindestens zwei ab. (Nicht-Nutzerin)

Durch dieses Zitat wird erneut deutlich, dass offene Unterrichtsformen sich noch nicht in der Breite etabliert haben.

15. Objektiv eingestufte Ausstattungsqualität

Ausprägung: 0, weit unter dem bundesweiten Schnitt.

Es gibt insgesamt 22 Klassenräume von denen vierzehn mit ein bis zwei Computern ausgestattet sind. In dem Raum ‚Lernwerkstatt' gibt es acht Computerarbeitsplätze. Weiterhin gibt es in der Schule einen Beamer und drei Laptops. Peripheriegeräte (z.B. Drucker) für die unterrichtliche Nutzung stehen nicht zur Verfügung. Die Schulleitungsmitglieder haben zusätzlich zwei Computer zur Verfügung. Nur diese und die acht Computer der Lernwerkstatt verfügen über einen Internetzugang. Das Schüler-Computer-Verhältnis liegt mit 17:1 weit unterdurchschnittlich im Vergleich zum Referenzwert des BMBF (2007). Computer für die ausschließliche Nutzung durch Lehrpersonen sind nicht eingerichtet. Die Ausstattung ist insgesamt als gering einzuschätzen.

16. Technischer Support

Ausprägung: 2; eher ausreichend.

Alle Interviewpartner äußern sich sehr positiv über den technischen Support. Dieser wird flexibel und kompetent von dem Hausmeister auf freiwilliger Basis geleistet. Er hilft vor allem bei technischen Problemen und berät die Schule bei Neuanschaffungen. Dabei kann er aufgrund seiner Präsenz in der Schule auch spontan im Unterricht helfen:

> Diesbezüglich sind wir hier sehr verwöhnt. Unser Hausmeister ist computertechnisch wirklich auf dem neuesten Stand und ist immer helfend zur Stelle, wenn er im Haus ist. [...] Wenn wir Probleme hatten, konnte er sie bis jetzt immer lösen. (Innovationslehrerin)

Der Hausmeister wird in mehreren Interviews wörtlich als ein *„Glücksfall"* für die Schule beschrieben. Einschränkend ist zu erwähnen, dass die Beteiligten selbst erkannt haben, dass ihnen eigentlich keine technische Unterstützung zur Verfügung stünde, wenn der Hausmeister dies nicht leistete. Sie beklagen das Fehlen von Anrechnungsstunden für den Support von Hilfestellung von Schulträgerseite oder vonseiten des Ministeriums. Möglicherweise erklärt dies, den nur durchschnittlichen Faktorscore (.00), der sich aus der Lehrerbefragung hinsichtlich der Zufriedenheit mit dem technischen Support ergibt.

e) Förderliche und hemmende Bedingungen der Integration digitaler Medien an der Fallschule B

Die nachfolgende Tabelle 4-3 gibt eine erste Übersicht über die identifizierten hemmenden und förderlichen Bedingungen der Integration digitaler Medien in der Fallschule B auf der Kontext- und Inputebene sowie auf den beiden Prozessebenen Schule und Unterricht. Die angeführten Bedingungsfaktoren werden im Anschluss an diese Übersicht erläutert und zueinander in Beziehung gesetzt.

Tabelle 4-3: Übersicht Bedingungsfaktoren Fallschule B

	Hemmende Bedingungs-faktoren	Förderliche Bedingungs-faktoren
Kontextebene	Sozial-regionaler Kontext und Schülerkomposition	Einbindung in Förderprogramm des Landes
Inputebene	Geringer Umfang und fehlende Wartung der IT-Ausstattung von staatlicher Seite Einstellung und Kenntnisse der Lehrpersonen Auswahl von geeigneten digitalen und didaktischen Materialien	Wartung der Systeme durch den Hausmeister Positive Einstellungen einiger Lehrpersonen Verfügbarkeit von Lernsoftware und webbasierten Materialien
Schulebene	Fehlender Überblick des Schulleiters über Nutzung digitaler Medien in der Schule Fehlende Fortbildungen Eingeschränkte medienbezogene, innerschulische Kooperationen Fehlende Verankerung digitaler Medien im Schulprogramm	Engagement des Schulleiters Bildung eines Medienteams
Unterrichtsebene	Festhalten an überholten Unterrichtsmethoden Probleme bei der Unterrichtsgestaltung	Nutzer/innen schätzen veränderte Lernkultur, Möglichkeiten zur Individualisierung, zu Fördermöglichkeiten und zur Motivierung

Hemmende Bedingungen auf Kontextebene (Fallschule B)

Die schulischen Akteure führen vor allem den sozial-regionalen Kontext der Schule als Hemmfaktor für die Nutzung digitaler Medien im Unterricht an. In mehreren Interviews wird deutlich, dass der größere Teil des Kollegiums, die Schülerkomposition als hemmend anführt. Haupthinderungsgrund sei, dass der Anteil der Schülerinnen und Schüler mit Migrationshintergrund in den letzten Jahren gestiegen ist. Dieses Analyseergebnis wird von der Computerkoordinatorin gestützt. Sie führt aus, dass die Arbeitsbelastung in der Fallschule wegen der besonderen Anforderungen durch die Schülerschaft sehr hoch sei. Nach ihrer Auffassung müssten die Kolleginnen und Kollegen stets abwägen: *„Was ist* *mir wichtiger? Setze ich mich jetzt dann stundenlang an den Computer?"* (Computerko-ordinatorin).

Eine Nicht-Nutzerin beschreibt die Problemlage anhand eines Beispiels und macht den Einfluss des Kontextes auf den Unterrichtsalltag deutlich. Sie führt aus, dass ein wichtiger Erziehungsauftrag die Integration der verschiedenen Kulturen in ihrer Klasse sei:

> Und so, diese Integrationsgeschichten. Ich meine, so Sachen, wie jetzt zwischen Libanon und Israel. Das geht bis in unsere Schule rein, indem dann die Kinder sagen: Dieser Moslem, oder Scheiß-Christen. [...] Das kommt dann hier an. Ja, das sind eigentlich die Sachen, wo Erziehung das Wesentlichere ist. Und nicht beim Computer. (Nicht-Nutzerin)

Diese Ausführungen machen deutlich, dass der schulische Kontext eine besondere Be-deutung für die Integration digitaler Medien spielt. Es gibt durchaus auch Argumente dafür, den beschriebenen Hemmfaktor der Kategorie ‚hemmenden Einstellungen der Lehrpersonen' zuzuschreiben, also auf der Inputebene zu verorten. Die Akteure dieser Schule betonen aber, die Auswirkung des schulischen Kontextes als mittelbar wirksam auf die Mikroebene des Unterrichts.

Förderliche Bedingungen auf Kontextebene (Fallschule B)

Die Analyse der Daten dieser Fallschulen machen etwas deutlich, das überraschend er-scheint: Von den schulischen Akteuren wird die Einbindung in ein Förderprogramm zur Nutzung digitaler Medien, das auch Entlastungsstunden bereitstellt und Kooperationen mit externen Institutionen vernetzt, als förderliche Bedingung auf Kontextebene be-nannt. Die damit verbundenen Fortbildungen – für einen kleinen Teil des Kollegiums – werden geschätzt. Ohne diese würde die Integration digitaler Medien nach Auffassung der Computerkoordinatorin und gleichzeitig Klassenlehrerin einer vierten Klasse *„wahr-scheinlich hier so dahinplätschern oder einschlafen".* Trotz der im Allgemeinen vermute-ten hohen Relevanz externer Kooperationen und der Einbindung in Förderprogramme ergibt die Messung der Nachhaltigkeit der Implementierung digitaler Medien einen nied-rigen Wert für diese Fallschule (s. S. 147). Die Einbindungen in Förderprogramme und unterstützende Netzwerke sind also – für diese Fallschule – keine einzeln wirksamen Prädiktoren für eine erfolgreiche Implementation digitaler Medien.

Hemmende Bedingungen auf Inputebene (Fallschule B)

Auf der Inputebene fällt vor allem die geringe Ausstattung der Schule als Hemmfaktor in dieser Fallschule auf. Von den Lehrpersonen werden in den Interviews und in der schrift-lichen Befragung mehr Computerarbeitsplätze – vor allem in den Klassenräumen – sowie eine bessere Ausstattung mit Peripheriegeräten gewünscht. Zudem würden finanzielle Mittel für Neuanschaffungen und Verbrauchsmaterialien (z.B. Druckerpatronen) benö-tigt, die aber auch mittelfristig aus dem Schulbudget nicht finanzierbar sind. Die geknüpf-ten Kontakte zu dem Unternehmen, das die Unterstützung der IT-Ausstattung in Aussicht gestellt hatte und Insolvenz anmelden musste, sind abgebrochen. Bereits getätigte Anschaffungen konnten nicht bezahlt werden und haben den finanziellen Spielraum der Schule stark beeinträchtigt.

Die befragten Lehrpersonen geben an, dass der hohe Zeitaufwand, der benötigt wird, geeignete Lernprogramme auszuwählen und sich darin einzuarbeiten, eine Belastung darstellt. Hoffnung wird auf eine bessere Verankerung der digitalen Medien in den Lehrplänen gesetzt, da diese möglicherweise mit der Entwicklung von lehrplangerechteren, didaktischen Materialien einhergeht, die die Lehrpersonen der Schule für ihre Arbeit gerne verwenden würden.

Als hemmender personeller Aspekt finden sich die geringen computerbezogene Kenntnisse vieler Lehrpersonen. Fehlende Kompetenz, so die Computerkoordinatorin, *„hindert die Kollegen dran, überhaupt mit dem Ding zu arbeiten, weil sie sich nicht auskennen."* Sie und der Schulleiter beobachten, dass vor allem ältere Lehrpersonen zurückhaltend im Umgang mit digitalen Medien sind. Die Computerkoordinatorin findet diese Zurückhaltung berechtigt und befürchtet wörtlich ein *„Chaos"*, wenn die älteren Lehrpersonen digitale Medien im Unterricht einsetzen würden. Die Bereitschaft, sich mit digitalen Medien auseinanderzusetzen, ist bei vielen Lehrpersonen sehr gering. Das Engagement, sich gegenseitig im Bereich digitaler Medien fortzubilden oder auszutauschen, geht bei einigen über die Zeiten der Schulpausen nicht hinaus. Weiterhin scheuen viele Lehrpersonen den hohen Zeitaufwand bei der Unterrichtsvorbereitung: Mehr als drei Viertel der Lehrerinnen und Lehrer geben an, dass die Vorbereitung des computergestützten Unterrichts zu viel Zeit beansprucht. In den Interviews und auch in den offenen Antworten in den Fragebögen der Lehrpersonen werden die geringen Kenntnisse über die Potenziale digitaler Medien sehr deutlich. Mehrfach wird genannt, dass das Erlernen von Lesen, Schreiben und Rechnen vorrangige Ziele sind. Das Lernen mit dem Computer wird von einem großen Teils des Kollegiums davon isoliert betrachtet. Bezeichnenderweise wird dies auch von der Computerkoordinatorin der Schule, die auch Klassenlehrerin einer vierten Klasse ist, wie folgt eingeschätzt:

> Aber ehrlich gesagt, wenn die da herkommen [Anm.: Gemeint sind die Schülerinnen und Schüler], die müssen erst mal Lesen und Schreiben lernen. Das lernen sie halt einfach, indem sie lesen und schreiben. (Computerkoordinatorin)

Diese Einschätzung lässt sich auch an anderen Daten festmachen, z.B. im Interview mit einer Nicht-Nutzerin:

> Wie hätten denn die Menschen über Jahrhunderte Lesen, Schreiben und Rechnen gelernt oder anderes Wissen erworben? Ich meine, es gab früher noch Menschen, die so Allgemeinwissen hatten, was man heute gar nicht mehr haben kann. Aber da sind die Letzten vor hundertfünfzig Jahren gestorben, weil es jetzt nicht mehr geht. Die haben das völlig ohne Computer geschafft. (Nicht-Nutzerin)

In den schriftlichen Befragungen der Lehrpersonen gehen die Bewertungen tendenziell auch in diese Richtung: Deutlich mehr als 40 Prozent der Befragten bekräftigen, dass die Computertechnik derzeit überbewertet werde. Ein weiteres Drittel der Lehrpersonen ist diesbezüglich mit der Antwort *„teils/teils"* unentschieden. Nur knapp ein Viertel lehnen diese Aussage ab. Weiterhin wird von mehreren Akteuren benannt, dass die Verwendung digitaler Medien keinen Platz im Unterricht der Grundschule habe: Die Lehrpläne seien zu voll, die Schülerklientel besonders heterogen und Computer seien eher für den Unterricht der weiterführenden Schulen geeignet. Außerdem fördere der Computereinsatz nur die guten Lerner. Mehr als 40 Prozent der Lehrpersonen schätzen zudem die zu geringen computerbezogenen Vorkenntnisse der Kinder als hinderlich für die Einbettung des Computers in den Unterricht ein.

Auf der Personalebene wird ein weiteres Problem deutlich: Personelle Ressourcen für die Systemadministration werden der Schule nicht zur Verfügung gestellt. Die Computerkoordinatorin, also die Lehrerin, die von der Schulleitung für unsere Erhebung als solche benannt wurde, sieht sich selbst nicht in dieser Funktion und damit auch nicht in der Verantwortung für die gesamtschulische Entwicklung. Mehrfach und von verschiedenen Personen wird benannt, dass die Betreuung und Wartung der Rechner trotz der geringen Ausstattungsquantität an Grenzen stößt. Die fehlende Systemadministration ist für den Schulleiter auch ein Grund, eine Erweiterung der IT-Ausstattung nicht anzustreben. Weiterhin hält er selbst die Ausstattung für ausreichend – und widerspricht damit der Einschätzung seines Kollegiums. Die Disparität erklärt er sich damit, dass seine Kolleginnen und Kollegen zu selten erweiterte Lernformen (z.B. Lernzirkel und Gruppenarbeit) umsetzen, in denen die Anzahl der Rechner pro Lerngruppe im vorhandenen Umfang durchaus ausreichen würde.

Abschließend ist zu ergänzen, dass die Analysen der Daten dieser Fallschule – insbesondere der Daten, die der Inputebene zugeschrieben wurden einen größeren Bewertungs- und Interpretationsspielraum als in anderen Fallschulen zulassen. Mögliche Schlussfolgerungen reichen von ‚Die Schule trägt bei solch schlechten Input-Bedingungen keine Verantwortung für den geringen Grad der nachhaltigen Integration digitaler Medien. bis ‚Bei den Einstellungen der Akteure, den geringen Kenntnissen und der fehlenden Bereitschaft der Lehrpersonen ist es nicht verwunderlich, dass die Integration nicht gelingen kann.' Die Aussagen zu genannten hemmenden materiellen, finanziellen und personellen Bedingungen sind ernst zu nehmen. Diesbezüglich steht die Schule vielleicht stellvertretend für einen nicht unbeachtlichen Teil deutscher Grundschulen (vgl. u.a. Schulz-Zander, Schmialek & Stolz, 2007). Dennoch konnte die Fallschule B, die ja für die SITES M2 nach internationalen und nationalen Kriterien ausgewählt wurde, nicht viel von der besonderen Medienprofilierung erhalten. Dies liegt nicht zuletzt auch an den oben beschriebenen Lehrereinstellungen, -kenntnissen und -variablen, die – wie weiter unten ausgeführt – auf die Schul- und Unterrichtsebene ausstrahlen.

Förderliche Bedingungen auf der Inputebene (Fallschule B)

Auffällig ist, dass in dieser Fallschule in der Gesamtheit aller an der Schule durchgeführten Interviews nur sieben kurze Aussagen zu förderlichen Bedingungen auf der Inputebene identifiziert werden konnten. Nur in einem einzigen Satz drückt eine innovative Nutzerin, die seinerzeit nicht an der SITES M2 teilgenommen hat, eine positive Einstellung gegenüber digitalen Medien aus. Ihr ist es wichtig, die Kinder an den sinnvollen und reflektierten Umgang mit Medien heranzuführen. Mehr als drei Viertel der Lehrpersonen der Fallschule haben im Fragebogen angekreuzt, dass Kenntnisse über digitale Medien zur Allgemeinbildung gehören. Nur zwölf Prozent schließen einen besonderen Wert digitaler Medien zur Verbesserung der Qualität der Bildung der Kinder aus. Drei Viertel geben an, dass digitale Medien für das schulische Lernen hilfreich und nützlich und wichtig für die Vorbereitung auf spätere berufliche Anforderungen seien. Hohe Nutzungszahlen ergeben sich daraus aber nicht (vgl. auch Eickelmann & Schulz-Zander, 2008).

Weitere Angaben zu förderlichen Bedingungsfaktoren beziehen sich auf personelle oder materielle Bedingungen sowie auf die positive Haltung des Medienteams beim Neuaufbau des Medienbereichs nach dem Weggang der Innovationslehrerin.

Unter den Aspekt der materiellen Bedingungen fällt beispielsweise, dass die Computerkoordinatorin kindgerechte Angebote im Internet wie die Kindersuchmaschine ‚Blinde Kuh' positiv bewertet. Fast alle Lehrpersonen sind – so das Ergebnis der schriftlichen Befragung – mit den Angeboten im Internet zufrieden. Alle Lehrpersonen äußern sich zufrieden mit der an der Schule vorhandenen Lernsoftware. In diese Kategorie fällt auch das Ergebnis, dass die Lehrpersonen mehrheitlich angeben, die Lernprogramme seien nicht auf zu wenigen Rechnern installiert. Auch seien die Computersysteme selbst nicht anfällig und werden als zuverlässig im Sinne von *„Funktionieren ohne häufige Abstürze"* beschrieben. Obwohl nur wenige Rechner der Schule über einen Internetanschluss verfügen und die Computer in den Klassenräumen keinen Internetzugang haben, äußert sich die Mehrheit der Lehrpersonen zufrieden mit der Anzahl der an das Internet angeschlossenen PC-Arbeitsplätze. Für diesen Anteil der Lehrpersonen reichen offensichtlich die wenigen im Raum ‚Lernwerkstatt' mit dem World Wide Web vernetzten Arbeitsplätze aus.

Die Selbsteinschätzung der Lehrpersonen zu ihren computerbezogenen technischen und didaktischen Kompetenzen stellt sich mehrheitlich positiv dar und steht ebenfalls im Widerspruch zu den eher geringen Nutzerzahlen:

- Die Integration digitaler Medien bewerten sie als *„nicht zu schwierig"*.
- Ihre Computerkenntnisse reichen ihnen aus.
- Ihre pädagogischen und didaktischen Kenntnisse in diesem Bereich schätzen mehr als 80 Prozent als nicht zu gering ein.
- Geeignete Kriterien zur Auswahl digitaler Medien fehlen ihnen nicht.
- Mehr als 80 Prozent trauen sich zu, neue pädagogische Ansätze im Bereich digitaler Medien alleine anzugehen.

Das Hauptaugenmerk der förderlichen Bedingungen auf der Inputebene lenken alle Interviewpartner auf eine personellen Bedingung, die sich eher zufällig ergeben hat: Der zwischenzeitlich neu eingestellte Hausmeister begeistert sich für Computer und besitzt die Kompetenz und Bereitschaft, die Computer der Schule zu warten. Weil er selbst keine Unterrichtsverpflichtungen hat, steht er den Lehrpersonen auch während der Unterrichtszeit als Ansprechpartner zur Verfügung:

> Ja, er [der neue Hausmeister] ist natürlich ein Glücksfall für die Schule, weil er Junggeselle ist und viel Freizeit hat und zum anderen selbst computerbegeistert ist und gerne bereit ist, sich einzuarbeiten. (Schulleiter)

> Diesbezüglich sind wir hier sehr verwöhnt. Unser Hausmeister ist computertechnisch wirklich auf dem neuesten Stand und ist immer helfend zur Stelle. (Nutzerin)

Am Ende dieser Teilanalyse bleibt die Frage offen, wie wohl der Schulentwicklungsprozess dieser Schule in Bezug auf digitale Medien verlaufen wäre, wenn nicht dieser Hausmeister eingestellt worden wäre.

Hemmende Bedingungen auf Schulebene (Fallschule B)

Auf der Prozessebene hat die Schule den angeführten hemmenden Bedingungen auf der Inputebene nicht viel entgegenzusetzen. Der Schulleiter sucht nach Erklärungen für die geringe Nutzung digitaler Medien:

> Aber im Endeffekt können Sie es wahrscheinlich genauer sagen – durch die verschiedenen Interviews oder Fragebögen –, woran es letztendlich liegt, dass die Sache nicht so genutzt wird. Ob es an der Ausstattung mit nur sechs bis acht Computern liegt, die man gleichzeitig nutzen kann, oder ob es einfach an der grundlegenden Arbeit in den ersten vier Klassen liegt, die wir hier zu leisten haben. Auch das Argument höre ich, dass die Kinder zuerst Lesen und Schreiben lernen sollen und sich nicht direkt an den Computer stürzen sollen. (Schulleiter)

Das Kollegium tritt als ein eher engagiertes Kollegium auf, das sich gemeinsam auf das Leitbild der Schule verpflichtet. Die Fallschule weist in Bezug auf die ‚Skala gemeinsame schulische Visionen' den höchsten Wert in der Stichprobe auf (3,26 vs. 2,76). Dies steht im Einklang mit den Berichten der schulischen Akteure zur Arbeit am Leitbild der Schule und dem planvollen Bearbeiten der dort gelisteten Punkte. Es überrascht nicht, dass digitale Medien in dieser Schule nicht nachhaltig verankert sind, wenn man berücksichtigt, dass digitale Medien im Leitbild nicht erwähnt werden und dass zum andern sich das Kollegium auf das schulische Leitbild als Agenda für die nächsten Jahre konzentriert. Dies entspricht auch den Ergebnissen der SITES 2006, die ‚geteilte Visionen' nur als schwachen Prädiktor für die Nutzung digitaler Medien fanden (Law & Chow, 2008, vgl. auch S. 55). Es ergibt sich also, dass das Nicht-Erwähnen digitaler Medien im Schulprogramm – als schriftliches Abbild der Schulkultur – nicht nur nicht-förderlich sondern auch ein bedeutsamer Hemmfaktor sein kann, wenn digitale Medien dort nicht erwähnt werden. Die Betrachtung des evaluativen Potenzials in Bezug auf schulische Innovationen ergibt, dass die Schule mit einem Skalenwert von 1,89, der besser als das Mittel (2,07) in der eigenen Stichprobe liegt, gut abschneidet. Allerdings wird auch in den Interviews der fehlende Rahmen für eine förderliche Schulkultur im Hinblick auf die Nutzung digitaler Medien deutlich. Die Lehrpersonen vermissen ein gemeinsames Konzept für den Computereinsatz. Die vormals innovative Lehrerin, die mittlerweile die Schule verlassen hat, hat das im Rahmen der SITES M2 begleitete Projekt so geleitet, dass es nicht auf Akzeptanz im Kollegium gestoßen ist und nicht zur konzeptionellen Verankerung der Nutzung digitaler Medien beigetragen hat.

> Ich habe festgestellt, dass hier an der Schule keine Akzeptanz wirklich für dieses Projekt da war, weil keiner wusste, was er überhaupt machen soll und weil sich keiner ausgekannt hat. Die Frau U. – die sich wirklich sehr gut auskennt [...] [war] fünf Stufen über den anderen. Das hat den anderen aber letztendlich für ihre persönliche, tägliche Arbeit nicht viel gebracht. Wir konnten nicht nachvollziehen, wenn sie irgendetwas gesagt hat, was sie da macht. Weil ja niemand wusste, wie es geht. (Computerkoordinatorin)

> Ich denke, es war für die wichtig, die beteiligt waren. Ich denke, für den Rest der Schule ist es nicht wichtig. (Nicht-Nutzerin)

Auch die Personalentwicklung in Bezug auf digitale Medien ist nicht mehr zentral. Fortbildungsangebote sind zurückgefahren worden. Dies beeinträchtigt nach Aussagen des Schulleiters und der Computerkoordinatorin die Nutzung.

> Jetzt, wo die Arbeit durch Fortbildungen nicht mehr so im Vordergrund stand und jeder Kollege eher auf sich allein gestellt war, hat es [Anmerkung: die Computernutzung] rapide abgenommen. Ich habe es am Belegungsplan des PC-Raums gemerkt. (Schulleiter)

> Die Lehrer sind gezwungen, es irgendwie selbst in die Reihe zu kriegen. (Computerkoordinatorin)

Weiterhin liefern die quantitativen Analysen zur medienbezogenen Kooperation einen unterdurchschnittlichen Skalenwert (1,80 vs. 2,10). Die Bereitschaft, sich auszutauschen, beschränkt sich bei vielen Lehrpersonen auf die Pausen (s. Inputebene). Ansätze, die Eltern einzubeziehen oder im Rahmen von thematischen Elternabenden zu beteiligen, sind gescheitert: An den thematischen Elternabenden zum Computereinsatz haben nur wenige Eltern teilgenommen.

Förderliche Bedingungen auf Schulebene (Fallschule B)

Der Schulleiter stützt die Integration digitaler Medien, indem er die Beteiligung an Förderprogrammen initiiert und in den letzten Jahren auch die Ausstattungssituation der Schule Im Blick hat. Zur Einrichtung des Raumes ‚Lernwerkstatt', in dem auch einige Computerarbeitsplätze untergebracht sind, hat er Gelder aus der Wirtschaft eingeworben. Die Nutzerin, die wir befragen konnten, die aber nicht an der SITES M2 teilgenommen hat, äußert sich positiv über das Engagement der Schulleitung und darüber, dass schulinterne Fortbildungen angeboten werden und darauf geachtet wird, *„dass man auf dem Laufenden bleibt"*. Die Veränderungen in der Schülerzusammensetzung werden in pädagogischen Konferenzen gemeinsam mit dem Elternbeirat bearbeitet. Daraus resultierende Aufgaben und Lösungsansätze sind in einem Leitbild verankert. Für die Integration digitaler Medien ist dieser Ansatz jedoch nicht förderlich, da sie keine Berücksichtigung findet. In einem ‚Lernwerkstatt-Konzept' können erweiterte pädagogische Arbeitsformen erprobt werden. Ein Teil des neu eingerichteten Raumes ‚Lernwerkstat' machen

Computerarbeitsplätze aus, aber *„das ist ein gesamtheitliches Konzept und es gibt viele Möglichkeiten, eine davon ist der Computer"* (Computerkoordinatorin).

Nach dem Weggang der Innovationslehrerin aus der SITES M2 hat sich nach einer Übergangszeit ein neues Medienteam gebildet, das punktuell Fortbildungen für das Kollegium anbietet bzw. Informationen aus anderen Fortbildungen an das Kollegium weitergibt. Das Kooperationsklima im Lehrerkollegium und mit dem engagierten Hausmeister wird durchweg positiv beschrieben. Stellenweise gelingen gute Kooperationen mit einzelnen Eltern und in einzelnen Klassen auch mit allen Eltern.

Zusammenfassend kann begründet vermutet werden, dass sich die Schule auf die Arbeit am Leitbild als Antwort auf die veränderte Schülerklientel konzentriert. Digitale Medien sind im Leitbild gar nicht und im Lernwerkstattkonzept nur als eine der verschiedenen Optionen aufgegriffen, sodass sich die Schule formal vom Medienschwerpunkt entfernt hat. In Bezug auf diese vorwiegend nicht auf Medien fokussierte Arbeit sind das Schulmanagement, die Schulkultur und die Kooperationen positiv einzuschätzen, tragen aber im Ergebnis nicht zu einer breiteren Integration digitaler Medien bei.

Hemmende Bedingungen auf der Unterrichtsebene (Fallschule B)

In den Interviews werden nur wenige den Unterricht betreffende hemmende Aspekte des Computereinsatzes genannt. Von der Nicht-Nutzerin wird erläutert, dass bedingt durch die geringe Anzahl an Computern zu viele Kinder an einem Rechner arbeiten müssen und nicht alle aktiv sein können. Die Möglichkeit eines arbeitsteiligen Vorgehens in Gruppenarbeit sieht sie nicht als Lösung: *„Ich kann auch nicht immer nur bei der Gruppe sein, die jetzt am Computer ist. Ich muss den anderen ja auch noch erklären, was sie machen müssen."* In diese Richtung geht auch, dass die Lehrpersonen mehrheitlich angeben, dass eine einzige Lehrperson im computergestützten Unterricht nicht ausreiche. Die im Interview befragte Nutzerin hat Bedenken, Erstklässler mit dem Internet arbeiten zu lassen. Diese gründet sie auf die geringe Lesegeschwindigkeit im ersten Schuljahr und die ineffektive Nutzung der Unterrichtszeit:

> Es würde einfach unendlich lange dauern, wenn sie [die Erstklässler] sich Informationen aus dem Internet holen wollten. (Nutzerin)

Weiterhin sehen mehr als die Hälfte der schriftlich befragten Lehrpersonen, dass nicht kontrolliert werden kann, ob die Schülerinnen und Schüler im Rahmen von Internetrecherchen nur für den Unterricht relevante Informationen suchen. Fast die Hälfte der Lehrpersonen schätzt ein, dass die Lerner Inhalte aus dem Internet unreflektiert übernehmen, z.B. mit ‚Copy-and-Paste' (markieren, kopieren und einfügen). Mehrheitlich unentschiedene oder negative Beurteilungen ergeben sich aus den schriftlichen Befragungen bezüglich der Einschätzung der Relevanz digitaler Medien für die Unterrichtsgestaltung und ihre Wirksamkeit im Hinblick auf folgende Teilaspekte:

- – Förderung handlungsorientierten Lernens,
- – Förderung kooperativen Lernens,

- Einbeziehung externer Kooperationspartner,
- Erreichung eines tiefer gehenden Verständnisses fachlicher Zusammenhänge und
- Verbesserung von Leistungen.

Förderliche Bedingungen auf der Unterrichtsebene (Fallschule B)

Förderliche Bedingungen auf der Unterrichtsebene werden in den Interviews vor allem von den beiden befragten Nutzerinnen genannt, also der schon mehrfach erwähnten Nutzerin, die nicht an der SITES M2 beteiligt war, und von der Computerkoordinatorin. Im Einzelnen führen diese beiden Lehrerinnen folgende Vorteile des Computereinsatzes an:

- Verbesserung der Schüler-Schüler-Kooperation und Förderung kooperativen Arbeitens,
- Förderung sozialer Kompetenzen,
- Erwerb fachspezifischer Kompetenzen, z.B. *„beim Lesen [..]. oder wenn es darum geht, Laute zu unterscheiden" (Nutzerin),*
- Unterstützung beim Vertiefen und Üben von Inhalten,
- Unterstützung bei der Binnendifferenzierung, auch zur Individualisierung von Lernangeboten für gute Schüler,
- Förderung von Kindern mit Migrationshintergrund mittels Lernsoftware zur Wortschatzerweiterung, *„wo der Computer ein Wort vorspricht oder ein Wort bildlich dargestellt wird" (Nutzerin),*
- Ausgleich für Kinder, die zu Hause keinen Zugang zu lernförderlichen digitalen Medien haben,
- Motivierung, auch durch spielerische Elemente in Lernsoftware und den Interneteinsatz und
- Motivierung für schwächere Lerner und für Kinder mit Migrationshintergrund: *„Ich meine, den Kindern macht es sowieso Spaß am Computer. Auch den Kindern, die jetzt kein besonders gutes Deutsch können" (Computerkoordinatorin).*

Die Zusammenstellung der förderlichen Aspekte des Medieneinsatzes im Unterricht stellt heraus, dass diese beiden Nutzerinnen ausdrücklich angeben, die Nutzung digitaler Medien eigne sich nicht nur *trotz* der Zusammensetzung der Schülerschaft, sondern gerade zur Förderung dieser Kinder. Die schriftlichen Befragungen der Lehrpersonen stützen die Argumente der interviewten Lehrerinnen in Bezug auf den Wert digitaler Medien zur interessanteren Gestaltung von Lernprozessen, bei der Unterstützung von Erkundungs- und Rechercheaufgaben und hinsichtlich der Bereitstellung von Lern- und Übungsaufgaben. Weiterhin gibt die Hälfte der Lehrpersonen an, durch den Einsatz digitaler Medien können unterschiedliche Leistungsniveaus der Lerner besser berücksichtigt werden. Auch eine stärkere Schüleraktivierung könne befördert werden. Mehr als die Hälfte sehen Potenziale in der Berücksichtigung unterschiedlicher Leistungsniveaus und bei der Erziehung zur Selbstverantwortung und Selbstorganisation des Lernprozesses durch die Schülerinnen und Schüler. Die Verwendung digitaler Medien widerspricht damit im Prinzip nicht den pädagogischen Zielen der Schule. Möglicherweise haben aber das Kollegium insgesamt und der Schulleiter dies noch nicht erkannt.

> Es sind hauptsächlich Übungszwecke. Zum anderen sind es grundlegende Dinge, wie z.B. der Umgang mit dem Computer. Wie schalte ich ihn ein? Wie bediene ich ihn? Wie komme ich ins Internet? (Schulleiter)

Auf Unterrichtsebene benennt er nur die erweiterten Möglichkeiten des Übens und eine Anbahnung von technischen Kompetenzen als Potenziale des Medieneinsatzes.

f) Zusammenfassung der Besonderheiten des Falls (Fallschule B)

Dieser Fall weist aus Schulentwicklungsperspektive zwei Besonderheiten auf, die sich auf die Rolle des Schulleiters zum einen und auf den Stellenwert des ‚innovation champion' zum anderen beziehen. In Bezug auf den Schulleiter dieser Fallschule wird deutlich, dass die Wirkung seines Engagements beschränkt bleibt. Ein Vergleich mit der Vorgehensweise der Schulleitungen in den erfolgreichen Schulen ergibt, dass er den Einsatz digitaler Medien nur ansatzweise mit den nicht-medienbezogenen pädagogischen Zielen der Schule verbindet. Weiterhin wird von den Akteuren nicht beschrieben, dass er Prozesspromotionsfunktionen übernimmt und sich beispielsweise an der Entwicklung didaktischer Konzeptionen zum Einsatz digitaler Medien beteiligt oder Mitglied des Medienteams der Schule ist. Beide Maßnahmen könnten möglicherweise eine wichtige Stütze für die nachhaltige Implementation digitaler Medien sein. Hinsichtlich der Diskussion um die Funktion eines ‚innovation champion' haben die Fallanalysen ergeben, dass dieser in der Initiations- und Verbreitungsphase sein Wissen mit den anderen Akteuren teilen sollte. Scheidet er aus dem System aus, bevor die Innovation nachhaltig verankert ist, kann diese – wie in dieser Fallschule – wegbrechen. Ein Neubeginn des Innovationsprozesses wird aber von den schulischen Akteuren durchaus ambivalent eingeschätzt: Er bindet zwar erneut Ressourcen, bietet aber auch neue Chancen und Entwicklungsmöglichkeiten.

4.4.4 Fallschule C (Integrierte Gesamtschule in Nordrhein-Westfalen)

> Insofern ist in den letzten fünf Jahren, wenn ich das mal so rückblickend bewerte, die Faszination der Maschine einer selbstverständlichen Nutzung, die ihren funktionellen Dienst bei der Selbstständigkeit der Schülerinnen und Schüler hat, gewichen. (Schulleiter)

a) Überblick über den Fall

Der Schulleiter dieser Schule unternimmt nicht den Versuch, alle *Lehrpersonen* der Schule in die Arbeit mit digitalen Medien an dieser vergleichsweise großen Schule einzubinden. Wichtiger ist ihm, alle *Schülerinnen und Schüler* einzubinden. Dieses Ziel hat er zusammen mit anderen Kollegen erreicht: Die Schule ist – unabhängig davon, welches Messmodell für die Nachhaltigkeit (vgl. Abschnitt 4.5.1) angepasst wird – die ‚nachhaltigste' aller betrachteten Fallschulen. Viele der Maßnahmen zur nachhaltigen Implementation digitaler Medien gehen auf die Initiative des Schulleiters zurück.

b) Schulische Rahmenbedingungen der Fallschule C

Die *Integrierte Gesamtschule* wird im Jahr 2006 von 1325 Schülerinnen und Schülern besucht, die von 146 Lehrpersonen unterrichtet werden. Die Schülerzahl ist seit 2001 nahezu konstant geblieben. Die Schule befindet sich in einem *Vorort einer mittelgroßen Stadt* in NRW. Die Schülerinnen und Schüler stammen in erster Linie aus dem Stadtteil sowie zu einem geringeren Teil aus den umliegenden Stadtteilen und Gemeinden. Die Schule ist seit 2002 selbstständig im Sinne erweiterter Schulautonomie und wird als gebundene Ganztagsschule geführt. Die Lehrerpopulation setzt sich zu einem großen Teil aus Personen zusammen, die aus Überzeugung diese Schulform für ihre Tätigkeit gewählt haben und dementsprechend großes Engagement zeigen. Mehr als 90 Prozent der Schülerinnen und Schüler sprechen zu Hause Deutsch.

Die Schule hat *vier Schwerpunkte* ausgebildet und im Schulprogramm verankert: integrativer Unterricht, Medienprofilierung, eine internationale Ausrichtung sowie die Berufswahlvorbereitung. Seit 2000 hat die Schule ein *Schulprogramm und ein Medien- und Methodenkonzept*, das Medienkompetenz als Teil allgemeiner methodischer Kompetenzen erklärt und sowohl fach- als auch jahrgangsstufenweise konkrete Zielsetzungen ausweist. Die Erarbeitung dieses Konzeptes obliegt dem vierköpfigen didaktischen Medienteam, dem der Schulleiter und drei weitere Lehrpersonen angehören. Die hohe Aufmerksamkeit auf die unterrichtliche Nutzung von digitalen Medien und die Umsetzung des Medien- und Methodencurriculums wird auch dadurch deutlich, dass im Rahmen der erweiterten Selbstständigkeit eine Lehrerstelle in eine *Haustechnikerstelle* umgewandelt wurde. Dieser Techniker ist neben einem Schulleitungsmitglied für die Koordination und Wartung der Systeme zuständig. Die Stellenumwandlung impliziert, dass alle Lehrpersonen der Schule anteilig eine höhere Unterrichtsverpflichtung haben. Im Gegenzug steht ihnen ein Computerkoordinator zur Verfügung, der ohne eigene Unterrichtsverpflichtung auch spontan Hilfestellungen während des Unterrichts geben kann. Die Schule verfügt über 45 Klassenräume, davon achtzehn mit je drei Computerarbeitsplätzen, 26 Fachräume, davon vier mit je drei Computerarbeitsplätzen und vier Computerräume mit jeweils fünfzehn Arbeitsplätzen. Sechs weitere stationäre Rechner befinden sich in der Mediothek der Schule. Vorwiegend für die Nutzung durch Oberstufenschülerinnen und -schüler stehen 38 Notebooks zur Verfügung. Weiterhin sind fünf elektronische Whiteboards vorhanden. Alle Computer sind vernetzt und internet- und multimediafähig. Die *schulische Vision* zielt auf den Einsatz von IKT zur Förderung des eigenständigen, selbstgesteuerten Lernens der Schülerinnen und Schüler. Um diese Entwicklung zu fördern, strebte die Schule bereits in 2001 auf technischer Ebene an, anstelle der fest installierten Rechner den Schülerinnen und Schülern für die flexiblere Nutzung von digitalen Medien im Unterricht Laptops zur Verfügung zu stellen. Dieses Ziel konnte bis 2006 für die Oberstufen realisiert werden. Der Schulleiter schätzt, dass zwischen 76 und 100 Prozent der Lehrpersonen mindestens einmal wöchentlich *Computer und Internet nutzen*, zwischen einem Viertel und der Hälfte der Lehrpersonen Notebooks einsetzten und zwischen elf und 25 Prozent der Lehrpersonen die Whiteboards nutzen. Die Lehrerbefragung ergibt, dass fast 90 Prozent der Lehrpersonen sowohl das Internet im Unterricht nutzen als auch den Computer ohne Zugriff auf das Internet. Mehr als 70 Prozent der Lehrpersonen setzen den Computer und das Internet etwas oder viel häufiger im Unterricht ein als fünf Jahre zuvor. Die Schule ist zum Zeitpunkt der Erhebung im Rahmen der Folgeuntersuchung nicht in *Förderprogramme* zur Integration digitaler Medien eingebunden.

c)   Kurzfassung des im Rahmen der SITES M2 begleiteten IPPUTs an der Fallschule C

Die Schülerinnen und Schüler einer siebten Klasse arbeiteten während der im Rahmen von SITES M2 begleiteten Unterrichtseinheit projektorientiert zum Thema ‚Idole' im Religionsunterricht. Die Auswahl der Medien war den Lernern freigestellt, sodass sie die Idole unter Nutzung verschiedener Medien darstellen konnten. Den Abschluss des Projekts bildete eine Posterpräsentation im Schulgebäude und eine gemeinsame Reflexion und Bewertung. Der Unterricht war Teil des von der Bezirksregierung initiierten Projekts KIRPP (Kommunizieren, Informieren, Reflektieren, Produzieren, Präsentieren, Laufzeit 1998–2001), das beginnend mit der Jahrgangsstufe 5 die Schülerinnen und Schüler in die Nutzung digitaler Medien einführen sollte.

d) Nachhaltigkeitsprofil und weitere Befunde der Analysen zur Nachhaltigkeit der Fallschule C

Der folgende Abschnitt und die vertiefenden Analysen im Abschnitt 4.5.1 zeigen, dass es der Fallschule C am nachhaltigste von allen betrachteten Schulen gelungen ist, digitale Medien zu verankern. Zur besseren Übersicht gehen den einzelnen Bewertungen der Nachhaltigkeitsindikatoren wieder zwei Diagramme voraus. Das Diagramm in der Abbildung 4-6 zeigt das Nachhaltigkeitsprofil der Fallschule C.

Es wird deutlich, dass die Fallschule für eine Reihe von Indikatoren die höchste mögliche Ausprägung erreicht hat und mit einer Ausnahme für alle Indikatoren überdurchschnittlich abschneidet. Das Diagramm in der Abbildung 4-7 zeigt die Mittelwerte der Indikatoren auf den fünf Ebenen der Schulentwicklung mit digitalen Medien.

Als Schwachstelle ergibt sich die Verbreitung auf die Unterrichtsfächer. Allerdings ist dieser Indikator – so die Information die der Mittelwertkurve zu entnehmen ist – im Durchschnitt über alle Fallschulen insgesamt schwach ausgeprägt. Ein weiterer Handlungsbedarf ergibt sich im Hinblick auf die Nutzungsfrequenz im Unterricht, die Einbindung einer größeren Anzahl von Lehrpersonen sowie die Ausschöpfung der Potenziale digitaler Medien zur Veränderung der Lernkultur.

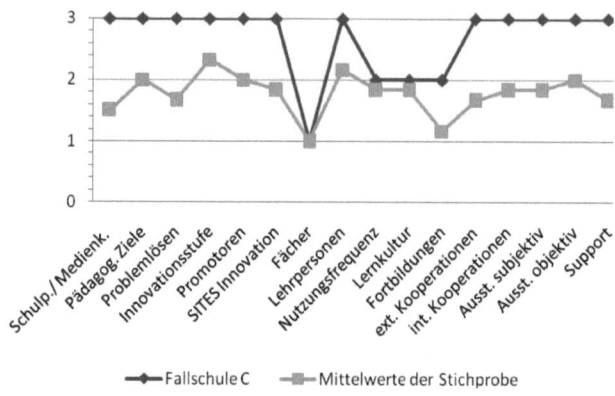

Abbildung 4-6: Nachhaltigkeitsprofil der Fallschule C

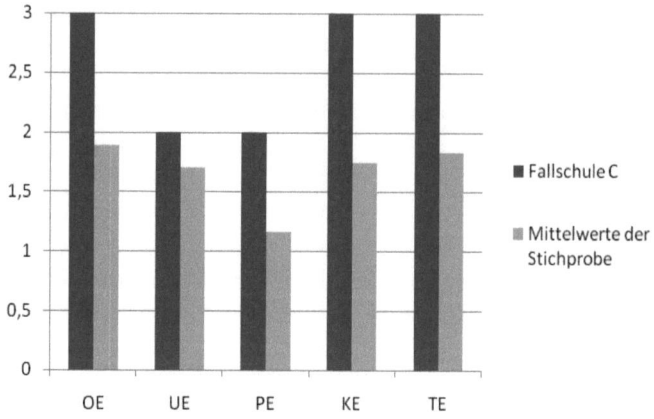

Abbildung 4-7: Nachhaltigkeitsprofil der Fallschule C bezogen auf die fünf Ebenen der Schulentwicklung mit digitalen Medien

Die Abbildungen zeigen, dass die Schule auf allen fünf theoretischen Dimensionen hoch punkten kann. Besonders überzeugend sind die Organisations-, Kooperations- und Technologieentwicklung: Die Fallschule erreicht jeweils die bestmögliche gemittelte Ausprägung. Entwicklungsmöglichkeiten liegen – wie oben beschrieben – in den Feldern der Personal- und Unterrichtsentwicklung.

Indikatoren auf der Ebene der Organisationsentwicklung (Fallschule C)

1. Verankerung digitaler Medien im Schulprogramm, im Medienkonzept bzw. in schuleigenen Curricula

Ausprägung: 3; zentral im Schulprogramm und findet breite Anwendung.

Die Schule hat im Laufe der letzten Jahre ein beispielgebendes Medien- und Methodencurriculum entwickelt, das sie periodisch evaluiert und überarbeitet. In dem Medien- und Methodencurriculum, das auch auf der Schulhomepage veröffentlicht ist, werden Kernideen für jede Jahrgangsstufe angeführt und auf Fächer oder Fächergruppen heruntergebrochen. Auf die Verbindlichkeit des Konzeptes wird ausdrücklich hingewiesen:

> Die Bemühungen zur Integration der neuen Technologien in den Lernprozess wurden 2002 mit der Entwicklung eines schulinternen Mediencurriculums auf eine neue verbindliche Ebene des Schulprogramms gehoben. Die jeweiligen Kompetenzen, die in einzelnen Unterrichtsfächern vermittelt werden sollen, werden in [...] Halbjahressynopsen vorgestellt. (Schulhomepage)

Die Akzeptanz der Inhalte und der Umsetzung des Medien- und Methodencurriculums garantiert zusammen mit der Strategie des Schulleiters, in jeder Klasse medienaffine Lehrpersonen einzusetzen, eine Umsetzung des Konzeptes in allen Klassen. Eine breite Umsetzung dieses schuleigenen Curriculums bestätigen sogar die als ‚Nicht-Nutzer‘ interviewten Lehrpersonen.

2. Verbindung digitaler Medien zu den zentralen pädagogischen Zielsetzungen der Schule

Ausprägung: 3; Digitale Medien haben einen zentralen Bezug zu den pädagogischen Zielen der Schule.

Die Anbindung digitaler Medien an die zentralen pädagogischen Zielsetzungen erfolgt über zwei Ansätze. Zum einen ist die Arbeit mit digitalen Medien ein eigenständiges Ziel der Schule. Mit der Absicht der Vermittlung von Medien- und Methodenkompetenz werden digitale Medien systematisch in ein verbindliches, schuleigenes Curriculum eingebunden und die Ziele für die Handlungsebene präzisiert. Zum Zweiten werden mit dem Einsatz digitaler Medien weitere schulspezifische Ziele in ihrer Umsetzung gezielt unterstützt. Dazu gehören vor allem die Unterstützung der Selbstständigkeit der Lerner, wissenschaftspropädeutisches Arbeiten, die Vorbereitung auf das Berufsleben und die Unterstützung des fachlichen Kompetenzerwerbs. Konkrete Zielvereinbarungen obliegen den Fachschaften, die durch schulinterne bereichsspezifische Fortbildungsangebote beitragen.

3. Umfang der Problemlösung der in 2000/2001 in Bezug auf die innovative pädagogische Praxis mit digitalen Medien formulierten, fallspezifischen Probleme („Problemlösekapazität")

Ausprägung: 3; Für alle Probleme wurden Lösungen gefunden oder erarbeitet.

Die Schule betreibt eine aktive Schulentwicklung: Bedarfe werden geprüft, Zielvereinbarungen aufgestellt und evaluiert. Dies wirkt sich auch auf den Medienbereich positiv aus. Die im Rahmen der Erhebung der SITES M2 in der Fallschule identifizierten Probleme konnten sämtlich gelöst werden:

1. Durch die Einstellung eines hauptamtlichen Systemadministrators konnte der *1st-level-support*, also die unterrichtsnahe technische Betreuung, verbessert werden. Diese Stelle wurde durch die Umwidmung einer Lehrerstelle im Rahmen der erweiterten Schulautonomie erwirtschaftet.

2. Durch die Installation einer sogenannten Alzheimer-Software (PC-Wächter-Karten) wurden solche technische Probleme gelöst, die auf fehlerhaften Gebrauch oder absichtliche Manipulationen zurückzuführen waren. Die Idee ist, dass die Rechner nach jedem Gebrauch in ihren ursprünglichen Zustand zurückversetzt werden.

3. Die Rhythmisierung des Unterrichts in 45-Minuten-Abschnitte erschließt sich als solches nicht mehr als hemmend für die Nutzung digitaler Medien im Unterricht. Sie wird nur noch von einem Lehrer benannt, der sich nach eigener Auffassung und nach Auffassung des Schulleiters mit dieser Einstellung *„isoliert"*.

4. Das zuvor identifizierte Problem des *„Neids"* innerhalb des Kollegiums (vgl. SITES-M2-Fallbericht, S. 12; Schulz-Zander et al., 2003) auf die besonders gut ausgestatteten Klassenräume wird nicht mehr angeführt. Nach Einschätzung der Akteure gewährleistet die sehr umfangreiche IT-Ausstattung zum Zeitpunkt der Folgeuntersuchung die flexible Nutzung digitaler Medien durch alle Lehrpersonen. Dies wird in der schriftlichen Lehrerbefragung bestätigt. Als gelöste Probleme werden dort die Erhöhung der Anzahl der PCs, der Laptops, der Arbeitsplätze mit Internet, die Einrichtung weiterer Computerräume, die Anschaffung von Peripheriegeräten und die Verbesserung des Intranets genannt.

4. Stufe der Innovation

Ausprägung: 3; Die Integration digitaler Medien ist selbstverständlicher Bestandteil im Unterrichts- und Schulalltag und daher keine Innovation mehr.

In den letzten fünf Jahren ist die Nutzung digitaler Medien nach Einschätzung des Schulleiters *„selbstverständlich"* geworden. Dies wird von den anderen schulischen Akteuren bestätigt. Die Analysen der Schuldaten ergeben, dass der überwiegende Teil des Kollegiums digitale Medien im Unterricht nutzt. Der Fokus der weiteren Entwicklung richtet sich auf die Evaluation und Fortschreibung des Medien- und Methodencurriculums, auf die IT-Ausstattungserweiterung (Anschaffung weiterer Beamer, Whiteboards und die

Einrichtung eines Videoraums) sowie auf eine nachfrageorientierte Fortbildung der Lehrpersonen der Schule.

5. Promotoren der Innovation (bzw. Aufrechterhaltung der Innovation, wenn diese schon implementiert ist)

Ausprägung: 3; Promotionsaktivitäten sind vielfältig und wirksam.

Die Analyse des Zusammenspiels von Fach-, Macht- und Prozesspromotoren ergibt für diese Fallschule, dass die Promotionsaktivitäten dauerhaft, vielfältig und vor allem wirksam sind. Die an die Promotionsaktivitäten geknüpften Ziele können erreicht werden und stellen in der Summe einen wesentlichen Bestandteil der nachhaltigen Implementation digitaler Medien dar. Die Machtpromotionsaktivitäten der Schulleitung umfassen ein intensives Personalmanagement, eine aktive Gestaltung von Schulentwicklung durch die Teilnahme an den Modellvorhaben ‚Schule & Co.' und ‚Selbstständige Schule' zur erweiterten Schulautonomie (vgl. dazu Holtappels, Klemm & Rolff, 2008). Für diese Fallschule ist es zudem essenziell, dass der Schulleiter seine Funktion nicht nur in der Rolle der Machtpromotion sieht, sondern auch die Prozess- und Fachpromotion mitgestaltet. Besonders relevant erscheinen die Partizipation der Schulleitung an Gesprächszirkeln und die Beteiligung an der Entwicklung des Medien- und Methodencurriculums, die nicht nur die Kontrolle sondern auch die Anleitung der Umsetzung umfasst. Maßgeblich sind dabei sein Kenntnisstand über Schulentwicklungsprozesse und seine didaktische Kompetenzen. Die Nutzerinnen und Nutzer im Kollegium, die innerschulischen Fortbildungen durch Kollegiumsmitglieder, der Austausch in den Fachgruppen und die beiden Projektteams zum Einsatz digitaler Medien fungieren ebenfalls als Prozess- und Fachpromotoren.

Indikatoren auf der Ebene der Unterrichtsentwicklung (Fallschule C)

6. Besteht die Innovation aus SITES überhaupt noch?

Ausprägung: 1; teilweise.

Das im Rahmen der SITES M2 erforschte Unterrichtsprojekt ist nicht weiter geführt worden. Im Rahmen dieses Projektes sind Klassenräume mit Computern und Peripheriegeräten abgestattet worden. Diese sind zwischenzeitlich teilweise wieder entfernt worden, obwohl neuere Forschungsbefunde die Ausstattung der Unterrichtsräume mit digitalen Medien als zentral für die regelmäßige und flexible Nutzung ausmachen (vgl. Law, Pelgrum & Plomp, 2008). Schon im Rahmen des Interviews der SITES M2 stellte der Schulleiter heraus, dass in der Schule *„demnächst keine Notwendigkeit mehr für die Durchführung eines solchen Projektes gegeben"* sei und die Erfahrungen aus diesem Projekt in das Medien- und Methodencurriculum der Schule integriert werden würden (vgl. Fallbericht in Schulz-Zander et al., 2003). Der damalige Innovationslehrer schätzt rückblickend den Wert des Projektes als einen *„guten Einstieg [...] unter den damaligen Bedingungen"* ein. Beide räumen ein, dass die Erstellung des schulinternen Curriculums jedoch stärker durch die Vernetzung mit anderen innovativen Schulen im Netzwerk ‚Medien-schulen' der Bertelsmann-Stiftung beeinflusst wurde als durch die Projektteilnahme.

7. Verbreitung im Hinblick auf die Fächer

Ausprägung: 3; alle oder fast Fächer.

Im Medien- und Methodencurriculum der Schule ist zum Erhebungszeitpunkt die Integration digitaler Medien verbindlich an Fächer angebunden. Hieran sind fast alle Fächer – wenn auch nicht in jeder Klassenstufe – beteiligt. Im Medien- und Methodencurriculum der Jahrgangsstufe 10 bilden die Fächer Deutsch und Englisch die Schwerpunkte. Die schriftlich befragten Zehntklässler berichten eine *„eher häufige"* Nutzung in den Fächern Deutsch, Englisch, Informatik und Wirtschaft. Die Analysen weisen insgesamt darauf hin, dass digitale Medien in fast allen Fächern bzw. Fächergruppen zum Einsatz kommen.

8. Verbreitung im Hinblick auf die Lehrpersonen

Ausprägung: 2; 50 %< x≤ 75 %.

Seit der Erhebung der SITES M2 ist die Zahl der IT-Nutzer unter den Lehrpersonen gestiegen. Die Wahrnehmung der Befragten ist dazu durchaus unterschiedlich. Nach Angaben des interviewten Nutzers verwendet ungefähr ein Drittel der Lehrpersonen der Schule digitale Medien regelmäßig im Unterricht. Aus seiner Sicht ist die Zahl der Nutzerinnen und Nutzer in den letzten Jahren vor allem durch den Zugang junger Kolleginnen und Kollegen gestiegen. Aus der Sicht des Schulleiters und des didaktischen Computerkoordinators, der Mitglied der Schulleitung ist, liegt die Nutzerquote bei mehr als 75 Prozent. Die Zuwächse in der Nutzung sehen sie durch die schulinternen Fortbildungen und das Medien- und Methodencurriculum befördert. In der schriftlichen Lehrerbefragung geben sogar 90 Prozent an, digitale Medien zu nutzen. Die interviewte Nicht-Nutzer und der interviewte Nicht-Nutzer weisen darauf hin, dass sich vor allem die älteren Lehrpersonen nicht mehr eingearbeitet haben. Dies bestätigt auch der Computerkoordinator. Der interviewte Nutzer erklärt, dass die Schule Schwierigkeiten hat, genügend Lehrpersonen für die Laptopkurse zu gewinnen. Das Interview mit den drei Schülerinnen und Schülern relativiert die vorgenannten hohen Anteile ebenfalls: Nach ihrer Einschätzung ist die Computernutzung stark von der Lehrperson und eher nicht vom Fach abhängig. Vor allem junge Lehrpersonen nutzen Computer relativ selbstverständlich im Unterricht. Auch ältere Lehrpersonen haben sich ihren Beobachtungen zufolge gut einarbeiten können, *„aber der größte Teil macht es nicht" (Schüler, Jahrgangsstufe 11).* Die Gründe für die Nicht-Nutzung sehen die interviewten Schülerinnen und Schüler der Jahrgangsstufe 11 in der fehlenden Bereitschaft und in fehlenden Kompetenzen:

> Schüler 1: Wir machen es nicht so oft. Das liegt einfach daran – die Lehrer können es nicht. Es ist bei uns jetzt eigentlich nicht so, dass man sagt: ‚Deutsch, super, da verwenden alle die Computer.' Und in dem Dreh mit Mathe kann man sie nicht anbringen. Oder nichts machen. Das stimmt nicht. Es ist bei uns einfach so, dass die Lehrer es nicht können. Ich habe Lehrer erlebt, die schaffen es, in Fächern Computer zu benutzen, wo andere Lehrer sagen würden, in diesen Fächern kann ich mir noch nicht einmal vorstellen, einen Computer anzumachen. Es

gibt bei uns eben sehr viele junge Lehrer, die dann zum größten Teil die Computer einsetzen. Weil sie damit ja auch groß geworden sind. Dann haben wir vereinzelt so alte Lehrer, die gesagt haben, wir trauen uns jetzt da dran, das umzusetzen. Aber die haben das dann eigentlich mit Erfolg geschafft. Und können damit eigentlich ganz gut umgehen. Aber der größte Teil macht es nicht.

Schülerin: Manche Lehrer sträuben sich da komplett gegen. Andere Lehrer gehen dann jede Stunde mit einem in den Computerraum. Entweder sie wollen es oder sie wollen es nicht. Und das merkt man dann aber auch ziemlich schnell.

Schüler 2: Wie schon gesagt. Es hängt vom Lehrer ab. Manche Lehrer sagen: Was ist ein Computer? Und andere sind dann wieder topfit.

9. Nutzungsfrequenz digitaler Medien im Unterricht

Ausprägung: 2; häufig und aus Schülersicht ausreichend.

Die Lehrpersonen berichten, dass digitale Medien in den Fächern und in verschiedenen Projekten sowie vor allem in Laptop-Kursen zum Einsatz kommen. Zusätzlich nutzen die Schülerinnen und Schüler die frei zugänglichen Computerarbeitsplätze innerhalb der Schule zum Lernen und zur Arbeit an Projekten. Am Ende der zehnten Klasse, so der Computerkoordinator, haben alle Schülerinnen und Schüler im Laufe ihrer Schulzeit digitale Medien im Unterricht genutzt. Durch die Einführung des Medienkonzeptes sei die Arbeit mit computerbasierten Medien alltäglich geworden. Im Schülergruppeninterview zeigen sich die Lerner tendenziell mit der Nutzungshäufigkeit digitaler Medien zufrieden. Bei dieser Einschätzung beziehen sie sowohl das laufende Schuljahr als auch rückblickend vergangene Schuljahre in der Mittelstufe ein. Nach ihrer Einschätzung hängt die Nutzungsfrequenz vor allem von den Lehrpersonen ab (s.o.). Die Analyse der schriftlichen Befragung der Zehntklässler ergibt, dass sie mehrheitlich mehrmals im Schuljahr mit digitalen Medien arbeiten. Etwa 40 Prozent berichten sogar eine mindestens wöchentliche Nutzung. Insgesamt gibt auch diese Schülerkohorte an, gerne noch häufiger mit dem Computer und Internet im Unterricht zu lernen.

10. Veränderung der Lernkultur

Ausprägung: 2; in einer größeren Zahl von Projekten verschiedener Lehrpersonen.

Die Analysen zur dauerhaften Veränderung der Lernkultur sind für diese Fallschule vielschichtig, da das im Rahmen der SITES M2 begleitete IPPUT von einem Lehrer durchgeführt wurde, der eine eher konstruktivistische Idee von Lehren und Lernen vertritt. Die pädagogischen Überzeugungen des ehemaligen Innovationslehrers, der nunmehr kurz vor der Pensionierung steht, haben sich nach seiner Einschätzung und nach Einschätzung des Schulleiters nicht in der Schule durchgesetzt. Eine Veränderung der Lernkultur wird eher durch das Medien- und Methodenkonzept transportiert und betrifft die Selbstständigkeit der Schülerinnen und Schüler sowie eine Veränderung der Lehrerrolle:

Die Schwerpunktbildung hat sich in den letzten Jahren zunehmend auf die Kompetenzebene, Methodenkompetenz der Schülerinnen und Schüler und ihre Selbstständigkeit erweitert. [...] Sodass die Rolle des Lehrers noch stärker als früher bei uns in die Rolle des Moderators gewechselt hat. [...] Das schließt natürlich die Nutzung von Neuen Medien ein, weil ein hoher Grad von Selbstständigkeit eben auch damit verbunden ist, dass man mit neuen Technologien arbeitet. (Schulleiter)

Vor allem werden offene Unterrichtsformen und die Individualisierung von Unterricht – zumindest von einigen Lehrpersonen – angestrebt und durch den Einsatz digitaler Medien unterstützt. Dazu gehören die Arbeit mit schülereigenen Notebooks, die Vergabe von persönlichen Schüleraccounts sowie die Bereitstellung von individualisierten Materialien und individuelle Rückmeldung über digitale Medien. Die Lehrpersonen sehen den besonderen Nutzen digitaler Medien in den Möglichkeiten zur Individualisierung von Unterricht (80 % Zustimmung) und zur Förderung der Selbstständigkeit und Selbstverantwortung von Lernen (67 %). Fast alle (95 %) geben an, im Unterricht mit digitalen Medien eher moderierend tätig zu sein.

Im Interview beschreiben die Oberstufenschülerinnen und -schüler, dass durch den Einsatz digitaler Medien Unterricht zeitweise über die eigentliche Unterrichtszeit hinausgeht. Sie schätzen dies dann positiv ein, wenn die Lehrpersonen digitale Medien nicht nur zur Verbreitung von Materialien über E-Mail-Verteiler nutzen, sondern einzelne Lerner unterstützen:

> Wir haben zum Beispiel unseren Mathelehrer. Der hat so eine Webseite, wo er alles hoch lädt. Und er unterstützt das. Und wir können da weitere Übungen runterladen. Wir haben andere Lehrer, die dann eben noch damit verfahren, das über diese E-Mails wegzuschicken. Aber da ist dann nicht mehr so eine richtige Unterstützung da. Gut. Man hat dann die Verteilerliste von den anderen Mitgliedern und man kann dann mit den anderen Kontakt aufnehmen. Aber da ist dann nicht so eine richtige Unterstützung. Das ist dann einfach nur ein E-Mail-Austausch. (Schüler, Jahrgangsstufe 11).

Die Zehntklässler berichten zu zwei Dritteln von einem schülerorientierten Unterricht mit digitalen Medien, in dem Lehrpersonen unterstützend agieren. Zu ergänzen ist an dieser Stelle, dass diejenigen Lehrpersonen, die den Einsatz digitaler Medien ablehnen, keine positive Veränderung der Lernkultur beschreiben. Vielmehr führt ihrer Ansicht nach der Computer- und Interneteinsatz zu einer zu oberflächlichen Auseinandersetzung mit Inhalten und zur nicht-effizienten Nutzung von Unterrichtszeit.

Indikator auf der Ebene der Personalentwicklung (Fallschule C)

11. Fortbildung (Angebot, Teilnahme, Nützlichkeit)

Ausprägung: 3; völlig ausreichend.

Aus Sicht aller Beteiligten sind das schulinterne Angebot, die Teilnahme und die Qualität der überwiegend schulintern organisierten und angebotenen Fortbildungsmaßnahmen an dieser Fallschule gut und völlig ausreichend. Alle Lehrpersonen sind in den letzten Jahren über schulweite, verpflichtende Fortbildungen weitergebildet worden. Darüber hinaus gibt es fachschaftsinterne Angebote, die auf die Anforderungen in den jeweiligen Fächer zugeschnitten sind. Die bestehenden Fortbildungsangebote sind gemäß der Beschreibung des Computerkoordinators sehr vielfältig: Neben den schulintern organisierten Fortbildungstagen mit internen oder externen Referenten gibt es auch Fortbildungsmöglichkeit durch den technischen Koordinator, durch das Medienteam der Schule sowie durch Lehrpersonen die als Multiplikatoren fungieren und Wissen aus externen Fortbildungen weitergeben. Weiterbildung findet durch gegenseitige Unterrichtshospitationen, informelle Kontakte und Gespräche, durch Fachzeitschriften und in Dienstbesprechungen statt. Dabei scheint die Bereitschaft, sich im Medienbereich fortzubilden, sehr hoch zu sein: Die Fallschule C ist die einzige Fallschule in der Stichprobe, in der der Computerkoordinator einschätzt, dass die Lehrpersonen die Teilnahme an Fortbildungen *nicht* von zeitlichen Freistellungen abhängig machen. Der Kern der Lehrpersonen, die sich schwerpunktmäßig und vertiefend im Medienbereich fortbilden lassen, umfasst ungefähr ein Drittel des Kollegiums. Einen Bedarf stellt der Computerkoordinator im Bereich der didaktischen Einbettung digitaler Medien fest. Ein Angebot scheint es dazu bereits zu geben: In der schriftlichen Befragung äußert ein Drittel der Lehrpersonen, dass sie an diesbezüglichen Fortbildungen teilnehmen. Ein Sechstel bildet sich fachbezogen im Medienbereich und im Hinblick auf Multimediaanwendungen im Unterricht weiter. Ein junger Lehrer berichtet sogar, dass eher ein Überangebot an Fortbildungen im Medien- und Methodenbereich bestünde:

> Und das Problem ist halt auch, dass da gewisse Widerstände sind. Dass das Kollegium auch nicht will, dass immer nur Methodenfortbildungen im Medienbereich laufen. Das ist ihnen zu einseitig von der Auslegung. (Nutzer)

Die vorherrschende Zufriedenheit mit dem Angebot, der Teilnahme und der Verwertbarkeit der Fortbildungen insgesamt ist vor allem auf Maßnahmen auf der Prozessebene zurückzuführen. Fortbildungen werden schulintern organisiert und organisationsinternes Wissen und Kompetenzen werden konsequent verbreitet.

Indikatoren auf der Ebene der Kooperationsentwicklung (Fallschule C)

12. Pflege und Weiterführung der Kooperation mit Externen

Ausprägung: 3; vorhanden und systematisch.

Obwohl die Fallschule *„derzeit nicht" (Schulleiter, Fragebogen)* in Förderprogramme zur Integration digitaler Medien eingebunden ist, nutzt die Schule durch Kooperationen mit Externen im Medienbereich bedarfsgerechte Kooperationsgewinne zu erzielen. Der überwiegende Teil der Kooperationsaktivitäten geht auf das außerordentliche Engagement des Schulleiters zurück. Weiterhin sind Kooperationen mit Externen auf die innovative Arbeit der Schule und ihre hohe Reputation zurückzuführen. Es wirkt sich erneut das Bestreben des Schulleiters aus: Zum einen betreibt er aktiv die Personalpolitik und bemüht sich langfristig um die Einstellung guter, engagierter Lehrpersonen, die innovativ arbeiten. Zum anderen ist ein wichtiger Teil seiner Arbeit die Außendarstellung der Schule. Dazu gehört, dass er die Webseite der Schule selber bearbeitet und pflegt. Zusätzlich sind die Kooperationen mit Externen in dieser Fallschule vielseitig und gewinnbringend für die Schule.

Wie verändern die Kooperationen mit Externen den Medienbereich an dieser Fallschule? Hierzu vier Beispiele:

1. Die Schule arbeitet in schulischen Netzwerken gemeinsam mit anderen innovativen Schulen zusammen. Aus dem Netzwerk ‚Medienschulen' sind die zentralen Ideen zum Medienkonzept entstanden.

2. Die Eltern der Schule sind eine wichtige Stütze: Sie bringen sich selbst mit ihrem Wissen, ihrem *„Einfluss" (Schulleiter)* und durch Geld- oder Sachspenden ein und stellen Verbindungen zu Sponsoren her.

3. Das Prinzip des Privat-Public-Partnership funktioniert an dieser Schule aus Sicht der Beteiligten sehr gut. Auf die Frage, wie die Schule die Sponsoren gewinnt, beschreibt ein Lehrer das Vorgehen des Schulleiters wie folgt:

   > Der [Schulleiter] spricht die dann an. [...] Karstadt ist ja hier so jemand, an den wir uns wenden können. [...] 5000 Euro sind ja für ein großes Unternehmen im Grunde genommen gar nichts. Aber in einer Schule kann man damit schon eine ganze Menge machen. [...] Dann gibt es halt einen Pressetermin. Und dann lächelt man nett und zeigt, was man Tolles mit dem Geld gemacht hat. Und dann sieht man die ja nie wieder. Es steht ja nicht auf unseren Rechnern drauf ‚sponsored by Sparkasse'. (Nutzer)

4. Die Schule arbeitet kontinuierlich mit Schulentwicklungsberatern zusammen, die sowohl Fortbildungen organisieren als auch die Selbstevaluation unterstützen. Diese beziehen sich im Kontext des Methodenbereichs auch auf den Bereich der Integration digitaler Medien.

Als weitere systematische Kooperation mit Externen nennt der Computerkoordinator die Kooperation mit den Grundschulen aus denen die Kinder kommen. Diese bezieht sich auf den *„Austausch über Medieneinsatz und Erwartungen der Schulen" (Fragebogen Computerkoordinator).* Ein Mehrwert dieser Kooperationen kann auf der vorliegenden Datengrundlage nicht rekonstruiert werden.

13. Verankerung schulinterner Kooperationen in Bezug auf digitale Medien, inklusive des Transfers medienbezogener Innovationen innerhalb der Schule

Ausprägung: 3; vorhanden und systematisch.

Bereits bei der Beschreibung der Fortbildungsmaßnahmen wurde deutlich, dass die Schule einen Schwerpunkt im Austausch von Wissen innerhalb des Kollegiums setzt. Schulinterne Kooperationswege sind in dieser Fallschule die organisierten Austauschgelegenheiten im Rahmen von schulinternen Fortbildungen, die vorgenannten informellen Gespräche oder der informelle Wissensaustausch sowie gegenseitige Unterrichtsbesuche. Besonders erwähnenswert ist ein gegenseitiges Coaching-System im Lehrerkollegium, das über Aushänge an einer Pinnwand organisiert wird. Als zukunftsweisend schildert der junge Innovationslehrer den Austausch über E-Mails und den serverbasierten Austausch von Unterrichtsmaterialien. Weitere Strukturen für die schulinternen Kooperationen im Medienbereich bilden die beiden Medienteams der Schule, die mit unterschiedlichen Schwerpunkten – Technik und Didaktik – kontinuierlich arbeiten.

Indikatoren auf der Ebene der Technologieentwicklung (Fallschule C)

14. Subjektiv wahrgenommene Ausstattungsqualität

Ausprägung: 3; völlig ausreichend.

Die Ausstattungssituation mit stationären und mobilen Geräten sowie Peripheriegeräten wird in dieser Fallschule von den Beteiligten als sehr zufrieden stellend und völlig ausreichend eingeschätzt. Die Zufriedenheit betrifft nicht nur den Ausstattungsumfang sondern auch die Qualität der IT-Ausstattung im Hinblick auf die flexible Nutzung, den Wartungszustand und die Aktualität der Geräte. Die Finanzierbarkeit von Neuanschaffungen und Instandhaltungen sind in dieser Schule aufgrund der in Teilen finanziell sehr gut gestellten Elternschaft und dem Sponsorenkonzept gewährleistet.

Der Schulleiter, der durch eine aktive Mitgestaltung des Medienbereiches einen guten Überblick über die IT-Ausstattung der Schule hat, beschreibt die aktuelle Situation und den Prozess zu dieser guten Ausstattungsqualität wie folgt:

> Wir konzentrieren uns im Wesentlichen darauf, mit der technologischen Entwicklung so Schritt zu halten, dass wir Rechner immer rechtzeitig austauschen. Als eine Ausweitung ist also allenfalls noch daran gedacht, dass wir etwa fünfzehn Laptops noch mobil in drei Fünfercontainern anschaffen wollen. [...] Ich glaube, dann ist aber auch der Ausbau abgeschlossen. Mehr Rechner müssen es dann nicht sein. (Schulleiter)

Auf Schulebene aggregiert ergibt die Skala zur Ausstattungszufriedenheit mit einem Summenscore von 3,6 einen vergleichsweise guten Wert und stützt den Gesamteindruck. Weiterhin begegnet die Schule den kontinuierlichen technischen Neuerungen durch gezielte Personalpolitik: Der interviewte junge Nutzer schildert, dass er im Anschluss an sein Referendariat an der Fallschule eingestellt wurde, weil er sich bereit erklärt habe, in Notebook-Klassen zu unterrichten, sich in digitale Videobearbeitung einzuarbeiten und einen Videoraum einzurichten und zu betreuen. Im Ergebnis ist so nicht nur die Aktualität der IT-Ausstattung selbst gegeben sondern auch deren Erprobung und Einsatz im Unterricht. Abschließend ist zu erwähnen, dass die Lehrpersonen den Wunsch nach mehr schülereigenen Notebooks und Notebook-Klassen äußern.

15. Objektiv eingestufte Ausstattungsqualität

Ausprägung: 3; überdurchschnittlich.

Ordinale Abstufung: 3

Die Fallschule stellt für 1325 Schülerinnen und Schüler nach Angaben des Computerkoordinators 154 schuleigene Computer zur Verfügung. Das entspricht einem Schüler-Computer-Verhältnis von 8,6:1. Dieser Wert liegt schon besser als der vom BMBF (2007) ermittelte bundesweite Schnitt im Jahr 2006 von 11:1. Hinzu kommen die mobilen schülereigenen Geräte, die ebenfalls in das schulische Netzwerk eingebunden sind. Die Gesamtzahl der ins Netzwerk eingebundenen Computer beziffert der Computerkoordinator im Interview mit 400. Subtrahiert man die Rechner zum ausschließlichen Gebrauch durch Lehrpersonen und Schulleitungsmitglieder und bezieht die schülereigenen mobilen Endgeräte ein, beläuft sich das bereinigte Schüler-Computer-Verhältnis auf nahezu 3:1. Weiterhin ergibt sich für die Qualität der vorhandenen Ausstattung ein guter Eindruck: Alle Computerarbeitsplätze sind multimediafähig, vernetzt und haben Internetzugang. Die Schule verfügt über zahlreiche Peripheriegeräte und einen Videorechnerraum mit sehr leistungsfähigen Computern. Die Fallschule fungiert als *„Referenzschule" (vgl. Schulhomepage)* für einen Whiteboard-Hersteller, der der Schule zu günstigen Konditionen interaktive Whiteboards zur Verfügung stellt. Hinzu kommt ein Dutzend Beamer. Es gibt – zusätzlich zu den Computerarbeitsplätzen in Fachräumen und in den Computerräumen – sechs Computer, die ausschließlich von Lehrpersonen genutzt werden können. In achtzehn der 45 Klassenräume befinden sich pro Raum drei PCs. Die Schule verfügt über vier Computerräume mit je fünfzehn Rechnern. Die Fachräume für Technik, Naturwissenschaften, Kunst und Hauswirtschaft sind mit je drei stationären Rechnern ausgestattet. Weiterhin kommen mobile Endgeräte in den Notebook-Kursen der Oberstufe zum Einsatz. Notebook-Wagen sind in jedem Flur verfügbar. In der Mediothek der Schule befinden sich weitere sechs Computerarbeitsplätze, die für Schülerinnen und Schüler zugänglich sind.

16. Technischer Support

Ausprägung: 3; völlig ausreichend

Die Schule verfügt über ein umfangreiches Support- und Administrationskonzept, das personell von einem schuleigenen Techniker, einem Computerkoordinator und von Lehrpersonen getragen wird. Nach des Schulleiters unterstützen darüber hinaus *„kompetente Schülerinnen und Schüler der Sekundarstufe II, [...] die [...] eingeschränkte Administratorenrechte [haben], [...] ihre Laptopgruppe."* Der Haustechniker wird aus der Umwidmung einer Lehrerstelle finanziert. Die Installation von PC-Wächter-Karten leistet ebenfalls einen Beitrag zum störungsfreien Betrieb der 400 Computer. Die Akteure sind mit dem technischen Support zufrieden. Dies äußert sich auch in einem sehr hohen Faktorscore in der auf der Basis des Lehrerfragebogens gewonnenen Skala zur Zufriedenheit mit dem technischen Support: Er liegt auf Schulebene aggregiert bei .51 und ist der größte Wert in der Stichprobe.

e) Förderliche und hemmende Bedingungen der Integration digitaler Medien an der Fallschule C

Die folgende tabellarische Übersicht (vgl. Tabelle 4-4) gibt einen Überblick über die hemmenden und förderlichen Bedingungen der Integration digitaler Medien in der Fallschule C auf der Kontext-, der Input-, der Schul- und der Unterrichtsebene. Die angeführten Bedingungsfaktoren werden im anschließenden Abschnitt ausgeführt. Die besondere

Stärke der Schule besteht in der Arbeit des Schulmanagements, das positiven Einfluss auf förderliche Bedingungen auf allen vier Ebenen hat.

Tabelle 4-4: Übersicht Bedingungsfaktoren Fallschule C

	Hemmende Bedingungs-faktoren	Förderliche Bedingungs-faktoren
Kontextebene	Keine	
Inputebene	Hemmungen einiger Lehrpersonen Fehlende Bereitschaft einiger Lehrpersonen	Zuverlässigkeit und Qualität der IT-Ausstattung Innovative Lehrpersonen und positive Einstellungen Anerkennung der schulischen Arbeit durch Eltern Autonomie der Schule
Schulebene	Diskrepanzen zwischen didaktischer Leitung und Schulleitung in Bezug auf den Stellenwert digitaler Medien	IT-Management Medienkonzept Berücksichtigung der Schnelllebigkeit der Technik Entmystifizierung digitaler Medien Schulische Visionen Schulinterne Kooperationen Personalpolitik/-entwicklung
Unterrichtsebene	Oberflächlichkeit bei Internetrecherche Computergestützter Unterricht in ‚schwierigen' Klassen belastender als ‚normaler' Unterricht	Förderung v. fächerübergreifenden Kompetenzen Visualisierungsmöglichkeiten Vorbereitung auf den Beruf Individualisierung und Motivation Unterrichtszeit

Hemmende Bedingungen auf der Kontextebene (Fallschule C)

Als hemmende Bedingungen auf der Kontextebene werden von Einzelpersonen zwei Aspekte genannt, deren Relevanz für die Unterrichtsentwicklung der Schule insgesamt eher gering ist. Der erste Aspekt bezieht sich auf die häusliche IT-Ausstattung der Schülerinnen und Schüler: Fehlende Internetanschlüsse in den einigen wenigen Familien kommen im Schülerinterview zur Sprache. Da die Schule aber gute Zugangsmöglichkeit zu digitalen Medien außerhalb des Unterrichts zur Verfügung stellt (z.b. in der Schulmediothek), ist dieser Aspekt kein Hemmfaktor für den unterrichtlichen Einsatz digitaler Medien. Als Zweites nennt ein Lehrer, dass Ministerien und Regierungsbehörden selbst zu wenig über den didaktisch sinnvollen Einsatz digitaler Medien wüssten. Ihn selbst hindert dies aber nicht, digitale Medien im Unterricht zu verwenden.

Förderliche Bedingungen auf der Kontextebene (Fallschule C)

Als sehr förderlichen Aspekt auf der Kontextebene stellt ein Nutzer die Zusammenarbeit mit Externen heraus. Er betont die günstige *„Infrastruktur der Schülerelternschaft"*. Diese – und der engagierte Schulleiter – unterstützen vor allem die Einwerbung von finanziellen Mitteln aus ortsansässigen Unternehmen. Die Eltern werden insofern eingebunden, als sie Kontakte zu Unternehmen knüpfen oder selbst in Unternehmen tätig sind, die die Fallschule unterstützen.

Hemmende Bedingungen auf der Inputebene (Fallschule C)

Obwohl die Schule überdurchschnittlich mit IT ausgestattet ist, wünscht sich fast die Hälfte der Lehrpersonen mehr Computer und Peripheriegeräte. Die Interviews geben differenziertere Einblicke, wie diese Angaben interpretiert werden können: Eine Nutzung digitaler Medien in erweiterten pädagogischen Kontexten erscheint eine mehr als überdurchschnittliche Ausstattung erforderlich zu machen. Ein Nutzer führt aus, dass sechs Computer im Unterrichtsraum und geeignete Software benötigt würden, um in einer Klasse mit 30 Kindern eine individuelle Lese- und Rechtschreibförderung zu ermöglichen. Die Nutzung der vorhandenen Laptopwagen erweist sich sehr aufwendig. Der didaktische Computerkoordinator stellt heraus, dass die Schule *„noch einen fünften oder sechsten Computerraum"* gebrauchen könnte. Die Schülerinnen und Schüler sowie der Innovationslehrer wünschen sich einen Laptop für jeden Lerner in der Oberstufe. An dieser Stelle sieht der Schulleiter jedoch finanzielle Grenzen.

In den Interviews werden weiterhin Schwierigkeiten in der Zusammenarbeit mit dem Haustechniker benannt, wenn spontane Unterstützung im Unterrichtsverlauf benötigt wird (kurzfristige Behebung von technischen Problemen, zeitnahe Installation von Software). Die beiden interviewten Nicht-Nutzer führen weiterhin aus, dass Materialien aus dem Internet nicht immer schülergerecht seien. Sie bevorzugen daher Bücher und Printtexte. Außerdem berichten sie von ihren Hemmungen beim Einsatz digitaler Medien, da sie befürchten, sich wegen geringerer technischer Kompetenzen vor den Jugendlichen zu blamieren. Weiterhin berichten sie, dass vor allem die Sprachenlehrer an der Schule für ihren Unterricht andere Schwerpunkte setzen. In mehreren Interviews wird betont, dass sich ein Teil der älteren Kollegen nicht mehr auf digitale Medien einstellen möchte. Weiterhin gibt es nach Angaben eines Nutzers auch Lehrpersonen, die sich in keinem pädagogischen Schwerpunkt der Schule engagieren und auch digitale Medien nicht nutzen möchten. Allerdings herrscht die Ansicht vor, dass sich aus der Verpflichtung *aller* Lehrpersonen zur Nutzung digitaler Medien im Unterricht kein Mehrwert für die Beteiligten und den Unterricht erschließt. Vielmehr wird über das Medienkonzept und seine Implementation ein Weg gefunden, alle Schülerinnen und Schüler – statt alle Lehrpersonen – einzubeziehen.

Förderliche Bedingungen auf der Inputebene (Fallschule C)

Förderliche Input-Faktoren liegen vielfältig in den besonderen schulischen Bedingungen und im Bereich der Intentionen und Einstellungen. In Bezug auf materielle Bedingungen herrscht deutliche Zufriedenheit mit dem Umfang und der Zuverlässigkeit der Ausstattung, mit der vorhandenen Software, der Anzahl der Rechner mit Internetanschlüssen und mit der Verfügbarkeit von schülergerechten Materialien im Internet vor, wie sogar der im Interview befragten Nicht-Nutzer einräumt:

> Die Schülerinnen und Schüler hatten [...] keine Hintergrundinformationen zum deutsch-französischen Krieg 1870/71. Und ich hatte die Emscher-Depesche reingeworfen. Das hatte ich auch verdrängt. Da wusste ich auch nicht mehr so ganz genau, was der Bismarck da gemacht hatte. Und da war das sehr fundiert, was die Schüler da aus dem Internet gebracht haben. (Nicht-Nutzer)

Auf der personellen Ebene werden weiterhin der Haustechniker und eine größere Anzahl von Lehrpersonen genannt, die digitale Medien – auch innovativ – einsetzen. Sowohl die befragten Lehrpersonen als auch der Schulleiter sehen die Anerkennung und die Begeisterung der Eltern als förderlichen Faktor, der ein zusätzlicher Ansporn für die Schule ist, die *„neue[n] Technologien gut in den Unterrichts- und Lernprozess einzubeziehen"* (Schulleiter).

Aus struktureller Sicht erachtet die Schule es als positiv, eigenverantwortlich im Sinne erweiterter Schulautonomie zu agieren und beispielsweise Lehrerstellen in Haustechnikerstellen umwandeln zu können und gezielt Neueinstellung von Lehrpersonen vorzunehmen.

Zu den verschiedenen Einstellungsfragen der Lehrpersonen nach Eignung digitaler Medien für den Unterricht und für die Erreichung von schulischen Zielen gibt es Zustimmungswerte, die jeweils um 90 Prozent liegen. Auch werden die Lehrervariablen sehr positiv eingeschätzt: Fast jeweils 90 Prozent der Lehrpersonen geben an, dass ihre Computerkenntnisse sowie ihre pädagogisch-didaktischen Kenntnisse nicht zu gering sind. Die Bereitschaft digitale Medien einzubinden und auch Laptop-Klassen zu übernehmen ist hoch. Mehr als 90 Prozent geben an, dass sie sich trauen, neue pädagogische Ansätze im Bereich digitaler Medien alleine anzugehen. Dass die Vorbereitung computergestütz-ten Unterrichts zu viel Zeit in Anspruch nimmt, lehnen fast 70 Prozent der schriftlich Be-fragten ab. Betont wird, dass es auch viele ältere Kollegen gibt, die *„die Herausforderung auch mögen" (Nutzer)* und Laptopkurse übernehmen.

Die in den Interviews befragten Schülerinnen und Schüler der Schülervertretung sind der unterrichtlichen Verwendung digitaler Medien gegenüber sehr offen eingestellt. Positiv sehen sie, dass ihnen die Laptops auch zu Hause zur Verfügung stehen. Sie haben außer-halb des Unterrichts Zugriff auf abgespeicherte Texte und Präsentationen. Ihr Hauptau-genmerk liegt aber auf der Erkenntnis, ohne in der Schule erworbene computerbezogene Kenntnisse es *„später im Berufsleben ganz schön schwer"* zu haben.

Hemmende Bedingungen auf der Schulebene (Fallschule C)

Die Stärke dieser Fallschule in Bezug auf die Integration digitaler Medien liegt auf der Prozessebene und zwar auf der Schulebene. Hier finden sich nur wenige hemmende Fak-toren. Die didaktische Leitung der Schule, die Teil der erweiterten Schulleitung ist, hat keine Affinität zu digitalen Medien. Daher käme es zu *„Reibungsverlusten" (Nutzer)* in-nerhalb der Schulleitung. Weiterhin ist auf Schulebene nicht geklärt, wie der Haustechni-ker dazu bewogen werden kann, sich stärker an unterrichtliche und didaktische Erfor-dernisse zu orientieren. Aus den Interviews geht außerdem hervor, dass sich die Akteure eine klarere Linie in Bezug auf das IT-Ausstattungskonzept und auf die didaktische Ein-bindung digitaler Medien wünschen. Bestrebungen, die gesamte Schule mit Laptop-Klassen auszurüsten, sind am Elternwillen gescheitert. Schwierigkeiten ergeben sich aus Schülersicht dann, wenn Schüler aus Laptop-Kursen mit Nicht-Laptop-Schülern gemein-sam unterrichtet werden.

Förderliche Bedingungen auf der Schulebene (Fallschule C)

Der Schulleiter ist innovativ und gut informiert. Sein Schulmanagement ist die Hauptstüt-ze der Integration digitaler Medien. Durch die Einwerbung von Mitteln und Wissen ex-terner Experten sowie durch die Pflege außerschulischer, auch politischer Kontakte, unterstützt er die Schulentwicklung in Bezug auf digitale Medien. Dazu gehört die kon-zeptionelle Mitarbeit am Methoden- und Mediencurriculum im Rahmen von Gesprächs-zirkeln. Neben einer geeigneten Personalentwicklung sieht der Schulleiter seine Aufgabe in der Überprüfung der Umsetzung des schulinternen Curriculums, um *„die Entwicklung des Methodencurriculums so auch fest in der Hand zu halten"*. Dazu entwickelt er ein ge-regeltes Verfahren, *„an das sich alle halten müssen" (Schulleiter)*. Durch die Nutzung sei-ner Möglichkeiten zur Personalentwicklung und -politik – wie z.B. die Einflussnahme auf die Besetzung von freien Stellen und die Umwandlung einer Lehrerstelle in eine Haus-technikerstelle – ist es ihm gelungen, die digitalen Medien nachhaltig in der Schule zu verankern. Im Kern befördern alle diese Maßnahmen auf der Schulebene den kontinuier-lichen Umgang mit technischen Neuerungen. Da genügend Nutzerinnen und Nutzer digi-taler Medien an der Schule unterrichten, kann sich die Schule einen geringen Anteil an

Lehrpersonen, die digitale Medien nicht im Unterricht verwenden, leisten. Wichtig ist für den Schulleiter, dass *„bei den Schülerinnen und Schülern dadurch keine Lücke entsteht"*. Er wünscht sich, dass die Lehrpersonen *„stolz [sind], hier zu arbeiten"*. Die Entmystifizierung der schulischen Einzelinnovation, die Krumsvik (2005) für eine nachhaltige Implementation digitaler Medien in einer erfolgreichen norwegischen Schule (vgl. Abschnitt 2.5) ausmacht, wird auch an dieser Schule erfolgreich praktiziert: Neben der Integration digitaler Medien entwickelt der Schulleiter zusammen mit dem Kollegium umfassenden Visionen für die Schule, die erfolgreich ineinandergreifen, auch wenn sie auf den ersten Blick unabhängig erscheinen. Für diese Schule sind das eine internationale Ausrichtung, der Schwerpunkt Schulgesundheit, die Berufsorientierung, die internen und externen Evaluationen und die frühen Bemühungen der Schule um erweiterte Selbstständigkeit, die auch die Implementation digitaler Medien positiv beeinflussen. Alle Schwerpunkte werden von der Schulleitung mitentwickelt, getragen und unterstützt.

Hohe Skalenwerte der Innovationsskala und der Skala zu schulischen Visionen bekräftigen, dass die schulischen Innovationen und Visionen von einer Mehrheit im Kollegium getragen werden: Das evaluative Potenzial in Bezug auf schulische Innovationen liegt für diese Fallschule mit einem Wert von 1,74 deutlich besser (eine Standardabweichung besser) als das von Steinert et al. (2003) berechnete Mittel von 2,36 in einer anderen Stichprobe und auch besser als das Mittel in der eigenen Stichprobe von 2,07. Der Wert dieser Schule ist der beste Wert in der eigenen Stichprobe. So wurde z.B. das IT-Ausstattungskonzept der Schule in den letzten Jahren mehrfach evaluiert. Die Evaluationen haben aus der Sicht der Akteure zu einer Verbesserung der Medienausstattung geführt. In diesem Zusammenhang wurde von der Einrichtung von Medienecken in den kleinen Klassenräumen Abstand genommen. Stattdessen wurden Notebook-Kurse in der Oberstufe eingerichtet und die Ausstattung mit Notebook-Wagen, auf denen sich Notebooks in halber Klassenstärke und Peripheriegeräte befinden, auf den Weg gebracht. Außerdem wurden zentral für die Schülerinnen und Schüler USB-Sticks angeschafft. Weiterhin weist die Fallschule einen leicht überdurchschnittlichen Wert (2,93 vs. 2,76 als Mittelwert der gesamten Stichprobe) im Hinblick auf die Verpflichtung auf gemeinsame schulische Visionen auf. Es wurde unter anderem vereinbart, die Computerräume so einzurichten, dass die Monitore für die Lehrpersonen einsehbar sind und PC-Wächter-Karten vor Manipulationen schützen.

Weiterhin liegt der auf Schulebene aggregierte Skalenwert zu medienbezogenen Kooperationen in dieser Fallschule überdurchschnittlich (2,45 vs. 2,12). Besonders hilfreich erscheint, dass der Computerkoordinator und der Haustechniker bei Bedarf anderen Lehrpersonen im Unterrichtsverlauf unterstützten können. Weitere Maßnahmen beeinflussen die Personalentwicklung. Der Computerkoordinator erläutert beispielsweise die Folgen der Implementation des Methodencurriculums auf die Kompetenzentwicklung der Lehrpersonen:

Dadurch, dass das jetzt in allen Jahrgangsstufen drin ist, muss ich sagen, kennen sich die Kollegen auch besser aus. (Computerkoordinator)

Zusätzlich veranstaltet die Schule regelmäßig schulinterne Fortbildungstage im Medienbereich, sodass sich fast alle Lehrpersonen bezogen *„auf Betriebssystemen oder Office-Programme [...] auskennen" (Computerkoordinator)*. Diese Fortbildungen und das vorgenannte Coaching-System *„mit einem großen Infoaufwand" (Schulleiter)* sind wichtige Stützen der Lehrerprofessionalisierung an der Schule. Hinzu kommen die in den letzten Jahren in der Breite erworbenen Kompetenzen der Lehrpersonen, die sich gegenseitig unterstützen und zur Weiterbildung des gesamten Kollegiums im Bereich der unterrichtlichen Verwendung digitaler Medien beitragen.

Hemmende Faktoren auf der Unterrichtsebene (Fallschule C)

Auf der Unterrichtsebene finden sich in den Daten der Schule mehr positive als negative Aspekte des Computereinsatzes. Letztere werden erwartungskonform vorwiegend von den Nicht-Nutzerinnen und den Nicht-Nutzern angeführt. Diese sind in der Schule in deutlicher Unterzahl und beziehen sich im Wesentlichen auf die ineffektive Nutzung von Unterrichtszeit. Die Bearbeitung von Texten aus dem Internet beziehen sie ausdrücklich in ihre Kritik mit ein:

> Aber ich finde es [das Internet] nicht immer zuträglich. Es hält sogar oft auf, weil es eine Oberflächlichkeit ist, mit der sie da umgehen. (Nicht-Nutzerin)

Weiterhin teilen fast 80 Prozent der schriftlich befragten Lehrpersonen negative Erfahrungen mit dem sogenannten Copy-and-Paste-Phänomen, also dem unreflektierten Übernehmen von Texten oder Textpassagen aus dem Internet. Darin und in den ohnehin schon knapp bemessenen Anteilen von Sprachenunterricht in der Stundentafel sehen vor allem die Fremdsprachenlehrer Gründe, die digitalen Medien nicht zu nutzen. Weitere Gründe im Zusammenhang mit der nicht-effektiven Nutzung von Unterrichtszeit sehen sie in der Ablenkungsgefahr und in der Zeit, die bei technischen Problemen verloren geht. Außerdem wird eine mögliche Ungleichbehandlung der Schülerinnen und Schüler befürchtet: Die, die zu Hause keine Hilfestellungen, z.B. in Bezug auf die Erstellung von digitalen Präsentationen haben, stehen in der Schule schlechter dar. Den geeigneten Ort für die Arbeit mit Lernsoftware außerhalb der Unterrichtszeit:

> Lernsoftware würde ich aber bei den wenigen Stunden möglichst aus dem Unterricht raus legen. Das kann man auch zu Hause machen. Da sagt einem ja der Computer, das ist richtig, das ist falsch. (Nicht-Nutzerin)

Auch die innovativen Lehrpersonen sehen Einschränkungen der Unterrichtsqualität. Sie weisen aber gleichzeitig darauf hin, dass diese nicht auf das Medium, sondern auf Rahmenbedingungen zurückzuführen sind. Zum einen ist dies bei verhaltensauffälligen Kindern die Lerngruppengröße, die verringert werden müsste, um mit diesen Lernern sinnvoll mit digitalen Medien zu arbeiten. Bei den lernschwächeren Schülerinnen und Schülern haben sie beobachtet, dass die Motivation schneller nachlässt, da sie zum einen nicht den Mehrwert daraus schöpfen, den stärkere Lerner erkennen, und den Computer auch aufgrund der häuslichen Nutzung im Ergebnis bei regelmäßiger Nutzung als *„Dauerbelästigung" (ehemaliger Innovationslehrer)* empfinden.

Aus den quantitativen Daten ist noch ergänzt, dass die Rolle der digitalen Medien in Bezug auf Möglichkeiten zur Förderung handlungsorientierten Lernens von den Lehrpersonen zu einem Drittel als unwichtig und zu einem weiteren Drittel *„teils wichtig/teils unwichtig"* und damit tendenziell eher verhalten eingeschätzt wird.

Förderliche Bedingungen auf der Unterrichtsebene (Fallschule C)

Förderliche Aspekte auf der Mikroebene des Unterrichts können in allen vier für die Strukturierung der Analyse zu Hilfe genommenen Kategorien ‚Qualität des Unterrichts', ‚Angemessenheit', ‚Strukturierung' und ‚Unterrichtszeit' identifiziert werden. Sie werden sowohl von den Innovationslehrpersonen, als auch von dem Schulleiter, den Schülerinnen und Schülern und von den Nicht-Nutzern angeführt. Die Gesamttendenz der Falldaten geht in die Richtung, dass der Unterricht mit digitalen Medien zu einer Selbstverständlichkeit geworden ist, sich aber durch die kontinuierliche Einbindung weitere Potenziale und Vorteile digitaler Medien ergeben haben, die eine dauerhafte Integration digitaler Medien in der Breite fördern. Der wahrgenommene Mehrwert für den Unterricht und für das Lernen trägt in dieser Schule zentral dazu bei, die vorhandenen Konzepte weiter zu entwickeln und die digitalen Medien nachhaltig zu verankern. In Bezug auf die Verbesserung der Qualität des Unterrichts führen die Interviewten die Eignung digitaler Medien zur Förderung von Medienkompetenz in Freiarbeitsstunden an. Weitere Vorteile im Rahmen der Gestaltung von Lernprozessen sind die Möglichkeiten der Visualisierung von Inhalten, die Speicherung von Ergebnissen und die Erweiterung der Kommunikation über E-Mail-Verteiler. Langfristig wird der Mehrwert auch im *„Fitmachen für den Beruf" (Innovationslehrer)* und der Vorbereitung wissenschaftlichen Arbeitens gesehen. Für die Sekundarstufe I werden auch geschlechtsspezifische Aspekte angeführt: Zum einen der Angleich der Vorkenntnisse von Mädchen und Jungen – ein Vorteil wird im Vorwissen der Jungen beobachtet – und als weiterer Punkt die Erweiterung der Kompetenzen. Letzteres ist auch für die Jungen wichtig: Nach Aussagen eines Nutzers seien deren Kenntnisse und Vorgehensweisen oft unsystematisch.

Nach Angaben des Schulleiters hat sich die Qualität des Lernens mit digitalen Medien an der Schule in verschoben: Ihre Verwendung sei selbstverständlicher geworden und ihre Faszination gehe nicht mehr vom Medium selbst aus, sondern bestünde vielmehr in der Unterstützung der Selbstständigkeit der Schülerinnen und Schüler. Die Relevanz digitaler Medien zur Förderung der Selbstverantwortung und Selbstorganisation des Lernens erachten zwei Drittel der schriftlich befragten Lehrpersonen als *„wichtig"* bzw. *„sehr wichtig"*. Mehr als die Hälfte (52 %) betonen die Möglichkeiten einer stärkeren Schüleraktivierung.

In Bezug auf die Angemessenheit und Individualisierung des Unterrichts werden folgende Facetten des Einsatzes digitaler Medien angeführt:

1. In den schriftlichen Befragungen geben weniger als zehn Prozent der Befragten an, dass digitale Medien nicht zur Individualisierung von Lernerfahrungen beitragen.
2. Lerner aus bildungsfernen Schichten erreiche man nach Einschätzung eines Nutzers eher durch Materialien im Internet als durch Bücher.
3. Lernschwache Kinder und Jugendliche können – ebenfalls nach Einschätzung dieses Nutzers – in Laptopkursen besondere Förderung erhalten. Durch die Speicherung und Strukturierung von Ergebnissen in Ordnerstrukturen können sie sich besser auf Prüfungen vorbereiten.
4. Auch gut begabte Lerner profitieren, da für sie zusätzliche und anspruchsvollere Materialien leichter zugänglich sind. Dies könne man nach Ansicht des Schulleiters *„als Beleg dafür nehmen, dass die individuellen Möglichkeiten besser ausgeschöpft werden können als sonst" (Schulleiter)*.

In diesen Vorteilen und wahrgenommenen Mehrwerten liegt besonderes Motivationspotenzial für Lehrpersonen, digitale Medien im Unterricht zu verwenden.

Im Kontext der Individualisierung ergeben sich auch Vorteile für die Lehrpersonen: Der Zugriff von Lernern und Lehrpersonen auf vernetzte Arbeitsbereiche erleichtert es, differenzierte Lehrmaterialien zur Verfügung zu stellen. In Bezug auf die Motivierung ergibt sich weiterhin, dass die Lerner nach eigenen Angaben und nach Beobachtungen der Lehrpersonen auch bei regelmäßiger Computernutzung motiviert mit digitalen Medien lernen. Diese bezieht sich aus Sicht eines Schülers vor allem auf die Vielfältigkeit des Mediums und auf das Internet.

> Durch das Internet wird es nie langweilig, weil man dauernd irgendetwas Neues findet. Und die Computer eben auch auf den Unterricht eingehen. Man könnte jetzt auch sagen, Unterricht ist Unterricht. Mit der Zeit langweilig. Irgendwie nicht, weil immer was Neues kommt. Und so ist es auch mit dem Computer. Es kommt immer was Neues. (Schüler, Oberstufe)

Eine effektivere Nutzung der Unterrichtszeit wird von den beiden interviewten Nutzern und vor allem von den Schülerinnen und Schülern ausgeführt. Die Unterrichtszeit kann mithilfe digitaler Medien über die 45-Minuten-Taktung erweitert werden: Beispielsweise werden per E-Mail Materialien, Aufgaben und Stundenprotokolle zwischen Lehrpersonen und Lernern verschickt. Die Jugendlichen begrüßen dieses Vorgehen und finden es *„praktisch"*. Der junge Nutzer bewertet dieses Vorgehen ebenfalls positiv und sieht in der asynchronen Kommunikation eine Entlastung. Hinzu kommt, dass Unterricht im Krankheits- oder Vertretungsfall nicht ausfällt, sondern Materialien für die Lerngruppen elektronisch zur Verfügung gestellt werden können und von den Lernern selbstständig bearbeitet werden. Dieses Verfahren wird – auch auf Nachfrage – ausdrücklich für gut befunden:

> Schüler: Und das geht sogar so weit, dass, wenn Lehrer krank sind, dass die dann einem Aufgaben zuschicken, die man in diesen Freistunden erledigen soll.

Interviewerin: Ist das gut oder schlecht?

Schüler: Sagen wir mal, wenn ein Lehrer ein- oder zweimal ausfällt, dann würde ich sagen: ,Super'. Wenn man sich aber überlegt, dass es Klausuren gibt und dass diese Klausuren auch nicht mehr verschoben werden, würde ich dann auch sagen: Ab der vierten oder fünften Stunde wäre es nicht schlecht, dann auch etwas machen zu können.

Ergänzend sei erwähnt, dass fast zwei Drittel der schriftlich befragten Lehrpersonen die Aussage ablehnen, dass im Unterricht nicht kontrolliert werden könne, ob die Schüler tatsächlich nur die für den Unterricht relevanten Informationen suchen. Ein Verlust von Unterrichtszeit wird auch nicht in Verbindung mit Ablenkungsmöglichkeiten bei der Arbeit mit digitalen Medien herausgestellt.

f) Zusammenfassung der Besonderheiten des Falls (Fallschule C)

Diese Fallschule hat in der eigenen Stichprobe den höchsten Nachhaltigkeitsgrad erreicht. Was ist nun das Besondere dieser Schule? Nachdrücklich ist das außerordentliche Engagement des Schulleiters, der sich als Macht-, Prozess- und stellenweise auch als Fachpromotor vielfältig einsetzt. Weiterhin richtet er sein besonderes Augenmerk auf Schulentwicklungsfragen. Dies wird u.a. in der kontinuierlichen Selbst- und Fremdevaluation aber auch an der Teilnahme an Modellvorhaben zur erweiterten Schulautonomie deutlich. In Bezug auf die Schulentwicklung mit digitalen Medien bezieht er alle fünf Dimensionen ein; insbesondere auch die Kooperations- und Technologieentwicklung. Schulinterne Kooperationen werden zur Ko-Konstruktion und Weitergabe von computerbezogenem und mediendidaktischem Wissen genutzt. Die Kooperationen mit Externen beziehen sich ebenfalls auf die Wissensebene – wie etwa die Zusammenarbeit in Schulnetzwerken – aber auch auf die Erweiterung des finanziellen Spielraums über Privat-Public-Partnership und die Kooperation mit den Eltern. Auf dieser Grundlage kann die Technologieentwicklung die hohe Geschwindigkeit der Schnelllebigkeit der Technologien einbeziehen. Einen Beitrag dazu leistet auch die Personalpolitik und -entwicklung. Hierzu gehören Neueinstellungen, gezielte Referendarsausbildung, die Einstellung eines Haustechnikers und das Angebot und die Organisation von schulinternen Fortbildungsmaßnahmen. Die Schule reagiert nicht auf Veränderungen, sondern gestaltet sie aktiv mit. Dazu gehört auch, dass sie nicht nur auf digitale Medien fokussiert, sondern andere Innovationen und Projekte vorantreibt, die den Ort Schule nicht nur als Arbeits- und Lernort sondern auch als Lebensraum gestaltet. In Bezug auf das Innovationsprojekt, das im Rahmen der SITES M2 beforscht wurde, wird deutlich, dass die Wirklichkeit die innovativen pädagogischen Aspekte eingeholt hat: Der konstruktivistische Ansatz hat sich nicht in der Schule verbreiten können. Stattdessen sind andere pädagogische Ziele befördert worden, wie etwa die Selbstständigkeit der Lerner. Die Entwicklung der Schule hat in diesem Sinne die Entwicklung des (ehemaligen) Innovationslehrers überholt.

4.4.5 Fallschule D (Hauptschule in Nordrhein-Westfalen)

Wir haben natürlich damals eine Extraschicht nach der anderen geschoben. [...] Diese ganze Sache mit der Vernetzung und der Einrichtung eines Servers damals. [...] Die schöne Aufbruchsstimmung. [...] So ein bisschen Nordpolentdeckung. [...] Da haben auch viele Schüler und Eltern mitgemacht. Das war schon eine Sache, die einzigartig war. [...] Das hat sich aber dann durch diese Störmanöver, die wir halt von der Stadt kriegten, [verändert]. Und dadurch [hat sich] eine gewisse Spaltung auch innerhalb des Kollegiums [ergeben]. (Innovationslehrer)

a) Überblick über den Fall

In dieser Schule sind wir auf ein sehr engagiertes Kollegium getroffen, das in einer Hauptschule mit sozial-verdichtetem Einzugsgebiet arbeitet. Das Schulklima ist von einem respektvollen Miteinander im Kollegium und in der Schülerschaft gekennzeichnet.

Die nachhaltige Verankerung digitaler Medien ist an dieser Schule trotz zahlreicher Bemühungen – wie etwa die komplette Vernetzung des gesamten Schulgebäudes durch das Kollegium – gescheitert. Es fehlen eine Verbindung der medienbezogenen Einzelaktivitäten und eine Einigung auf ein IT-Ausstattungskonzept. Vor allem die Maßnahmen des Schulträgers werden als innovationshemmend beschrieben.

b) Schulische Rahmenbedingungen der Fallschule D

Die *Hauptschule* in einer *Großstadt in NRW* arbeitet nach den Grundsätzen der *Montessori-Pädagogik*. In 2006 unterrichten 29 Lehrpersonen 434 Schülerinnen und Schüler. Die Schulgröße ist seit dem Schulbesuch in 2001 unverändert. Nach wie vor stammen in 2006 viele Schülerinnen und Schüler aus sozial schwachen Elternhäusern. Zwischen 50 und 75 Prozent der Schülerinnen und Schüler sprechen nach Schätzung der Schulleiterin zu Hause Deutsch. Die Lehrpersonen sind sehr engagiert, das Kollegium wird jedoch durchweg als *„alt"* beschrieben: Viele Lehrpersonen stehen kurz vor der Pensionierung. Die junge, *neue Schulleiterin* ist formal seit zwei Jahren an der Schule tätig: Bedingt durch Elternzeiten ist sie aber erst einige Monate vor unserem Schulbesuch in der Schule präsent. Seit dem Schulbesuch in 2001 wurde die Schule von der stellvertretenden Schulleiterin in der Doppelfunktion Schulleiterin/Stellvertreterin über einen Zeitraum von mehr als zwei Jahren kommissarisch geleitet.

Die Schule ist zum Zeitpunkt unseres Schulbesuches *keine selbstständige Schule im Sinne erweiterter Schulautonomie*. Trotz zahlreicher Bemühungen des Kollegiums und der Schulleitung hat die Schule keinen Ganztagsschulstatus. Neben der Verpflichtung auf das Montessoriprinzip nimmt die Schule an der Buddy-Initiative teil: Seit 1998 engagiert sie sich, die *sozialen Kompetenzen* der Schülerinnen und Schüler zu verbessern.

Die Formulierung eines spezifischen *Medienkonzeptes* war für das Jahr 2007 geplant, ist aber – so das Ergebnis einer ergänzenden Recherche im Anschluss an die eigentliche Erhebung – nicht realisiert worden. Medien sind im Schulprogramm eher randständig erwähnt, obwohl im Unterricht der Schule bereits seit mehr als 15 Jahren digitale Medien eingesetzt werden. Demgegenüber stehen zahlreiche – auch auf verschiedenen Webseiten dokumentierte – Medienprojekte einzelner Lehrpersonen. Die Schule hat weder ein didaktisch noch ein technisch ausgerichtetes Medienteam eingerichtet, wohl aber eine *aus vier Lehrpersonen bestehende Medien-Fachkonferenz.* Während die im Medienbereich engagierten Lehrpersonen sehr ambitionierte Ziele und Visionen mit der Medienarbeit verknüpfen, sind Aspekte wie Medienkompetenz, Medienerziehung und eine stärkere Schülerorientierung nicht konzeptionell verankert. Nur wenige Lehrpersonen nutzen Notebooks im Unterricht und nach Aussagen der Schulleiterin ungefähr 51 bis 75 Prozent *Computer und Internet im Unterricht.* Whiteboards und mobile Endgeräte für Schülerinnen und Schüler sind nicht vorhanden. Die Lehrerbefragung ergibt, dass 63 Prozent der Lehrpersonen das Internet im Unterricht nutzen und 53 Prozent den Computer ohne Zugriff auf das Internet. Fast 69 Prozent der schriftlich befragten Lehrpersonen setzen den Computer und auch das Internet etwas oder viel häufiger im Unterricht ein als fünf Jahre zuvor. Es gibt keine schulweiten Ausstattungs- und Wartungskonzepte. In den Klassenräumen findet man mindestens einen, in einer Klasse sogar vierzehn Computerarbeitsplätze. Weitere stationäre Computer befinden sich im Computerraum der Schule, in Fachräumen und im Werkstatt-Raum. Bei der Wartung des Computerraumes wird der Computerkoordinator formal vom *Schulträger* unterstützt, der im Rahmen einer Initiative in 2005 den Computerraum neu ausgestattet hat. Die Wartung der Rechner in den Klassenräumen behalten sich die engagierten Lehrpersonen aber selbst vor, um autark zu bleiben. Die Schule ist nicht in Förderprogramme zur Integration digitaler Medien eingebunden, profitiert aber in Bezug auf die Ausstattung vom Engagement des Schulträgers.

c) Kurzfassung des im Rahmen der SITES M2 begleiteten IPPUTs an der Fallschule D

Das SITES-M2-IPPUT, als Klassen übergreifendes Unterrichtsprojekt, verband die Nutzung traditioneller Medien (Audiomedien, Videos) mit dem Einsatz digitaler Medien (Computer, Internet). Dazu erstellten die Schülerinnen und Schüler der Jahrgangsstufe 10 des Medienwahlpflichtunterrichts in Zusammenarbeit mit der Medien-AG Radiobeiträge, Videos und Internet-Präsentationen. Der Unterricht wurde im Rahmen des Schulbesuches und der Unterrichtsbeobachtungen videografiert. Das Projekt zielte auf Medienerziehung anhand authentischer Aufgabenstellungen ab. Dazu wurden ältere Schülerinnen und Schüler als Schüler-Lehrer eingesetzt, die in kleinen Gruppen mit jüngeren Kindern arbeiteten. Der begleitete Innovationslehrer, der auch im Rahmen der Folgeuntersuchung als solcher erneut interviewt werden konnte, stellte durchgehend schülerzentriertes Lernen in den Mittelpunkt.

d) Nachhaltigkeitsprofil und weitere Befunde der Analysen zur Nachhaltigkeit der Fallschule D

Bereits ein erster Blick auf die Nachhaltigkeitsprofile der Fallschule D (s. Diagramme in den Abbildungen 4-8 und 4-9) zeigt, dass die Fallschule D in Bezug auf die nachhaltige Integration digitaler Medien im Vergleich zu den anderen Fallschulen schwach abschneidet.

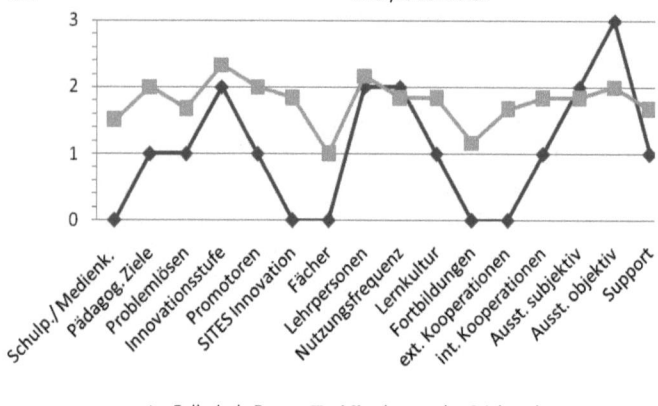

→ Fallschule D   ■ Mittelwerte der Stichprobe

Abbildung 4-8: Nachhaltigkeitsprofil der Fallschule D

Eine Besonderheit der Fallschule ist, dass die Technologien (vgl. Abbildung 4-9) jedoch überdurchschnittlich gut entwickelt sind. Vor allem der Ausstattungsumfang weist im Vergleich zum Bundesdurchschnitt im Referenzjahr 2006 einen hohen Wert für die ‚Objektiv eingestufte Ausstattungsqualität' auf.

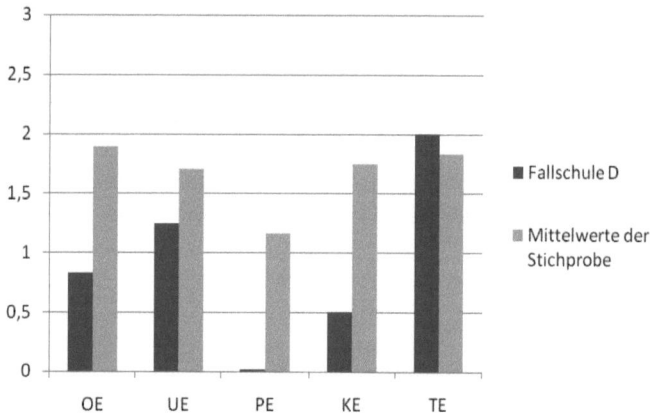

Abbildung 4-9: Nachhaltigkeitsprofil der Fallschule D bezogen auf die fünf Ebenen der Schulentwicklung mit digitalen Medien

Diese Beobachtung kann so interpretiert werden, dass eine Bereitstellung der Technik noch keine nachhaltige Integration digitaler Medien bewirken kann. Dies entspricht den Forschungsbefunden anderer Studien (vgl. Abschnitt 2.4, dort u.a. Elsener, Luthiger & Roos, 2004).

Im Folgenden wird ausführlicher dargestellt, wie sich die einzelnen Einschätzungen der 16 Indikatoren aus der Datenlage ergeben.

Indikatoren auf der Ebene der Organisationsentwicklung (Fallschule D)

1. Verankerung digitaler Medien im Schulprogramm, im Medienkonzept bzw. in schuleigenen Curricula

Ausprägung: 0; nicht oder randständig im Schulprogramm.

Die Fallschule D hat seit dem Jahr 2000 ein Schulprogramm, das im Herbst 2006 aktualisiert wurde und auf der Schulhomepage veröffentlicht ist. In dem Schulprogramm wird als eine von acht angeführten *„Fördermaßnahmen"* die Förderung von Medienkompetenz ausgewiesen. Durch die gesamte Vernetzung der Schule und Internetzugängen in allen Klassen sollen den Schülerinnen und Schülern *„frühzeitige Lernerfahrungen mit Computer und Internet"* vor allem im Rahmen der Freiarbeit angeboten werden *(Schulprogramm)*. Auffällig ist, dass der medienbezogene Teil des Schulprogramms seit 2000 nicht aktualisiert wurde. Die Inhalte beziehen sich auf eine Bestandsaufnahme der Ausstattung und der Einsatz*möglichkeiten*. Sie sind wenig konkret und nicht verbindlich. Die Frage nach der Existenz eines schulischen Medienkonzeptes wird im Rahmen der Nachuntersuchung sehr vielfältig beantwortet. Die stellvertretende Schulleiterin weiß nicht, ob es überhaupt ein Medienkonzept gibt. Der Innovationslehrer legt dar, dass in der Schule *„relativ früh [ein Medienkonzept] existent war"*, das sich aber im Wesentlichen auf technische Aspekte bezog und nicht verschriftlicht wurde. Der Computerkoordinator führt aus, dass es ein *„kleines"* Konzept gab, dass aufgrund fehlender technischer Bedingungen und fehlender Kompetenzen bei den Lehrpersonen nicht umgesetzt wurde. Die neue Schulleiterin erklärt dazu im Interview, dass über die Jahre eine *„Unlust"* entstanden sei, sich konzeptionell mit der Medienarbeit auseinanderzusetzen. Schulleiterin und Computerkoordinator geben an, dass die Erstellung eines Medienkonzeptes zukünftig beabsichtigt sei.

2. Verbindung digitaler Medien zu den zentralen pädagogischen Zielsetzungen der Schule

Ausprägung: 1; Verbindung wird nicht von allen gesehen und getragen.

Grundsätzlich stellen die befragten schulischen Akteure einen Zusammenhang zwischen den pädagogischen Zielen der Schule und den Potenzialen des Einsatzes digitaler Medien im Unterricht her. Aus den schriftlichen Daten der Schulleiterin geht hervor, dass die Förderung von Informationsmanagement, die Realisierung unterschiedlicher Lerntempi, die Einbeziehung von Schülerinnen und Schülern in projektorientierte und kooperative Lernformen, das fächerübergreifende Lernen, das Kennen lernen von Suchstrategien und das Erarbeiten von Kriterien zur Bewertung recherchierter Informationen besondere Ziele der Schule sind, die durch den Einsatz digitaler Medien angestrebt werden. In den Interviews wird die Unterstützung des Erwerbs überfachlicher Ziele mithilfe von digitalen

Medien angesprochen. Die Zielgruppe der Hauptschüler könne – so zwei Lehrpersonen – durch den Medieneinsatz für den Arbeitsmarkt qualifiziert werden. Von verschiedenen Lehrpersonen wird eine Verbindung zwischen der Montessori-Pädagogik und dem Lernen mit digitalen Medien plausibel dargestellt. Die Verbindungen liegen in der Freiarbeit und in projektorientierten Lernarrangements. Allerdings wird das Fehlen geeigneter Konzepte benannt. Dies könnte erklären, warum sich die Umsetzung auf wenige Lehrpersonen beschränkt. Seit Ende der 1990er Jahre ist das BuddY-Projekt, das sich für eine Stärkung sozialer Kompetenzen einsetzt (vgl. www.buddy-ev.de), ein Arbeitsschwerpunkt. Verbindungen zwischen den Ideen dieses Projektes und der Medienarbeit stellt vor allem der engagierte Innovationslehrer her, indem er den Einsatz digitaler Medien mit dem Erwerb von sozialen Kompetenzen verbindet.

3. Umfang der Problemlösung der in 2000/2001 in Bezug auf die innovative pädagogische Praxis mit digitalen Medien formulierten, fallspezifischen Probleme ('Problemlösekapazität')

Ausprägung: 1; Probleme wurden teilweise gelöst.

Dem SITES-M2-Fallbericht sind fünf Problembereiche der Integration digitaler Medien zu entnehmen (s. dazu Fallbericht der Schule in Schulz-Zander et al., 2003). Dazu gehören der hohe Zeitaufwand, Probleme die die Medien-AG betreffen, das Fehlen von finanziellen Ressourcen und die fehlende Transparenz bei der Verwendung der Mittel sowie das Fehlen eines schulweiten Konzeptes zum Einsatz digitaler Medien. Die Analysen ergeben, dass die wesentlichen, den Schulentwicklungsprozess mit digitalen Medien betreffende Probleme nicht gelöst worden sind.

Ein in der SITES M2 identifiziertes Problem der Integration digitaler Medien ist der hohe Zeitaufwand, der mit dem Unterrichts- und Schulprojekt verbunden war und von dem Innovationslehrer bereitwillig aufgebracht wurde. Auch konnte dieser das zweite angeführte Problem, die Unterbrechung der Kontinuität der Arbeit der jahrgangsübergreifenden Medien-AG, auffangen, indem er stets Nachwuchs aus den unteren Jahrgangsstufen gewinnen konnte. Unterbrechungen entstanden durch das Ausscheiden eines Teils der beteiligten Schülerinnen und Schüler am Ende eines jeden Schuljahres. Da die Medien-AG aufgrund einer dünneren Personaldecke nicht mehr angeboten werden kann, ist das vorgenannte Problem nicht mehr aktuell. Die nächsten beiden Problemfelder betrafen die Finanzierung der IT-Ausstattung. Es fehlte an Mitteln für Neuanschaffungen und Instandhaltungen. Außerdem fehlte einigen Lehrpersonen die Transparenz bei der Vergabe der vorhandenen Mittel. Diese beiden Probleme bestehen unverändert. Zusätzlich ist weiterhin der Einsatz digitaler Medien stark vom Engagement einzelner Lehrpersonen abhängig: Ein verbindliches, schulweites Konzept gibt es nach wie vor nicht. Nur solche Lehrpersonen, die auch technisch versiert sind und die Ausstattung ihrer Klassen selber warten und administrieren, können digitale Medien kontinuierlich nutzen. Als Fünftes wurden Einschränkungen genannt, die durch die Vorgaben der Behörde und des Schulträgers bezüglich der Ausstattungskonzeption bestehen. Dazu gehört z.b. die zweckbestimmte Bereitstellung von Mitteln durch den Schulträger, die die schulischen Akteure lieber anders einsetzen würden. Dieser Punkt beschäftigt die Akteure noch immer. In der schriftlichen Befragung der Folgeuntersuchung stellen die Lehrpersonen die Installation des schulweiten Intranets und die Einrichtung von Computerarbeitsplätzen in den Klassenräumen als erwähnenswerte Fortschritte dar. Beide Veränderungen gehen auf ein hohes Engagement der Lehrpersonen zurück, werden aber von Maßnahmen des Schulträgers durchkreuzt: Die Stadt als Schulträger plant, das Schulnetz und die bereits eingerichteten Arbeitsplätze außer Betrieb zu nehmen. Stattdessen hat sie einen Computerraum eingerichtet und stellt Einzel-PCs für jeden Flur auf fahrbaren Tischen mit Peripheriegeräten zur Verfügung, das die Lehrpersonen als *„Teewagen-Modell"* bezeichnen. Ergänzend gibt der Computerkoordinator an, dass das Problem der geringen Geschwindigkeit der Internetverbindung in den letzten Jahren nicht gelöst werden konnte.

4. Stufe der Innovation

Ausprägung: 2; Digitale Medien sind für bestimmte Bereiche (Fächer, Personen) nicht mehr als Innovationen anzusehen, sondern in den Alltag integriert.

Im Vorfeld des Schulbesuches hat der Computerkoordinator im Fragebogen angegeben, dass die Relevanz der Computernutzung im Unterricht nicht mehr infrage gestellt wird. Die Analyse der Interviews ergibt diesbezüglich ein differenzierteres Bild. Es gibt einen Teil des Kollegiums, der digitale Medium selbstverständlich im Unterricht nutzt. Die Klassenräume dieser Lehrpersonen sind mit bis zu 14 stationären Computerarbeitsplätzen ausgestattet und untereinander vernetzt. In diesen Klassen werden aufgrund der spontanen Verfügbarkeit digitale Medien flexibel in Lernprozesse einbezogen. Für einen anderen Teil des Kollegiums stellt die Integration digitaler Medien eine erhöhte oder nicht überwindbare Hürde dar:

Nach einer guten Anfangsausstattung im Kontext der Initiative ‚Schulen ans Netz' gab es keine Folgeprogramme zur Ausstattungsunterstützung. Nach Einschätzung der Schulleiterin *„[lässt] man damit die Lehrer im Regen stehen" (Schulleiterin)*. Diese Aussage bezieht sich auch auf Aspekte der Fort- und Weiterbildung.

Der Schulträger hemmt die Innovation durch eine nicht an den Bedarf angepasste Unterstützungsstruktur. Nur diejenigen Lehrpersonen, die sich selbstständig in Systemadministration eingearbeitet haben, können digitale Medien flexibel nutzen.

Durch fehlende innerschulische Konzepte sind die didaktischen und technischen Expertisen, die im Kollegium vorhanden sind, nicht transferiert worden. Die Schulleiterin beschreibt dies sehr anschaulich:

> Von dem konzeptionellen Grundgedanken sind wir aus den Kinderschuhen noch nicht sehr viel weiter gekommen. [...] Wir sind ja aufgefordert, eigene Konzepte zu entwickeln. [...] Und [zu] sagen: Wir versuchen gemeinsam unseren Weg zu gehen und unsere Ressourcen [zu nutzen], die wir hier ja wirklich haben, durch Kollegen, die Kompetenzen besitzen. (Schulleiterin)

Damit fehlt in dieser Schule letztlich – wenn man im Stufenmodell von Schnoor (1998, vgl. Abschnitt 2.3.5) bleibt – der Übergang von der additiven Nutzung zur systematischen Nutzung durch Entwicklung von schuleigenen Konzepten. Bleibt zu bilanzieren, dass eine *additive* Integration über die Jahre stabil geblieben ist.

5. Promotoren der Innovation (bzw. Aufrechterhaltung der Innovation, wenn diese schon implementiert ist)

Ausprägung: 1; Es gibt stellenweise Promotionsaktivitäten, die aber wenig wirksam sind.

Die Fallschule hat durchaus das Potenzial, aus eigener Kraft die Integration digitaler Medien durch Aktivierung geeigneter Macht-, Fach- und Prozesspromotoren zu befördern. In den fünf Jahren zwischen der Basiserhebung bis zur Erhebung im Rahmen der Folgeuntersuchung ist dieses Potenzial nicht ausgeschöpft worden. Die stellenweise vorhandenen Promotionsaktivitäten waren scheinbar nur im Hinblick auf die Weiterentwicklung einzelner, bereits eingebundener Lehrpersonen wirksam. Kandidaten für die Fach- und Prozesspromotion, wie etwa der interviewte Innovationslehrer, haben ihr Wissen nicht in der Weise einsetzen können, dass Nicht-Nutzer oder ‚Schwellennutzer' partizipieren konnten. Als Beispiel sei der interviewte Nicht-Nutzer angeführt, der schon mehrere Versuche unternommen hat, digitale Medien in seinen Unterricht zu integrieren, aber stets an technischen Schwierigkeiten gescheitert ist.

Als Folge des Ausscheidens des ehemaligen Schulleiters, der zum Ende seiner Dienstzeit nach Einschätzung des Innovationslehrers die Schule nur noch *„verwaltet"* hat, und bedingt durch nachfolgende kommissarische Vertretung der Schulleitung durch eine ältere Nicht-Nutzerin gab es über einen mehrjährigen Zeitraum keine Machtpromotionsaktivitäten. Die neue, engagierte Schulleiterin, die sich als Nutzerin beschreibt, befindet sich zum Anfang ihrer Amtszeit noch in der Einarbeitungsphase und ist erst durch das dargestellte Forschungsprojekt auf das besondere Potenzial ihrer Schule im Medienbereich aufmerksam geworden. Für die Zukunft plant sie, die Prozess- und Fachpromotion durch die Aktivierung des Medienteams zu befördern. Allerdings fügt sie nach Selbst- und Fremdeinschätzung nicht über das nötige Expertenwissen, die Fach- und Prozesspromotion inhaltlich mitzugestalten und ist auf die Expertise ihrer Kollegen angewiesen:

> Frau P. hat mit Computern nicht so viel zu tun gehabt bisher. Sie bemüht sich jetzt aber, da mit rein zu kommen. Sie ist aber auf das, was man ihr sagt, angewiesen: Wenn jetzt der Herr K. das sagt und der Herr R. das sagt, dann muss sie beiden erst einmal glauben. (Nicht-Nutzerin, stellvertretende Schulleiterin)

Ihre Möglichkeiten auf der Ebene der Machtpromotion sieht die Schulleiterin zukünftig in der Positionierung der Schule gegenüber den Maßnahmen des Schulträgers und in einer Unterstützung der Profilierung des schulischen Medien- und Ausstattungskonzeptes. Sie verdeutlicht nachdrücklich die Begrenztheit ihrer Möglichkeiten:

> Es darf nie etwas kosten. Das ist ganz schwierig. [...] Ich kann überlegen, ob ich einen Lehrer einstelle oder ob ich einen Softwareadministrator einstelle. Nur muss ich ja auch für den Unterricht sorgen. Wenn ich dann einen Lehrer weniger habe, sind meine Lerngruppen größer.

Dann unterrichte ich Klassen mit über dreißig Schülern. Das ist an der Hauptschule der Tod. Dann brechen mir die Kollegen zusammen. Von daher: Ich verwalte den Mangel und da stoße ich auch an meine Grenzen. (Schulleiterin)

Indikatoren auf der Ebene der Unterrichtsentwicklung (Fallschule D)

6. Besteht die Innovation aus SITES überhaupt noch?

Ausprägung: 0; nicht mehr.

Im Rahmen der SITES M2 wurde an dieser Fallschule vor allem die Medien-AG forschend begleitet. Diese Arbeitsgemeinschaft ist aus Gründen fehlender personeller Ressourcen (Lehrermangel) gestrichen worden. Der Innovationslehrer, der die Medien-AG geleitet hat, hat die aus seiner Sicht wesentlichen Ideen in seinen Unterricht integriert und in eine andere, neue Arbeitsgemeinschaft zum sozialen Lernen einfließen lassen.

7. Verbreitung im Hinblick auf die Fächer

Ausprägung: 0; kein Fach.

In den Interviews werden stellenweise Aktivitäten einzelner Lehrpersonen zum Einsatz digitaler Medien berichtet. Die schriftliche Befragung der Zehntklässler ergibt, dass für alle Fächer mehr als zwei Drittel der Schülerinnen und Schüler angaben, digitale Medien *„nie"* im Unterricht zu nutzen. Lediglich die Fächer Deutsch und Geschichte/Politik verbuchen überhaupt messbare Einsatzquoten. Aus der Analyse dieser Schülerdaten und dem Fehlen von fachspezifischen Konzepten ergibt sich die niedrigste Bewertung des Indikators.

8. Verbreitung im Hinblick auf die Lehrpersonen

Ausprägung: 2; 50 %< x≤7 5 %.

Die Fallschule D ist die einzige Fallschule der Stichprobe, in der die Anzahl der Nutzer in den fünf Jahren des Beobachtungszeitraums nicht angestiegen ist. Zum einen gab es keine oder kaum Fluktuationen und Neuzugänge im Kollegium. Diese hatten in anderen Fallschulen vor allem durch die Einstellung junger Lehrpersonen zu einer Erhöhung der Nutzerquote geführt. Als weitere Begründung führen die Nicht-Nutzer an, dass die kompetenten Lehrpersonen ihr Wissen nicht systematisch weiter gegeben haben – auch wenn sie bei Rückfragen helfend zur Verfügung standen. Die hohe Hilfsbereitschaft reichte aber nicht aus, um Vorbehalte und Berührungsängste der Nicht-Nutzer zu überwinden oder technische Probleme zu beheben. Obwohl die Intensität der Computernutzung stark innerhalb des Kollegiums variiert, gibt es neben den intensiven Nutzern, deren Anzahl mit *„drei bis vier"* (Nicht-Nutzerin) angegeben wird, einen größeren Teil des Kollegiums, der digitale Medien zumindest gelegentlich nutzt. Nach Selbstauskunft der Lehrerinnen und Lehrer im Rahmen der schriftlichen Befragungen nutzen fast zwei Drittel Computer im Unterricht. Etwas mehr greifen auf das Internet zurück.

9. Nutzungsfrequenz digitaler Medien im Unterricht

Ausprägung: 2; eher häufig.

Digitale Medien werden im Unterricht der Jahrgangsstufen 6 bis 10 eingesetzt. Nach Einschätzung des Computerkoordinators haben etwa die Hälfte bis drei Viertel der Schülerinnen und Schüler bis zur Klasse 10 (einschließlich) Computer und das Internet im Unterricht genutzt. Über 40 Prozent der Schülerinnen und Schüler nutzen digitale Medien mindestens einmal wöchentlich. Dieser Wert liegt im Bereich des in PISA 2006 im gleichen Jahr ermittelten Durchschnitts (vgl. Senkbeil & Wittwer, 2007) und ist durchaus vergleichbar mit den Nutzungszahlen der anderen Fallschulen. Mehrheitlich sind die Schülerinnen und Schüler der Jahrgangsstufe 10 mit der Nutzungshäufigkeit unzufrieden: Etwa drei Viertel der Zehntklässler äußern den Wunsch nach einer häufigeren Nutzung digitaler Medien im Unterricht.

10. Veränderte Lernkultur

Ausprägung: 1; nur in einzelnen Projekten einzelner Lernpersonen.

Hinsichtlich einer neuen Lernkultur im Sinne von Schüleraktivierung, Selbststeuerung von Lernen, Verantwortlichkeit für den Lernerfolg und einem lernförderlichen Schüler-Lehrer-Rollenverständnis sind die Lehrpersonen der Fallschule auch aufgrund ihrer Nähe zur Montessori-Pädagogik positiv eingestellt. Die Lehrpersonen stellen in den Interviews auf Nachfragen Verbindungen zwischen einer veränderten Lernkultur und dem Einsatz digitaler Medien her. Fast drei Viertel der Lehrpersonen sehen sich im computergestützten Unterricht als Lernmoderator. Die tatsächliche Umsetzung beschränkt sich aber zum Erhebungszeitpunkt der Nachuntersuchung eher auf wenige, besonders engagierte Lehrpersonen oder auf vereinzelte Projekte.

Indikator auf der Ebene der Personalentwicklung (Fallschule D)

11. Fortbildung (Angebot, Teilnahme, Nützlichkeit)

Ausprägung: 0; gar nicht ausreichend.

Der Fortbildungsbereich schneidet bei der Bewertung durch die schulischen Akteure im Allgemeinen nicht zufrieden stellend ab. Dies bezieht sich auch auf Fortbildungen im Medienbereich. Diesbezügliche Fortbildungsmöglichkeiten sieht der Computerkoordinator vor allem schulintern; also in informellen Gesprächen, durch Unterrichtshospitationen, Austausch im Kollegium und durch Dienstbesprechungen. Im Interview nachgefragt, stellt er bisher kaum eine Umsetzung der vorgenannten Möglichkeiten fest. Nach seinen Angaben liegt die Teilnahmequote an organisierten medienspezifischen Fortbildungen bei höchstens zehn Prozent. Fortbildungen im Medienbereich sind seiner Meinung nach eher unbeliebt. Die neue Schulleiterin wünscht sich ein umfassenderes Fortbildungsangebot vonseiten des Schulträgers. Sie räumt ein, dass aufgrund der hohen Arbeitsbelastung die Fortbildungsbereitschaft eher verhalten sei. Fortbildungen durch Externe schätzt sie als wenig nützlich ein. Trotzdem findet die Verbreitung im Kollegium vorhandener Kompetenzen, z.B. durch schulinterne Fortbildungen, vergleichsweise wenig Einbindung.

Indikatoren auf der Ebene der Kooperationsentwicklung (Fallschule D)

12. Pflege und Weiterführung der Kooperation mit Externen

Ausprägung: 0; keine (mehr).

Es gibt keine nennenswerte Zusammenarbeit im Medienbereich mit Externen. Der Computerkoordinator arbeitet in vierteljährlichen Gesprächsrunden mit Vertretern anderer Sekundarstufen im Schulträgerbezirk zusammen. Schulübergreifende Kooperationen gibt es ansonsten vor allem mit anderen Hauptschulen. Diese beziehen sich aber nicht auf den Einsatz digitaler Medien. Die Kooperationen mit dem Schulträger werden eher als kontraproduktiv wahrgenommen. Dieser implementiert in allen Schulen seines Bezirks ein einheitliches IT-Ausstattungskonzept, das von den innovativen Lehrpersonen dieser Schule als ungünstig eingeschätzt wird. Der Schulträger spaltet damit das Kollegium in Befürworter und Gegner des Schulträgerkonzeptes. Dieser Prozess *„lähmt"* nach Einschätzung der Schulleiterin die Arbeit der Schule. Sie wünscht sich überdies mehr Unterstützung und Förderung durch Externe. Zu ergänzen ist, dass einzelne Mitglieder des Kollegiums Kooperationen mit Externen gegenüber sehr aufgeschlossen sind. Beispielsweise werden schulische Neuerungen und Aktivitäten der Schule auf der Schulhomepage veröffentlicht. Die Arbeit der Schule im Bereich des sozialen Lernens hat dabei einen besonderen Stellenwert.

13. Verankerung schulinterner Kooperationen in Bezug auf digitale Medien, inklusive des Transfers medienbezogener Innovationen innerhalb der Schule

Ausprägung: 1; vorhanden aber unsystematisch.

Es kooperieren vor allem diejenigen Lehrpersonen im Bereich digitaler Medien miteinander, die auch in anderen Bereichen kooperieren. Der Austausch findet eher informell, z.B. im Lehrerzimmer, statt. Eine Kollegin ist für die Anschaffung von Software zuständig und führt andere Kollegen in die Arbeit mit der angeschafften Software ein. Als Arbeitserleichterung wird der Austausch von Materialien über E-Mail-Kommunikation geschätzt. Vor allem die Innovationslehrpersonen tauschen sich untereinander aus. Hingegen arbeiten etwa zwei Drittel der Lehrpersonen nie gemeinsam an Materialien oder Konzepten für den computergestützten Unterricht. Aufgrund der verschiedenen Positionen im Kollegium gegenüber dem Schulträgerkonzept und den großen Unterschieden hinsichtlich computerbezogener Kompetenzen wird eine breite Kooperation im Kollegium von den Akteuren als schwierig eingeschätzt. Erschwerend kommt hinzu, dass der ehemalige Schulleiter Kooperationen im Kollegium grundsätzlich nicht befördert hat. Die neue Schulleiterin wird als Hoffnungsträgerin in Bezug auf die Entwicklung schulinterner Kooperationen beschrieben. Als mögliche Lehrerkooperationen werden die Reaktivierung des Medienteams und gegenseitige Unterrichtsbesuche projektiert.

Indikatoren auf der Ebene der Technologieentwicklung (Fallschule D)

14. Subjektiv wahrgenommene Ausstattungsqualität

Ausprägung: 2; eher ausreichend.

Der Computerkoordinator gibt in der schriftlichen Befragung an, dass die technische Ausstattung der Schule *„eher ausreichend"* sei. Diese Einschätzung bestätigen sowohl die schriftlich befragten als auch die interviewten Akteure. Bezüglich des Ausstattungskonzeptes und der Abhängigkeit vom Schulträger gibt es ungelöste Differenzen im Kollegium, die die Zufriedenheit mit der Ausstattung beeinträchtigt. Die stellvertretende Schulleiterin erklärt, dass technische Probleme die pädagogischen Überlegungen überlagern. Die vergleichsweise umfangreiche IT-Ausstattung und die Vernetzung der Computer zu einem Intranet sind auf das Engagement einer Gruppe von Lehrpersonen zurückzuführen. Der Schulträger hat einen Computerraum neu eingerichtet und die Schule mit fahrbaren Computerstationen ausgerüstet. Dabei stoßen die Maßnahmen des Schulträgers eher auf Ablehnung:

> Also wir machen hier faktisch die Infrastruktur für eine Vernetzung und jetzt kommt E-SCHOOL [Bem.: E-School ist der Name des Schulträgerkonzeptes] daher und will dann sagen: Das Netz gehört uns. [...] Was soll das denn? [...] Das sind sehr perfide Kontrollen und Maßregelungen drin, die also wirklich auf eine Art und Weise unangenehm sind. Man könnte schon sagen, das sind unfreundliche Akte. So zwischen Staaten würde das dann doch schon Krisensituationen hervorrufen lassen. (Innovationslehrer)

Insgesamt scheint das Kollegium mit der Ausstattung insgesamt zufrieden zu sein und erreicht mit 2,86 einen Summenscore, der auf der ermittelten Ausstattungszufriedenheitsskala im unteren Mittelfeld liegt.

15. Objektiv eingestufte Ausstattungsqualität

Ausprägung: 3; überdurchschnittlich.

Aus den Angaben über die Gesamtzahl der für die Schülerinnen und Schüler zur Verfügung stehenden Computer und die Gesamtzahl der Lerner kann das Schüler-Computer-Verhältnis zu 5:1 ermittelt werden. Dieser Wert liegt weit über dem Bundesdurchschnitt für Sekundarschulen im Referenzjahr. Auch die Qualität der Ausstattung ist vergleichsweise gut: Die gesamte Schule ist vernetzt. Weiterhin gibt es sowohl in den Klassenräumen Computern, einen neu ausgestatteten Computerraum und fahrbare Computerstationen mit stationärem Rechner, Laptops und Peripheriegeräten. Die Anzahl der Rechner in den Klassenräumen variiert zwischen einem und vierzehn. Weiterhin verfügt die Schule über eine Werkstatt mit neun PCs. Drei Fachräume (Physik, Chemie und Musik) verfügen über je fünf Computerarbeitsplätze. Für die insgesamt 29 Lehrpersonen stehen immerhin vier Computerarbeitsplätze zur Verfügung. Hinzu kommen Computer für die Schulleitung und den Computerkoordinator.

16. Technischer Support

Ausprägung: 1; eher nicht ausreichend.

Der neu ausgestattete Computerraum wurde vom Schulträger eingerichtet und wird von diesem auch gewartet, sobald die Gewährleistungsfrist durch den Hersteller abgelaufen ist. Für die Wartung der weiteren gut 70 Computer der Schule ist der Computerkoordinator zuständig, der von einzelnen Lehrerpersonen Unterstützung bekommt. Er erhält dafür nur eine Entlastungsstunde. Defekte Geräte repariert er in seiner Freizeit.

Im Ergebnis folgt aus dem bestehenden Wartungskonzept, dass trotz des außerordentlichen Engagements des Computerkoordinators vor allem diejenigen Lehrpersonen flexibel digitale Medien im Unterricht einsetzen, die die Computer in den Klassenräumen ihrer Klassen selber warten und technische Probleme selbstständig lösen können. Auf der Schulebene aggregiert weist die Schule den niedrigsten Faktorscore in Bezug auf die Zufriedenheit mit dem technischen Support in der gesamten Stichprobe auf. Ein Nicht-Nutzer spekuliert, dass die Überwindung der technischen Probleme durch eine regelmäßige Wartung der Geräte zu einem höheren Anteil an Nutzern führen könnte:

> Wenn man sich ständig drum kümmert, ist wahrscheinlich weniger kaputt, als wenn man sich nur so sporadisch drum kümmern muss. Und wenn das laufen würde, dann würden die Computer mir Sicherheit sehr viel mehr benutzt. (Nicht-Nutzer)

e) Förderliche und hemmende Bedingungen der Integration digitaler Medien an der Fallschule D

Die Tabelle 4-5 gibt eine Übersicht über die zentralen Bedingungsfaktoren und damit bereits erste Hinweise auf starke Hemmfaktoren auf allen vier schulischen Ebenen. Förderliche Bedingungen greifen in dieser Fallschule nur für einzelne Lehrpersonen.

Tabelle 4-5: Übersicht Bedingungsfaktoren Fallschule D

	Hemmende Bedingungsfaktoren	Förderliche Bedingungsfaktoren
Kontextebene	Ausstattungskonzept des Schulträgers Beschränkte Verfügbarkeit über finanzielle Mittel Fehlende Unterstützung bei der Wartung der Computersysteme Fehlende außerschulische Computerausstattung	Zufriedenheit mit der Ausstattungsinitiative des Schulträgers (einige Lehrpersonen) Einbindung in Forschungsprojekt

	Hemmende Bedingungs- faktoren	Förderliche Bedingungs- faktoren
Inputebene	Hemmende Lehrervariablen	Schutzsoftware
	Hauptschul- und nicht schulform- spezifische Bedingungen Personelle, materielle, finanzielle und zeitliche Bedingungen	Einstellungen und Engagement im Kollegium, insbesondere ein- zelner, besonders engagierter Lehrpersonen
Schulebene	Schulmanagement Schulkultur Kooperationen Personalentwicklung	Ansätze, eine akzeptierte Schul- kultur und gemeinsame Visionen zu entwickeln Ansätze, innerschulische Koope- rationen aufzubauen
Unterrichtsebene	Unreflektierte Übernahme von Inhalten aus dem Internet Schwierigkeiten im Unterrichts- verlauf Hoher Zeitaufwand bei der Unter- richtsvorbereitung Nicht immer effektive Nutzung von Unterrichtszeit	Möglichkeiten zur Unterstützung des Erwerbs von überfachlichen und sozialen Kompetenzen Positive Auswirkungen des Me- dieneinsatzes auf die Unterrichts- gestaltung Stärkere Schüleraktivierung Förderung kooperativen Lernens Möglichkeiten zur Individualisie- rung und Förderung

Hemmende Bedingungen auf der Kontextebene (Fallschule D)

In keiner der anderen Fallschulen ist die nachhaltige Integration digitaler Medien so sehr durch die Kontextebene gehemmt wie in dieser. Es ist vor allem die Stadt als Schulträger, die versucht, der Schule ein Ausstattungskonzept zu verordnen, das aus Sicht schulischer Akteure nicht zu den pädagogischen Zielen der Schule passt, da es offene Unterrichtsformen und eine flexible Nutzung digitaler Medien nicht unterstützt. Kritisiert wird auch, dass der Schulträger vorhandene Innovationsansätze und technische Entwicklungen nicht genügend berücksichtigt. Nur wenige Lehrpersonen heißen das Vorgehen und das Ausstattungskonzept des Schulträgers gut. Der Einfluss der Stadt ist vergleichsweise groß, weil sie als Schulträger nur Gelder für ausgewählte IT-Ausstattungskomponenten zur Verfügung stellt.

Während die meisten Lehrpersonen vorzugsweise auf Computer in den Klassenräumen zurückgreifen, unterstützt die Stadt die Einrichtung eines Computerraums und die Anschaffung von *„Teewagen"*, wie einzelne mobile Geräte auf einem fahrbaren Tisch in der Kombination mit einem Beamer und einem Drucker von den schulischen Akteuren genannt werden. Das Vorgehen der Stadt beschreibt eine Lehrperson wie folgt:

Da bekam unser früherer Schulleiter einen Anruf. *Möchten Sie Computer haben? Ja, welcher Schulleiter sagt ‚nein'? Natürlich sagt er, klar, nehme ich.* Die haben aber nicht gefragt, was brauchen Sie denn in der Schule? Das heißt ja bei uns in D. scherzhaft das „Teewagenmodell". Fahrbar, mit allem dabei. Computer, Beamer, Drucker. Das ist nicht das, was wir brauchen. Wir brauchen im Grunde in jeder Klasse ein paar Computer. Je nachdem, wie der Lehrer das halt so handhabt. Das macht die Stadt aber nicht. [...] Die wollen es überall gleich haben. Und das ist einfach Mist. (Nicht-Nutzer)

Hinter der Idee der vereinheitlichten Ausstattung aller Schulen stecken nach Einschätzung der Lehrpersonen die Unkenntnis über bereits vorhanden Entwicklungen und Ignoranz gegenüber pädagogisch-didaktischen Aspekten. Weiterhin wird das seit Jahren vorhandene schulische Netzwerk vom Schulträger nicht akzeptiert:

Und wir sind ihm [Bem.: der zuständigen Person bei der Stadt] als Schule ein Dorn im Auge. Weil wir vor ihm begonnen haben, bevor er diese Einrichtung geleitet hat. Und wir schon sehr viel weiter waren, als er konzeptionell gedacht hat. Und der uns wirklich zwingen wollte, dass wir unser Intranet wieder abbauen. (Schulleiterin)

Hinzu kommt ein politisches Motiv, nämlich das Bestreben des Schulträgers zumindest auf dem Papier nachweisen zu können, dass jeder Schülerin und jedem Schüler in der Stadt zumindest im Prinzip ein Computer zur unterrichtlichen Nutzung zur Verfügung steht.

Den Lehrpersonen werden die Administrationsrechte aberkannt. Besonders einfallsreiche Lehrpersonen richten sich daher Computerarbeitsplätze in den Klassenräumen ein, die sie administrieren und vernetzten. Ein Lehrer hat beispielsweise 14 Arbeitsplätze im Klassenraum eingerichtet und teilweise privat finanziert. Vorhandene schulische Gelder können aufgrund des Kontextes nicht selbstbestimmt und im Sinne der pädagogischen Ziele der Schule eingesetzt werden und sind aus Sicht der Akteure schlecht investiert:

Wenn man für dieses Geld zum Beispiel einigermaßen vernünftige Computer für die Klassen angeschafft hätte, wäre das sehr viel sinnvoller gewesen. Hätte man auch nicht so viele Probleme, die am Laufen zu halten. Ich meine, das sind ja nun alte Hündchen teilweise. Daran liegen auch teilweise die Probleme. Dass die dann ihre Macken haben. Und das Geld ist einfach schlecht investiert. (Nicht-Nutzer)

Aus der Perspektive der langjährig tätigen Lehrpersonen würdigt der Schulträger nicht genügend, dass die Schule als eine der ersten Schulen in NRW Computer und Internet für das schulische Lernen zur Verfügung gestellt hat. Als weiterer Punkt wird in den Interviews angesprochen, dass es hinsichtlich der Wartung der Computersysteme keine Unterstützung gibt. Von den Lehrpersonen erwarte das Kultusministerium, dass *„dies alles so nebenbei laufen"* soll (Nicht-Nutzer).

Neben den vorgenannten hemmenden Bedingungen auf administrativer Ebene führt der Innovationslehrer die sozial benachteiligte Schülerschaft an. Seine Kernpunkte sind die unzureichende IT-Ausstattung der Schülerinnen und Schüler und fehlende häusliche Unterstützung:

> Ich habe zum Beispiel in meiner Klasse eine eigene Klassenhomepage, wo die alle ihre E-Mail-Kästen haben und die Eltern sich auch einloggen können. Wir haben auch Diskussionsforen da drin, die zwar noch nicht benutzt werden, weil die Eltern ja natürlich auch keine PCs haben. Aber das sind so Sachen, die als gedachte Ideen, glaube ich, ganz gut sind. Aber die setzen eben voraus, dass die Eltern auch schon so weit sind. Und das habe ich eben nur bei einigen wenigen. Und dass ich auch nur ein Teil von den Schülern habe, die also wirklich auch so ein Teil [Bem.: gemeint ist ein Computer] zuhause stehen haben. [...] Das ist aber leider überhaupt noch nicht wirklich Standard. (Innovationslehrer)

Sehr anschaulich wird mit diesem Zitat dargelegt, dass nicht von der in vielen Studien ermittelten fast gesättigten häuslichen Ausstattung der Schülerinnen und Schüler mit digitalen Medien auszugehen ist, sondern vielmehr die Einzelschulen betrachtet werden müssen. Ohne finanzkräftigen Kontext sind Schulen in sozial verdichteten Lagen benachteiligt. In der Folge kann – wenn die Lehrpersonen nicht so engagiert sind, wie an dieser Schule und mit eigenen Finanzmitteln und dem Einwerben von Geldern nachhelfen – das soziale Gefälle im Zugang zu digitalen Medien im Laufe der Schulzeit noch verstärkt werden. Zu ergänzen ist, dass die Einschätzung über die häusliche IT-Ausstattung der Schülerinnen und Schüler in dieser Schule nicht einhellig ist. Die stellvertretende Schulleiterin, die sich als Nicht-Nutzerin vorstellt, ist überzeugt, dass alle Schülerinnen und Schüler zu Hause einen PC nutzen können.

Förderliche Bedingungen auf der Kontextebene (Fallschule D)

Im Gegensatz zur Schulleiterin und zum Innovationslehrer begrüßt der Computerkoordinator der Schule das Engagement des Schulträgers. Sein Hauptargument in der Diskussion um die Rolle der von der Stadt gestarteten Initiative ist der knappe Schuletat, der wenig finanziellen Spielraum eröffnet. Beispielsweise seien Gelder für Ersatzbeschaffungen von Geräten in fachlichen Sammlungen wie Chemie, Physik oder Sport seit Jahren kaum mehr vorhanden. Daher habe die Schule nur begrenzt Möglichkeiten, Gelder aus dem Schuletat für die Computerausstattung aufzuwenden. Nach seiner Logik profitieren daher nicht nur die Computer-Nutzer davon, dass die Schule über die oben beschriebene, umstrittene Initiative des Schulträgers in Bezug auf die IT-Ausstattung unterstützt wird, sondern auch die Fachsammlungen.

Die Schulleiterin und der Innovationslehrer begrüßen die Durchführung der dieser Untersuchung zugrunde liegenden Studie. Sie hoffen auf positive Entwicklungen, die durch die Evaluation der schulischen Arbeit durch Externe angestoßen werden könnten. Die Erhebung an der Schule in Form von Fragebögen und Leitfaden gestützten Interviews hat die neue Schulleiterin kurz vor der Erhebung zum Anlass genommen, sich nach dem Stand der Entwicklung der Schule bezüglich des Einsatzes digitaler Medien zu erkundigen:

> Habe mich jetzt auch auf Ihren Besuch noch mal genau erkundigt. Ich habe mit jedem Kollegen noch mal gesprochen. Und habe auch, glaube ich, durch meine Nachfragen einiges noch mal losgetreten, was dieses Thema anging. Von daher bin ich auch eigentlich ganz froh, dass Sie gekommen sind. Und uns auch noch mal diesen Anlass bieten. (Schulleiterin)

Auch der Innovationslehrer zeigt sich *„begeistert"* über unsere Erhebung in der Schule und weist darauf hin, dass im Anschluss an unsere Erhebung die Fachkonferenz ‚Medien' plant, wieder aktiv zu werden. Er stellt in Aussicht, dass dieses Zusammentreffen zu einer Einigung hinsichtlich des Ausstattungskonzeptes und zu einer Formulierung eines schulischen Medienkonzeptes führen werde. Im Nachgang ist allerdings zu bemerken, dass auch ein Jahr nach der Erhebung der Folgestudie auf der schulischen Webseite kein Medienkonzept ausgewiesen wird und sich die Darstellung der Mediennutzung dort – und damit über sieben Jahre hinweg – nicht verändert hat.

Hemmende Bedingungen auf der Inputebene (Fallschule D)

Unter dem Gesichtspunkte der hemmenden Bedingungen konnten für diese Fallschule mehrere Aspekte identifiziert werden. Obwohl es sich auch um Einzelnennungen handelt, sind sie möglicherweise relevant, da sie in der Summe die Rekonstruktion der Situation der Schule und ihres Schulentwicklungsprozesses in Bezug auf digitale Medien unterstützen. Die Akteure führen auch Aspekte an, die die Schulform Hauptschule explizit betreffen.

1. Hauptschulspezifische Bedingungen

Die Lehrpersonen erachten es als wichtig, dass die Schülerinnen und Schüler – nicht zuletzt aufgrund des fehlenden Zugangs zu digitalen Medien im häuslichen Bereich – die Computerarbeitsplätze der Schule außerhalb der Unterrichtszeit, z.B. am Nachmittag nutzen können. Die Versuche, an Programmen der Landesregierung teilzunehmen und die Schule in diesem Rahmen in eine Ganztagsschule zu wandeln, sind allerdings gescheitert. Ein Lehrer äußert darüber seine Enttäuschung und weist auf die Disparität zwischen der in den Tagesmedien berichteten hohen Anzahl von Hauptschulen, die in Ganztagsschulen neu organisiert werden sollen, und dem tatsächlich geringen Anteil an Hauptschulen im Ganztagsschulprogramm hin. Er stellt einen Zusammenhang zu verschenkten Möglichkeiten der außerunterrichtlichen Mediennutzung her:

> Interviewerin: Besteht auch die Möglichkeit außerhalb des Unterrichts oder nach Schulschluss die Computer zu nutzen?
>
> Lehrer: Nein. Im Moment nicht. Wir haben jetzt gerade angefangen, im fünften Schuljahr Nachmittagsbetreuung anzubieten. Und ich meine, dieses Ganztagsschulprogramm der Landesregierung ist zwar mit großem Trara verkündet, bezieht sich aber nur auf ein Fünftel der Hauptschulen. Nach der Presse waren das ja fast alle Hauptschulen, die das machen. [...] Wir hätten das auch schon gemacht. Aber da bestand überhaupt keine Chance.

Die berichteten Problemlagen bestätigen sich auch in der schriftlichen Befragung: Immerhin ein Viertel der Lehrpersonen gibt an, dass die Schülerinnen und Schüler in Bezug auf den Umgang mit digitalen Medien zu geringe Kenntnisse mitbringen. Mehrheitlich (53 Prozent) werden zudem in der Fallschule D die Möglichkeiten, digitale Medien außerhalb der Unterrichtszeit in der Schule zu nutzen, als unzureichend beschrieben. Sie bilden daher nicht den gewünschten Ausgleich zum familiären Hintergrund der Schülerinnen und Schüler. Nach Angaben des Computerkoordinators sei vor allem die Hauptschulen bei der Integration digitaler Medien benachteiligt. Seiner Argumentation folgend ergibt sich die Benachteiligung daraus, dass das Unterrichtsfach Informatik an Hauptschulen in NRW nicht zum Fächerkanon gehört und daher die Schulträger keine Grundausstattung mit digitalen Medien zur Verfügung stellen müssen. Die Sonderstellung in Bezug auf die Ausstattung der Fallschule führt er – wie auch alle anderen Befragten – auf das besondere Engagement einzelner Lehrpersonen zurück. Trotz der guten Ausstattung geben mehr als zwei Drittel (71 %) der Lehrpersonen an, dass zu wenig Computer vorhanden sind. Noch mehr (82 %) weisen auf die schlechte Ausstattung mit Peripheriegeräten hin. Noch immerhin 50 Prozent führen eine unzureichende technische Ausstattung mit langsamen Computern an.

2. Nicht-schulformspezifische strukturelle Bedingungen

Für zusätzliches Engagement der Lehrpersonen gibt es nur wenige Entlastungsmöglichkeiten. Durch eine Änderung der Schulvorschriften dürfe nunmehr kein Unterricht wegen Fortbildungen ausfallen. Dies sei – so die Schulleiterin – keine günstige Voraussetzung, über Fortbildungen breites Interesse an der unterrichtlichen Nutzung digitaler Medien zu fördern:

> Ich kann ja nicht verlangen, dass die Kollegen samstags kommen, um dann den Computer, der ihnen vielleicht ein bisschen ungeheuer vorkommt, kennenzulernen. (Schulleiterin)

Enttäuscht zeigen sich die Befragten auch hinsichtlich der Ausstattungs- und Wartungssituation, die die Schule hemmt, den Schülerinnen und Schülern die Möglichkeit zu geben, Medienkompetenz zu erwerben. Im Einzelnen stellt sich dieses strukturelle Problem für die Schulleiterin wie folgt dar:

> Aber inhaltlich krankt es wirklich daran, dass jetzt nichts mehr folgt. Und ich habe wirklich das Gefühl, dass – jetzt nicht nur die Erfahrung an dieser Schule – man damit Lehrer wirklich im Regen stehen lässt. Die Anforderungen sind ganz groß. Und auch gesellschaftlich. Nicht nur seitens der Richtlinien, was wir den Kindern beibringen sollen. Natürlich müssen Schüler Medienkompetenz erwerben. Aber wir können es zum Teil einfach nicht leisten. Und da bekommen wir wenig Unterstützung. Das erlebe ich so. Ich sehe da auch nicht, dass das in den letzten Jahren besser geworden ist. (Schulleiterin)

Einen weiteren strukturellen Aspekt, der auch in einschlägiger Literatur zu finden ist (vgl. z.B. Terhart & Klieme, 2006) führt der Innovationslehrer an: Lehrerkooperationen, die er als wichtig für die breite Integration von digitalen Medien in Schulen bewertet, würden strukturell nicht gefördert werden. Sowohl die Lehrerausbildung als auch die Arbeitssituation an Schulen führen dazu, dass Lehrer *„stand alones"* seien. Metaphorisch vergleicht er die Rolle von Lehrpersonen also mit *„einzeln stehenden Computern"*, die *„auf Vernetzung gar nicht trainiert sind"*. An der Fallschule seien zumindest einige Lehrpersonen *„verdrahtet"*. Im Ergebnis fehlten nach seiner Einschätzung den meisten Lehrpersonen die benötigten Kenntnisse:

Das haben wir an unserer Schule – finde ich – schon durch verschiedene Glücksumstände ein bisschen anders. Dass wir nämlich mehrere engagierte Kollegen haben. Es gibt schon ein paar Dinge, die schon ein bisschen verdrahtet sind in der Richtung. Aber letztendlich der Mainstream selber, hat da noch nicht so viel die sogenannten Durchblicke. (Innovationslehrer)

Dieser Interviewausschnitt weist darauf hin, dass die Lehrerkooperationen als wichtig für die breite Integration digitaler Medien erachtet werden. Wichtig erscheint es für diesen Lehrer jedoch, herauszustellen, dass der Hemmfaktor nicht nur auf der Prozessebene der Schule unter dem Aspekt der Lehrerkooperation einzuordnen ist, sondern auch strukturell durch die Lehrerausbildung und Arbeitsplatzsituation von Lehrerinnen und Lehrern bedingt ist.

Da für diese Fallschule die Rolle der strukturellen Bedingungen eine Besonderheit im Vergleich zu anderen Fallschulen ausmacht, wurden diese mit dem Ziel, ein vertieftes Verständnis über die Fallschulen darzulegen, ausführlich dargestellt. Weiterhin haben sich besondere Bedingungen für die Schulform Hauptschule ergeben. Aufgrund des hohen Reflexionsgrades der Akteure ergeben sich vertiefende Erkenntnisse und neue Verknüpfungen von bereits bekannten Bedingungsfaktoren:

3. Personelle, materielle, finanzielle und zeitliche Bedingungen

Das Fehlen eines Netzwerkbetreuers, der für spontanen technischen Support im Unterricht und die zeitnahe Wartung und Reparatur der Geräte zuständig ist, hemmt vor allem diejenigen Lehrpersonen digitale Medien im Unterricht einzusetzen, die nicht technisch versiert sind.

4. Materielle Bedingungen

Bedenken gegenüber der Qualität von Materialien im Internet und der Qualität von Lernsoftware werden von einigen Lehrpersonen geäußert. Hinzu kommt der Wunsch nach freier Verfügbarkeit hauptschulgeeigneter Lernprogramme.

5. Finanzielle Bedingungen

Das Schulbudget ist mit jährlich insgesamt 6000 Euro viel zu gering, um teure Lizenzen für Software anzuschaffen.

6. Zeitliche Bedingungen

Der Computerkoordinator ist überlastet. Das Lösen technischer Probleme erweist sich letztlich ebenfalls als Zeitproblem. Die Integration digitaler Medien ist für viele Kollegen zeitlich kaum zu schaffen. Hinzu kommt die zeitliche Beanspruchung durch zusätzliche Schwerpunkte der Schule, wie z.B. das soziale Lernen und die Mediation. Über allem steht die besondere zeitliche Belastung durch die *„Basisarbeit"*:

Denn wir haben auch ansonsten schon mit unserer Basisarbeit einen ordentlichen Stiefel zu tun. [...] Da ist nebenbei nicht viel Zeit. (Schulleiterin)

7. Hemmende Lehrervariablen

An zwei Stellen werden in den Interviews hemmende Einstellungen der Lehrkräfte berichtet. Es sind die Nicht-Nutzer, die beklagen, dass sie die Arbeit mit dem Medium kritisch sehen. Zum einen könne durch die direkten Rückmeldungen keine *„Frustrationstoleranz"* erlernt werden. Zum anderen erklärt eine Nicht-Nutzerin, dass sie als Fachlehrerin weniger Einsatzmöglichkeiten in Einzelstunden sieht, als es Klassenlehrern möglich wäre. Klassenlehrer können – da sie mehrere Stunden und Fächer in den Klassen unterrichten – die Unterrichtszeit und damit den Medieneinsatz flexibler handhaben. Angeführt werden weiterhin fehlendes technisches Wissen von Lehrpersonen, breit gestreute Medienkompetenz der Lehrpersonen und damit fehlende Kompetenzen bei vielen Lehrpersonen, Berührungsängste in Bezug auf den Umgang mit der Technik, Angst vor Kontrollverlust in der Klasse, Angst vor Defekten und Zerstörungen der Geräte durch Schülerinnen und Schüler, das Gefühl der Überforderung, fehlende Bereitschaft, sich mit dem Medium auseinander zu setzen und das Festhalten an alten Methoden und Medien. Das fehlende Zutrauen gut eines Drittels der Lehrpersonen ergibt sich auch aus den schriftlichen Befragungen und bezieht sich auf die Umsetzung neuer pädagogischer Ansätze im Kontext der Computernutzung. Trotz vielfacher positiver Äußerungen zum Computereinsatz in den Interviews und in der schriftlichen Befragung ist die Zahl derer, die befinden, dass die Computertechnik derzeit überbewertet, wird mit 41 Prozent des Kollegiums relativ hoch. Auf die Frage, welche Bedingungen die Computernutzung in der Schule hemmen, gibt diesbezüglich die einzige Lehrperson, die die Möglichkeit genutzt hat, diese Frage mit einem offenen Antwortformat zu bearbeiten, an, dass nicht alle Kollegen die verstärkte Arbeit mit Neuen Medien befürworten und sich nicht genügend engagieren (vgl. Lehrerfragebogen, lfd. Nr. 13).

Förderliche Bedingungen auf der Inputebene (Fallschule D)

Als förderliche Bedingungen auf der Inputebene finden sich im Wesentlichen drei Aspekte. Da ist zum einen die von den Interviewten als gut eingeschätzte *Ausstattung* der Schule, die PC-Arbeitsplätzen in den Klassenräumen, die neue Ausstattung des Computerraums, die Vernetzung aller Rechner und Internetanschlüsse in jedem Klassenraum umfasst. Dies steht im Widerspruch zu den Angaben in der schriftlichen Befragung, in denen die Ausstattungssituation mehrheitlich ungünstig bewertet wird. Zu erklären ist dies vielleicht dadurch, dass zu den Interviewten entweder die Lehrpersonen gehören, die für sich selber die Ausstattungsbedingungen optimiert haben oder die die digitalen Medien nicht unbedingt nutzen möchten und daher auch eher zufrieden mit der vorhandenen Ausstattung sind. Als positiv wird die Anschaffung einer Schutzsoftware, des HD-Guards, durch den Schulträger angeführt:

> HD-GUARD ist ein Programm, das [bewirkt], dass nach dem Abschalten alles, was rein gekommen ist, gelöscht wird. Und der Zustand wie es vorher war wieder hergestellt wird. (Computerkoordinator)

Dieses Programm schützt also vor Viren und Manipulationen. Im Ergebnis geben mehr als 80 Prozent der Lehrpersonen dann auch in der schriftlichen Befragung an, dass die Gefahr von Vandalismus und das Einschleusen von Viren gering sind.

Ungeklärt bleibt, ob diese Faktoren tatsächlich der Inputebene zugeschrieben werden können. Aus der Sicht vieler Lehrperson der Schule sind die genannten Bedingungen ‚Input'. Andererseits geht die gute Ausstattung auf das Engagement einzelner Kollegen zurück, und die Vernetzung der Schule wurde durch Lehrerinnen und Lehrer in den Ferien und an Wochenenden hergestellt:

> Alle Klassen sind vernetzt. [...] Weil da ganz viel Eigeninitiative drin steckte. Und Wochenenden mit Löchern bohren. So etwas gibt es nicht noch einmal. (Nicht-Nutzerin)

Bleibt zu ergänzen, dass sich fast zwei Drittel der Lehrpersonen positiv zu der Vernetzung und zu der Verfügbarkeit von Internetanbindungen äußern.

Als Zweites werden die *pädagogische Ausrichtung* und die *„pädagogischen Bedingungen" (Nicht-Nutzer)* angeführt. Dazu gehören die Fokussierung auf Freiarbeit und das zur Verfügung stellen von Freiräumen zum selbstgesteuerten Lernen. Die Schulleiterin ergänzt, dass die Idee der Montessori-Pädagogik auch im Einklang damit steht, dass Schülerinnen und Schüler mehr wissen als Lehrpersonen und die mit dem Medieneinsatz mögliche Veränderung der Lehrer-Schüler-Rolle gefördert wird. Andererseits wird in den Interviews auch deutlich, dass trotz Montessori-Ansatz der gesamten Schule nicht alle Kollegen nach diesem Prinzip arbeiten. Trotz der grundsätzlich positiven Einstellung eines Montessori-Pädagogen zur veränderten Lehrer-Schüler-Rolle wird bei der Beschreibung der hemmenden Bedingungen auf Inputebene deutlich, dass nicht alle Kollegen diesen Zugang zum Unterricht und zum Medium haben.

Als Drittes seien die *Einstellungen der Lehrpersonen* und das Engagement einiger Lehrpersonen genannt. Fast 90 Prozent der Lehrpersonen erachten die Computernutzung für wichtig für die Vorbereitung auf spätere berufliche Anforderungen. Ebenso viele erklären, dass Kenntnisse über digitale Medien zur Allgemeinbildung gehören. Noch die Hälfte beurteilt, dass digitale Medien wertvolle Arbeitsmittel zur Verbesserung der Qualität der Bildung der Lerner sind.

Besonders herausgestellt wird auch das Engagement des Computerkoordinators, der nach Ansicht aller Akteure sich sehr umfangreich einbringt und mit wenig Entlastung die Systeme administriert. Über seine Arbeit sagt er:

> Belastung würde ich es nicht nennen. Ich mache es gerne. Es ist ja auch mein Hobby. Sonst wären wir nicht so weit. (Computerkoordinator)

Seine Ehefrau, die als stellvertretende Schulleiterin ebenfalls an der Fallschule tätig ist, sagt hingegen:

> Es ist eine Baustelle ohne Ende. [...] Es ist eigentlich nicht zu schaffen. Er versucht es. Aber es geht eigentlich nicht wirklich. (Nicht-Nutzerin)

Insgesamt spiegelt sich in der schriftlichen Befragung eine Zufriedenheit mit der Wartungssituation – und damit auch mit der Arbeit des Computerkoordinators – wider. Mit
großer Mehrheit äußern sich die Lehrpersonen positiv über die Zuverlässigkeit der Computer und die Ausstattung mit Software.

Nicht zuletzt sei das überdurchschnittliche Engagement der innovativen Lehrkräfte genannt, die zumindest für ihren Unterricht und ihre Klassen sehr aktiv sind und untereinander auch kooperieren. Letzteres hat aber wie weiter oben beschrieben keine oder
kaum Auswirkungen auf die anderen Lehrpersonen.

Zusammenfassend kann gesagt werden, dass alle drei zusammengetragenen förderlichen
Bedingungen auf der Inputebene im Hinblick auf eine nachhaltige Verankerung digitaler
Medien scheinbar nicht wirksam sind.

Hemmende Bedingungen auf der Schulebene (Fallschule D)

Hemmende Bedingungen ergeben sich in Bezug auf das Schulmanagement, die Schulkultur, die Kooperationen und die Personalentwicklung.

Als hemmende Bedingungen in Bezug auf das Schulmanagement führen die Lehrpersonen an, dass die Schulleitungsstelle zum einen über mehrere Monate nicht besetzt
war. Zum anderen erwarten sie von der neuen Schulleiterin, dass sie die Spaltung des
Kollegiums, die durch die Uneinigkeiten in Bezug auf das Ausstattungskonzept zurückzuführen ist, löst bzw. eine Entscheidung zugunsten eines der beiden Konzepte trifft. Als
problematisch sehen sie, dass die Schulleiterin noch nicht in der Lage ist, eine Lösung zu
finden, da sie technisch nicht versiert ist und den Sachverhalt sowie die Entwicklung aufgrund ihrer bisher nur kurzen Tätigkeit an der Schule nicht umfassend einschätzen kann.

Die Hauptschwierigkeiten im Schulmanagement sieht der Innovationslehrer weiter zu-
rückliegen: Der ehemalige Schulleiter habe die Schule zum Schluss nur noch verwaltet
und das Kollegium hat sich in den letzten Jahren seiner Schulleitung in unterschiedlichen
Interessengemeinschaften zusammengefunden:

> Das hängt aber auch damit zusammen, dass unsere letzte Schulleitung [...] den Job mehr zum
> Schluss noch verwaltet hat. Also da ging es dann nicht mehr um große Würfe. Sondern da ging
> es darum, dass man halt das Ganze gut abwickelt. [...] Das hat einen Effekt gehabt. Das habe
> ich auch damals [Bem.: Gemeint ist die Befragung im Rahmen der SITES M2.] schon zu Proto-
> koll gegeben. Dass ich sagte, ich sehe hier 'Schulen in der Schule' in diesem Gebiet. (Innova-
> tionslehrer)

Weiterhin beschreibt er, dass eine innerschulische Diskussion über den Medieneinsatz
vom ehemaligen Schulleiter vermieden wurde:

> Das war auch eine Sache, die durch den alten Schulleiter mit bewirkt wurde: kaum Medien-
> fachkonferenzen. Das war einfach nicht angesagt, nicht erwünscht. Weil das jetzt auch so ein
> Gebiet war, wo von der Stimmung schon klar war, dass das ein spannendes Thema ist. Und wo
> man eventuell zu unangenehmen Diskussionen kommt. Und es hat dann sozusagen ein Gen-
> tleman Agreement gegeben, was dann hieß: Jeder kann machen, was er will. (Innovationsleh-
> rer)

Mit Sicht auf die Schulkultur ergeben sich Defizite in verschiedenen Bereichen. Auf der Grundlage der Daten entsteht der Eindruck, dass die fehlende Führung der Schule und die vom Innovationslehrer beschriebene Aufteilung in Untergruppen die Verbreitung der Innovation trotz verschiedener Anstrengungen unterbunden haben. Der befragte Nicht-Nutzer beschreibt fehlende Planungen sowie Abstimmungen in Bezug auf technische Neuerungen und deren breite Einbettung in den Unterricht. Wenn es Abstimmungen oder Diskurse gegeben hat, bezogen sich diese nach Angaben aller dazu Befragten auf technische Aspekte. Inhaltliche, pädagogische oder didaktische Diskurse fanden nicht statt. Ein Grund für diese Schwerpunktsetzung lag nach Angaben der Nicht-Nutzerin darin, dass die Technik nicht funktionierte:

> Pädagogisch und didaktisch weiß ich nicht, ob es da irgendwie weitergeht. Weil der technische Aspekt so einen Vorrang hat. Denn wenn die Dinger nicht laufen, kann man sie nicht vernünftig einsetzen. (Nicht-Nutzerin)

Die Medienfachkonferenz der Schule hat in dem führungslosen Zeitraum, bis zur Neubesetzung der Schulleitung, ebenfalls nicht getagt.

Insgesamt wird uneinheitliches Lehrerhandeln hinsichtlich der Nutzung digitaler Medien beschrieben. Die geschilderte anfängliche Begeisterung von einigen Kollegen für den Computereinsatz ging nicht auf die anderen Kollegen über, da diese gar nicht *„mitgekommen" (Nicht-Nutzer)* seien. Ein von der stellvertretenden Schulleiterin erwähntes älteres kleines Medienkonzept konnte nach ihren Angaben aufgrund des geringen Kenntnisstandes des Kollegiums nicht umgesetzt werden.

Unter diesen Bedingungen ist es schließlich nicht verwunderlich, dass sich Teile des Kollegiums über die Ausstattungsinitiative des Schulträgers freuen, während andere Kolleginnen und Kollegen, die bereits eigene Wege beschritten haben, sich dadurch eingeschränkt sehen.

Die Skalenwerte hinsichtlich des innovativen Potenzials der Schule und im Hinblick auf gemeinsame schulische Visionen unterstreichen diesen, aus den Interviews gewonnen Gesamteindruck. Die Fallschule D weist einen leicht unterdurchschnittlichen Wert (2,69 vs. 2,76 als Mittelwert der Gesamtstichprobe) im Hinblick auf gemeinsame schulische Visionen auf. Dies spiegelt sich auch in den Interviews wieder: Alle Lehrpersonen sind auf die Montessori-Pädagogik verpflichtet und verbinden damit gemeinsame Visionen. Die Ausgestaltung oblag jedoch unter der Ägide des ehemaligen Schulleiters jedem Einzelnen. Die neue Schulleiterin konnte einerseits Einigkeit in Bezug auf den Ausbau von Freiarbeitsanteilen in der Stundentafel erzielen, ist aber andererseits noch nicht richtig eingearbeitet, um das Kollegium bei der Ausbildung von Visionen zu unterstützen. Das evaluative Potenzial in Bezug auf schulische Innovationen liegt für die Fallschule D mit einem Wert von 2,43 gering schlechter als das von Steinert et al. berechnete Mittel von 2,36 in einer anderen Stichprobe und deutlich schlechter als das Mittel in der eigenen Stichprobe von 2,07.

Auch hinsichtlich der Kooperationen und Koordinationen im Kollegium ergeben sich gravierende Hemmnisse im Hinblick auf eine schulweit verankerte Integration digitaler Medien. Mit einem Skalenwert von nur 1,57, der deutlich unter dem Mittelwert der Stichprobe (2,0) liegt, ergibt diesbezüglich die Analyse der schriftlichen Lehrerbefragung ein ungünstiges Bild über medienbezogene Kooperationen. Die Nicht-Nutzer beschreiben zwar, dass sich die sachkundigen Kollegen im Rahmen von kleinen Fortbildungen mit anderen Kollegen zusammensetzen, aber der Zustand wird *„als nicht optimal"* und *„wir sind da auf dem Weg mit denen, die es wollen"* *(Nicht-Nutzerin)* beschrieben. Der Innovationslehrer beschreibt im Hinblick auf die Abstimmung und Koordination im Kollegium hinsichtlich der Integration digitaler Medien die Initiative der Stadt als *„Störmanöver"*, das eine *„gewisse Spaltung auch innerhalb des Kollegiums"* bewirkt habe. Weiterhin fühlt er sich – obwohl er als ‚innovation champion' im Sinne Owstons (2003) zu den treibenden Kräften im Schulentwicklungsprozess mit digitalen Medien gehört – durch Informationsasymmetrien vom Entwicklungsprozess der gesamten Schule ausgeschlossen.

> Die ganzen Informationen, die in diesem Bereich laufen, sind überhaupt nicht kommuniziert worden. Ich weiß zum Beispiel gar nicht, wie sich das Ganze darstellt. Wie sich das überhaupt darstellt. Die haben dort oben mehrfach den Computerraum verändert. Es gab nicht irgendwo dazu auch wirklich entsprechende informelle Abgleiche. Es gab keine wirklichen geklärten Dinge, was das kostet. Wer zahlt das? Gibt es Etats zum Beispiel, die die Schulen haben? [...] Das sind alles Fragen, die ich habe. (Innovationslehrer)

Von verschiedenen Seiten wird der Wunsch geäußert, im Hinblick auf die Personalentwicklung Fortbildungen anzubieten bzw. gute Fortbildungsangebote wahrzunehmen. Die Akteure haben möglicherweise erkannt, dass ein Teil der Probleme auf fehlende Kenntnisse der Lehrpersonen zurückzuführen sind.

Förderliche Bedingungen auf der Schulebene (Fallschule D)

Den nachstehenden Ausführungen vorgreifend kann aus den analysierten Daten zur Schulebene gefolgert werden, dass die Fallschule auf dieser Ebene den hemmenden Bedingungen auf Kontext-, Input- und Schulebene nicht viel entgegensetzt. Im Gegensatz zu anderen in dieser Arbeit betrachteten Fallschulen, die bestrebt sind, die Möglichkeiten auf der Schulebene zu optimieren, sind in dieser Fallschule diese Bestrebungen nicht in annähernd ähnlichem Ausmaß zu erkennen. In Bezug auf das Schulmanagement ist zu erwähnen, dass das Kollegium auf die neue Schulleiterin setzt. Diese wiederum sieht ihren Spielraum auf geringe Entlastungsmöglichkeiten beschränkt. Die Schulkultur der Schule wird bereits durch die neue Schulleiterin geprägt. Es gibt Ansätze, die Freiarbeitsstunden stärker mit dem Computereinsatz zu verbinden:

> Und wir haben uns jetzt darauf geeinigt, dass in jeder Klasse vier Pflichtstunden Freiarbeit pro Woche sind. Ich habe zum Beispiel acht Stunden. Ich meine, dann hat man natürlich auch viel mehr Luft, dass Schüler da auch den Computer benutzen. (Nicht-Nutzer)

> Wir sind gerade dabei, die Freiarbeit zu überarbeiten. Und ein Teil davon ist der Computereinsatz. (Schulleiterin)

Allerdings stecken diese Entwicklungen noch in den Anfängen. Weiterhin wird die Vernetzung der Schule in Eigenregie und die Ausstattung der Klassenräume mit Computern positiv herausgestellt und geben einen Eindruck davon, dass die Schulkultur den Akteuren wichtig ist. Wichtig sind ihnen auch die schulinternen Kooperationen: Neben der gelungenen Kooperation bei der Vernetzung der Schule stehen die kundigen Lehrpersonen den anderen als Ansprechpartner zur Verfügung. Der Innovationslehrer hat die anderen Kollegen zur Hospitation in seinen Unterricht eingeladen. In welcher Form die Kooperationsangebote am Ende allerdings wahrgenommen werden, wird nicht weiter ausgeführt. Die schriftliche Lehrerbefragung und Interviewpassagen weisen die Kooperation als ausbaufähig aus. Hinsichtlich der Personalentwicklung und -politik werden keine förderlichen Aspekte genannt.

Geschlussfolgert wird: Trotz Bemühungen behindert die Spaltung des Kollegiums durch die städtische Initiative die Kooperationen und verhindert am Ende doch die Entwicklung von gemeinsamen Visionen. Da sich die neue Schulleiterin noch nicht aktiv in die Medienarbeit eingebracht hat, ist trotz ihres Interesses das Schulmanagement in diesem Bereich nicht wirksam. Dies gilt schlussendlich für alle förderlichen Bedingungen auf der Schulebene.

Hemmende Bedingungen auf der Unterrichtsebene (Fallschule D)

Die Nicht-Nutzer bzw. Selten-Nutzer schildern, dass ihre Versuche, im Unterricht Computer zu nutzen, dazu führten, dass die Schülerinnen und Schülern nicht mehr auf traditionelle Medien wie Bücher zurückgreifen wollten. Nach ihren Eindrücken widerspricht dies der Idee des integrierten Medieneinsatzes und den Vorlieben der entsprechenden Lehrpersonen. Besonders die Recherche von Informationen wird von den beiden interviewten Nicht-Nutzern kritisch gesehen.

> Ansonsten – ich hoffe, ich werde jetzt nicht gekreuzigt. Ich mache lieber Unterricht ohne Computer. Mir ist ein Buch viel wichtiger. Ich möchte, dass die in den Büchern blättern, dass die ein Lexikon aus dem Regal nehmen. (Nicht-Nutzerin)

Die Schülerreaktion beschreibt sie wie folgt:

> Dann sage ich, willst du nicht erst einmal gucken, was in den Büchern ist? Oder zu Hause. Ich kann zu Hause nicht an den Computer. Dann sage ich, du kannst doch zu Hause in einem Buch nachgucken. Nein, das habe ich nicht. Dann sage ich, was ist mit der Stadtbücherei? Noch vor vier Jahren, als ich eine Klasse neun hatte, war bei denen Stadtbücherei und Bücher ausleihen durchaus eine gängige Tat. Das macht jetzt keiner mehr. Die gehen ins Internet. (Nicht-Nutzerin)

Im Grunde genommen zeigt aber diese Beschreibung der Unterrichtswirklichkeit, dass die Lehrerin die Computernutzungsmöglichkeit vorrangig in der Internetrecherche und der Beschaffung von Informationen sieht. Auch in den schriftlichen Befragungen wird der besondere Nutzen digitaler Medien in der Unterstützung von Erkundungs- und Rechercheaufgaben gesehen (78 % Zustimmung). Allerdings geben alle Lehrpersonen an, dass die Schülerinnen und Schüler Informationen aus dem Internet mit Copy-and-Paste übernehmen, ohne diese tiefer zu durchdringen.

Die Internetrecherche sieht ein weiterer Nicht-Nutzer auch aus anderen Gründen kritisch: Der Interneteinsatz berge einen Motivationsverlust spätestens dann, wenn die Schülerinnen und Schüler merken, dass sie auch im Internet Texte lesen und durchdringen müssen. Eine dauerhafte Motivation durch den Einsatz digitaler Medien als *„Selbstmotivationsding"* spricht auch der Innovationslehrer dem Computereinsatz ab: Die Motivation *„nudele"* sich bereits nach kurzer Zeit ab.

Aus den schriftlichen Befragungen ergibt sich noch ein weiterer Aspekt. Es gibt einen Anteil von ungefähr zwei Fünfteln des Kollegiums, für den sich die Integration des Computers in den Unterricht schwierig gestaltet. Angefangen bei einer kritischen Einschätzung des Zeitaufwandes für die Unterrichtsvorbereitung, über Schwierigkeiten bei der Integration des Computers in den Unterricht, bis hin zu dem Wunsch, computergestützten Unterricht mit mehr als einer Lehrperson durchzuführen, ergeben sich Hinderungsgründe, die möglicherweise durch eine Verbesserung des Kenntnisstandes des Kollegiums insgesamt abgeschwächt werden könnten. Der genannte Anteil entspricht auch dem Anteil, der in den Fragebögen angibt, dass ihre Computerkenntnisse und ihre didaktisch-pädagogischen Kenntnisse zu gering sind.

Kritisch wird von dem Innovationslehrer und von einer Nicht-Nutzerin der effektive Umgang mit Unterrichtszeit beim Einsatz digitaler Medien gesehen. Zum einen – so die Nicht-Nutzerin – wird beobachtet, dass die Schülerinnen und Schüler abgelenkt seien und nicht unterrichtsbezogen Anwendungen im Internet aufsuchen. Der Zugang zu problematischen Inhalten im Internet und die fehlende Kontrolle der Konzentration auf unterrichtsrelevante Tätigkeiten der Schülerinnen und Schüler geben mit 50 Prozent bzw. 63 Prozent jeweils ein großer Teil der Lehrpersonen an. Zum anderen – so der Innovationslehrer und Vielnutzer – dauere die gezielte Einzelförderung im Sinne einer Leistungsverbesserung durch Lernsoftwareeinsatz erfahrungsgemäß sehr lange. Nur eine von 19 Lehrpersonen gibt in der schriftlichen Befragung an, dass digitale Medien wichtig für ein tiefer gehendes Verständnis fachlicher Zusammenhänge sind. 61 Prozent sehen diesen Aspekt mit *„teils/teils"* differenziert und ein Drittel hält ihn für *„eher unwichtig"*.

Förderliche Bedingungen auf der Unterrichtsebene (Fallschule D)

Die Unterrichtsebene ist vielleicht noch die stärkste Seite dieser Fallschule, der die nachhaltige Integration digitaler Medien trotz vergleichsweise guter Ausgangsbedingungen und erfolgreicher Pionierarbeit nicht gelungen ist. Dies wird dadurch deutlich, dass die Interviewpartner positive Aspekte auf der Unterrichtsebene beschreiben, die die Integration digitaler Medien befördern. In den schriftlichen Befragungen äußern fast alle Lehrpersonen, dass der Computereinsatz für das schulische Lernen hilfreich und nützlich ist. Im Zentrum stehen die Möglichkeiten zur Unterstützung des Erwerbs von überfachlichen

Kompetenzen wie Medienkompetenz, Informationsmanagementkompetenzen, Präsentationsfähigkeiten und sozialen Kompetenzen.

In Bezug auf die Unterrichtsgestaltung beschreiben viele Lehrpersonen positive Auswirkungen des Medieneinsatzes und die Unterstützung von Lernprozessen. Sowohl in den Fragebögen als auch in den Interviews wird die Förderung der Selbstverantwortung und der Selbstorganisation des eigenen Lernens durch den Medieneinsatz mehrheitlich positiv eingeschätzt. Die Hälfte der Lehrpersonen berichtet von einer stärkeren Schüleraktivierung. Immerhin ein Drittel der Lehrpersonen schätzt zusätzlich eine Förderung des kooperativen Lernens positiv ein. Fast die Hälfte (47 %) erkennt die Förderung handlungsorientierten Lernens. Immerhin fast 30 Prozent schätzen den Nutzen digitaler Medien bei der Einbeziehung externer Experten in Lernprozesse.

Hinzu kommen die Möglichkeiten zur Individualisierung und Förderung. Es wird vor allem die Förderung von lernschwächeren Schülerinnen und Schülern angesprochen. Deutlich mehr als die Hälfte aller Lehrpersonen (56 %) gibt in der schriftlichen Befragung an, dass der Einsatz digitaler Medien bei der Berücksichtigung unterschiedlicher Leistungsniveaus hilfreich ist und mit 53 Prozent beschreibt ebenfalls mehr als die Hälfte der Lehrpersonen eine Individualisierung von Lernerfahrungen.

In den Fragebögen äußern sich fast 45 Prozent der Lehrpersonen zuversichtlich, dass die Nutzung digitaler Medien auch zu einer Verbesserung von Leistungen führen kann.

Weiterhin werden motivationale Aspekte in den Interviews angeführt. Als motivationsfördernd wird die Schüleraktivierung, die Freiheiten bei der Bearbeitung von Aufgabenstellungen, die direkten Rückmeldungen, die Unabhängigkeit von graphomotorischen Fähigkeiten (,schlechte Handschrift'), ansprechende Lernprogramme und digitale Anwendungen bewertet. Die Hälfte der schriftlich befragten Lehrerinnen und Lehrer gibt an, dass der Einsatz digitaler Medien zur interessanteren Gestaltung von Lernprozessen beiträgt. Zudem könne die zur Verfügung stehende Unterrichtszeit besser genutzt werden kann. Unter diesem Gesichtspunkt erläutert der Innovationslehrer, dass durch die Einbettung der digitalen Medien in offene Unterrichtsformen mehr Zeit während des Unterrichts bliebe, sich um einzelne Lerner zu kümmern. Nach Ansicht des Computerkoordinators kann Unterrichtszeit durch den Einsatz softwarebasierter oder webbasierter digitaler Lexika gut genutzt werden, da sie umfangreiche Informationen schnell verfügbar vorhalten.

Ausgerechnet die Schulleiterin, deren Kompetenzen im Medienbereich von den anderen Interviewpartnern eher zurückhaltend bewertet wurden, nennt einen Ansatz zur effektiven Nutzung von Lernzeit durch die Erweiterung von Unterrichtszeit, wie wir ihn in der Untersuchung sonst nur an den Schulen vorgefunden haben, die digitale Medien erfolgreich integriert haben:

Jeder Schüler hat einen E-Mail-Account. Wir kommunizieren auch. Die schicken mir auch Entwürfe von Texten zu. Die soll ich dann schon mal überarbeiten zuhause. Ich schicke auch noch mal Aufgaben zurück. Oder wenn mir noch was einfällt über das Wochenende. (Schulleiterin)

Deutlich wird insgesamt für diese Fallschule, dass die Zusammenführung dieser Aspekte zu einem gemeinsamen Konzept noch nicht erfolgt ist. Die Möglichkeiten auf Unterrichtsebene sind individuell unterschiedlich von der jeweiligen Lehrperson geprägt. Es fehlen wahrscheinlich die gemeinsamen Visionen und Zielvereinbarungen im Hinblick auf die unterrichtliche Nutzung digitaler Medien.

f) Zusammenfassung der Besonderheiten des Falls (Fallschule D)

Die Tragweite von drei Hemmfaktoren erfährt für diese Fallschule aufgrund der besonders guten IT-Ausstattungssituation der Schule, der im Kollegium vorhanden Kompetenzen sowie dem Engagement der Lehrpersonen und der neuen, engagierten Schulleitung besondere Relevanz. Als besonders hemmend auf die nachhaltige Implementation digitaler Medien wirken sich im Beobachtungszeitraum aus Sicht der Akteure die Einschränkungen durch das Schulträgerkonzept, die strukturellen Bedingungen der Schulform Hauptschule und die über einen längeren Zeitraum personell nicht besetzte Schulleitungsposition aus.

Daher wirft die Fallbetrachtung drei grundsätzliche, möglicherweise über den Fall hinausgehende, hemmende Bedingungsfaktoren und sich daran anschließende Fragestellungen auf:

- Wie können Schulträger Lösungen in Bezug auf IT-Ausstattungen der Schulen finden, die die Diskrepanzen zwischen einer effizienten Wartung der Geräte durch eine Vereinheitlichung der Ausstattung und der pädagogischen Zielsetzungen und Ausrichtungen der Schulen überwinden?
- Sind Hauptschulen und Hauptschülerinnen und -schüler hinsichtlich der Integration digitaler Medien in Lehr-/Lernprozesse systematisch und strukturell benachteiligt?
- Wie wirken sich ein Schulleitungswechsel und die fehlende personelle Besetzung von Schulleitungspositionen über einen längeren Zeitraum auf die Implementation schulischer Innovationen aus?

4.4.6   Fallschule E (Gymnasium in Bayern)

a) Überblick über den Fall

Die Entwicklung dieser Schule in Bezug auf die nachhaltige Verankerung digitaler Medien ist auf einem sehr guten Weg und längst nicht abgeschlossen. Das Ergebnis der Analysen ergibt einen eher hohen Wert für den Grad der Nachhaltigkeit. Für die schulspezifischen Probleme, wie etwa die Einbindung aller Kolleginnen und Kollegen, hat der zwischenzeitlich neu eingesetzte Schulleiter Lösungen entwickelt, die er mit Bedacht zielstrebig umsetzt. Ebenso setzt er eigene Impulse, wie die Einrichtung von Notebook-Klassen, um. Seine Bestrebungen werden von einem sehr engagierten Medienteam, einer größeren

Anzahl von engagierten Lehrpersonen, der Elternschaft und dem Ministerium unterstützt. Die Schule arbeitet in einem finanzkräftigen und technikaffinen Umfeld: Viele Schülereltern sind in technisch geprägten Unternehmen in der näheren Umgebung der Schule beschäftigt. Die Schule hat ein hohes Innovationspotenzial: Im Anschluss an die Erhebung der hier dargestellten Untersuchung wurde die Schule im Jahr 2007 von einem internationalen Gremium von Bildungsexperten aus zahlreichen internationalen Mitbewerbern für das Programm ‚Microsoft Innovative Schools Programm' ausgewählt.

b) Schulische Rahmenbedingungen der Fallschule E

Die Fallschule ist ein *Gymnasium an der Peripherie einer Großstadt in Bayern*. Seit der Erhebung im Rahmen der SITES M2 in 2001 sind Schüler- und Lehrerzahl bis 2006 jeweils um 20 Prozent auf über 1360 Schülerinnen und Schüler und. Der *sozioökonomische Hintergrund* der Schülerinnen und Schüler des Gymnasiums ist homogen: Die Anzahl der Kinder, die zu Hause Deutsch sprechen, liegt weit über 90 Prozent. Die meisten Eltern arbeiten in den umliegenden großen, technisch-orientierten Unternehmen. Die Schule befindet sich seit 1999 in einem Schulentwicklungsprozess, in dem die Förderung der *Arbeit mit digitalen Medien einen Schwerpunkt* bildet und der durch den neuen Schulleiter (seit 2005) weiter entwickelt wird. Die Schule beteiligt sich an überregionalen Netzwerken und Initiativen zum Einsatz digitaler Medien und kooperiert mit verschiedenen Softwareherstellern.

Die Schule ist *nicht selbstständig* im Sinne erweiterter Schulautonomie und hat auch keinen Ganztagsbetrieb. Sie verfügt über 50 Klassenräume, 15 Fachräume und zwei Computerräume. Stationäre Geräte befinden sich in den Fach- und Computerräumen und in der Schulbibliothek. Mehr als die Hälfte der über 200 Rechner sind mobile Geräte. Der Computerkoordinator nimmt neben seiner Unterrichtsverpflichtung den Löwenanteil an der Betreuung der Systeme wahr und erhält Unterstützung von einer Fremdfirma, einem 1-Euro-Jobber und von einer Schüler-AG.

Seit 2002 hat die Schule ein Schulprogramm, seit 2000 ein *Medien- und Methodencurriculum*, das seit dem Schuljahr 2003/2004 *verbindlich* umgesetzt wird. Es wird kontinuierlich weiterentwickelt und ist im Hinblick auf die Verankerung der Nutzung der Potenziale digitaler Medien zur *Veränderung der Lernkultur* beispielgebend. Zentrale Ziele des Einsatzes digitaler Medien sind der Erwerb von Medienkompetenz und das Erlernen von Präsentationstechniken sowie eine Veränderung der Lehr-/Lernkultur. Ab Klasse 5 bietet die Schule Informatikunterricht an, der eigentlich laut Lehrplan erst ab Klasse 6 verpflichtend ist. Über Informatikunterricht und *Notebook-Klassen* versucht die Schule, die Nutzung digitaler Medien in der Breite zu verankern. Dazu nimmt sie u.a. an einem Schulversuch zur Verbindlichkeit des Informatikunterrichts als Grundkurs in der Jahrgangsstufe 12 teil. Die Schule hat ein *Medienteam* mit technischer und didaktischer Ausrichtung eingerichtet, das aus 15 Personen besteht: zwei Schulleitungsmitglieder, zwei Fachlehrer (Informatik), fünf andere Lehrpersonen und sechs Eltern bzw. Vertreterinnen und Vertretern der Universität der Stadt. Über den Anteil der Nutzer digitaler Medien gibt der Schulleiter, der erst ein Jahr vor unserer Untersuchung an die Schule gekommen ist, keine Auskunft. Nach seiner Einschätzung nutzen 11 bis 25 Prozent der Lehrpersonen Notebooks im Unterricht. Der Computerkoordinator gibt an, dass zwischen 51 und 75 Prozent des Lehrpersonals *Computer* und zwischen 26 und 50 Prozent das *Internet im Unterricht* nutzen. Die Lehrerbefragung ergibt, dass 65 Prozent der Lehrpersonen das Internet im Unterricht nutzen und 47 Prozent den Computer ohne Zugriff auf das Internet. 55 Prozent der schriftlich befragten Lehrpersonen setzen den Computer etwas oder viel häufiger im Unterricht ein als fünf Jahre zuvor. 46 Prozent nutzen das Internet etwas oder viel häufiger als fünf Jahre zuvor. Bei den Angaben, die sich auf die Analysen zum Lehrerfragebogen beziehen, ist zu beachten, dass der Rücklauf des Lehrerfragebogens an dieser Fallschule unter 20 Prozent liegt. Dies kann als Ursache für die unterschiedlichen Angaben zum Nutzungsverhalten angesehen werden. Im Rahmen der Stiftung ‚Bildungspakt Bayern' ist die Schule in ein *Förderprogramm* zur Integration digitaler Medien mit dem eingebunden. In diesem Kontext hat die Schule Notebooks im Wert von 30.000 Euro erhalten.

c) Kurzfassung des im Rahmen der SITES M2 begleiteten IPPUTs an der Fallschule E

Die Schülerinnen und Schüler der elften Klasse nutzten im beobachteten Kunstunterricht digitale Medien, um Informationen zu suchen, ihre Suchergebnisse aufzubereiten und abschließend die Projektergebnisse auf einer Webseite zu veröffentlichen. Thema war die Bearbeitung der architektonischen Charakteristika ihrer Schule und der Vergleich mit Industriebauten: Sie setzten sich aus künstlerischer Sicht mit ihrem eigenen Schulgebäude auseinander und stellten einen Zusammenhang zur Industriearchitektur her.

d) Nachhaltigkeitsprofil und weitere Befunde der Analysen zur Nachhaltigkeit der Fallschule E

Die für diese Arbeit erhobenen und analysierten Daten belegen, dass es dieser Fallschule vergleichsweise gut gelungen ist, digitale Medien zu verankern (vgl. die Abbildungen 4-10 und 4-11).

Die nachfolgenden Analysen und textlichen Begründungen zeigen aber auch Schwachstellen der Schulentwicklung auf. Handlungsbedarf besteht in den Bereichen Unterrichts- und Technologieentwicklung (Abbildung 4-11).

Im Einzelnen sind vor allem die Verbreitung im Hinblick auf die Fächer (Indikator 7) und auf die Lehrpersonen (Indikator 8) sowie der technische Support (Indikator 16) nur durchschnittlich oder sogar unterdurchschnittlich ausgeprägt (Abbildung 4-10). Es gibt allerdings Hinweise darauf, dass die Fallschule E eine gute Prognose hat, digitale Medien zukünftig noch nachhaltiger zu verankern.

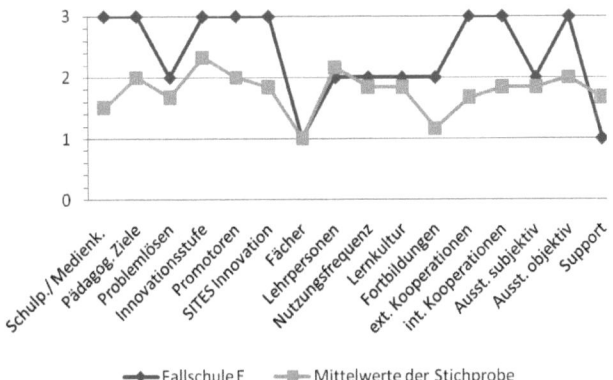

Abbildung 4-10: Nachhaltigkeitsprofil der Fallschule E

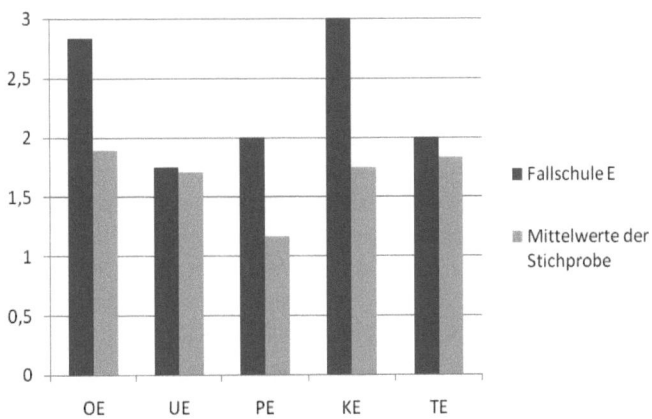

Abbildung 4-11: Nachhaltigkeitsprofil der Fallschule E bezogen auf die fünf Ebenen der Schulentwicklung mit digitalen Medien

Indikatoren auf der Ebene der Organisationsentwicklung (Fallschule E)

1. Verankerung digitaler Medien im Schulprogramm, im Medienkonzept bzw. in schuleigenen Curricula

Ausprägung: 3; zentral im Schulprogramm und findet breite Anwendung.

Die Fallschule verfügt seit dem Jahr 2000 über ein Medien- und Methodencurriculum, das die Medien als besonderes Profil der Schule ausweisen und vor allem auf die Nutzung im Rahmen einer neuen Lehr-/Lernkultur fokussieren. Dabei ist eine Anbindung an Fächer und an Projektunterricht vorgesehen. Die Implementierung des Medien- und Methodencurriculums (kurz: MMC) erfolgte schrittweise, beginnend mit den unteren Jahrgangsstufen. Seit dem Schuljahr 2004/2005 sind alle Klassen der 6. bis 10. Jahrgangsstufe beteiligt. Begründet die Implementierung wird im Medien und Methodencurriculum der Schule vor allem durch den Wandel der Industriegesellschaft zu einer Informations- und Wissensgesellschaft. Das MMC soll eine nachhaltige Verankerung von dort angeführten zukunftsrelevanten Fähigkeiten wie Kommunikations-, Kooperationsfähigkeit und Planungskompetenz garantierten und die von der Schule erkannten Lücken in vorhandenen Lehrplänen schließen. Für jede Jahrgangsstufe der Unter- und Mittelstufe sind neben übergeordneten Zielen zum Aufbau von Methoden- und Medienkompetenz modular Projekte zu vorgegebenen Themen ausgewiesen. In der Regel findet eine Anbindung an ein Unterrichtsfach statt. Das MMC wird von einer Projektgruppe kontinuierlich weiterentwickelt. Die Gruppe besteht unter anderem aus acht der mehr als 100 Lehrpersonen der Schule.

Die praktische Umsetzung und Handhabung des Medien- und Methodencurriculums reflektieren die im Rahmen der Erhebung mündlich befragten schulischen Akteure differenziert: Der Haupttenor ist, dass die Entwicklung und Implementierung des MMC einen wichtigen *„Meilenstein" (Computerkoordinator)* bei der Integration digitaler Medien eingenommen hat. In der Folge sehen sich die Lehrpersonen durch die Implementierung des MMCs in der Pflicht, medienbezogene Fortbildungen zu besuchen und digitale Medien in ihren Unterricht zu integrieren. Der Innovationslehrer schätzt ein, dass das MMC in der Breite umgesetzt wird. Der Schulleiter und die Innovationslehrerinnen, die in den Notebook-Klassen unterrichten, sehen jedoch Potenziale zur breiteren Umsetzung des Konzeptes. Zum Erhebungszeitpunkt bewerten sie die Abhängigkeit der Umsetzung von einzelnen Lehrpersonen und Fachschaften kritisch. Wichtigster Lösungsansatz des Schulleiters zu dieser Problematik ist eine Personalpolitik, die durch gezielte Neueinstellungen eine noch breitere Umsetzung des MMCs garantieren soll.

2. Verbindung digitaler Medien zu den zentralen pädagogischen Zielsetzungen der Schule

Ausprägung: 3; digitale Medien haben einen zentralen Bezug zu den pädagogischen Zielen der Schule.

Die Anbindung digitaler Medien an die pädagogischen Ziele der Schule fußt auf zwei Ansätzen. Zum einen ist das Lernen mit Medien ein eigenständiges Ziel der Schule. Hieran knüpfen sich überfachliche Ziele wie der Erwerb von computerbezogenen Fähigkeiten, der Erwerb von Medienkompetenz und von Informationsmanagementkompetenzen an. Zum Zweiten wird von den schulischen Akteuren und auch in den schuleigenen Curricula herausgestellt, dass die Verwendung digitaler Medien die angestrebte Veränderung der Lehr-/Lernkultur unterstützt. Daran wiederum knüpfen sich der Erwerb von Teamfähigkeit und die Fokussierung auf eigenständiges und eigenverantwortliches Lernen an. Dies trifft nach Einschätzung der Beteiligten besonders für den Einsatz schülereigener Notebooks zu.

3. Umfang der Problemlösung der in 2000/2001 in Bezug auf die innovative pädagogische Praxis mit digitalen Medien formulierten, fallspezifischen Probleme („Problemlösekapazität')

Ausprägung: 2; Für die meisten Probleme wurden Lösungen gefunden.

Im Rahmen der Analysen der SITES-M2-Daten ergaben sich für die Fallschule zwei zentrale Probleme (vgl. Schulz-Zander et al., 2003). Das erste Problemfeld bezog sich auf den unterrichtlichen Umgang mit Heterogenität der Lerner im Hinblick auf computerbezogene Vorkenntnisse. Die Implementierung des Medien- und Methodencurriculums konnte einen wesentlichen Beitrag zur Lösung des Problems beitragen. *Der maßgeblich* an der SITES M2 beteiligte Innovationslehrer äußert dazu im Interview der Folgeuntersuchung:

> Also sehr gut ist, dass man sich einfach in einer bestimmten Altersstufe darauf verlassen kann, dass Kenntnisse einer gewissen Art vorhanden sind. Das heißt, eine neunte Klasse muss im Internet recherchieren können, weil sie das in der achten Klasse [...] gemacht haben. Eine achte Klasse muss Textverarbeitung sehr gut können, auch wenn es nicht die Laptop-Klasse ist, weil sie in der siebten Klasse durch das Medien- und Methodencurriculum da mal dran waren. [...] Man fängt nicht immer bei Adam und Eva an, sondern man weiß: Da ist stufenweise was da. (Innovationslehrer)

Als zweites Problem wurden technische Schwierigkeiten genannt, die auf die Leistungsfähigkeit des schulischen Netzwerkes und die geringe Geschwindigkeit der Internetverbindung zurückzuführen waren. Dieses Problem besteht nach wie vor: Zwar konnten die Übertragungsgeschwindigkeiten erhöht werden. Durch eine gestiegene Anzahl von Nutzern ist aber auch die Auslastung des Netzwerkes gestiegen und führt weiterhin zu technischen Problemen im computergestützten Unterricht. Die Innovationslehrerinnen beschreiben, dass die Begrenztheit des Netzwerkes außerdem verhindere, weitere Notebook-Klassen einzurichten.

Zusätzlich zu diesen Analysen wurden auch in dieser Fallschule im Rahmen der Nachuntersuchung erstmals alle Lehrpersonen der Schule gefragt, welche Probleme der unterrichtlichen Verwendung von digitalen Medien in den letzten Jahren gelöst werden konnten. Als Ergebnis finden in den offenen Antworten der Lehrpersonen neben einer Verbesserung der Ausstattung die gestiegene *„Computer- und Medienkompetenz"* der Lerner sowie die Erarbeitung *„sinnvoller Konzepte zur Integration der Rechner"* Erwähnung. Der Computerkoordinator gibt darüber hinaus an, dass die Akzeptanz des Gebrauchs digitaler Medien deutlich erhöht werden konnte. Zusammenfassend ist festzustellen, dass die Schule kontinuierlich an der Überwindung von Problemen in Bezug auf die Integration digitaler Medien arbeitet. Das verbleibende technische Problem der Netzwerkauslastung und -geschwindigkeit hemmt jedoch weitere Innovationen im Medienbereich.

4. Stufe der Innovation

Ausprägung: 3; Die Die Integration digitaler Medien ist selbstverständlicher Bestandteil im Unterrichts- und Schulalltag und daher keine Innovation mehr.

Die Zusammenführung der Analysen der fallspezifischen Daten ergibt, dass durch die Implementierung des Medien- und Methodencurriculums die Integration digitaler Medien selbstverständlicher Bestandteil des Unterrichts- und Schulalltages ist. Der Computerkoordinator gibt den Hinweis, dass die Relevanz digitaler Medien noch diskutiert wird. Die Diskussionen haben zwei Facetten: Es gibt einen Teil des Kollegiums, der die Integration digitaler Medien nicht mitträgt und sich in anderen Bereichen engagiert. In dieser Gruppe ist die Diskussion durch Ablehnung und Rechtfertigung der eigenen Position geprägt. Zu dieser Gruppe gehören etwa die interviewten Nicht-Nutzer. Die andere Gruppe nimmt eine diametral entgegengesetzte Position ein und diskutiert die innovative Verwendung digitaler Medien, wie z.B. die Integration von mobilen Endgeräten im Kontext einer neuen Lehr-/Lernkultur. Aufgrund einer Pensionierungswelle und gezielter Personalpolitik des Schulleiters ist und wird die erstgenannte Gruppe immer kleiner. Die zweite Gruppe wird durch Maßnahmen gestärkt. Als Beleg dafür kann gelten, dass die Schule im Folgejahr der Nachuntersuchung als einzige Schule Deutschlands zur Partnerschule eines internationalen Förderprogramms eines führenden Softwareherstellers ernannt worden ist. Die Initiative soll nicht nur die Technologieentwicklung, sondern auch über die Personalentwicklung die Unterrichtsentwicklung im Sinne des schulischen Ansatzes befördern.

5. Promotoren der Innovation (bzw. Aufrechterhaltung der Innovation, wenn diese schon implementiert ist)

Ausprägung: 3; Promotionsaktivitäten sind vielfältig und wirksam.

Die Schule verfügt über ein Netzwerk an Fach- und Prozesspromotoren für die Integration digitaler Medien. Der Schulleiter selbst ist – neben seiner wichtigsten Funktion als Machtpromotor – Teil des Netzwerkes. Wichtigste Zwischenergebnisse der Promotionsaktivitäten sind die breite Implementierung des Medien- und Methodencurriculums, die höhere Akzeptanz des Computereinsatzes im Kollegium, die soziale Verpflichtung zur Fortbildung, die Ausstattungsverbesserung und die Gewinnung von externen Kooperationspartnern. Ambivalent wird das Vorgehen des Schulleiters als Machtpromotor gesehen, der aus Sicht des Innovationslehrers im Vergleich zum ehemaligen Schulleiter zu wenig nachdrücklich vorgeht:

> Also früher ist es uns auch gesagt worden und explizit auch der Rücken gestärkt worden. Mittlerweile ist es halt so, dass das Interesse von dem Schulleiter sehr groß ist, dass es an der Schule stattfindet. Aber er sagt es nicht mehr so. (Innovationslehrer)

Andere Befragte, darunter auch die Nicht-Nutzer, schätzen seinen demokratischen Ansatz, obwohl sie seine Einstellung zur Nutzung digitaler Medien nicht teilen:

> Also das ist ein Prozess, der natürlich nicht von heute auf morgen komplett umgestellt werden kann [...] Wenn wir etwas ausprobieren wollen, betont der Herr L. immer, wir wollen das versuchen im nächsten Schuljahr. Und wenn es funktioniert, dann ist es recht und wenn nicht, dann überlegen wir uns etwas anderes. Das ist etwas, worauf ich auch sehr große Hoffnungen setze, weil das in früheren Zeiten einfach nicht so war. Es war einfach alles neu und toll und

wurde ausprobiert. Ob es uns dann wirklich was gebracht hat, das wurde nie so ehrlich be-sprochen. Weil man dann nicht zugeben konnte, dass man auch mal vielleicht was Verkehrtes angeboten hat, etwas Unsinniges. Nur durch diese ehrliche Evaluation kann vermieden wer-den, dass sich die Lehrer hier verschleißen. (Nicht-Nutzerin)

Indikatoren auf der Ebene der Unterrichtsentwicklung (Fallschule E)

6. Besteht die Innovation aus SITES überhaupt noch?

Ausprägung: 3; weiterentwickelt.

Eine Besonderheit dieser Fallschule ist, dass die Initialzündung zur Integration digitaler Medien in den 1990er Jahren von dem Fach ausging. Die im Rahmen der SITES M2 be-gleiteten IPPUTs, waren Unterrichtsprojekte im Kunstunterricht zur Schularchitektur und zum Bildvergleich. Das Projekt zur Schularchitektur wurde nur dieses eine Mal durch-geführt. Die computergestützte Unterrichtseinheit zum Bildvergleich führt der innova-tive Kunstlehrer seither in jeder achten Klasse, die er unterrichtet, durch. Seit der wis-senschaftlichen Begleitung im Rahmen der SITES M2 hat sich die Schule in Bezug auf die Integration digitaler Medien stark weiterentwickelt. Computergestützte Unterrichtsein-heiten sind durch das Medien- und Methodencurriculum an verschiedenen Fächer ange-bunden: In jeder Jahrgangsstufe soll pro Schuljahr mindestens eine computergestützte Projektphase durchgeführt werden. Darüber hinaus wurden Computerklassen und Note-book-Klassen eingerichtet. Im Gegensatz zu den Notebook-Klassen stehen den Lernern in den Computerklassen die Notebooks nur in der Schule zur Verfügung.

7. Verbreitung im Hinblick auf die Fächer

Ausprägung: 1; hauptsächlich in einem Fach.

Die Analysen zur Anbindung digitaler Medien an verschiedene Fächer decken einen Schwachpunkt der Unterrichtsentwicklung auf. Laut Angaben der Innovationslehrerinnen hat jedes Fach ein Profil für die Nutzung digitaler Medien ausgearbeitet. Die Anbindung an verschiedene Unterrichtsfächer ist ausdrücklich im MMC der Schule festgeschrieben. Der Computerkoordinator gibt an, dass digitale Medien in die Mehrzahl der Lehr-/ Lernaktivitäten integriert sind. Die befragten Schülerinnen und Schüler zeigen aber auf, dass zwischen Anspruch und Wirklichkeit eine Kluft ist: Sie benennen fehlende Kompe-tenzen der Lehrpersonen im Hinblick auf die Realisierung computergestützter Unter-richtsprojekte, z.B. bei der Erstellung von Webseiten. Sie ergänzen, dass der Kenntnis-stand der Schülerinnen und Schüler oft höher ist als der der Lehrpersonen:

> Ich finde es eigentlich ok, wie es bis jetzt abläuft. Aber es stimmt wirklich, dass wir eben GoLive-mäßig gar nichts lernen. Aber es ist nun mal so, dass die Lehrer bei uns die Qualifika-tion nicht haben. Wir hatten vielleicht ein bis zwei Lehrer, die damit umgehen konnten. [...] Bei uns können vielleicht der Herr W. und die Frau B. mit GoLive umgehen. Bei den anderen Leh-rern wissen die Schüler teilweise mehr. (Schüler, Jahrgangsstufe 11)

Die schriftliche Befragung der Zehntklässler ergibt ein ähnliches Bild: Für fast alle Fächer gibt die Mehrheit der Schülerinnen und Schüler an, dass digitale Medien nie, sehr selten oder selten eingesetzt werden. Erkennbare, über Einzelstimmen hinausgehende, aber dennoch geringe Nutzungsquoten geben die Zehntklässler für die Fächer Deutsch, Biologie und Kunst an.

8. Verbreitung im Hinblick auf die Lehrpersonen

Ausprägung: 2; 50 %< x≤ 75 %.

Die Lehrerbefragung ergibt, dass fast zwei Drittel der Lehrpersonen, die den Fragebogen bearbeitet haben, das Internet im Unterricht einsetzen und etwas weniger als die Hälfte Computer ohne Zugriff auf das Internet nutzen. Aufgrund des eher geringen Rücklaufs der schriftlichen Lehrerbefragung an der Fallschule ist es unabdingbar, diese Angaben über weitere Quellen zu verifizieren. Der Computerkoordinator gibt an, dass ca. 51 bis 75 Prozent der Lehrpersonen Computer im Unterricht nutzen und weniger als die Hälfte auf das Internet zurückgreifen. Im Gegensatz zum Ergebnis der Lehrerbefragung sieht er also nicht den Schwerpunkt auf der Internetnutzung. Er ergänzt im Interview, dass ungefähr zehn Prozent des Kollegiums die unterrichtliche Verwendung von digitalen Medien ablehnen und die Ablehnung der Mediennutzung oft mit Vorbehalten gegenüber schülerorientierten Unterrichtsmustern einhergeht. Eine Innovationslehrerin beziffert den Anteil der Ablehnerinnen und Ablehner auf 15 Prozent und beobachtet eine abnehmende Tendenz. Der Schulleiter hat bezüglich der Anzahl der Nutzer von stationären Geräten in der schriftlichen Befragung keine Angaben gemacht. Nach seinen Aussagen nutzen zwischen elf und 25 Prozent der Lehrpersonen mindestens einmal wöchentlich Notebooks im Unterricht. Alle Befragten – so auch die Schülerinnen und Schüler – beschreiben eine hohe Varianz computerbezogener Kompetenzen der Lehrpersonen. Interessant ist die einvernehmliche Einschätzung, dass eine Steigerung der Nutzerquote zum Zeitpunkt der Folgeuntersuchung nicht mehr durch Fortbildungen, sondern nur noch durch Neueinstellungen zu erreichen ist.

In der Zusammenschau der Einzeldaten ergibt sich eine wahrscheinliche Nutzerquote von über fünfzig Prozent. Davon ist etwa die Hälfte – also insgesamt ein gutes Viertel aller Lehrpersonen – im Medienbereich besonders aktiv und engagiert.

9. Nutzungsfrequenz digitaler Medien im Unterricht

Ausprägung: 2; eher häufig

Die Nutzungsfrequenz digitaler Medien hat sich in den letzten Jahren kontinuierlich erhöht *„und zwar sowohl, was die Schüler betrifft als auch was die Lehrer betrifft"* (Schulleiter). Der Computerkoordinator schätzt ein, dass am Ende ihrer Schullaufbahn etwa die Hälfte bis drei Viertel der Schülerinnen und Schüler Computer und Internet im Unterricht genutzt haben. Durch die neue Verbindlichkeit des Unterrichtsfaches Informatik ab Klasse sechs wird diesbezüglich aber nach Einschätzung der Innovationslehrerin bald eine Sättigung von 100 Prozent erreicht werden. In den Interviews beschreiben die Schülerinnen und Schüler die Abhängigkeit der Nutzung von den unterrichtenden Lehrpersonen:

Im Ermessen der Lehrperson liegt, ob die Verwendung computerbasierter Medien über den im Methoden- und Mediencurriculum verankerten Einsatz hinausgeht. Etwa zwei Drittel der Schülerinnen und Schüler geben an, mehrmals im Schuljahr mit digitalen Medien zu arbeiten. Folgt man dem Wunsch der Lerner, dürfte die Nutzungsfrequenz durchaus höher liegen: Drei Viertel der Zwölftklässlerinnen und Zwölftklässler geben an, gerne öfter digitale Medien im Unterricht zu nutzen.

10. Veränderung der Lernkultur

Ausprägung: 2; in einer größeren Zahl von Projekten verschiedener Lehrpersonen.

Bereits in der schriftlichen Befragung, die zeitlich vor der Durchführung der Interviews stattgefunden hat, betont der Schulleiter im Rahmen mehrerer offener Antworten, dass die Veränderung der Lehr-/Lernkultur ein zentrales Ziel der Schule ist. In den Interviews wird deutlich, dass die Umsetzung dieses Zieles den Notebook-Lehrpersonen besonders gelungen ist. Der Schulleiter betont die Spannbreite der Qualität der von ihm begutachteten Unterrichtsstunden mit Notebookeinsatz: Eine Verbesserung des Unterrichts ergäbe sich nicht automatisch durch den Einsatz mobiler Endgeräte. Die Veränderung der Lernkultur – unabhängig von der Mobilität der Geräte – beschreiben die Akteure auch dann, wenn Kooperationsprojekte mit Externen, z.B. ortsansässigen Unternehmen, durchgeführt werden oder die sogenannten virtuellen Klassenzimmer als Kooperations- und Lernplattform im Unterricht genutzt werden. Im Einzelnen werden in den Interviews die folgenden Facetten von medienbedingten Veränderungen für den Unterricht im Hinblick auf eine erweiterte Lernkultur von verschiedenen Personengruppen beschrieben. Nach den Ausführungen der Schülerinnen und Schüler macht das Lernen mit Computer im Unterricht mehr Spaß als normaler Unterricht, da gelernt werde, in Teams zu arbeiten und der Unterricht schülerorientierter sei. Eine Notebook-Lehrerin betont die Realisierbarkeit ganz neuer Unterrichtsformen durch den Einsatz digitaler Medien. Sie schätzt besonders das eigenverantwortliche Lernen mit Materialien, die sie webbasiert über die virtuellen Klassenzimmer zur Verfügung stellt sowie die Aktualität der im Internet verfügbaren Quellen. Der Innovationslehrer beschreibt sich als Lernbegleiter, der nur noch langfristige Unterrichtsziele vorgibt. Der Schulleiter schätzt die Selbstständigkeit der Lerner als *„stärksten Effekt"* der Nutzung digitaler Medien im Sinne einer neuen Lernkultur ein. Als zusätzliche Gewinne nennt er den Aufbau von Teamfähigkeit durch kooperative Lernformen, den Erwerb von Präsentationstechniken, die Möglichkeiten zur Strukturierung von Informationen und eine neue Form von Schriftkompetenz, die er ausdrücklich im engen Zusammenhang mit Medienkompetenz anführt. Sogar die Nicht-Nutzer beschreiben das Potenzial digitaler Medien zur Individualisierung von Unterricht. Im Deutschunterricht hat die als Nicht-Nutzerin interviewte Lehrerin Computerprogramme zum Skandieren von Dichtungen eingesetzt. Die Individualisierung macht sie an der direkten Rückmeldung durch das Programm und die Möglichkeit zum Lernen im schülereigenen Tempo fest. Diejenigen Lehrpersonen, die digitale Medien im Unterricht nutzen, schätzen auch in der schriftlichen Befragung die in den Interviews angesprochenen Potenziale digitaler Medien positiv ein. Etwa drei Viertel der Schülerinnen und Schüler der Jahrgangsstufe 12 bestätigen in der schriftlichen Befragung eine stärkere Schülerorientierung und Selbstverantwortung bei der Nutzung digitaler Medien im Unterricht. Die Notebook-Lehrerin ergänzt jedoch, dass etwa 15 Prozent des Kollegiums grundsätzlich einer neuen Lernkultur kritisch gegenüberstehen und an tradierten Methoden festhalten. Die Ursachen für das Verharren an alten Methoden liegen ihrer Meinung nach in dem Verkennen der geringen Wirksamkeit überholter Unterrichtsformen:

> Ich glaube, es ist diese Vorstellung, dass die wertvolle Unterrichtszeit, die vom Lehrer so optimal gestaltet wird, plötzlich dadurch reduziert wird, dass er sich um diese Rechner mit kümmern muss. Das heißt, er kann nicht den lehrerzentrierten Unterricht machen, wo er den Schülern den Stoff so wie er es für sinnvoll hält, vermittelt [...] Wenn die Schüler aber nicht Superleistungen bringen, dass dann vielleicht irgendwas nicht in Ordnung sein könnte, den [Schritt] tun sie nicht. Sondern sie sagen: Der Fehler liegt beim Schüler. Der Schüler funktioniert nicht so, wie er zu funktionieren hätte. Wenn der Schüler so wäre, wie er früher mal war, [...] wenn er nicht sowieso schon so abgelenkt wäre durch die Mediennutzung, dann könnte er auch alles eins zu eins quasi aufnehmen und es eins zu eins wieder umsetzen. (Notebook-Lehrerin)

Insgesamt ergeben die Analysen, dass sich eine Veränderung der Lernkultur durch den Einsatz digitaler Medien, vor allem mobiler Endgeräte, in der Schule angebahnt hat und bereits zum Erhebungszeitpunkt in einer größeren Zahl von Projekten verschiedener Lehrpersonen zum Unterrichtsalltag gehört.

Indikator auf der Ebene der Personalentwicklung (Fallschule E)

11. Fortbildung (Angebot, Teilnahme, Nützlichkeit)

Ausprägung: 2; eher ausreichend.

Nach Einschätzung des Computerkoordinators sind Fortbildungen im Bereich digitaler Medien im Kollegium beliebt. Die meisten Lehrpersonen erachten nach seiner Einschätzung kontinuierliche Fortbildungen im Computerbereich als notwendig, würden aber tendenziell mehr Fortbildungsmöglichkeiten nutzen, wenn es dafür Unterrichtsfreistellungen gäbe. Schulinterne Fortbildungsmöglichkeiten sind neben Fortbildungsveranstaltungen durch informellen Austausch, über Online-Fortbildungen, in Dienstbesprechungen, durch Unterrichtshospitationen auch durch den schulischen Arbeitskreis gegeben. Besonders beliebt scheinen kollegiumsinterne Fortbildungen zu sein, denn die Hälfte des Kollegiums nimmt diese nach eigenen Angaben mindestens einmal im Jahr wahr. Als besonders nützlich werden rückblickend die Intel-Schulungen eingeschätzt, die ein breites Grundwissen im Kollegium sichergestellt haben. Die Nützlichkeit der Fortbildungen versucht man, durch Nachfrageorientierung und Akquise erprobter externer Referenten zu gewährleisten. Die Nicht-Nutzer vermissen ein für ihren Kenntnisstand angemessenes Fortbildungsangebot. Eine Nicht-Nutzerin kritisiert, dass die Darbietungsgeschwindigkeit in durchgeführten Fortbildungen *„sehr zügig"* sei.

Indikatoren auf der Ebene der Kooperationsentwicklung (Fallschule E)

12. Pflege und Weiterführung der Kooperation mit Externen

Ausprägung: 3; vorhanden und systematisch.

Die außerschulischen Kooperationen dieser Fallschule decken ein breites Spektrum ab. Sie beziehen sich auf Kooperationen mit:

- ortsansässigen Unternehmen,
- dem Land und dem Ministerium,
- anderen Schulen,
- den Eltern und
- Universitäten.

Die Ziele der Kooperationen sind neben der Schöpfung zusätzlicher finanzieller Mittel, der Austausch im Hinblick auf die Aktualität computerbezogenen Wissens sowie die Unterstützung bei der Wartung der Computersysteme. Essenziell ist weiterhin die Einbindung Externer zur Öffnung des Unterrichts und Beförderung der Veränderung der Lernkultur. So berichten beispielsweise die interviewten Schülerinnen und Schüler der Jahrgangsstufe 11 von Unterrichtsprojekten mit ortsansässigen Großunternehmen. Mittels eines schulinternen Arbeitskreises, in dem auch externe Kooperationspartner vertreten sind, wird die Kooperation mit Externen organisational verankert und die Kontinuität der Kooperationsentwicklung gewährleistet. Zu ergänzen ist, dass nur in dieser Fallschule herausgestellt wird, dass die schulischen Akteure selbst Wissen und Kompetenzen einbringen: Lehrpersonen der Schule und der Schulleiter haben maßgeblich die Einrichtung webbasierter Lernplattformen, die landesweit genutzt werden, mitgestaltet. Die Notebook-Lehrerinnen bringen Kompetenzen in das Netzwerk deutscher Notebook-Schulen durch Vorträge, gegenseitige Unterrichtsbesuche und über netzbasierte Kooperationsplattformen ein. Über die bestehenden Kooperationen hinaus hat die Schule im Anschluss an die Erhebung eine weitere Kooperation mit einem weltweit agierenden Softwarehersteller initiiert, der über ein Förderprojekt Schulen in verschiedenen Ländern unterstützt und vernetzt.

13. Verankerung schulinterner Kooperationen in Bezug auf digitale Medien, inklusive des Transfers medienbezogener Innovationen innerhalb der Schule

Ausprägung: 3; vorhanden und systematisch.

Schulinterne Kooperationen bestehen auf mehreren Ebenen und sind neben häufigen spontanen Kooperationen auch organisatorisch verankert. Als treibende Kräfte stellen sich der Schulleiter, der Computerkoordinator, die Lehrerteams der Notebook-Klassen sowie Lehrpersonen, die als Multiplikatoren fungieren, dar. Darüber hinaus gibt es den bereits beschriebenen schulischen Arbeitskreis, der auch Externe einbezieht. Neben informellen und spontanen Kooperationen sowie E-Mail-Austausch unter Lehrpersonen ist die Schule bestrebt, ein eigenes Lehrerportal zur Unterstützung und Erleichterung der

Kooperationen aufzubauen. Das Lehrerportal soll auch für organisatorische Maßnahmen wie *„Sprechstundenzeiten, Vertretungspläne, Elternbriefe, Ordnungsmaßnahmen" (Schulleiter)* eingesetzt werden und die Eltern einbeziehen.

Besondere schulinterne Kooperationsformen sind nachfrageorientierte Fortbildungen, in denen Fortgeschrittene – wie z.b. die Notebook-Lehrerinnen – didaktische und technische Kenntnisse und Erfahrungen an Interessierte weiter geben:

> Wir organisieren auch Fortbildungen für die Kollegen, wo wir ein Programm haben und wir sagen, bestimmte Dinge interessieren auch andere Kollegen. Dann haben wir es noch fachschaftsintern, dass man also sagt, gut, für meine Fachschaft könnte ich das und das anbieten und dann wird eben mal das Interesse abgefragt und die Fortbildung schulintern gemacht. [...] Die Anfragen von Kollegen kommen häufig im Lehrerzimmer. (Notebook-Lehrerin)

Verstärkte Kooperationen werden von den Lehrpersonen in den Notebook-Klassen beschrieben. Für sie steht nicht nur der Austausch, sondern auch die Ko-Konstruktion von Wissen an, ohne die die Notebook-Klassen nach Einschätzung des Innovationslehrers nicht hätten institutionalisiert werden können. Dieser macht deutlich, dass die systematische Verankerung von Kooperationen durch Teambildung die pädagogische Arbeit in einer Klasse besonders befördern kann:

> Also die Laptop-Klassen würde es nicht geben, wenn es nicht Laptop-Klassenlehrerteams gegeben hätte. Wenn man Schwierigkeiten hat und denkt: ‚Irgendwas mache ich verkehrt' ist es einfach schön mitzukriegen, bei den anderen ist es auch ein Problem und es gibt Lösungen und man diskutiert das. Wir haben uns am Anfang auch sehr häufig getroffen. Mindestens einmal im Monat. Um uns über die Arbeit auszutauschen. Eher alle zwei Wochen. Das ist natürlich auch luxuriös, wenn man sich alle zwei Wochen eine Stunde trifft, um über eine Klasse zu reden. (Innovationslehrer)

Die Analysen zur schriftlichen Lehrerbefragung belegen, dass die Kooperationen im Bereich digitaler Medien einen großen Teil des Kollegiums einbeziehen. Mehr als 70 Prozent geben an, Unterrichtskonzepte in Bezug auf den Computereinsatz zu entwickeln und im Kontext der unterrichtlichen Verwendung digitaler Medien mit anderen Lehrpersonen der Schule zu kooperieren. Fast die Hälfte der Lehrpersonen geben an, dass sie gemeinsam mit anderen Unterrichtsmaterialien für den Einsatz digitaler Medien entwickeln. Etwa ein Drittel ist diesbezüglich mehrmals im Halbjahr aktiv.

Indikatoren auf der Ebene der Technologieentwicklung (Fallschule E)

14. Subjektiv wahrgenommene Ausstattungsqualität

Ausprägung: 2; eher ausreichend.

Die Auswertung der Ausstattungszufriedenheitsskala ergibt nur eine mittlere Zufriedenheit der Lehrpersonen mit der IT-Ausstattung. Auch der Computerkoordinator und die Nicht-Nutzer zeigen sich eher unzufrieden mit der IT-Ausstattung. Diese Einschätzung begründen sie mit langsamen Netzwerkverbindungen und technischen Problemen bei der Verwendung der in die Jahre gekommenen stationären Geräte. Dem gegenüber steht eine breite Zufriedenheit mit dem Ausstattungskonzept. Besonders zufrieden zeigen sich die Lehrpersonen aus den Notebook-Klassen:

> Dabei ist es eben auch besonders wichtig – im Gegensatz zu andern Konzepten –, dass jeder Schüler sein eigenes Gerät hat. Das auch nach Hause mitnehmen kann, wo er sich wirklich seine ganzen Lerninhalte so strukturieren kann, dass er damit gut arbeiten und lernen kann. (Notebook-Lehrerin)

Für die höhere Zufriedenheit mit den Notebooks werden zwei Begründungen genannt. Eine ist die Eigenschaft der Geräte selbst, die als flexibel und individuell nutzbar beschrieben werden. Der andere Aspekt ist, dass die zukünftige Entwicklung des Ausstattungskonzeptes in Richtung mobiler Geräte geht und die Erneuerung und Instandhaltung älterer Geräte nicht mehr im Vordergrund stehen. Ihre Nutzung wird daher im Laufe der Zeit problematischer.

Zufriedenheit mit der schulischen Ausstattung berichten auch die Schülerinnen und Schüler. Sie äußern sich nicht nur positiv zu der Ausstattung mit Notebooks, sondern auch zur Ausstattung eines Computerraumes und der Bibliothek.

> Ich weiß noch von meiner Ex-Freundin, die war in der neunten Klasse in der Laptop-Klasse. Die hatten neuere Laptops. [...] Bei denen fährt der Laptop schnell hoch. [...] Es wird halt immer besser. Ist doch klar, dass es am Anfang noch Schwierigkeiten gab. Und der neue Computerraum ist auch echt gut. Da sind auch für fast jeden immer Computer, da muss man sich keinen Computer mehr teilen. [...] Und die Bibliothek haben wir auch noch. Da kommt man immer in der Pause an einen Computer ran. (Schüler, Jahrgangsstufe 11)

15. Objektiv eingestufte Ausstattungsqualität

Ausprägung: 3; überdurchschnittlich.

Mit einem Schüler-Computer-Verhältnis von 7:1 steht die Fallschule überdurchschnittlich gut da. Der Referenzwert liegt für Schulen dieser Stufe im Erhebungsjahr nur bei 11:1 (BMBF, 2007). Die Schule ist mit drei Computerräumen (à 33, 18 bzw. 8 PCs) ausgestattet. Fünf Fachräume (Chemie, Physik, Biologie, Informatik und Kunst) verfügen über jeweils zwölf Computer. In der Schulbibliothek befinden sich acht weitere stationäre Geräte. Die Klassenräume selbst sind nicht mit stationären Computern ausgestattet. Mehr als die Hälfte der schuleigenen Computer sind mobile Endgeräte. In diesen Statistiken sind die elternfinanzierten Notebooks nicht berücksichtigt und kommen noch hinzu. Zusätzlich verfügt die Schule im Erhebungsjahr neben Peripheriegeräten in den Fachräumen über ein interaktives Whiteboard. Für die insgesamt 102 Lehrpersonen, die nicht zur Schulleitung gehören bzw. die Systeme administrieren, stehen acht stationäre Computerarbeitsplätze zur Verfügung. Es ist davon auszugehen, dass Lehrpersonen, die in Notebook-Klassen unterrichten über ein eigenes, wenn vielleicht auch privat finanziertes Gerät verfügen und damit vergleichsweise viele Computerarbeitsplätze für Lehrpersonen vorhanden sind.

16. Technischer Support

Ausprägung: 1; eher nicht ausreichend.

Durch gezielte Personalpolitik und zukünftig durch Neueinstellung qualifizierter Lehrpersonen, sollen Bereiche mit Entwicklungspotenzial gefördert werden, um bereits erkannte Schwachstellen bei der Integration digitaler Medien dem sonst hohen Niveau anzugleichen. Dies gilt allerdings nicht für den technischen Support, der als nicht zufrieden stellend dargestellt wird. Es fehlen personelle Ressourcen: Für die gesamte Schule steht nur ein Systembetreuer zur Verfügung, der 110 der 200 Rechner betreut und dafür nur eine geringe Stundenentlastung erhält. Er selbst gibt außerdem an, dass er nicht über eine entsprechende Ausbildung im IT-Bereich verfügt. In den Notebook-Klassen tragen die Eltern die Kosten für den technischen Support, der von Werkstudenten geleistet wird. Zum Erhebungszeitpunkt der Nachuntersuchung liegt der Faktorscore für die Zufriedenheit mit dem technischen Support, der sich auf der Grundlage der schriftlichen Lehrerbefragung ergibt, unter dem Durchschnittswert der Stichprobe. Eine Lösung für das Problem des eher unzureichenden technischen Supports ist nicht in Sicht und wird sich vermutlich durch die Expansion der Nutzung in den nächsten Jahren noch verschärfen. Neu eingestellte Lehrpersonen sind zwar bereit, digitale Medien im Unterricht einzusetzen, aber nicht die Systembetreuung zu unterstützen oder zu übernehmen.

e) Förderliche und hemmende Bedingungen der Integration digitaler Medien an der Fallschule E

Eine erste Übersicht über die identifizierten Bedingungsfaktoren stellt die nachfolgende Übersicht bereit (Tabelle 4-6). Es werden Stärken auf der Kontext-, Schul- und Unterrichtsebene deutlich. Gegengewichte bringen hemmende Bedingungsfaktoren auf der Kontext- und Inputebene.

Tabelle 4-6: Übersicht Bedingungsfaktoren Fallschule E

	Hemmende Bedingungs-faktoren	Förderliche Bedingungs-faktoren
Kontextebene	Fehlende Fortbildungsangebote	Unterstützung des Ministeriums
	Vorgaben des Ministeriums	Umfeld der Schule
		Externe Kooperationspartner
Inputebene	Zurückhaltung, Vorbehalte eines Teils des Kollegiums	Schülerkomposition
	Keine professionelle Betreuung der Systeme	Förderverein
		Stärkung des Unterrichtsfachs Informatik

	Hemmende Bedingungs-faktoren	Förderliche Bedingungs-faktoren
	Auslastung der IT-Ausstattung und des Internetzugangs	Im Medienbereich engagiertes Kollegium
	Hoher Zeitaufwand	
Schulebene	Diskrepanzen im Kollegium	IT-Management
		Verpflichtung auf Medien- und Methodencurriculum
		Berücksichtigung der Schnelllebigkeit der Technik
		Medienteam/Schulinterne Kooperationen
		Profilorientierte Neueinstellungen
Unterrichtsebene	Teil des Kollegiums: Festhalten an tradierten Methoden	Veränderung der Lernkultur
	Zuwachs an fachlichen Kompetenzen nicht für alle erkennbar	Erwerb überfachlicher Kompetenzen
	Nutzung von Unterrichtszeit	Fördermöglichkeiten und Lernmotivation

Hemmende Bedingungen auf der Kontextebene (Fallschule E)

Auf der Kontextebene führt vor allem der Schulleiter hemmende Bedingungen für die Integration digitaler Medien in dieser Fallschule an. Diese betreffen den administrativen Kontext und thematisieren die fehlende Unterstützung seitens des Ministeriums für die Integration von Notebooks in den Unterricht. Herausgestellt werden das Fehlen von Fortbildungsangeboten, Entlastungsstunden und spezifischen Organisationsstrukturen im Kultusministerium, etwa die Einrichtung einer zentralen Anlaufstelle oder eines einschlägigen Referates. Notebook-Fortbildungen werden daher schulintern organisiert, weil *„wir auch hier in Bayern faktisch keine Notebook-Fortbildung haben [...] Weil das Ministerium da nicht eingestiegen ist in diesen Bereich. Obwohl es mehrfach dazu aufgefordert worden ist. Das ist natürlich auch einer der stärksten Hindernisfaktoren"* (Schulleiter).

Weiterhin sieht der Schulleiter Möglichkeiten, finanzielle Ressourcen einzusparen, indem das Ministerium die IT-Ausstattungsplanung und Anschaffungen bündelt.

Unterstützt werden die angeführten Aspekte von den Schülerinnen und Schülern, die in Richtung Kultusministerium einen konkreten Verbesserungsvorschlag formulieren:

> Aber wie ich mitbekommen habe, wird die Schule ja auch vom Kultusministerium gebremst. Dass da festgelegte Sachen sind, die ein Computer erfüllen muss. Der darf nicht zu schnell sein oder so. [...] Da kann die Schule selber nichts für. Das wäre eher für das Kultusministerium ein Verbesserungsvorschlag. (Schüler, Jahrgangsstufe 11)

Mit dieser Aussage wird gleichzeitig deutlich, dass das Engagement der Schulleitung ausschlaggebend ist (vgl. dazu auch die Ausführungen zum Schulmanagement als förderliche Bedingung auf der Schulebene, s.u.).

Als weiterer förderlicher Faktor in diesem Zusammenhang wird die Bereitstellung einer Informations- und Kooperationsplattform durch das Schulministerium herausgestellt, die von Lehrpersonen zur schulinternen und schulübergreifenden Kommunikation und Kooperation in Bezug auf die unterrichtliche Nutzung digitaler Medien genutzt wird und den Austausch von Materialien erleichtert. Weiterhin werden dort virtuelle Klassenräume (webbasierte Kooperations- und Lernumgebungen für Lerngruppen) bereitgestellt, die in der Fallschule vor allem von den Notebook-Klassen genutzt werden.

Das Einzugsgebiet der Schule ist mit einer bevorzugten Schülerkomposition sehr förderlich für die Integration digitaler Medien und stellt in der Stichprobe aller elf ehemaligen SITES-M2-Schulen eine Besonderheit dar.

> Wenn man jetzt mal extern anfangen würde, ist sicherlich das Umfeld der Schule sehr förderlich. O. als Gemeinde, wo doch sehr viele Akademiker angesiedelt sind, wo eben einfach die Väter bei Konzernen wie RDS oder Siemens arbeiten, also von daher vom Elternhaus schon ein freundliches Klima dem Medium gegenüber herrscht, und auch natürlich die entsprechenden finanziellen Kapazitäten da sind. (Innovationslehrerin, Notebook-Lehrerin)

Das führt nach Aussagen des Schulleiters dazu, dass alle Schülerinnen und Schüler beispielsweise schon in der siebten Klasse zu Hause Zugang zu einem Computer und fast alle auch zu einem Internetanschluss haben. Noch deutlicher wird die besondere Situation der Schule, wenn man sich anschaut, wie die Schülerinnen und Schüler über ihre häusliche Computerausstattung und -nutzung sprechen:

> Also ich habe auch einen kleinen Laptop im Zimmer stehen. Und habe auch Internet-Anschluss. Ich habe einen Großteil damit verbracht, im Haus das System zusammen zu basteln, das alles läuft im Internet. Was ich mit dem Computer mache, ist halt Filme schneiden, wenn wir mit Freunden was im Urlaub drehen oder so. Für die Schule im Internet Sachen nachschauen. Zum Beispiel wenn ich für Geschichte etwas nicht verstanden habe, dann lese ich es im Internet einfach noch mal nach. Bei mir läuft der PC auch relativ viel. (Schüler, Jahrgangsstufe 11)

Nach Angaben der schulischen Akteure, vor allem der Lehrpersonen, hat die Schule sehr stark von externen Kooperationspartnern profitiert. Dazu gehörten in der Anfangsphase Kooperationen mit Unternehmensberatungen, in der Zwischenzeit schulische Netzwerke und danach die Kooperationsmöglichkeiten mit den finanzstarken, ortsansässigen technischen Großunternehmen. In den Interviews werden diese Stationen der Schulentwicklung durch externe Kooperationen im Bereich digitaler Medien anschaulich nachgezeichnet.

Station 1 (Anfangsphase mit Unterstützung durch Unternehmensberater)

Also die Schulentwicklung überhaupt ist angestoßen worden durch eine Zusammenarbeit mit einem Unternehmensberater. Da hat man einen Unternehmensberater an die Schule geholt und dann gesagt, was können wir machen? Dann hat man überlegt, wir machen Schulentwicklungsarbeitskreise – welche sind wichtig? Da hat man eben gesagt, wir brauchen auch eins mit ‚Go Web' – wie können wir die neuen Medien einbinden? Da ging es los! Und dann war es am Anfang noch viel stärker eine programmatische Arbeit, aber was wollen wir überhaupt was ist sinnvoll, weil es gab, noch keine Beispiele. (Innovationslehrer)

Station 2 (Arbeit in Schulnetzwerken)

Eine andere förderliche Bedingung war Netzwerkarbeit. Es war ganz wichtig, dass wir das Netzwerk Medienschule der Bertelsmann-Stiftung gemacht haben. [...] Dass es die Kollegen, die engagiert sind, ermutigt. Ich denke, dass ist das allerwichtigste, dass man diese Ideen weiterverfolgt, auch wenn nicht gleich alle „Juhu!" schreien. [...] Man fährt auf Kongresse und Tagungen, man bekommt Schulungen, die einen wiederum persönlich stärken, auch inhaltlich stärken und dann wird es auch von der Schulleitung und den Kollegen anders wahrgenommen. Das ist einfach eine Aufwertung. Und es zwingt einen dazu, regelmäßig zu arbeiten, weil man ja einfach immer Quartalsberichte abliefern musste. (Innovationslehrerin, Notebook-Lehrerin)

Station 3 (Kooperation mit Unternehmen vor Ort)

Es war so eine Bank und die Firma IBM, die uns unterstützt haben. Es waren Eltern, die uns mit Hinweisen und so weiter unterstützt haben. Also, auch die Firma Siemens. Und so haben wir aus verschiedenen Quellen hier Geld bekommen, um das auf die Beine zu stellen. [...] Da bekommen wir dann auch hin und wieder Spenden. Das kann sein, dass wir Rechner bekommen, dass wir Bildschirme bekommen und so weiter. Wir können auch hier jederzeit Support holen. (Computerkoordinator)

Ein Jahr nach der Erhebung zeichnet sich für die Fallschule im Jahr 2007 eine vierte Entwicklungsstation in Bezug auf Kooperationen mit Externen ab: Sie nimmt als einzige Schule Deutschlands als Microsoft-Partner-Schule in dem zweijährigen ‚Innovative Schools Programm' teil. Zu diesem Netzwerk gehören zwölf Schulen aus verschiedenen Staaten.

Zusammenfassend lässt sich für die Kontextebene sagen:

Obwohl davon auszugehen ist, dass die vorgenannten Kooperationen mit Externen nicht ohne ein Engagement auf der Prozessebene zustande gekommen wären, wird deutlich, dass sich die genannten Kooperationsmöglichkeiten nicht für jede Schule in gleicher Weise darstellen würden. Im Ergebnis werden daher die vorgenannten externen Kooperationen der Kontextebene zugeordnet, da sie zwar einerseits von der Schule wahrgenommen und weiterentwickelt werden, aber anderseits nicht in gleicher Form ohne die vorgenannten Kontextbedingungen vorhanden wären.

Hemmende Bedingungen auf der Inputebene (Fallschule E)

Hemmende Bedingungen, die der Inputebene zugeordnet werden können, werden von den schulischen Akteuren zahlreich benannt und beziehen sich weniger auf die Einstellungen der Akteure als vielmehr auf personelle, materielle, strukturelle und finanzielle Bedingungen sowie auf zeitliche Faktoren.

Personell:

- Defizite in der Referendarausbildung und daher fehlende Kompetenzen für den Einsatz digitaler Medien bei neu eingestellten Lehrpersonen.
- Systembetreuung unzureichend, keine Fachkraft, sondern nur eine überdurchschnittlich engagierte Lehrperson mit geringer Stundenentlastung.

Materiell:

- Überlastung des schulischen Netzwerkes.
- Geringe Zugangsgeschwindigkeit zum Internet.
- Technische Schwierigkeiten, die vor allem für die, *„die an der Grenze stehen [...] und die sich neu einarbeiten [...] ein großer Hindernisfaktor"* sind *(Schulleiter).*
- Fehlendes passgenaues Material (Software, Internetangebote) zu Lehrwerken oder Unterrichtsinhalten.
- Möblierung, wie z.B. zu kleine Schülertische für den Notebook-Einsatz.

Aus den schriftlichen Befragungen ergibt sich ergänzend, dass 70 Prozent der Lehrpersonen die IT-Ausstattung als unzuverlässig bewerten, immerhin 50 Prozent führen das auf das Alter der Geräte zurück.

Finanziell:

- Vor allem fehlende Mittel im Schuletat für Neuanschaffung und für Systembetreuung.

Strukturell:

- Rhythmisierung des Unterrichts in Einzelstunden.
- Fehlende strukturelle Unterstützung für Kooperationsstrukturen im System für Zusammenarbeit über die Fachschaften hinaus.

Zeitliche Faktoren:

- Die Innovationslehrerinnen können ihren Aufwand für Unterrichtsvorbereitungen aufgrund fehlender Materialien und Konzepten nach eigenen Angaben nur bewältigen, indem sie freiwillig ihre Stundenzahl reduzieren und – obwohl sie mit hohem zeitlichem Einsatz arbeiten – nur eine Teilzeitstelle besetzen.

Weiterhin wird in Bezug auf hemmende Einstellungen in den Interviews genannt, dass ein Teil der Lehrpersonen Schwierigkeiten hat, eine neue Lehrerrolle einzunehmen und Kontrollverlust beim Einsatz digitaler Medien befürchtet. Einem Nicht-Nutzer, der angibt, für viele Lehrpersonen zu sprechen, fehlt bei der Arbeit mit digitalen Medien der Aspekt des „*Einschleifens*" von Inhalten. Immerhin 44 Prozent der Lehrkräfte berichten von einer „*Überbewertung*" der Computertechnik. 50 Prozent sprechen Neuen Medien einen Beitrag zur Allgemeinbildung ab. In den Interviews werden Vorbehalte gegenüber digitale Medien jüngeren und älteren Lehrpersonen sowie den Sprachenlehrern zugeschrieben. Hauptaugenmerk in den Interviews liegt auf dem zeitlichen Mehraufwand, der mit dem Einsatz digitaler Medien verbunden ist. Nach Schätzung einer Innovationslehrerin sind es 30 bis 40 Prozent des Kollegiums, die zwar grundsätzlich interessiert sind, digitale Medien zu nutzen, aber den zeitlichen Aufwand nicht aufbringen können oder wollen. Aus den schriftlichen Befragungen ergibt sich diesbezüglich, dass die Hälfte des Kollegiums den Aufwand für die Unterrichtsvorbereitung computergestützten Unterrichts als zu hoch einschätzt.

Förderliche Bedingungen auf der Inputebene (Fallschule E)

Die Schule ist über den Förderverein, die Kooperationspartner und die Eltern finanziell sehr gut gestellt. Technische Neuanschaffungen sind – wie in den Interviews beschrieben – nahezu ohne Grenzen möglich. Besondere Erwähnung findet in verschiedenen Interviews ein schulisches Kuratorium, in dem „*Firmen drin [sind], die einfach Geld spenden*" (*Innovationslehrer*). Die Eltern unterstützen die Laptop-Klassen. Eine Finanzierung der schülereigenen Notebooks mit 1000 € Anschaffungskosten, in monatlichen Raten zu 30 bis 60 Euro, scheint für die Eltern kein Problem darzustellen. Damit nimmt die Fallschule in Bezug auf den Aspekt der finanziellen Ressourcen in der Stichprobe eine Sonderstellung ein. Im Ergebnis wird dann die Ausstattungssituation an der Schule von den Lehrpersonen und auch von den Schülerinnen und Schülern insgesamt als gut bewertet. Besonders positiv wird die Verfügbarkeit von Notebooks von allen schulischen Akteuren bewertet. Notebooks ergänzen die stationären Geräte im Computerraum und in der Bibliothek. Drei Viertel der Lehrpersonen sind mit dem Umfang der IT-Ausstattung zufrieden. Dies betrifft auch Peripheriegeräte wie Drucker und Scanner sowie die Auswahl an geeigneter Software.

Weitere Bedingungen, die auf der schulischen Inputebene als förderlich beschrieben werden, sind die Intensivierungsstunden:

> Die Klassen [...] [sind] halbiert [...] mit der Zielsetzung einer individuellen Förderung der Schüler. Und wenn ich individualisieren will, dann bietet natürlich die Möglichkeit, Arbeitsaufträge am Computer zu machen [...] ganz andere Möglichkeiten als der normale Unterricht. (Schulleiter)

Weiterhin ist der Informatikunterricht mit der Umstellung auf G8 – also dem acht- statt des neunjährigen Gymnasiums – in dem Bundesland gestärkt worden. Dies empfinden die schulischen Akteure, allen voran die Notebook-Lehrerinnen, als förderlich für die Nutzung digitaler Medien, auch über den Informatikunterricht hinaus. Mit Blick auf förderliche personelle Bedingungen werden das Engagement und die Kompetenzen der schulischen Arbeitsgruppe angeführt, die sowohl technische als auch didaktische Belange des Medieneinsatzes diskutiert. Obwohl als hemmend genannt wurde, dass die Schule nicht über einen hauptamtlichen IT-Koordinator verfügt, ist für die Integration digitaler Medien, ebenfalls als personelle Inputbedingung, der überdurchschnittliche Arbeitseinsatz des Lehrers zu nennen, der nur mit geringer Stundenentlastung die Computersysteme der Schule betreut und als Ansprechpartner bei technischen Problemen fungiert. Dabei bekommt er nur punktuelle Unterstützung von so genannten *„Ein-Euro-Jobbern"*. Zusätzlich hat die Schule eine ‚Notebook-Koordinatorin', die zusammen mit weiteren engagierten Lehrpersonen in der Schule und über die Schulgrenzen hinaus aktiv ist. Die Anzahl der besonders im Medienbereich aktiven Lehrpersonen wird von der Notebook-Koordinatorin auf zehn bis fünfzehn Prozent des Kollegiums geschätzt. Sowohl die Aktivitäten in der Schule als auch die Vernetzung mit anderen Schulen werden in der Schule als förderlich wahrgenommen. Hinzu kommt, dass die Schule von einer Pensionierungswelle insofern profitiert, als eine größere Zahl junger Lehrerinnen und Lehrer eingestellt werden kann, für die *„der Computer was selbstverständliches [ist und] [...] eine Offenheit [da ist], die bei einer älteren Generation einfach so pauschal nicht da ist" (Schulleiter).*

Auch an dieser Schule werden in den Interviews erwartungskonform positive Einstellungen vor allem von den Nutzerinnen und Nutzern berichtet; in besonders überzeugender Weise aber auch von dem Schulleiter, der den Umgang mit digitalen Medien als eine Schlüsselkompetenz ansieht. Er schätzt am Medieneinsatz die Möglichkeiten zum Erwerb ganz unterschiedlicher Kompetenzen wie Informationsmanagementkompetenz, Methodenkompetenz und Teamfähigkeit sowie einen sinnvollen Umgang mit Heterogenität. Die schriftlichen Befragungen spiegeln ebenfalls in Teilbereichen eine überwiegend positive Einstellung der Lehrkräfte insgesamt wider: Der Einsatz digitaler Medien wird von zwei Dritteln als wichtig für die Vorbereitung auf spätere berufliche Anforderungen eingeschätzt.

Hemmende Bedingungen auf der Schulebene (Fallschule E)

Auf der Schulebene finden sich nur wenige hemmende Bedingungsfaktoren. Der Innovationslehrer, der im Rahmen der SITES M2 ein Projekt aus dem Kunstunterricht vorgestellt hat, berichtet rückblickend, dass der ehemalige Schulleiter Druck auf die Lehrpersonen ausgeübt habe, digitale Medien im Unterricht zu nutzen, und so das Kollegium gespalten habe. Er hebt aber gleichzeitig heraus, dass der neue Schulleiter die vorangegangene Entwicklung erkannt habe und mit Bedacht – und daher konstruktiv –damit umgeht. Im Ergebnis ist das Problem aber noch nicht überwunden:

> Ja, das ist jetzt glaube ich bei uns an der Schule so bisschen schlecht gelaufen. Weil tatsächlich unter unserem vorherigen Schulleiter einige die Neuen Medien genutzt haben, die auch sehr engagierte Lehrer sind. Er hat das sehr stark eingefordert – von allen im Grunde genommen. Da haben sich viele gegängelt gefühlt oder auch erpresst. [...] Das war für die Stimmung an der Schule sehr schwierig und das haben wir auch immer noch ein bisschen drin. Unser neuer Schulleiter erkennt, dass wir das – wenn wir weiterkommen wollen – einfach auf noch breitere Basis stellen müssen und versucht soviel über Fortbildungen zu machen und so vorsichtig das anzuregen. [Er] fragt immer die neuen Kollegen, die kommen, ob sie sich vorstellen können,

Laptop-Klassen zu unterrichten usw. Also das ist schon ein Problem bei uns an der Schule nach wie vor würde ich sagen, dass die [Lehrer], die die Medien nicht nutzen, [...] sich zurückgestellt fühlen. (Innovationslehrer)

Der Schulleiter erkennt nach eigenen Aussagen ebenfalls diese Störung des Schulklimas, die er selbst als *„ganz heftigen Bruch"* bezeichnet. Er sieht, dass in der Folge die beschriebene Zweiteilung des Kollegiums und die Abwehrhaltung zu Lücken bei der Umsetzung des Medien- und Methodencurriculums führen können. Das erklärt möglicherweise auch das tendenziell schlechte Abschneiden dieser insgesamt innovativen und engagierten Schule im Hinblick auf die Entwicklung und Verpflichtung auf gemeinsame schulische Innovationen. Die Fallschule weist diesbezüglich mit 2,55 einen unterdurchschnittlichen Skalenwert auf und liegt damit ungefähr eine halbe Standardabweichung unter dem Mittelwert (2,76) der gesamten Stichprobe. Dies bestätigt die Ergebnisse der Analysen aus den Interviews, da die neue Schulleitung und die innovativen Notebook-Lehrer Schwerpunkte setzen, die zwar konzeptionell verankert sind, aber nicht von allen Kolleginnen und Kollegen mitgetragen werden. Neben den hemmenden Bedingungen in Bezug auf das Schulmanagement und die Schulkultur wird in dem Interview mit den Nicht-Nutzern von der Nicht-Nutzerin als hemmend bezüglich der Personalentwicklung angeführt, dass in den schulinternen Fortbildungen für Nicht-Experten manchmal zu zügig vorgegangen wird und Inhalte in Vergessenheit geraten, wenn sich keine zeitnahe Anwendungsmöglichkeit im Unterricht ergibt. Bezüglich der Kooperationsentwicklung treten drei ganz unterschiedlich geartete Einzelprobleme auf. Dazu gehört, dass der Schulleiter sich für schulinterne und überschulische Kooperationen eine digitale Plattform als Ersatz für den Austausch von E-Mails wünscht, da dort besser Material eingestellt, verändert und diskutiert werden kann. Weiterhin berichtet der Computerkoordinator davon, dass aus seiner Sicht die Eltern keine hilfreiche Unterstützung bei der Administration der Systeme sind und sein können, weil sie sich zu wenig mit schulischen Netzwerken auskennen. Drittens berichtet der Innovationslehrer, dass in der Vergangenheit technische Sachspenden von Kooperationspartnern aufgrund unzureichender Kompatibilität mit der vorhandenen Ausstattung nicht immer erfolgreich eingesetzt werden konnten. Der Skalenwert für die medienbezogene Kooperation in der Schule insgesamt liegt mit einem Wert von 1,95 unter dem Mittelwert der Stichprobe (2,10) und könnte vielleicht trotz der in den Interviews beschriebenen funktionierenden innerschulischen Kooperationsstrukturen die Spaltung des Kollegiums in Bezug auf den Einsatz digitaler Medien abbilden. Weiterhin wird die schulinterne Kooperation dadurch erschwert, dass das Kenntnisgefälle im Lehrerkollegium stark variiert: An der Schule unterrichten auf der einen Seite Lehrerinnen und Lehrer, die deutschlandweit Fortbildungen zum Notebook-Einsatz anbieten und dazu schulpraktische Veröffentlichungen publizieren. Auf der anderen Seite gibt es Lehrpersonen, die die Verwendung digitaler Medien ablehnen und deren Kenntnisstand und Interesse in diesem Bereich gering sind.

Förderliche Bedingungen auf Schulebene (Fallschule E)

Neben der Kontextebene stellt die Schulebene eine besondere Stärke der Schule dar. Zusammen mit der guten IT-Ausstattung lässt die intensive Nutzung der Handlungsmöglichkeiten auf der Prozessebene ‚Schule' eine gute Prognose für die Entwicklung und Kontinuität der Integration digitaler Medien auf einem hohen Niveau zu, da dadurch die Schnelllebigkeit technischer Applikationen berücksichtigt wird und ihre didaktische Einbindung gestaltet werden kann.

Genauer betrachtet lassen sich vier Teilaspekte erschließen:

1. Schulmanagement

Der neue Schulleiter fördert die Integration digitaler Medien, vor allem die Nutzung von Notebooks, im besonderen Maße. Obwohl sein Vorgehen von den anderen interviewten Lehrpersonen eher als vorsichtig charakterisiert wird, hat er Visionen für die Schule, die bereits ein Teil des Kollegiums teilen. Zu seiner Strategie und Unterstützung gehören, dass er:

- Über schulinterne Entwicklungen gut informiert ist, beispielsweise an den Sitzungen der Medienarbeitsgruppen teilnimmt, durch seine Präsenz die dort gefassten Beschlüsse verbindlicher macht, die Arbeiten am Medien- und Methodencurriculum und die Arbeit mit Notebooks, die beide eine mehrjährige Tradition an der Schule haben, aufgreift und weiterentwickelt.

- Eine ausgewiesene Expertise in Bezug auf die Notebook-Arbeit in Schulen einbringt, die er im Rahmen seiner vorangegangenen Tätigkeit an einer Notebook-Schule und durch seine weiteren Aktivitäten, wie z.B. die Mitarbeit am Landesserver, erworben hat.

- Den Kollegen beim Ausprobieren neuer pädagogischer Konzepte mit digitalen Medien nach Angaben des Innovationslehrers den Kollegen den *„Rücken stärkt"* und *„Freiraum"* für die pädagogische Arbeit schafft.

- Ein Vorbild ist, weil er selber *„unheimlich emsig"* (Computerkoordinator) ist, digitale Medien im eigenen Unterricht einsetzt und zusätzliche finanzielle Ressourcen erschließt und Mittel für technische Neuanschaffungen einwirbt.

- Eine respektvolle Zusammenarbeit im Kollegium und auch mit den kritischen Nicht-Nutzern befördert und durch *„ehrliche"* Evaluation von Innovationen vermeidet, *„dass sich die Lehrer hier verschleißen."* (Nicht-Nutzerin) und sich bewusst ist, dass all diese Maßnahmen zu mehr Akzeptanz der Integration digitaler Medien führen.

- Sich bei Neueinstellungen dafür starkmacht, Bewerber zu finden und einzustellen, die zum Schulprofil passen.

2. Schulkultur

Mehrere schulische Akteure haben – wie oben angeführt – beschrieben, dass das Kollegium hinsichtlich der Nutzung digitaler Medien aufgrund vorangegangener Entwicklungen unter der Ägide des ehemaligen Schulleiters gespalten ist. Ebenfalls wie oben beschrieben, begegnet der neue Schulleiter dieser Problematik offen und gestaltet zusammen mit engagierten Kollegen die Schule neu. Erste Erfolge, die sich förderlich auf die Integration digitaler Medien auswirken, werden von den Befragten auf der Ebene der Schulkultur ausgewiesen. Dazu gehört die Anbindung des Notebook-Klassen-Konzeptes in das bestehende Medien- und Methodencurriculum. Weiterhin sind die Verpflichtung auf das Medien- und Methodencurriculum und seine Verbindlichkeit zu nennen:

> [Sodass] man einfach sich in einer bestimmten Altersstufe darauf verlassen kann, dass Kenntnisse einer gewissen Art vorhanden sind. Das heißt, eine neunte Klasse muss recherchieren können im Internet, weil sie das in der achten Klasse bei dem Medien-Methodencurriculum gemacht haben. Eine achte Klasse muss Textverarbeitung sehr gut können, auch wenn es nicht die Laptop-Klasse ist, weil sie in der siebten Klasse im Medien- und Methodencurriculum da mal dran waren. Ich muss also nicht immer wieder fragen: Habt ihr das schon mal gemacht? (Innovationslehrer)

Auch die Idee, digitale Medien zur Verbesserung der Unterrichtsqualität einzusetzen, wird als förderlich eingeschätzt:

> Wir wollten erst mal die pädagogische Basis schaffen und wollen eher eine sehr hohe Qualität in der Laptop-Klasse erreichen. [...] Eine pädagogische Idee, dass man sagt, wir wollten die Form des Lernens verändern und es soll hier in der Schule auch stärker möglich sein. (Innovationslehrer)

Wichtig sind dabei die Schaffung von außerunterrichtlichen Zugangsmöglichkeiten zu Computerarbeitsplätzen in der Schulbibliothek, die schülereigenen Notebooks sowie die Einrichtung eines Schulnetzwerkes mit eigenen Schüleraccounts. Ein Teil der Visionen ist die Vereinbarung unter den engagierten Lehrpersonen, durch ein behutsames, offenes Vorgehen und durch Fortbildungen immer größere Anteile des Kollegiums für die Verwendung digitaler Medien zu interessieren und in den Innovationsprozess einzubeziehen. Konkret werden erste Anknüpfungspunkte geschaffen, indem die engagierten Lehrpersonen die interessierten Lehrerinnen und Lehrer in die Arbeit mit virtuellen Klassenzimmern einführen. Arbeitsgruppen werden auf der Basis von *„Freiwilligkeit"* und zur *„Arbeitserleichterung" (Innovationslehrerin)* eingerichtet. Hinzu kommt die Verbindung von weiteren, nicht unmittelbar medienspezifischen schulischen Zielen zur Verwendung von digitalen Medien unter Gesichtspunkten der Schulentwicklung:

> Die Schulentwicklung hat sich hier sicher auch ganz stark an den Neuen Medien ausgerichtet. An den – ich sage es mal an der Verbindung von neuer Lernkultur, Methodenkompetenz und Neuen Medien. Und das war eine ganz enge Verbindung, die hier einfach stattgefunden hat. (Schulleiter)

Der Skalenwert für das ‚evaluative Potenzial' der Schule in Bezug auf schulische Innovationen liegt für diese Fallschule mit einem Wert von 1,98 besser als das von Steinert et al. berechnete Mittel von 2,36 in einer anderen Stichprobe und auch leicht besser als das Mittel in der eigenen Stichprobe (2,07).

240 Analyse der Daten

3. Kooperation und Koordination

Die Lehrerkooperation in der Schule und über die Schule hinaus ist eine wichtige Stütze für die Integration digitaler Medien. Innerschulisch gehören dazu die aus der Schulkultur hervorgegangenen Lehrerteams. Beispielsweise ist das Team der Notebook-Lehrpersonen darum bemüht, in Bezug auf technische Neuerungen und damit verbundene didaktische Implikationen selbst auf dem neuesten Stand zu bleiben und die anderen Lehrpersonen an diese heranzuführen. Die Motivation für die Zusammenarbeit bezieht sich auch aus dem Wunsch, eigene pädagogische Ideen erfolgreich umzusetzen. Ein weiteres Element sind die schulischen Arbeitskreise, die die innerschulischen Kooperationen mit außerschulischen Kooperationspartnern verbinden. Es werden noch stärker die Eltern aber auch Externe einbezogen. Ihre förderliche Funktionsweise beschreibt eine Innovationslehrerin sehr anschaulich:

> Also eine förderliche Bedingung ist sicherlich, dass wir gemischte Arbeitskreise von Eltern und Lehrern haben, wo einfach konzeptionell gearbeitet wird, und auch manche praktische Frage gelöst wird. (Innovationslehrerin)

Einer der schulischen Arbeitskreise, das von den Akteuren benannte Kuratorium, bezieht sich auf den Austausch von technischem Wissen und die IT-Ausstattung und ihre Finanzierung. Weiterhin wird von der Einbeziehung von Eltern mit einschlägigen Kenntnissen in den Unterricht berichtet. Auch die Kooperationen in den Fachgruppen in Bezug auf digitale Medien werden als förderlich eingeschätzt. In den Interviews wird konkret auf die Kooperationen in den Fachgruppen Latein und Kunst Bezug genommen. Vorrangig werden Informationen und Materialien ausgetauscht sowie Materialpools eingerichtet. Dabei erleichtern die digitalen Medien die Kooperationen und stellen so eine Arbeitserleichterung in Sinne von verbesserter Arbeitsorganisation und Zeitersparnis dar:

> Wenn ich mit meinen Kollegen Termine digital vereinbaren kann, wenn ich mit denen über E-Mail korrespondiere, dann nimmt mir das einfach unheimlich viel von der Belastung am Vormittag Das heißt, ich kann meine Arbeitszeit wesentlich besser organisieren. Das spart ja auch eine Menge Zeit. (Innovationslehrerin)

Außerschulisch ist die Initiierung und Mitarbeit in formellen und informellen Netzwerken zu nennen. Beispielsweise hat der Schulleiter eine landesweite Plattform mitentwickelt, an der auch weitere Kolleginnen und Kollegen der Schule mitarbeiten. Vorrangige Ziele sind der Austausch, die gegenseitige Unterstützung und die Überwindung von Schwierigkeiten sowie die Arbeitserleichterung:

> Einfach im Wissen, es hat keine Zukunft mehr, dass einzelne Lehrer für digitalen Unterricht was vorbereiten, wenn es doch notwendig ist, dass alle Schulen davon profitieren sollen. Und deswegen auch eine gemeinsame Plattform zu setzen, wo das einfach noch mal vernetzt ist. (Schulleiter)

4. Personalentwicklung und -politik

Die Möglichkeiten der Schule, aktiv Personalpolitik zu betreiben, sind systembedingt eher begrenzt. Die wenigen Möglichkeiten werden aber ausgeschöpft. Dazu gehört die

Einflussnahme auf Neueinstellung durch die Schulleitung und die Beförderung von im Medienbereich besonders aktiven Lehrpersonen. Die Personalentwicklung setzt vor allem auf schulinterne Fortbildungen und informelle Weiterbildung in Arbeitskreisen und Teams. Damit gleicht die Schule die vermissten Lehrerfortbildungsangebote von Schulträger- und Landesseite aus. Schulinterne Fortbildungen werden vor allem von den Innovationslehrpersonen ausgerichtet und gestalten sich nachfrageorientiert. Nachgefragt werden Fortbildungen zu Software, zu fachbezogenen Einsatzmöglichkeiten digitaler Medien und zum Notebook-Einsatz. Dabei sind die Fortbildungen offen konzipiert und werden für alle Interessierten angeboten – auch mit dem Ziel, die Verankerung digitaler Medien auf eine breitere Basis zu stellen und die oben beschriebene Spaltung des Kollegiums zu überwinden. Weiterhin werden Erkenntnisse von externen Fortbildungen genutzt und in der Schule durch Multiplikatoren verbreitet. Auch werden externe Referenten in die Schule eingeladen. Um diesbezüglich die Qualität der Fortbildungen zu sichern, werden bevorzugt solche Personen eingeladen, die Lehrpersonen der Schule in schulexternen Fortbildungen kennen gelernt haben und als nützlich für die Unterrichtsentwicklung einschätzen. Der Computerkoordinator stellt in diesem Zusammenhang heraus, dass die Lehrpersonen *„nicht auf Vorrat"* lernten. Er hält daher ebenfalls ein nachfrageorientiertes Vorgehen für sinnvoll, um flexibel auf technische Neuerungen und deren unterrichtliche Einbindung reagieren zu können. Ein entsprechendes Angebot stellen die innerschulischen Experten bereit. Insgesamt werden sowohl schulinterne als auch schulexterne Fortbildungen als förderlich ausgewiesen. Das beschriebene Spektrum reicht von *„Drei-Minuten-Fortbildungen" (Computerkoordinator)* bis hin zur Teilnahme an den bundesweit angebotenen Intel-Fortbildungen, die nach Einschätzung der Innovationslehrerinnen *„ausschlaggebend"* für den *„Aufschwung"* und die Verbreitung digitaler Medien in der Schule waren.

Hemmende Bedingung auf der Unterrichtsebene (Fallschule E)

Abgesehen vom Schulleiter, führen alle durch Interviews befragten schulischen Akteure unterrichtsbezogene Aspekte an, die den Einsatz digitaler Medien an der Schule hemmen. Wie auch an den anderen Fallschulen äußern sich die Nicht-Nutzerinnen und Nicht-Nutzer zu diesem Punkt ausführlicher als die anderen Personengruppen. Ihre Erläuterungen beziehen sich nicht auf unmittelbare, eigene Erfahrungen und werden daher bei der Interpretation mit den Aussagen anderer schulischer Akteure kontrastiert.

Die Nicht-Nutzer machen deutlich, dass sie eher an tradierten Methoden haften. Sie lehnen einen mit Computereinsatz verbundenen Spaßfaktor ab:

> Wir haben immer mit Hand geschrieben und durch das Handschreiben hat man das besser drin, als wenn man es am Computer nur sieht. [...] Wissen Sie, diese Arbeit an der Sache, die geht vielleicht verloren, das andere macht mehr Spaß, da haben wir dann wieder die Spaßgesellschaft. Arbeiten hat mit Arbeit zu tun. Lernen hat mit Lernen zu tun. Und Lernen hat nichts mit Spielen zu tun. (Nicht-Nutzer)

Weiterhin wird ein zu oberflächlicher Umgang mit Inhalten beschrieben:

Sie meinen, wenn sie eine Karte oder einen Artikel gefunden haben, dass dann damit alles erledigt ist. Der wird dann ausgedruckt. Im besten Fall wird noch die entsprechende Stelle mit dem Marker angestrichen, aber dann ist es getan. (Nicht-Nutzer)

Potenziale zur Verbesserung der Qualität von Unterricht und der Unterstützung bei dem Erwerb von zentralen Kompetenzen mithilfe digitaler Medien werden von ihnen nicht gesehen.

Eine Verbesserung fachlicher Leistungen durch den Computereinsatz halten deutlich mehr als die Hälfte der schriftlich Befragten für nicht gegeben. Die befragte Lateinlehrerin ist offener als der andere interviewte Nicht-Nutzer, weist aber auch auf die Beschränktheit der Lernprogramme für ihr Fach hin. Sie sieht Nutzungsmöglichkeiten des Computers beim Trainieren von Vokabeln und bei Grammatikübungen. Im Hinblick auf ein Gesamtverständnis von Sätzen und Texten sowie bei Interpretationen sieht sie keine sinnvollen Einsatzmöglichkeiten. Die Schülerinnen und Schüler weisen auf eine Besonderheit der Arbeit mit Notebooks hin. Sie sehen einen Rückgang der Kooperationen der Schüler untereinander, weil *„jeder sich noch mit seinem Laptop beschäftigen musste und weil nicht alles ging und manche noch langsam waren."* *(Schülerin, Jahrgangsstufe 11).*

Für den interviewten innovativen Kunstlehrer birgt nicht jede technische Errungenschaft sofort einen Mehrwert für den Unterricht. Beispielsweise kann er einem Einsatz von den in der Schule vorhandenen Smartboards für seinen Unterricht nichts abgewinnen.

Auffällig ist an dieser Schule, dass die Motivationspotenziale digitaler Medien, inklusive der Notebooks, auch kritisch beschrieben werden. In Notebook-Klassen schreibt der als Innovationslehrer befragte Kunstlehrer wegen der täglichen Nutzung dem Medium selbst keine Motivationspotenziale zu und berichtet von *„Durchhängern"* in den Notebook-Klassen. Für sein Fach beobachtet er, dass vor allem die Mädchen gerne das Notebook mal *„zur Seite"* legen würden: In der achten Klasse malten sie lieber, statt zu layouten und vermissten die *„sinnlichen Erfahrungen".* Die Notebook-Lehrerinnen nennen keine hemmenden Motivationsaspekte und beobachten viel mehr positive Effekte von Notebooks auf die Motivation der Schülerinnen und Schüler (s.u.).

Aus den Nicht-Laptop-Klassen berichten die Schülerinnen und Schüler, dass sie gerne zu zweit am Rechner arbeiten, weil man voneinander lernen könne. Wenig begeistert sind sie, wenn sie zu viel – im Sinne von zu oft – im Internet recherchieren. Der Computerkoordinator führt für seine Fächer (Sozialwissenschaften und Wirtschaft) an, dass die Schülerinnen und Schüler mit dem Einsatz von Standardanwendungen wie Textverarbeitung *„nicht mehr hinter dem Ofen"* hervorzulocken seien. Der Nicht-Nutzer weiß – wenn auch nicht aus eigener Erfahrung – zu berichten, dass sich die Schüler im Computerraum gerne *„ausklinken",* nur wenig aktiv und nicht motiviert sind.

Am häufigsten finden sich in den Interviews Angaben zu dem für die Qualität von Unterricht als besonders wichtig erachtetem Aspekt der Unterrichtszeit. Alle Befragten sehen eine potenzielle Ablenkungsgefahr, dass also die Schülerinnen und Schüler am Computer nicht das machen, was sie sollen, sondern abschweifen. In der Schule bewerten Lehrpersonen und Lerner die Effektivität der Nutzung von Unterrichtszeit sehr differenziert. Sowohl die Schülergruppe als auch die Nicht-Nutzer äußern Befürchtungen und Erfahrungen, dass zu wenig Unterrichtsstoff *„durchgepaukt"* werden kann, wenn digitale Medien eingesetzt werden, da zum einen weitere Kompetenzen vermittelt werden, wie z.B. im Bereich Medienkompetenz der kritische Umgang mit Quellen, aber auf der anderen Seite letztlich der in den Richtlinien vorgegebene Stoffumfang nicht erfüllt werden kann.

Die Tendenz scheint zu sein, dass einige Lehrpersonen und einige Lerner sich entlastet und sicherer fühlen, wenn die Lehrpersonen die Unterrichtsmaterialien zusammenstellen und im Klassenunterricht bearbeiten lassen. Für Fächer, die einstündig unterrichtet werden – wie der Geschichtsunterricht –, kann der Nicht-Nutzer ein Beispiel finden, das schwer zu widerlegen ist:

> Unsere Schüler sollen wenigstens mal von der Wiedervereinigung gehört haben. Wenn ich dann bloß nur bis Adenauers Außenpolitik komme, ist das ein bisschen wenig. Dann geht der Schüler [...] von der Schule, dann fehlt ihm das Wesentliche aus dem 20. Jahrhundert. Das kann es nicht sein. Das klingt immer alles so schön, aber das ist alles immer ein bisschen an der Realität vorbei. (Nicht-Nutzer)

Zeitverluste werden auch wegen technischer Aspekte angeführt. Zeit geht – so die Interviewten – beim Raumwechseln, beim Hochfahren der Rechner, wegen technischer Schwierigkeiten mit veralteter Ausstattung, beim Starten der Beamer und wegen der Überlastung des Netzwerkes verloren.

Zwei Drittel der schriftlich befragten Schülerinnen und Schüler der Jahrgangsstufe 12 – und damit der mit Abstand höchste Wert in der Gesamtstichprobe – berichten, dass im Unterricht Zeit verloren geht, weil etwas nicht funktioniert. Der zweithöchste Wert in der Stichprobe ist der der anderen Fallschule der Sekundarstufe II und liegt mit weniger als 30 Prozent deutlich niedriger. Das bestätigt die Einschätzung der Lehrpersonen nachdrücklich. Vielleicht sind es die Schülerinnen und Schüler, die einen Verlust von Unterrichtszeit am anschaulichsten in den Interviews beschreiben. Ihren Standpunkt zum Computereinsatz und zum Umgang mit der Unterrichtszeit machen sie unter anderem im folgenden Ausschnitt des Schülerinterviews deutlich:

> Ich glaube medientechnisch ist es [Bem.: der Computereinsatz] ein Gewinn, aber für die Unterrichtszeit ist es ein Verlust. Wenn wir normal Unterricht machen würden, würden wir schneller und mehr durchpauken, aber nicht so intensiv wie jetzt am Computer. Aber im Endeffekt, wenn wir zum Beispiel bei Projektarbeit in Gruppenarbeit im Klassenzimmer arbeiten würden, glaube ich, dass es mehr wäre. Es ist halt wichtig, dass man auch mit den Neuen Medien um gehen kann, dann sind die Ergebnisse einer Präsentation auch besser als nur ein paar Plakate. (Schüler, Jahrgangsstufe 11)

Förderliche Bedingungen auf der Unterrichtsebene (Fallschule E)

In der Fallschule werden digitale Medien in unterschiedlichen Formen in den Unterricht integriert. Es gibt Klassen und Kurse, die zur Nutzung digitaler Medien den Computerraum der Schule aufsuchen. Es gibt Klassen, die schuleigene Notebooks im Notebook-Schüler-Verhältnis von 1:2 im Klassenschrank aufbewahren und es gibt Notebook-

Klassen, in denen jeder Lerner über ein eigenes Notebook verfügt, das er sowohl in der Schule als auch zu Hause nutzen kann.

Die Veränderung der Lernkultur, die Verbesserung von Lernprozessen und der Erwerb zukunftsweisender Schlüsselkompetenzen sind wohl die Hauptgründe dafür, dass die Schule in den letzten Jahren sehr umfangreich die Arbeit mit digitalen Medien forciert. Insgesamt lassen sich die wichtigsten Begründungsquellen für die nachhaltige Integration digitaler Medien auf der Unterrichtsebene identifizieren. Unterrichtsbezogene Aspekte sind nicht nur konzeptionell im Medien- und Methodencurriculum der Schule verankert, sondern gehen ebenso als Ziele aus den Interviews mit dem Schulleiter, den Innovations-lehrpersonen und dem Computerkoordinator hervor. Hieraus ergibt sich nachdrücklich, dass die Möglichkeiten auf der Unterrichtsebene und die von den schulischen Akteuren beschriebenen Wirkungen die zentralen Motivationsfaktoren für den ganz persönlichen und hohen zeitlichen Einsatz bei der Integration und Verbreitung digitaler Medien dieser Personengruppen sind. Außerdem fällt im Schülergruppeninterview auf, dass auch die Schülerinnen und Schüler den Mehrwert für den Unterricht und für ihr Lernen erkennen. Aus den Falldaten geht nicht hervor, ob dies wiederum ein motivierender Faktor für die besonders engagierten Lehrpersonen ist – wie es das Modell von Owston (2003) etwa abbildet. Aus forschungsökonomischer Sicht legitimiert die Bestätigung durch die Schü-lergruppe den zusätzlichen Aufwand, der mit der Befragung der Schülerinnen und Schü-ler verbunden war, und zeigt, wie wichtig es für dieses Forschungsprojekt war und ist, die Lerner ebenfalls in die Befragungen einzuschließen.

Anders als in allen anderen Fallschulen ist die Unterrichtsebene auch die Bezugsnorm für den Schulleiter, die Integration digitaler Medien zu fördern. Neben der Veränderung der Lernkultur sieht er durch den Einsatz digitaler Medien mögliche Verbesserungen von Lernleistungen gegeben, die er im Rahmen seiner bisherigen Tätigkeit an einer anderen Schule festgestellt hat:

> Das ist ein ganz starker förderlicher Faktor. [...] Ich will das mal an meinem Beispiel sagen. In meiner alten Schule, da gab es einen landesweiten Jahrgangsstufentest. Und die Klasse, wo ich drin war, das war noch nicht mal eine Notebook-Klasse – muss ich dazu sagen, war eine ganz reguläre. Nur ich habe [...] halt ganz massiv immer wieder virtuelle Klassenzimmer und Lern-programme eingesetzt. Die hatten einen Schnitt von 2,4. Die nächst bessere an meiner Schule war bei 3,6. Verstehen Sie? Da ist das schon was, wo man denkt: Ja, mit einem pädagogischen Konzept im Hintergrund kann ich solche Ergebnisse erzielen. (Schulleiter)

Wie oben angeführt, sehen mehr als die Hälfte der schriftlich befragten Lehrpersonen an der Schule eine Verbesserung der Leistungen durch den Computereinsatz im Unterricht nicht gegeben. Andererseits schätzen mehr als drei Viertel die Relevanz digitaler Medien zur Unterstützung eines tiefer gehenden Verständnisses fachlicher Zusammenhänge als gegeben. Neben der Unterstützung von bereichsspezifischen Kompetenzen wird von den interviewten, engagierten Akteuren die besondere Förderung überfachlicher Kompetenzen angeführt. Im Vordergrund steht für einen zeitgemäßen Unterricht die Vermittlung von Qualifikationen und nicht von Wissen:

> Wir können nicht irgendwie das Wissen vermitteln, was man immer braucht. Dafür ist einfach die Zeit zu kurzlebig. Wir müssen also Qualifikationen vermitteln, die heute gefragt sind. Nicht dass sie die erst lernen, wenn sie in den Beruf kommen. (Innovationslehrerin, Notebook-Koordinatorin)

Dazu gehören nach Analyse aller fallbezogenen Interviews:

- Die Selbstständigkeit und Selbsttätigkeit beim Lernen,
- die Stärkung des Selbstbewusstseins,
- die Teamfähigkeit,
- computerbezogene Kompetenzen/technische Kompetenzen, z.B. der Umgang mit Virenschutz und Cybermobbing,
- Präsentationstechniken,
- Der Umgang mit Informationen, z.b. durch Strukturierung, Aufbereitung und Gestaltung,
- Medienkompetenz (darunter werden auch Schriftkompetenz, die Interpretation von Informationen aus dem Internet und aus Büchern sowie die reflektierte Betrachtung von Abbildungen und Bildern subsumiert),
- Berufs- und Studienvorbereitung,
- soziale Kompetenzen und
- die Kooperationsfähigkeit.

Für die Schülerinnen und Schüler stehen von den oben genannten Kompetenzen die Teamfähigkeit, der Erwerb computerbezogener Kompetenzen und die Selbsttätigkeit im Vordergrund:

> Schüler (Jahrgangsstufe 11): Ein Vorteil ist, dass wir lernen, in Teams zu arbeiten und mit Neuen Medien umzugehen, und dass die Arbeit am Computer mir persönlich mehr Spaß macht als der normale Unterricht.

> Schülerin (Jahrgangsstufe 11): Ja, weil man da einfach mehr selber machen kann.

Mit 40 Prozent schließen sich viele Lehrerinnen und Lehrer dieser Einschätzung bezüglich der Förderung des kooperativen Lernens an. In den schriftlichen Befragungen werden diese Einschätzungen auch in eine andere Richtung gestützt: Deutlich mehr als die Hälfte (59 %) der Lehrpersonen beschreiben eine stärkere Schüleraktivierung und immerhin 53 Prozent eine größere Selbstständigkeit und Verantwortungsübernahme für das eigene Lernen durch die Verwendung digitaler Medien.

Beobachtet wird auch eine Erweiterung der Möglichkeit der Kooperation unter den Schülerinnen und Schülern durch digitale Medien im Sinne einer neuen Möglichkeit der gegenseitigen Unterstützung:

> Also wir haben bei den digitalen Klassenzimmern auch Foren für die Schüler und da dürfen wir mitlesen. Da geht es aber ganz viel um: Denkt ihr, dass da morgen eine Ex geschrieben wird? Ich habe das und das noch nicht verstanden. Und dann kommt die Antwort zwei Minuten spä-

ter von dem anderen und der sagt: Das ist ganz leicht, das geht so und so. Also, das ist wirklich super. (Innovationslehrer)

Die Lehrpersonen dieser Fallschule geben zu mehr als 40 Prozent die Möglichkeit der Unterstützung handlungsorientierten Lernens durch den Einsatz digitaler Medien im Unterricht an. In Bezug auf die Verbesserung der Angemessenheit des Unterrichts werden verschiedene Aspekte genannt: Zum einen beziehen sich die Interviewten auf bessere Möglichkeiten der Binnendifferenzierung mit digitalen Medien. Weiterhin geben in den In den schriftlichen Befragungen fast 60 Prozent der Lehrpersonen an, dass der Computereinsatz im Unterricht zur Individualisierung von Lernprozessen beiträgt. Diese dient nicht nur der Leistungsverbesserung und der Verbesserung des überfachlichen Kompetenzerwerbs, sondern schafft es auch, Schülerinnen und Schüler aus Randpositionen in den Klassenverband zu integrieren:

> Wenn ich mal die Auswirkung anschaue – stärkere, schwächere Schüler – ich hab selber erlebt, dass ein Schüler in einer Randposition in einer Klasse dadurch, dass er einfach in einer Laptop-Klasse besondere Kompetenzen im Medienbereich hatte, auf einmal voll integriert wurde. Das ist mir von der Mutter immer wieder bestätigt worden. (Innovationslehrerin, Notebook-Lehrerin)

Neben den Fördermöglichkeiten der digitalen Medien sieht der Schulleiter die besonderen Stärken auch in der Unterstützung durch digitale Medien bei Diagnosen und Entwicklung von Förderprofilen:

> Wenn ich das Schulbuch im Internet habe mit allen Möglichkeiten und ich registriere über eine Diagnose, wo sind die Defizite des Schülers – also Rechtschreibung in diesem Bereich, Wortarten [...] dann kann ich wirklich Förderprofile entwickeln. [...] Und ich habe den Vorteil, wenn es beispielsweise interaktive Übungen sind, dass er sofort Rückmeldung bekommt. Hab ich das jetzt gelernt? Kann ich das Ganze? Oder kann ich das Ganze nicht? Und deswegen ist das für mich wirklich mit der stärkste Bereich, wo die Neuen Medien auch in den Fachunterricht reingehen. (Schulleiter)

Eine zentrale Rolle zur Erreichung von Individualisierung von Unterricht sehen die Notebook-Lehrerinnen in der passgenauen Verbindung pädagogischer und technischer Aspekte. Dieser Ansatz führt nach ihren Angaben zu einer nachhaltigen Verankerung digitaler Medien in der Schule. Die schulspezifische Lösung ist dabei der Einsatz von Notebooks in einem 1:1 Schüler-Notebook-Verhältnis:

> Ich kann mit einer Klasse schwer sinnvoll arbeiten, wenn ich ausgehe von offenen Lernformen beispielsweise oder einer Binnendifferenzierung, wenn ich nur einen Rechner im Klassenzimmer habe. Dann kann ich ihn nur nutzen für eine Recherche und das ist eigentlich zu wenig. Das Gleiche kann man auch für den Computerraum sagen: Da kann ich eine Phase im Unterricht damit gestalten, aber ich habe eigentlich keine nachhaltige Integration. Unser Ansatz war, wirklich zu sagen, wir wollen eine nachhaltige Schulung von Medienkompetenz plus dieser Möglichkeit, das wirklich für Lernprozesse nutzbar zu machen. (Innovationslehrerin, Notebook-Lehrerin)

Dabei geht der Unterricht mit Notebooks auch eher auf die *„Lebenswirklichkeit"* (*Notebook-Lehrerin*) der Schülerinnen und Schüler ein. Weiterhin ergibt sich eine stärkere Förderung jedes einzelnen Lerners dadurch, dass die digitalen Medien eingebettet in offene Unterrichtsformen die Schüler-Schüler-Kooperation fördern, und sich die Schülerinnen und Schüler stärker gegenseitig unterstützen. Ein neuer Aspekt wird noch von den Schülerinnen und Schülern beigesteuert. Sie berichten, dass das multimediale Aufbereiten von Inhalten je nach Veranlagung ihre technischen oder inhaltlichen Kompetenzen fördert. Lerner, die eher am Layout arbeiten, erweitern ihre technischen Kompetenzen. Im Rahmen der Ergebnispräsentation werden die inhaltlichen Ergebnisse vermittelt. Einschränkend ist zu ergänzen, dass es sich bei den Schülern, die diesen Aspekt beschreiben, um lernstarke und technisch interessierte Schüler handelt.

Die befragten Nutzer sind sich einig, dass der Einsatz digitaler Medien die Motivation der Schülerinnen und Schüler erhöht. Uneinig sind sie sich darüber, welche der oben beschriebenen Ausstattungsvarianten das höchste Motivationspotenzial birgt. Während die Notebook-Lehrerinnen und der Schulleiter eindeutig einen Vorteil in der 1:1-Ausstattung und der dauerhaften Verfügbarkeit von schülereigenen Notebooks erkennen, sehen der Kunstlehrer, der als Innovationslehrer im Rahmen der SITES M2 beteiligt war, und die Nicht-Nutzerin eine dosierte Nutzung und damit nicht die Notebook-Klassen als motivierte. Zur Erklärung könnte beisteuern, dass die unterschiedlichen Akteure verschiedene Referenzrahmen heranziehen. Während die Befürworter des Notebook-Einsatzes die Motivation zwischen Notebook-Klassen mit Nicht-Notebook-Klassen anführen, beziehen der Kunstlehrer und die Nicht-Nutzerin ihre Beobachtungen darauf, aus welcher Ausstattungsvariante mehr Motivation durch den Einsatz digitaler Medien hervorgeht. Dabei führt der Kunstlehrer an, dass in Nicht-Notebook-Klassen die Schülerinnen und Schüler motiviert durch das Medium sind, weil es für sie *„außergewöhnlich und neu ist, so mit dem Computer recherchieren zu dürfen" (Innovationslehrer).*

Die Notebook-Lehrerin beschreibt ein besonderes Motivationspotenzial für die schwierigen Jahrgänge in der Mittelstufe, insbesondere in der achten Jahrgangsstufe:

> Das gleiche Feedback bekommen wir auch von der Elternseite. Wir hatten viele Eltern, die gesagt haben, diese Durchhänger, die wir von anderen Kindern und älteren Geschwistern kannten, wo dann in der achten Klasse gar nichts mehr geht, die fielen bei denen weg oder waren wesentlich abgeschwächt. Das heißt, die sind immer motiviert in die Schule gegangen und hatten nicht das Gefühl, ich mag jetzt eigentlich nicht. (Innovationslehrerin, Notebook-Lehrerin)

Der innovative Kunstlehrer sieht auch in den Notebook-Klassen keine dauerhafte Motivation aller Lerner durch das Medium selbst und auch den Motivationsanlass eher kritisch:

> Bei den Laptop-Klassen haben wir verschiedene Phasen. Also so am Anfang sind die total euphorisch, wir dürfen, wir sind eine Laptop-Klasse, super. [...] Dann so nach einem viertel Jahr oder halben Jahr kommt so was wie: Ach, wir sitzen so viel an den Rechnern und wir wollen doch auch mal wieder normal. Müssen wir schon wieder mit dem Computer? Das ist die eine Hälfte. Die andere Hälfte findet es super, dass sie rund um die Uhr Computerspiele machen kann und immer eine Ausrede hat, vor dem Computer sitzen zu dürfen. (Innovationslehrer)

Für die interviewten Schülerinnen und Schüler, die, bevor sie in die Oberstufen eingetreten sind, gemeinsam in einer sogenannten PC-Klasse unterrichtet wurden, d.h. einer

Klasse, die über Notebooks im Klassenschrank verfügte, ergeben sich die Motivations-potenziale digitaler Medien aus der Möglichkeit der individuellen Strukturierung, der zeitlichen und räumlichen Flexibilität von Lernprozessen sowie der Option, verstärkt in Teams zu arbeiten. Weiterhin stellen sie die stärkere Schüleraktivierung in Notebook-Klassen heraus. Interessanterweise kontrastieren sie diese mit Frontalunterricht, was möglicherweise ein weiterer Hinweis auf die oben angeführte Spaltung des Kollegiums ist. Als Grund für eine höhere Motivation in Notebook-Klassen wird schließlich auch die Verbesserung von Leistungen angeführt:

> Das hat sich auch so ein bisschen gezeigt durch die Laptop-Klasse. Die waren einfach viel bes-ser von den Noten her als die anderen Klassen. Ich denke mal, wenn man die ganze Zeit mit dem Laptop arbeitet, dass dann der Unterricht viel mehr Spaß macht, weil man nicht nur so dasitzt und immer den Lehrer anschauen muss. (Schüler, Jahrgangsstufe 11)

Insgesamt ergibt sich, dass das Motivationspotenzial hinsichtlich des nicht-regelmäßigen, dosierten Einsatzes digitaler Medien in dem Neuigkeitseffekt liegt. Hinsichtlich der re-gelmäßigen bis sehr häufigen Nutzung in Notebook-Klassen ergibt es sich aber aus der stärkeren Schüleraktivierung und aus der Veränderung der Lernkultur insgesamt. Dazu geht aus der schriftlichen Lehrerbefragung hervor, dass fast die Hälfte der Lehrpersonen ein Potenzial digitaler Medien in einer interessanteren Gestaltung von Unterricht er-kennt.

Die Zusammenfassung der hemmenden Bedingungen auf Unterrichtsebene in Bezug auf die Nutzung der Unterrichtszeit ergibt, dass die nicht-effektive Nutzung von Unterrichts-zeit den Nicht-Nutzern und den Schülerinnen und Schülern Sorge bereitet (s.o.). Demgegenüber steht aber, dass die Akteure, vor allem die Innovationslehrpersonen, der Schulleiter aber auch die Schülerinnen und Schüler eine Erhöhung der Effizienz sehen. Vom Schulleiter wird angeführt, dass die Arbeit mit internetbasierten Lernplattformen eine Trennung von Unterricht und Lernen zu Hause aufbricht und die Unterrichtszeit für Lehrpersonen und Lerner im positiven Sinne erweitert:

> Ich will es vielleicht noch mal betonen: Ich sehe den Weg jetzt tatsächlich – eher so die großen Plattformen im Internet, auf die man wirklich geht, wie auch Schulportale. Und auch der Weg, dass Lehrer und Schüler von zu Hause zugreifen können. Also, dass das Lernen an der Schule und auch das Arbeiten der Lehrer ganz massiv erweitert wird. Wo ich auch diese strikte Tren-nung: Lernen in der Schule, vielleicht Hausaufgaben, ein bisschen zuhause, dann Freizeit, wo diese Bereichstrennung also durchaus aufgehoben wird. (Schulleiter)

Die Notebook-Lehrerinnen sehen in den vom Schulleiter bereits angeführten internetba-sierten Lernmöglichkeiten eine Verbesserung der Kommunikation, einen erleichterten Austausch von Materialien durch den Aufbau von Materialarchiven sowie damit insge-samt ebenfalls ein Aufbrechen des traditionellen Verständnisses von Unterricht im Sinne von rhythmisiertem, gemeinschaftlichem Lernen in der Schule und dem anschließenden Lernen alleine an Arbeitsaufträgen und Hausaufgaben.

Weiterhin sehen die Notebook-Lehrerinnen im besseren Klassenmanagement eine Erleichterung, die sich auch positiv auf die Unterrichtzeit auswirkt, da die Notebook-Klassen *„harmonischer zu führen"* seien. Der Kunstlehrer nimmt ebenfalls eine effizientere Verwendung von Unterrichtszeit wahr, weil er über E-Mail – auch über die eigentliche Unterrichtszeit hinaus – seinen Schülerinnen und Schülern individuelle Hilfestellungen geben kann. Weiterhin berichtet er von der Möglichkeit, besser Arbeiten delegieren und Inhalte bearbeiten zu können, die ohne digitale Medien nur mit erheblichem Zeitaufwand durchgeführt werden konnten. Als Beispiele führt er die Erstellung und Bearbeitung von Bildern und Filmen an.

Schließlich sehen die Schülerinnen und Schüler eine bessere Nutzung der Lernzeit durch die stärkere Schüleraktivierung sowie durch arbeitsteilige Gruppenarbeiten, bei denen die Ergebnisse digital präsentiert werden und auch digital allen anderen Gruppen anschließend zur Verfügung stehen.

f) Zusammenfassung der Besonderheiten des Falls

Diese Fallschule hat eine lange Medientradition. Seit Jahren arbeitet sie kontinuierlich und innovativ an einem Medien- und Methodencurriculum. Die neuesten Entwicklungen gehen im Beobachtungszeitraum – auch schon vor der Neubesetzung der Schulleitungsposition – in die Richtung, dass vor allem schülereigene Notebooks zum Einsatz kommen. Diese technische Innovation läuft im engen Zusammenhang mit der Beförderung einer neuen Lernkultur. Die Entwicklung zu einer nachhaltigen Verankerung digitaler Medien wird von der neuen Schulleitung und einem engagierten Medienteam gefördert, die beide auch über die Schule hinaus vernetzt sind. Schulleitung und Medienteam setzen auf eine eher demokratische Entwicklung der Schule. Zentral sind dabei die Entwicklung und die Weitergabe von Kompetenzen, die einen angemessenen Umgang mit der Schnelllebigkeit der Technik und ihrer didaktischen Einbindung ermöglichen.

4.4.7 Fallschule F (Integrierte Gesamtschule in Nordrhein-Westfalen)

Interviewerin: Wenn man die Neuen Medien hier an der Schule nutzen möchte, um zum Beispiel Präsentationen mit PowerPoint zumachen: Wie schätzen Sie da die Bedingungen ein?

Lehrer (Nicht-Nutzer): Das müssen die Schüler mitbringen. Für PowerPoint haben wir keine Vorrichtungen.

a) Überblick über den Fall

Bilanziert man zum Zeitpunkt der Erhebung der dargestellten Folgeuntersuchung zur SITES M2 den Grad der nachhaltigen Verankerung digitaler Medien, ist das Ergebnis für die gesamtschulische Entwicklung dieser Fallschule eher schwach. Erst einen Tag vor unserem Schulbesuch im Jahr 2006 hat sie durch die Auftaktveranstaltung einer schulinternen Fortbildungsreihe für alle Kollegen deutlich gemacht, dass sie in Bezug auf die Integration digitaler Medien in den Unterricht *erstmals* einen breit – über das Fach Mathematik hinausgehenden – Anfang wagt. Beförderungsstellen für Kollegen, die schulinterne Fortbildungen für alle Fachgruppen koordinieren, sind dazu neu eingerichtet geworden. Das in 2001 von der Fallschule formulierte Ziel, digitale Medien in alle Unterrichtsfächer einzubeziehen, war nicht erfolgreich und neben Einzelaktivitäten vorwiegend auf das Fach Mathematik beschränkt. Die Fachschaft Mathematik setzt geschlossen ein im Rahmen eines Forschungs- und Entwicklungsprojektes entwickeltes Konzept zur Integration digitaler Medien um, welches unter anderem im Rahmen der SITES M2 wissenschaftlich begleitet wurde. Dieses Projekt hat in den vergangenen fünf Jahren nicht auf die Unterrichtsentwicklung der Schule insgesamt ausstrahlen können. Auffällig ist auch, dass die Anzahl der PCs für die Nutzung durch Schülerinnen und Schüler seit 2001 unverändert ist, also insbesondere nicht, wie in den anderen Fallschulen und im Bundesdurchschnitt (vgl. BMBF, 2007) angestiegen ist.

b) Schulische Rahmenbedingungen der Fallschule F

Die *Integrierte Gesamtschule* liegt in einer *Stadt mit ca. 80.000 Einwohnern* am Rande eines industriellen Ballungsgebietes wurde 1985 gegründet. In der Schule werden über 1250 Lerner von fast 100 Lehrpersonen unterrichtet. Die Schule legt *Schwerpunkte* auf eine frühe Berufsorientierung und auf die Erziehung der Schülerinnen und Schüler zum selbstständigen Lernen. Die Schule ist als gebundene *Ganztagsschule* konzipiert und zum Erhebungszeitpunkt 2006 *nicht selbstständig* im Sinne erweiterter Schulautonomie. Etwa 76 bis 90 Prozent der Schülerinnen und Schüler sprechen zu Hause Deutsch. Die Schule hat in 2000 ein Schulprogramm erstellt. Ein *Medienkonzept* besteht zum Zeitpunkt der SITES-M2-Folgeuntersuchung nicht. Das Schulprogramm expliziert die Vorstellung von Schule als ‚Haus des Lernens' mit verschiedenen Aufgabenschwerpunkten, zu denen auch Methoden- und Medienkompetenz gehören. Die Anzahl von 66 PCs für die Nutzung durch Schülerinnen und Schüler in 2006 ist exakt die gleiche Zahl, die die Schule bereits in 2001 berichtete. Diese befinden sich in den fünf Computerräumen der Schule, zehn befinden sich in jeweils einem Klassenraum (das impliziert, es gibt in 40 Klassenräumen keine stationären Computer). Sechs weitere Computerarbeitsplätze befinden sich in dem Selbstlernzentrum der Schule, das bereits 1999 eingerichtet wurde. Weiterhin ist die Schule mit 120 grafikfähigen Taschenrechnern ausgestattet, die als *Handhelds* im Mathematikunterricht der Oberstufe eingesetzt werden. Die *Wartung* der Systeme beschäftigt zwei Computerkoordinatoren fünf Stunden wöchentlich. In einem geringen Stundenumfang bringen sich eine weitere Lehrperson der Schule und wöchentlich für eine Stunde ein Systembetreuer, der vom Schulträger eingesetzt wird, ein. Die beiden Koordinatoren, die weitere Lehrperson und der Schulleiter bilden das *Projektteam*, das für den technischen Bereich zuständig ist. Ein weiteres vierköpfiges Team ist für den didaktischen Bereich des Medieneinsatzes zuständig. Die Anzahl der Nutzer von stationären *Computern und dem Internet* schätzt der Schulleiter mit elf bis 25 Prozent ein. Alle Mathematiklehrer nutzen die vorhandenen Handhelds. Die Lehrerbefragung ergibt, dass drei Viertel der Lehrpersonen das Internet im Unterricht nutzen und zwei Drittel den Computer ohne Zugriff auf das Internet. Zwei Drittel der schriftlich befragten Lehrpersonen setzen den Computer etwas oder viel häufiger im Unterricht ein als fünf Jahre zuvor. Etwas mehr als die Hälfte nutzen das Internet etwas oder viel häufiger als fünf Jahre zuvor. Die Schule ist zum Erhebungszeitraum in 2006 nicht mehr in *Förderprogramme* zur Integration digitaler Medien eingebunden.

c) Kurzfassung des im Rahmen der SITES M2 begleiteten IPPUTs an der Fallschule F

Der im Rahmen der SITES M2 beobachtete und auch videografierte Mathematik-unterricht wurde in der elften und zwölften Klasse der Fallschule durchgeführt. Er zielte auf die Förderung selbstständigen Lernens ab. Der Unterricht wird im Fallbericht der SITES M2 durch drei Charakteristika beschrieben: Erstens wird das selbstständige Lernen an Stationen, die in einer HTML-Umgebung programmiert waren und auf dem Computer durch einen Browser zugänglich gemacht wurden und anwendungsnahe Übungsaufga-ben beinhalteten, benannt. Zweitens setzten die Schülerinnen und Schüler einen grafik-fähigen Taschenrechner (Handheld) zur Lösung komplexer standardisierter Rechenvor-gänge ein. Drittens reflektieren sie ihren Lernprozess mithilfe eines Lerntagebuches. Die Schülerinnen und Schüler wählten Lernstationen aus und bearbeiteten allein oder zu zweit die Aufgaben. Die Rolle des Lehrers war die eines Lernbegleiters, der den Lernpro-zess moderierte und der nur auch Nachfrage die Arbeit an Lernstationen unterstützte. Die Innovation war in das Förderprogramm SelMa (BLK-Modellversuch; ‚Selbstlernen in der gymnasialen Oberstufe – Mathematik', 1999–2003) eingebettet, welches die Förde-rung eigenständigen Lernens unter Einbindung von digitalen Medien im Mathematik-unterricht der Oberstufe zum Ziel hatte. Als Bestandteil dieses Programmes erarbeiteten in NRW fünf Sekundarschulen (Sekundarstufe II) schülerzentrierte Unterrichtsmethoden zum Selbstlernen. Diese Fallschule als ‚Autorenschulen' entwickelte Unterrichtsmateria-lien für Selbstlernphasen, gab diese an andere Schulen zur Erprobung weiter und erhielt von diesen Erfahrungsberichte, die wiederum für die Weiterentwicklung der Materialien verwendet wurden.

d) Nachhaltigkeitsprofil und weitere Befunde der Analysen zur Nachhaltigkeit der Fall-schule F

Die Fallschule F ist eine der drei Fallschulen, denen die nachhaltige Verankerung digitaler Medien im Beobachtungszeitraum eher nicht gelungen ist. Größere Defizite zeigten sich in den Bereichen Organisations-, Kooperations- und Technologieentwicklung (vgl. Abbil-dung 4-13).

Dabei gibt es auf jeder Ebene auch Bereiche, in denen die Schule durchaus gut abschnei-det. Gravierende Ausfälle zeigt die Schule in der Verankerung digitaler Medien in schuli-sche Konzepte und im Bereich der Kooperation mit Externen (Abbildung 4-12).

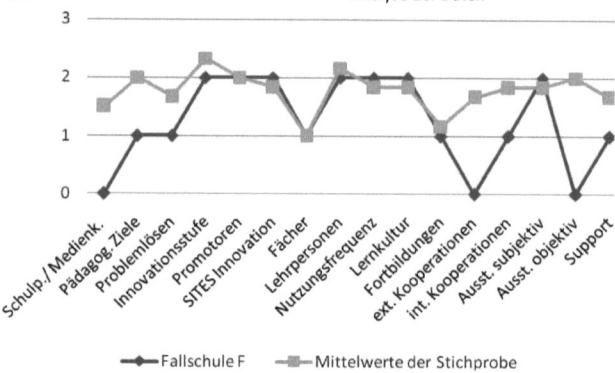

Abbildung 4-12: Nachhaltigkeitsprofil Fallschule F

Insbesondere die rückläufige Kooperationsentwicklung im Vergleich zum Erhebungszeitpunkt im Rahmen der SITES M2 ist auffällig. Die Zufriedenheit mit der IT-Ausstattung (Indikator 14) wird relativ hoch eingeschätzt, obwohl sie vergleichsweise wenig umfangreich ist. Schon die SITES M1 hat belegt, dass die Zufriedenheit mit der Ausstattung in Schulen bei gleichem Ausstattungsumfang durchaus unterschiedlich sein kann: Während einige gering ausgestattete Schulen zufrieden sind, kann in vergleichsweise gut ausgestattet Schulen Unzufriedenheit mit der Ausstattung wegen hoher Nutzungsfrequenzen aufkommen (Pelgrum, 2001).

Diese Fallschule gehört offensichtlich zu dem ersten Typ; sie ist mit dem vergleichsweise geringen Ausstattungsumfang zufrieden. Im nachfolgenden Text und auch in der Darlegung der hemmenden und förderlichen Bedingungsfaktoren (ab S. 262) wird dargestellt, wie sich die Ausstattungssituation entwickelt hat und sie sich – neben anderen Faktoren – auf die Integration digitaler Medien auswirkt.

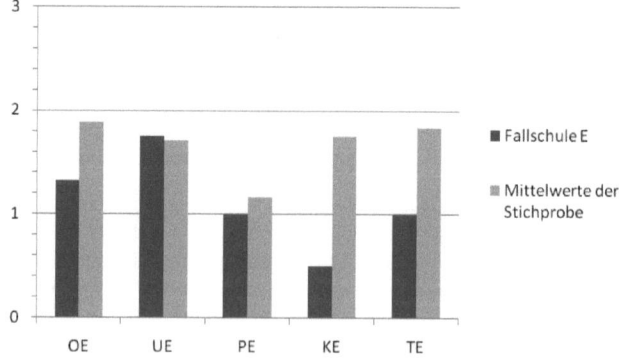

Abbildung 4-13: Nachhaltigkeitsprofil der Fallschule F bezogen auf die fünf Ebenen der Schulentwicklung mit digitalen Medien

Indikatoren auf der Ebene der Organisationsentwicklung (Fallschule F)

1. Verankerung digitaler Medien im Schulprogramm, im Medienkonzept bzw. in schuleigenen Curricula

Ausprägung: 0; nicht oder randständig im Schulprogramm.

Digitale Medien sind durchaus Bestandteil des Schulprogramms, wie es zum Erhebungszeitpunkt vorlag und auf der Schulhomepage veröffentlicht ist. Das Lernen mit Medien wird darin an eine konstruktivistische Auffassung von Lernen angebunden. Weitere wichtige Schlagworte sind die Begriffe *‚Medienkompetenz'* und *‚Methodenkompetenz'.* Ein Unterrichtsbeispiel zur *„Textverarbeitung für den PC"* wird für das Fach Deutsch in der Jahrgangsstufe 6 angeführt. Aus den Interviews ergibt sich jedoch, dass diese Ideen auch nicht ansatzweise schulweit umgesetzt wurden. Eine Verbindlichkeit fehlt völlig, die Interpretation des Schulprogramms obliegt für den Medienbereich den einzelnen Lehrpersonen. Wie weit die fehlende Verbindlichkeit geht, macht ausgerechnet Fachkonferenzvorsitzende des Fachs Deutsch im Interview deutlich, der beschreibt dass die anfänglichen Initiativen *„gestorben" und „eingeschlafen"* seien. Der Innovationslehrer führt an, dass die Integration digitaler Medien in den Unterricht unter dem Aspekt des Methodenlernens zwar im Schulprogramm stünde, *„aber die gehen halt leider immer noch häufig unter".* Ein schulisches Medienkonzept weist die Fallschule nicht aus.

2. Verbindung digitaler Medien zu den zentralen pädagogischen Zielsetzungen der Schule

Ausprägung: 1; Verbindung wird nicht von allen gesehen und getragen.

Die Passung zwischen den pädagogischen Zielsetzungen und dem Einsatz digitaler Medien beurteilen die befragten schulischen Akteure positiv. Der Schulleiter kennzeichnet in der schriftlichen Befragung besondere Anknüpfungspunkte hinsichtlich der Entwicklung von Fähigkeiten zum eigenständigen Lernen, der Organisation von Lehren und Lernen unter Berücksichtigung unterschiedliche Lernvoraussetzungen, Lerntempi und Lernwege. Allerdings wird diese Verbindung nicht von allen Akteuren erfasst oder getragen. Der Innovationslehrer setzt daher in den neu angelaufenen innerschulischen Fortbildungsmaßnahmen einen Schwerpunkt: Die abstrakten Ziele, wie die Unterstützung des Erwerbs von Medien- und Methodenkompetenz, werden auf die konkrete Ebene des Unterrichts hinabgebrochen und fachweise anhand von Beispielen verdeutlicht.

Ein von der Schulleitung besonders befordertes schulisches Ziel, das in der Fallschule aber keine Anknüpfungspunkte zum Medieneinsatz aufweist, ist die Berufsorientierung. Sie wird durch Maßnahmen und Veranstaltungen – wie z.B. die Ausrichtung einer Berufsmesse mit Unternehmen aus der Region – ausgestaltet, und bindet die Aufmerksamkeit des Schulleiters.

3. Umfang der Problemlösung der in 2000/2001 in Bezug auf die innovative pädagogische Praxis mit digitalen Medien formulierten, fallspezifischen Probleme („Problemlösekapazität")

Ausprägung: 1; Probleme wurden teilweise gelöst.

Im Rahmen der SITES M2 identifizierte die seinerzeit tätige Forschergruppe drei Probleme bei der Umsetzung von innovativer pädagogischer Praxis mit digitalen Medien (vgl. Schulz-Zander et al., 2003):

1. Die Unvereinbarkeit von zentral festgelegten Klausurterminen und dem hohen Bedarf an Unterrichtszeit bei der Umsetzung von Unterrichtseinheiten mit digitalen Medien in erweiterten pädagogischen Kontexten, wie z.b. das Lernen an Stationen.
2. Die Einschränkung der Realisierung solcher Projekte durch die wenig umfangreiche vorhandene IT-Ausstattung.
3. Befürchtungen der Schülerinnen und Schüler der Fallschule hinsichtlich der Kooperation von Kursen in der gymnasialen Oberstufe mit dem Nachbargymnasium benachteiligt zu sein.

Zumindest die Fachschaft Mathematik hat für die beiden erst genannten Probleme Lösungen gefunden, die aber mit Einschränkungen einhergehen: Die Projektphasen wurden zeitlich und inhaltlich gekürzt und auf die Klausurtermine abgestimmt. Die Disparitäten der Voraussetzungen von Schülerinnen und Schülern der Fallschule im Vergleich zu dem Nachbargymnasium aufgrund unterschiedlicher Vorkenntnisse und Arbeitsweisen konnten nicht gelöst werden. Allerdings ist die Nachbarschule mittlerweile an den Unterrichtskonzepten der Einbindung digitaler Medien in den Mathematikunterricht interessiert und hat einen Austausch angefragt. Der Innovationslehrer, der als Fachleiter im Fach Mathematik tätig ist, erklärt dies so:

> Ich glaube, da hat natürlich das Zentralabitur auch einige aus ihrem Dornröschenschlaf wachgerüttelt. Dadurch, dass das jetzt insofern offiziell auch abgesegnet ist, dass das Computer-Algebra-System auch im Zentralabitur gewählt werden kann und dass auch irgendwie durch die Blume gesagt wird, irgendwann wird das vermutlich für alle verpflichtend werden. Da werden jetzt einige wach. Und so ist es auch bei den Nachbargymnasien. Jetzt wollen wir doch mal gucken und merken, dass doch die Zeit voranschreitet und sich dann auch Inhalte und Methoden mal ändern müssen. (Innovationslehrer)

Weiterhin ergeben sich auch an dieser Fallschule aus den Analysen der schriftlichen Lehrerdaten ergänzende Hinweise auf Probleme, die in den letzten Jahren aus Sicht der Lehrpersonen der Schule gelöst werden konnten und im Zusammenhang mit der unterrichtlichen Verwendung von digitalen Medien stehen. Vor allem wird eine Verbesserung der Ausstattung genannt, die zum Beispiel die Vernetzung der Schülerrechner und die Installation von PC-Wächter-Karten, welche nahezu Störungsfreiheit bewirken, umfasst. Hingewiesen wird darauf, dass diese Neuerungen auf das Engagement eines Kollegen zurückzuführen sind, *„der einen hohen Anteil seiner Freizeit"* dafür aufbringt *(offene Antwort in einem Lehrerfragebogen)*. Die Vollvernetzung und schnellere Internetanbindung stellt auch der Computerkoordinator in der schriftlichen Befragung heraus. Eine einzelne weitere Nennung geht in Richtung eines verbesserten Fortbildungsangebotes für interessierte Kolleginnen und Kollegen.

4. Stufe der Innovation

Ausprägung: 2; Digitale Medien sind für bestimmte Bereiche (Fächer, Personen) nicht mehr als Innovationen anzusehen, sondern in den Alltag integriert (additiv).

Für die Fachgruppe Mathematik und für einzelne weitere Lehrpersonen ist die Integration digitaler Medien Bestandteil des Unterrichtsalltags. Hier greifen das erfolgreiche Konzept, die Kontinuität und die Geschlossenheit der Fachgruppe Mathematik. Aus der Sicht der gesamten schulischen Entwicklung gibt es einzelne Konzepte und Beispiele zur Verankerung digitaler Medien im Schulprogramm (s.o.), deren Umsetzung aber in den letzten Jahren *„stagniert"* hat, aber jetzt neu *„in Angriff" (Innovationslehrer)* genommen werden sollen. Zur Unterstützung wird ein Angebot an schulinternen Fortbildungsmaßnahmen angebahnt, um *„erst einmal die Lehrer fit zu haben" (Innovationslehrer)*. Außerdem plant der Innovationslehrer, der für diese Aufgabe eine Funktionsstelle eingenommen hat, konkrete Unterrichtsprojekte zu entwickeln.

5. Promotoren der Innovation (bzw. Aufrechterhaltung der Innovation, wenn diese schon implementiert ist)

Ausprägung: 2; Es gibt Promotionsaktivitäten, die wirksam sind.

Die technischen und didaktischen Kenntnisse der Lehrpersonen, die als Promotoren für die Fach- und Prozesspromotion infrage kommen – also etwa der Computerkoordinator der Schule oder die innovativen Mathematiklehrer – sind auch im Vergleich zu anderen Fallschulen auf einem guten Niveau. Die Genannten sind offen und bemüht, ihre Kenntnisse an die anderen Lehrpersonen weiter zu geben. Vermutlich erst durch die begonnene konzeptionelle Verankerung von Promotionsaktivitäten in ein Fortbildungskonzept und inhaltlichen Arbeiten im Bereich der Unterrichtsentwicklung wird sich die Wirkung der Promotionsaktivitäten entfalten. Die Situation der Machtpromotion in der Schule ist schwierig. Nach dem plötzlichen Tod des ehemaligen Schulleiters, der digitalen Medien gegenüber aufgeschlossen war, war das Kollegium sehr betroffen:

> Das hängt sicherlich auch mit dem Tod unseres Schulleiters zusammen, der das immer auch sehr forciert hat und interessiert war, dass das voranging. Dann sind wir alle so in ein Loch getreten. (Innovationslehrer)

Die Schulleitungsposition, und damit die Funktion der Machtpromotion der Innovation, war längere Zeit gar nicht besetzt. Der neuer Schulleiter, ein langjährig an der Schule tätiger Lehrer, steht digitalen Medien aufgeschlossen gegenüber und unterstützt die Integration u.a. durch Stundenentlastungen für den Computerkoordinator und die Medienprofilierung von Beförderungsstellen. Im Interview wird aber deutlich, dass er die Schwerpunkte seiner Arbeit anders verortet und seine Position gegenüber der unterrichtlichen Nutzung von IKT zwischen passiv, offen und interessiert liegt.

Indikatoren auf der Ebene der Unterrichtsentwicklung (Fallschule F)

6. Besteht die Innovation aus SITES überhaupt noch?

Ausprägung: 2; regelmäßig und unverändert.

Gegenstand der im Rahmen der SITES M2 begleiteten Innovation war die Förderung selbstständigen Lernens in der Oberstufe im Fach Mathematik. Die Innovation war in ein Förderprogramm des Landes eingebunden, welches die Entwicklung von entsprechenden Unterrichtskonzepten unterstützt hat. Als Bestandteil dieses Programms erarbeiteten in NRW fünf Sekundarschulen (Sekundarstufe II) schülerzentrierte Unterrichtsmethoden zum Selbstlernen. Diese sogenannten Autorenschulen entwickelten Materialien für Selbstlernphasen gaben diese an andere Schulen zur Erprobung weiter und erhielten von diesen Erfahrungsberichte, die wiederum für die Weiterentwicklung der Materialien verwendet wurden, zurück. Die Fallschule F war als Autorenschule eingebunden und hat digitale Materialien zum Lernen an Stationen und die Arbeit mit Lerntagebüchern entwickelt. Die beschriebenen Materialien werden von der gesamten Fachschaft Mathematik auch fünf Jahre nach der Erstellung unverändert verwendet. Neue Fachkollegen werden in die Arbeit mit den Materialien eingearbeitet. Kritisch wird angemerkt, dass die Materialien beginnen zu überaltern und keine Ressourcen für eine Aktualisierung bereitstehen. Die in HTML programmierte Lernumgebung funktioniert technisch noch. Inhaltlich haben sich aber in den Anwendungsbezüge Verschiebungen vergeben, z.B. besteht durch Internet-Flatrates keine Notwendigkeit mehr sich mit nach Nutzungszeit gestaffelten Internettarifen auseinander zu setzen und diese in mathematische Anwendungskontexte zu integrieren. Die Materialien werden also noch eingesetzt, sind aber teilweise überholt.

7. Verbreitung im Hinblick auf die Fächer

Ausprägung: 1; hauptsächlich in einem Fach.

Die Nutzung digitaler Medien wird vor allem kontinuierlich im Fach Mathematik betrieben. Eine Verbreitung auf andere Fächer erwies sich in den vergangenen Jahren jedoch als schwierig. Es fehlten Unterrichtsbeispiele, Kompetenzen der Lehrpersonen und auch die Bereitschaft von zentralen, möglichen Prozesspromotoren wie dem interviewten Fachbereichsleiter Deutsch. Auch die Fremdsprachenlehrer zeigen sich nach Einschätzung des Innovationslehrers eher distanziert. Die Angaben in den Interviews werden durch die schriftliche Schülerbefragung der Schülerinnen und Schüler der Jahrgangsstufe 12 gestützt: Die höchste Nutzung wird im Fach Mathematik berichtet. Obwohl auch zehn Prozent der Lerner angeben in Mathematik nie mit digitalen Medien zu arbeiten, berichten zum Schuljahresende immerhin 15 Prozent eine häufige oder sogar sehr häufige Nutzung. Geringe Nutzungsquoten berichten die Schülerinnen und Schüler für die Fächer Chemie, Biologie, Geschichte, Sozialwissenschaften, Kunst und Wirtschaft. Für diese Fächer gibt jeweils ein kleiner Schüleranteil an, zumindest selten computerbasierte Medien im Unterricht zu nutzen. Für die Fächer Deutsch, Englisch und Französisch ist die Nutzung digitaler Medien im Unterricht kein Thema. Ein Grund für die geringe Nutzung könnte sein, dass sich bei der zeitweise erprobten Anbahnung neuerer pädagogischer Konzepte in mehreren Fächern Schwierigkeiten ergaben: Die zeitliche Anforderung an Schülerinnen und Schüler gleichzeitig in mehreren Fächern z.b. Lerntagebücher zu führen wurden nach der Erprobungsphase von den beteiligten Lehrpersonen als zu hoch eingeschätzt. Andere Aspekte der Innovation – wie etwa das computergestützte Lernen an Stationen und die Verwendung von mobilen Endgeräten – sind bis auf unverbundene Einzelaktivitäten nach Einschätzung der Akteure nicht auf andere Fächer übertragen worden. Der Innovationslehrer, der auch als Fachleiter für das Fach Mathematik in der Lehrerausbildung tätig ist, führt das Fehlen mobiler Endgeräte für die anderen Fächer als kritisches Moment an.

8. Verbreitung im Hinblick auf die Lehrpersonen

Ausprägung: 2; 50 %< x≤ 75 %.

Die befragten schulischen Akteure schätzen ein, dass die Anzahl der Lehrpersonen, die Computer und Internet im Unterricht verwenden, in den letzten Jahren gestiegen ist. Sie beziffern den Nutzeranteil unterschiedlich. Die Schätzung des Computerkoordinators liegt mit einer Spanne von 51 bis 75 Prozent mehr als doppelt so hoch wie die Angaben des Schulleiters. Die Lehrerbefragung ergibt, dass zwei Drittel der Lehrpersonen angeben, Computer und Internet im Unterricht zu nutzen. Es ist zu berücksichtigen, dass nur ein Fünftel der Lehrpersonen dieser Schule den Fragebogen bearbeitet hat und die vorgenannten Analysen allenfalls eine Tendenz angeben.

Eine Besonderheit dieser Fallschule ist, dass nach Angaben eines Innovationslehrers die Nutzerzahlen durchaus noch durch innerschulische Fortbildungen gesteigert werden könnten. Ansetzen möchte er mit Fortbildungen für Kolleginnen und Kollegen, die im Umgang mit digitalen Medien im Unterricht unsicher sind:

> Es gibt Leute, die fangen an. Jeder dann so vor sich hin. [...] Und das wird nicht zusammengeführt. Dann hat man auch das Problem, dass es letzten Endes in der Schülerschaft nicht in die Breite getragen wird. Weil es halt noch Kollegen gibt, die ganz einfach ganz große Manschetten haben, Neue Medien einzusetzen. Weil die da sehr unsicher sind. Und da müssen wir ansetzen. (Innovationslehrer)

9. Nutzungsfrequenz digitaler Medien im Unterricht

Ausprägung: 2; eher häufig.

Grundsätzlich werden digitale Medien in der Fallschule mit Ausnahme der Einstiegsklassenstufe 5 in allen Jahrgangsstufen eingesetzt. Nach Einschätzungen des Computerkoordinators haben mehr als drei Viertel der Schülerinnen und Schüler digitale Medien genutzt, wenn sie die Schule verlassen. Dennoch sieht der Innovationslehrer, dass die Integration digitaler Medien *„letzten Endes in der Schülerschaft nicht in die Breite getragen wird"*. 71 Prozent der Schülerinnen, dass sie mehrmals im Jahr bzw. fast jeden Monat digitale Medien im Unterricht nutzen. Immerhin elf Prozent geben eine häufigere Nutzung an, sechs Prozent sogar eine tägliche Nutzung. Dieser Wert ist vergleichsweise hoch; er liegt höher als in der ebenfalls für die Oberstufe betrachteten Fallschule E. Zu ergänzen ist, dass auch an dieser Schule mehr als 80 Prozent der Schülerinnen und Schüler gerne öfter digitale Medien im Unterricht nutzen möchten.

10. Veränderung der Lernkultur

Ausprägung: 2; in einer größeren Zahl von Projekten verschiedener Lehrpersonen.

Folgt man den Ausführungen in den Interviews, ist der Fortschritt der Veränderung der Lernkultur stark von den Lehrpersonen abhängig. Dabei werden von den innovativen Lehrpersonen digitale Medien durchaus als Motor für eine Veränderung des Unterrichts eingeschätzt. Für den Mathematikunterricht beschreibt dies einer der Innovationslehrer wie folgt:

> Der TI89 [Bem.: ein umfangreich programmierbarer Taschenrechner mit Software] und Computeralgebrasysteme verändern den Mathematikunterricht natürlich nachhaltig, weil das Thema der Rechentechniken weit in den Hintergrund gerät. Wenn man früher Stunden damit verbracht hat, irgendwelche Fehler zu suchen, Rechenverfahren einzuüben und wieder zu kontrollieren und die Zusammenhänge und der Blick und die Anwendungen in den Hintergrund geraten sind, hat sich das ja genau umgedreht. [...] In der Sekundarstufe I, wenn ich jetzt den normalen Computer bedenke, gewinnt der Unterricht natürlich enorm an Aktualität. Wenn man jetzt zum Beispiel Internet nutzt und man kommt den Schülern insofern entgegen, dass Schule viel eher mit ihrer Lebenswelt zu tun hat als vorher. (Innovationslehrer)

Die Veränderung der Lernkultur hat aber nicht nur im Mathematikunterricht stattgefunden. Die Analyse der Angaben der Schülerinnen und Schüler ergibt, dass an ihrer Schule computerbasierter Unterricht in der Regel kein Frontalunterricht ist, sondern eher Unterricht, in dem die Lerner Aufgaben bearbeiten und dabei von der Lehrperson unterstützt werden. Mehr als 90 Prozent der Lehrpersonen geben an, dass sie im Unterricht mit digitalen Medien eher moderierend tätig sind und individuelle Lernwege besser berücksichtigen können. Immerhin zwei Drittel geben an, dass dieser Unterricht eine stärkere Schüleraktivierung ermöglicht. Allerdings hat ein Teil der Lehrpersonen Schwierigkeiten mit der Akzeptanz einer Veränderung der Lehrerrolle. Es gibt Lehrpersonen, die *„Angst haben, wirklich diese Rolle des bestimmenden Lehrers von vorne aufzugeben und sich in so eine Moderatorenrolle zu begeben" (Innovationslehrer).*

Wie tief die Berührungsängste oder die äußeren Zwänge sind, macht ein Zitat des Fachvorsitzenden Deutsch deutlich:

> Aber der Stoff an sich zwingt zum intensiven Arbeiten auf diese mehr oder weniger traditionelle Art und Weise. (Nicht-Nutzer, Fachkonferenzvorsitzende Deutsch)

Dennoch kann zusammenfassend festgehalten werden, dass eine Veränderung der Lernkultur – soweit man das mittels Interviews und schriftlicher Befragungen durch Selbst- und Fremdeinschätzungen ermitteln kann – auf einem guten Weg ist und von verschiedenen Lehrpersonen forciert wird.

Indikator auf der Ebene der Personalentwicklung (Fallschule F)

11. Fortbildung (Angebot, Teilnahme, Nützlichkeit)

Ausprägung: 1; eher nicht ausreichend.

Die Fortbildungsteilnahme des Kollegiums im Medienbereich gibt der Computerkoordinator in der schriftlichen Befragung (und damit vor dem Schulbesuch) mit „0 %" an. Eine höhere Teilnahme an Fortbildungen sähe er gegeben, wenn es dafür zeitliche Entlastungen gäbe. Schulinternen Fortbildungen räumt er die größten Chancen ein. Dabei scheint die geringe Teilnahme nicht am geringen Interesse, sondern an einem nicht vorhandenen Angebot zu liegen. Denn Fortbildungen im Medienbereich – so der Computerkoordinator – sei bei den Kollegen nicht unbeliebt. Weiterhin reichen den meisten Lehrpersonen Grundkenntnisse nicht aus. Sie würden gerne an vertiefenden Fortbildungen teilnehmen und wünschen sich vor allem Fortbildungen zum sinnvollen Einsatz digitaler Medien in den Unterricht. Die schriftliche Befragung bestätigt die geringe Teilnahme: Jeweils nur einzelne Lehrpersonen geben an, Fortbildungen im Bereich der Verwendung digitaler Medien im Unterricht oder auf technische Kompetenzen ausgerichtete Angebote genutzt zu haben.

Als Gründe für das Fehlen von Fortbildungen werden fehlende Konzepte vom Land genannt:

> Und die Fortbildungen im Land NRW sind ja auch immer weiter gekappt worden. [...] Es darf kein Unterricht mehr ausfallen. [...] Ich sehe es zwar ein, dass viel zu viel Unterricht ausgefallen ist. Aber jetzt muss man mal irgendwelche sinnvollen Regelungen finden. [...] Jeder Lehrer muss so und so viele Fortbildungspunkte in zwei Jahren erarbeiten. Notfalls samstags. Aber noch nicht einmal das schafft Nordrhein-Westfalen ja, weil sie gar keine Kapazitäten haben auch diese Fortbildungen überhaupt anzubieten. (Innovationslehrer)

Zwischen der schriftlichen Erhebung und der Durchführung der Interviews lagen in dieser Fallschule drei Monate. Diese Zeit hat die Schule genutzt, schulinterne Fortbildungen zu organisieren, anzubieten und durchzuführen und damit die Fortbildungskultur zu verändern und Möglichkeiten auf der Prozessebene zu nutzen:

> Gleich zum Beispiel, heute Nachmittag, findet eine Fortbildung im naturwissenschaftlichen Bereich statt. Alle NW-Lehrer sind eingeladen. Ich selbst habe am Dienstag beim ersten Teil auch teilgenommen. Es geht um den Einsatz der Neuen Medien im naturwissenschaftlichen Unterricht. [...] Dann will ein zweiter Kollege, der auch daran mitarbeitet, [...] die Fortbildung im Fach Englisch durchführen. Dass also auch die Englischkollegen verstärkt mit dem PC im Unterricht arbeiten. Sodass das immer breiter gefächert werden soll. (Schulleiter)

Indikatoren auf der Ebene der Kooperationsentwicklung (Fallschule F)

12. Pflege und Weiterführung der Kooperation mit Externen

Ausprägung: 0; keine (mehr)

Die Schule ist nicht mehr in Förderprogramme zu Integration digitaler Medien eingebunden. Nach dem Auslaufen des Förderzeitraums für das Mathematikprojekt gab es einen erneuten Versuch an einem weiteren Projekt zur Unterrichtsentwicklung mitzuarbeiten. Weil damit weder Entlastungsstunden noch Kooperationsgewinne verbunden waren, wurde die Mitarbeit an diesem weiteren Projekt beendet. Wenn man vom Schulträger absieht, gibt es für den Medienbereich keine Kooperationspartner. Der Schulträger unterstützt die Wartung und den technischen Support in der Schule mit einer Fachkraft, die eine Stunde wöchentlich aushilft.

13. *Verankerung schulinterner Kooperationen in Bezug auf digitale Medien, inklusive des Transfers medienbezogener Innovationen innerhalb der Schule*

Ausprägung: 1; vorhanden aber unsystematisch.

Insgesamt wird das Kooperationsklima an der Schule sehr positiv eingeschätzt:

> Da haben wir hier sowieso glückliche Zustände. Dass hier die Kooperation unter den Kollegen sehr groß ist. [...] Dass also keiner Angst hat zu fragen. Wenn er was nicht weiß und sich auch Rat holt. Und die anderen das wirklich bereitwillig weitergeben. Und das ist eigentlich ein sehr angenehmes Klima. (Innovationslehrer)

Aber abgesehen von den medienbezogenen Kooperationen in der Fachschaft Mathematik sind schulinterne Kooperationen mit Bezug zur unterrichtlichen Verwendung digitaler Medien – soweit sie überhaupt vorhanden sind – unsystematisch. In der Fachschaft Mathematik macht sich die Fachkonferenzvorsitzende für die Vorstellung neuer Lernsoftware stark. Über einen BSCW-Server können Materialien ausgetauscht werden. Bei dieser Anwendung gibt es aber technische Probleme – z.B. mit Speicherkapazitäten – und daher auch eine eher verhaltene Nutzung. Das gute Kooperationsklima wird nur stellenweise auf die Verbreitung der Nutzung digitaler Medien übertragen: Die Möglichkeiten, computerbezogene Kompetenzen durch schulinterne Kooperationen sind durch den technischen Koordinator, durch versierte Lehrpersonen, durch das Computerteam und zum Durchführungszeitpunkt der Interviews schließlich auch durch schulinterne Fortbildungen gegeben. Etwas mehr als die Hälfte der Lehrpersonen, die den Fragebogen bearbeitet haben, geben an mindestens einmal im Schuljahr mit anderen Lehrpersonen gemeinsam Unterrichtskonzepte und Unterrichtsmaterialien für die Nutzung digitaler Medien im Unterricht zu erstellen.

Indikatoren auf der Ebene der Technologieentwicklung (Fallschule F)

14. *Subjektiv wahrgenommene Ausstattungsqualität*

Ausprägung: 2; eher ausreichend.

Der Gesamttendenz der Aussagen zur Bewertung der IT-Ausstattung ist positiv. Die Akteure zeigen sich in den Interviews zufrieden. Die schriftliche Befragung ergibt eine mittlere Zufriedenheit mit der Ausstattung. Bestehende Einschränkungen werden in den Interviews von einzelnen Akteuren unterschiedlich wahrgenommen: Einer der beiden befragten Innovationslehrer wünscht sich eine bessere Ausstattung mit Kombinationen aus Beamer und Notebook, die im Unterricht spontan genutzt werden könnten. Ginge es nach ihm, würde das gesamte Ausstattungskonzept gewandelt. Weg von der Idee der Computer in Computerräumen und hin zu der Idee der schülereigenen mobilen Endgeräte, die er im Fach Mathematik in Form von programmierbaren und softwarebasierten Taschenrechnern bereits nutzt. Der andere Innovationslehrer beschreibt, dass sich in den letzten Jahren der Umfang der Hardwareausstattung trotz gestiegener Nutzerzahlen nicht erhöht hat und die Software *„nur mühsam auf dem neuesten Stand gehalten worden"* sei. Der Computerkoordinator führt an, dass die Hardware und die Software überaltert seien. Aufgrund der Haushaltssperre des Schulträgers hofft er auf Leasingrückläufer, die Leasingfirmen zu günstigen Konditionen Schulen und anderen Einrichtungen zur Verfügung stellen. Der Schulleiter führt Schwierigkeiten bei der Nutzung digitaler Medien an und nennt das sehr differenzierte Kurssystem problematisch, da die Zugänglichkeit zum Computerraum nicht für alle gleichzeitig gegeben sei. Ein anderes Problem schildert der Fachkonferenzvorsitzende Deutsch indirekt. Er gibt an, dass für *„PowerPoint"* keine *„Vorrichtungen"* vorhanden seien und diese von den Schülerinnen und Schülern mitgebracht werden müssten. Es wird deutlich, dass nicht alle Lehrpersonen der Schule den Bestand und die Nutzungsmöglichkeiten der vorhandenen IT-Ausstattung kennen und schätzen.

15. Objektiv eingestufte Ausstattungsqualität

Ausprägung: 0; weit unter dem bundesweiten Schnitt.

Vergleicht man die Ausstattung vom Umfang und von der Qualität her mit dem Bundesdurchschnitt im Referenzjahr, ergibt sich kein guter Gesamteindruck. Das Schüler-Computer-Verhältnis liegt bei 1250:66 also ungefähr 19:1. Der Wert liegt deutlich unter dem bundesweiten Schnitt von 11:1. Auch die Zugänglichkeit von Computerarbeitsplätzen für Lehrpersonen ist beschränkt: Für je 24 Lehrer steht ein Computer zur Verfügung. Berücksichtigt man die Größe des Schulgebäudes und die Verteilung auf mehrere Gebäude, liegt die Zahl der Lehrer-PCs mit insgesamt vier Computern eher niedrig. In Fachräumen können die Lehrpersonen an dieser Fallschule Computer nicht nutzen, da es in dieser Fallschule keine Computer in Fachräumen gibt. Immerhin zehn der insgesamt 50 Klassenräume sind mit je einem stationären Computer ausgestattet. Die fünf Computerräume sind mit bis zu 15 Computerarbeitsplätzen ausgestattet. In der Mediothek und anderen Lernecken sind weitere sechs Computer zugänglich. Die PCs werden als veraltet beschrieben, das benannte Betriebssystem Windows 98 ist für das Jahr 2006 – auch aus Sicht der Akteure – überholt. Es gibt nur wenige Notebook-Beamer-Kombinationen. Die hochwertigste Ausstattung sind vielleicht die Handhelds für den Mathematikunterricht, die aber von den Lernern selbst angeschafft werden müssen.

16. Technischer Support

Ausprägung: 1; eher nicht ausreichend.

Den technischen Support übernimmt in dieser Fallschule ein Lehrer mit dem Unterrichtsfach Technik, der pro Woche ungefähr fünf Zeitstunden in die Betreuung der Systeme investiert. Er sagt über sich selbst, dass er das *„ganz gerne"* mache. Eine wichtige Errun-genschaft in den letzten Jahren, die auch seine Arbeit erleichtert, war die Anschaffung und Installation von PC-Wächter-Karten. Diese erlauben den Lehrpersonen einen einfa-cheren Umgang mit der Technik.

> Und da unsere Rechner durch eine spezielle Software geschützt sind. Sodass man sagen könn-te: Ihr könnt da rein gehen, ihr braucht keine Angst zu haben. Es kann nichts kaputt gehen. Zumindest nicht durch eine Fehlbedienung. Es können zwar Sachen kaputt gehen. Aber die ge-hen halt kaputt. Aber nicht dadurch, dass ihr jetzt mit einer Schülergruppe da drin seid. (Com-puterkoordinator)

Der Computerkoordinator vertritt weiterhin die Auffassung, dass der Support an der Schule durch ihn und durch andere hilfsbereite und versierte Kollegen, sicher gestellt sei:

> Ich denke, das ist schon ausreichend. Ich denke mal, [...] es ist ja keiner mehr so ganz unbe-darft im Umgang mit dem Computer. (Computerkoordinator)

Der Inhalt der Aussagen des Schulleiters stimmt mit denen des Computerkoordinators überein. Die beiden Innovationslehrer sehen jedoch Probleme. Schwierigkeiten treten dann auf, wenn der Computerkoordinator nicht vor Ort ist:

> Aber wenn der mal krank ist oder auf Klassenfahrt ist, dann bricht die Schule in diesen Fragen zusammen. Da gibt es so viele Fragen, die keiner beantworten kann. Das sind echte Probleme. (Innovationslehrer)

Durch die zeitliche Auslastung des Computerkoordinators ist außerdem eine zeitnahe Behebung von Problemen nicht immer gegeben:

> Er ist dann auch zugepackt bis obenhin mit Arbeit. Das ist vollkommen klar. Und dann können Sachen auch mal länger dauern. Weil er ganz einfach so viel um die Ohren hat. (Innovations-lehrer)

Die schriftliche Befragung der Lehrpersonen dokumentiert einen negativen Faktorscore ebenfalls, dass der technische Support in dieser Fallschule eher nicht ausreichend ist.

e) Förderliche und hemmende Bedingungen der Integration digitaler Medien an der Fallschule F

Auch für die Fallschule F sind die identifizierten förderlichen und hemmenden Bedingun-gen der Kontext-, Input- und der Prozessebene zugeordnet worden. Es überwiegen die Hemmfaktoren.

Tabelle 4-7: Übersicht Bedingungsfaktoren Fallschule F

	Hemmende Bedingungsfaktoren	Förderliche Bedingungsfaktoren
Kontextebene	Hohe Arbeitsbelastung Schülerkomposition Fehlende Finanzmittel Unzureichende Unterstützung vom Schulträger Vakanz der Schulleitungsstelle über einen längeren Zeitraum	Verbesserung der häuslichen IT-Ausstattung der Schüler/innen Second-Level-Support durch den Schulträger (Bereits ausgelaufene) Kooperationen und Unterstützung im Modellversuch
Inputebene	IT-Ausstattung Altersentwicklung des Kollegiums Fehlende Bereitschaft von Lehrpersonen Fehlende computerbezogene/ und mediendidaktische Kenntnisse von Lehrpersonen	Ausstattung mit Handhelds (für den Mathematikunterricht) Ganztagsschulkonzept und Angebote im Ganztagsbereich Zugänglichkeit der Ausstattung
Schulebene	Unverbindlichkeit des Schulprogramms Zeitweise fehlendes IT-Schulmanagement Fehlende schulische Visionen in Bezug auf digitale Medien Unzureichendes Fortbildungsangebot	Demokratischer Umgang mit vorhandenen IT-Ressourcen Gutes Kooperationsklima
Unterrichtsebene	Unklarheit in Bezug auf den didaktischen Mehrwert digitaler Medien	Förderung überfachlicher Kompetenzen Förderung fachlicher Kompetenzen im Mathematikunterricht und Modernisierung des Unterrichts

Hemmende Bedingungsfaktoren auf der Kontextebene (Fallschule F)

Als hemmende Faktoren auf der Kontextebene werden die hohe Arbeitsbelastung durch ministerielle Vorgaben, das Einzugsgebiet der Schule und die damit verbundene Schülerkomposition sowie die fehlende finanzielle Unterstützung des Schulträgers zur Instandhaltung und Erneuerung der IT-Ausstattung genannt.

Im Einzelnen werden die Vielzahl an Aufgaben und ministeriellen Vorgaben wie beispielsweise die Vorgabe, Konferenzen und Fortbildungen nur noch außerhalb der Unterrichtszeit zu veranstalten, genannt, die die Bereitschaft des Lehrerkollegiums einschränkt, sich über das bestehende Arbeitspensum hinaus für weitere Aktivitäten zu motivieren. Aufgrund der Schülerkomposition der Schule gehen die Lehrpersonen nicht davon aus, dass die Schülerinnen und Schüler außerhalb der Schule Zugang zum Internet und zu anderen digitalen Medien haben. Der Computerkoordinator hebt weiterhin als hemmenden Faktor hervor, dass von Schulträgerseite die IT-Ausstattung der Schule nach einer Grundausstattung zehn Jahre vor der Erhebung nicht weiter unterstützt wurde.

Förderliche Bedingungen auf der Kontextebene (Fallschule F)

Der Computerkoordinator, der vor allem im Wahlpflichtbereich Technik und Informatik und damit eher Technik affine Schülerinnen und Schüler unterrichtet, stellt als förderliche Bedingung heraus, dass alle Schülerinnen und Schüler, vor allem Oberstufenschüler, zu Hause Zugang zum Internet haben, und widerspricht diesbezüglich seinen Kollegen. Auch werden förderliche Aspekte, die sich aufgrund von Kooperationen mit Externen ergeben, von einzelnen Befragten genannt: Die bereits ausgelaufene Kooperation im Rahmen des Modellversuches SelMa (siehe S. 251) habe die Implementation digitaler Medien unterstützt. Die Schenkung von Leasing-Rückläufern durch Unternehmen und der Second-Level-Support durch den Schulträger, der aber nur in geringem Stundenumfang tätig ist, waren für die schulische Entwicklung weiterhin relevant.

Hemmende Bedingungen auf der Inputebene (Fallschule F)

Mehr als die Hälfte der Lehrpersonen geben an, dass zu wenig Computer (53 %) sowie zu wenige Peripheriegeräte (58 %) vorhanden sind. Qualitative und quantitative Schuldaten weisen darauf hin, dass im materiellen Ausstattungsbereich ein Schwerpunkt der hemmenden Bedingungen in dieser Fallschule liegt. Obwohl die Anzahl der Nutzer digitaler Medien in der Schule zahlenmäßig zugenommen hat, blieb die Anzahl der Rechner in den letzten fünf Jahren unverändert. Die Funktionalität der vorhandenen Ausstattung ist ebenfalls unbefriedigend: Immerhin 42 Prozent geben an, dass die Computer zu langsam seien. Dies wird in den Interviews durchgängig bestätigt. Weiterhin führt die hohe Differenzierung des Kurssystems dazu, dass in einer Jahrgangsstufe alle Klassen gleichzeitig in den Kernfächern unterrichtet werden und daher nicht gleichzeitig digitale Medien einsetzen. Absprachen unter den Lehrpersonen, die dieses Problem thematisieren und damit auf der Prozessebene eine durch den Input gegebene Bedingung verbessern könnten, gibt es offenbar nicht. Befürchtungen werden auch dahin gehend geäußert, dass sich die Situation der überbelegten Computerräume durch die angelaufenen schulinternen Fortbildungsmaßnahmen zur Nutzung digitaler Medien in den Fächern weiter zuspitzt. Gewünscht werden daher mobile Endgeräte. Die finanzielle Situation des Schulträgers – und damit auch der Schule – steht diesem Wunsch jedoch entgegen.

Nach Aussagen einer der beiden befragten Innovationslehrer aus SITES M2 ist der Innovationsimpuls in Bezug auf digitale Medien auch deshalb in der Schule abgebrochen, weil ein engagierter Kollege die Schule verlassen hat. Eine weitere personelle Bedingung, die

die Verbreitung der digitalen Medien hemmt, ist das Alter des Kollegiums, das – so ein Innovationslehrer – *„gemeinsam alt"* geworden sei. Hinzu kommt, dass die Betreuung der Systeme, das heißt, der vergleichsweise geringen Anzahl an Computern, gut durch zwei engagierte Techniklehrer gewährleistet ist. Für weitere Rechner steht keine adäquate Betreuung zur Verfügung, sodass auch aus diesem Grund keine Ausstattungserweiterung angestrebt wird. Eine Unterstützung des Supports durch eine Person, die der Schulträger zur Betreuung der Systeme in allen städtischen Schulen bereitstellt, ist gescheitert, da dieser gleichzeitig mehrere Schulen betreute, sich im Computernetzwerk der Schule nicht auskannte und daher keine spontanen und effektiven Hilfestellungen geben konnte.

Ein Transfer der Innovation auf andere Fächer und eine Weiterentwicklung, der für das Fach Mathematik eingesetzten Materialien, ist, nach Aussagen einer der beiden interviewten Innovationslehrer, auch daran gescheitert, dass zeitliche Ressourcen, wie etwa Stundenentlastungen nach Ablauf des Förderprojektes, nicht mehr zur Verfügung standen.

Aus den Interviews lässt sich weiterhin ein breites Spektrum von Lehrervariablen als hemmenden Bedingungen erschließen. Dazu gehören das Festhalten an alten Methoden und das ausschließliche Arbeiten mit Printtexten sowie Schreiben mit der Hand. Hinzu kommt die fehlende Bereitschaft der Lehrpersonen, digitale Medien zu nutzen. Dies offenbart sich im Ausweichen und im Widerstand gegen den Einsatz digitaler Medien. Angegeben werden außerdem Unsicherheiten im Umgang mit den Geräten, die Angst vor Vandalismus, die Ablehnung einer veränderten Lehrer-Schüler-Rolle, die Befürchtung, dass Unterricht mit digitalen ineffektiv sei, und die Befürchtung von Komplikationen mit Eltern, die sich Sorgen um mögliche elternfinanzierte Notebooks machen könnten. Als Ansatzpunkt für seine weitere Arbeit sieht der Lehrer, der seit Schuljahresbeginn für schulinterne Fortbildungen zum Einsatz digitaler Medien zuständig ist, dass die Kenntnisse seiner Kollegen sich oft nur auf Standardanwendungen nicht aber auf fachspezifische Anwendungen beziehen. Die schriftlichen Befragungen bestätigen seine Einschätzung: Jeweils 37 Prozent der Lehrpersonen erkennen als wichtigen Hemmfaktor, dass ihre eigenen Computerkenntnisse sowie pädagogischen und didaktischen Kenntnisse zu gering sind. Dieser Wert liegt deutlich über dem Stichprobendurchschnitt von 19 Prozent (Computerkenntnisse zu gering) bzw. 23 Prozent (pädagogische/didaktische Kenntnisse zu gering).

Die Einschätzungen vieler Lehrpersonen zum Beitrag des Computereinsatzes zur Erreichung von Bildungszielen sind eher verhalten und stellen somit einen weiteren hemmenden Faktor dar: Nur fünf Prozent der Lehrpersonen sind der Meinung, dass der Einsatz digitaler Medien zur Verbesserung der Leistungen führt. Wichtige Ziele wie das Schreiben von Analysen können nach Meinung des Fachkonferenzvorsitzenden des Faches Deutsch nicht durch Computer gestützt werden. Er berichtet von einem *„einge-*

schlafenen" Projekt, das das Ziel hatte, Textverarbeitungsprogramme in sprachlichen Fächern zu nutzen. Es wird aber auch deutlich, dass z.b. in der Fachschaft Deutsch, die Anwendungsmöglichkeiten digitaler Medien für das Fach wenig bekannt sind und Schreiben mit dem Computer auf ein *„Abschreiben des fertigen[Textes]"* reduziert wird, das *„keinen Gewinn für Unterricht oder Schüler bringt"* (Nicht-Nutzer, *Fachkonferenzvorsitzender Deutsch).* Dies macht deutlich, dass die verhaltene Einschätzung digitaler Medien zur Erreichung der Bildungsziele auch in den geringen Kenntnissen über die Anwendungsmöglichkeiten eines Teils des Kollegiums liegen könnte.

Förderliche Bedingungen auf der Inputebene (Fallschule F)

Den zahlreichen hemmenden Bedingungen auf der Inputebene stehen im Wesentlichen die folgenden förderlichen Bedingungen entgegen:

- Für den Mathematikunterricht ist dies die Ausstattung mit Handhelds.
- Die Nutzungsmöglichkeiten des Internets, z.B. von Kooperationsplattformen.
- Der einfache Zugang zu den Computerräumen für alle Lehrpersonen.
- Das Selbstlernzentrum der Schule, das auch über Computerarbeitsplätze verfügt.
- Die bereits abgeschlossene Teilnahme an einem bundeslandweiten innovativen Projekt zum Einsatz digitaler Medien als eine Maßnahme, die sich auch in einem ideellen Sinn auf die Schule positiv ausgewirkt hat.
- Die Möglichkeit als Ganztagsschule, digitale Medien den Schülern auch in offenen Angeboten zur Verfügung zu stellen.

Die befragten Lehrpersonen können der verfügbaren Computerausstattung in Grenzen auch positive Aspekte abgewinnen: Nur gut 30 Prozent halten die Computertechnik der Schule für unzuverlässig. Nur zehn Prozent sagen aus, dass die vorhandene Software nicht für den Unterricht geeignet ist und nur knapp 30 Prozent beklagen, dass zu wenig Computer mit Internetanbindung für die unterrichtliche Nutzung zur Verfügung stehen. Die Ergänzung zu 100 Prozent widerspricht dem jeweils. Weiterhin geben 84 Prozent der Lehrkräfte an, dass sie sich sehr wohl trauen, neue pädagogische Ansätze im Bereich der unterrichtlichen Verwendung digitaler Medien anzugehen. Ein Teil des Kollegiums begegnet der veränderten Lehrer-Schüler-Rolle offen und kann damit umgehen, dass Schülerinnen oder Schüler mehr Computerkenntnisse haben als sie selbst. Die Computerkenntnisse der Lerner werden insgesamt gut eingeschätzt: Fast 95 Prozent der Lehrpersonen widersprechen im Rahmen der schriftlichen Befragung der Aussage, dass die Computerkenntnisse der Schülerinnen und Schüler zu gering seien und die Integration digitaler Medien hemmen würden.

Nach und nach setzen sich auch erweiterte Unterrichtsformen durch. Hervorgehoben wird, dass neue, junge Kollegen, dem Umgang mit digitalen Medien positiv gegenüberstehen. Auch das Engagement der zwei Kollegen, die schulinterne Fortbildungen organisieren, stößt auf sehr positive Resonanz.

Alle Lehrpersonen, die den Fragebogen ausgefüllt zurückgeschickt haben, geben an, dass der Computereinsatz für das schulische Lernen hilfreich und nützlich ist und auch das Internet sich für den Unterrichtseinsatz eignet. Weiterhin sind mehr als 90 Prozent des Kollegiums der Meinung, dass die Nutzung digitaler Medien einen Beitrag zur Vorbereitung auf spätere berufliche Anforderungen und zur Allgemeinbildung leistet.

Hemmende Bedingungen auf der Schulebene (Fallschule F)

Aus dem Datenmaterial erschließen sich drei hemmende Bedingungsfaktoren im Kontext von Schulmanagement.

1. Im Zeitraum nach der Erhebung der SITES M2 und vor der Erhebung der hier dargestellten Folgeuntersuchung ist der Schulleiter, der im Rahmen der SITES M2 befragt wurde, verstorben. Die im Rahmen der Folgeuntersuchung erneut befragten Lehrpersonen geben an, dass das Kollegium nach diesem Todesfall *„in ein Loch getreten"* sei und in Bezug auf die digitalen Medien *„die Sachen ins Straucheln gekommen"* sei und *„sehr stark stagniert"* habe.

2. Obwohl die Nutzung digitaler Medien Jahre zuvor schriftlich verankert war, ist die Übergangszeit bis zur Neubesetzung der Schulleitungsposition ein Zeitraum gewesen, den die Schule nicht für Innovationen (in diesem Bereich) nutzen konnte.

3. Während der ehemalige Schulleiter in die digitalen Medien *„verliebt"* gewesen sei, lässt der neu eingesetzte Schulleiter in diesem Bereich engagierte Kollegen *„gewähren" (Innovationslehrer)*, fördert den Einsatz digitaler Medien aber aus Sicht des Kollegiums nicht. Erst in den Monaten vor unserer Erhebung nutzt er seine Möglichkeiten, indem er Stellenbeschreibungen für Beförderungsämter für Lehrpersonen, die schulinterne Fortbildungen anbieten, ausschreibt.

Analysen zu hemmenden Bedingungen auf der Dimension ‚Schulkultur' weisen einen leicht unterdurchschnittlichen Wert im Hinblick auf gemeinsame schulische Visionen auf (Skalenwert auf Schulebene: 2,66 vs. 2,76 als Mittelwert in der gesamten Stichprobe). Dies geht konform mit den Ergebnissen der Analysen aus den Interviews und des Schulprogramms: Die Schule weist seit Jahren vor allem eine Profilbildung im Hinblick auf Berufswahlorientierung aus. Aspekte des Lernens mit digitalen Medien werden fachübergreifend in der Schule nicht diskutiert:

> Es ist auch viel zu wenig Thema meiner Meinung nach auf Lehrerkonferenzen oder sonstigen Dingen. Auf Schulkonferenzen ist das eigentlich noch gar kein Thema. (Innovationslehrer)

Die Beeinträchtigung der konzeptionellen Arbeit der Schule durch den Tod des Schulleiters und der Zeit, die für die Neubesetzung benötigt wurde, wirken sich möglicherweise auch auf schulkulturbezogenen Faktoren aus. Dazu kommt, dass das evaluative Potenzial in Bezug auf schulische Innovationen für die Fallschule mit einem Wert von 2,52 schlechter (weil höher) als das von Steinert et al. (2003) berechnete Mittel von 2,36 in einer anderen Stichprobe ist und sogar deutlich schlechter als das Mittel (2,07) in der Stichprobe der dargestellten Untersuchung liegt.

In Bezug auf digitale Medien haben andere Fallschulen der Stichprobe als einen Teil ihrer Arbeit an schulischen Visionen und Innovationen Maßnahmen zum verantwortlichen und sicheren Umgang mit dem Internet und der IT-Ausstattung auf den Weg gebracht. Zwar ist dies nach Aussagen des Computerkoordinators auch in dieser Schule der Fall, es ist aber in der Schule zu wenig bekannt, als dass alle Lehrerkollegen sich sicher im Umgang mit digitalen Medien fühlen. In der schriftlichen Befragung geben deutlich mehr als die Hälfte der Lehrpersonen an, dass Schülerinnen und Schüler zu einfach oder gar unkontrolliert an problematische Inhalte (Gewalt/Pornografie) gelangen. Einer der Innovationslehrer stellt dies im Interview ebenfalls als Problem heraus und schlägt vor, dass bei der noch ausstehenden Entwicklung eines schulischen Medienkonzeptes Schwerpunkte in diesem Kontext gesetzt werden könnten.

Der Lehrer, der mit schulinternen Fortbildungen im Medienbereich betraut ist, stellt die Überlegung an, dass die Arbeit mit digitalen Medien eng an ein Methodenkonzept geknüpft werden könnte. Nach diesem Ansatz konzipiert er auch seine Fortbildungen. Diesbezüglich wird ein schulweiter Konsens angestrebt, der aber noch am Anfang steht und im Wesentlichen von diesem Lehrer getragen wird.

Hemmende Bedingungen auf der Ebene der Kooperation und Koordination werden nicht explizit genannt. Andererseits gibt es Bedingungen, die als hemmende eingeschätzt werden, die über Kooperationen und bessere Koordinationen gelöst werden könnten. Beispielsweise könnten die Belegungen des Computerraumes sowie die softwareseitigen Schutzmaßnahmen des Netzwerkes gegen Störungen besser kommuniziert und koordiniert werden.

Aus den Interviews zeichnet sich für die vorangegangenen Jahre in Bezug auf gezielte Personalentwicklung ab, dass das Angebot an Fortbildungen gering war, und medienbezogene Fortbildungen *„überhaupt nichts gebracht [haben]"* (Nicht-Nutzer, Fachkonferenzvorsitzender Deutsch). Rückblickend liegt in der Personalentwicklung also ebenfalls ein zentraler Hemmfaktor.

Förderliche Bedingungen auf der Schulebene (Fallschule F)

Der Schulleiter hat erkannt, dass die Möglichkeiten auf der Ebene des Schulmanagements in den letzten Jahren nicht ausgeschöpft wurden. Zum Erhebungszeitraum bringt er eine aktuelle Trendwende bei der Unterstützung der Integration digitaler Medien auf den Weg: Er profiliert Beförderungsämter mit medienbezogenen Aktivitäten, nimmt selbst an den Fortbildungsveranstaltungen teil und versucht Stundenentlastungen für Lehrpersonen, die sich im Medienbereich engagieren, zu realisieren.

Gemeinsame Visionen und Ziele zum Einsatz digitaler Medien sind noch nicht fester Bestandteil der Schulkultur, aber es gibt auch in diesem Bereich vereinzelte Bemühungen: Den Schülerinnen und Schülern stehen im Selbstlernzentrum zur eigenverantwortlichen Nutzung und zur Bearbeitung von Arbeitsaufträgen Computerarbeitsplätze auch außerhalb der Unterrichtszeit zur Verfügung. 84 Prozent der Lehrpersonen kennen und schätzen diese Möglichkeiten. Die Rechner selbst sind schulweit mithilfe eines Softwareschutzes störungsunanfällig und selbst „unbedarfte" Personen *(Computerkoordinator)* können die Computerfunktion nicht beeinträchtigen. Daher ist auch ein unkomplizierter Zugang zu den Räumen und zu Peripheriegeräten möglich, der positiv eingeschätzt wird: Der Lehrerzimmerschlüssel passt auf die Schlösser der Computerräume. Bei der Beförderung der Integration digitaler Medien setzt die Schule neuerdings auf schulinterne Kooperationen und auf fächergruppenspezifische Fortbildungsmaßnahmen.

> Der [Herr T.] macht diese Fortbildungen mit den Naturwissenschaftlern heute Nachmittag. [...]
> Der ist voll im Prozess mit drin. Und da bin ich wirklich guter Dinge, dass das auch entsprechend in die Breite geht. (Schulleiter)

Die schulischen Akteure beurteilen das Kooperationsklima und die Kooperationsaktivitäten im Rückblick auf die vergangenen Jahre sehr positiv. Abgesehen von der Fachschaft Mathematik bezogen sich gemeinsame Aktivitäten aber nicht systematisch auf den unterrichtlichen Einsatz digitaler Medien. Die Kooperation mit dem Computerkoordinator wird von den Kollegen als positiv und als förderlich eingeschätzt. Der Skalenwert für die Skala ‚medienbezogene Kooperation' liegt mit 2,22 gering über dem Mittel der Stichprobe. Für die zukünftige Entwicklung der Schule und die breitere Integration digitaler Medien werden die projektierten Fortbildungsmaßnahmen positiv eingeschätzt.

Hemmende Bedingungen auf der Unterrichtsebene (Fallschule F)

In Bezug auf den Unterricht werden nur wenige hemmende Bedingungen angeführt. Das kann so interpretiert werden, dass die Nutzerinnen und Nutzer digitaler Medien tendenziell positive Erfahrungen und Einschätzungen äußern, und die Nicht-Nutzerinnen und Nicht-Nutzer über konkrete Erfahrungen nur in geringem Ausmaß verfügen. Auffällig ist, dass aus der schriftlichen Befragung der Lehrpersonen hervorgeht, dass nur 16 Prozent die Förderung kooperativen Lernens durch den Einsatz digitaler Medien sehen. Fast drei Viertel der Befragten sehen die unkritische Übernahme von Informationen aus dem Internet und die Übernahme von Inhalten (Copy-and-Paste) kritisch, da vertieftes Verständnis und fachliches Durchdringen von Informationen zu kurz kommen. Ein Nicht-Nutzer steht dem Computereinsatz auch deshalb kritisch gegenüber, da dieser starke Lerner fördere, nicht aber die schwächeren. Im Hinblick auf das Motivationspotenzial digitaler Medien und auf die interessantere Gestaltung von Lernprozessen ist das Kollegium gespalten. Kritisch wird der Aspekt der Unterrichtszeit gesehen: Unterrichtszeit gehe im computergestützten Unterricht durch die veralteten Rechner, die z.B. viel Zeit zum Starten der Programme benötigen, verloren. 56 Prozent der Lehrkräfte beklagen die fehlende Kontrolle bei Internetrecherchen und das Ablenkungspotenzial, das einer effektiven Nutzung der Unterrichtszeit ebenfalls entgegen steht.

Förderliche Bedingungen auf der Unterrichtsebene (Fallschule F)

Auf der Ebene des Unterrichts werden – abgesehen von dem befragten Nicht-Nutzer – von allen schulischen Akteuren vor allem förderliche Bedingungsfaktoren identifiziert.

Der wahrgenommene Mehrwert der digitalen Medien in Bezug auf die Unterrichtsqualität liegt nach ihrer Einschätzung in der Förderung handlungsorientierten Lernens, in einem tiefer gehenden Verständnis fachlicher Zusammenhänge, in der Förderung von Verantwortungsübernahme für das eigene Lernen und in einer stärkeren Schüleraktivierung, die nach Ausführungen in den Interviews auch in der Möglichkeit des Ausprobierens und der Selbstkontrolle bestehen. Positiv wird eingeschätzt, dass durch vernetztes Lernen auf Arbeitstechniken in der Berufswelt vorbereitet wird. Über 60 Prozent der befragten Lehrpersonen erachten digitale Medien als wichtig für die Individualisierung von Lernerfahrungen und ein Drittel schätzen die Möglichkeiten zur Leistungsdifferenzierung. Diese Einschätzung wird von den Innovationslehrern auch als Mehrwert der digitalen Medien beschrieben:

> [Ich] konzentriere mich dann mal auf das selbstständige Lernen. Da sind die Neuen Medien natürlich eine gute Möglichkeit, den Unterricht zu individualisieren. Und stärker so zu gestalten, dass die Schüler selbstständiger arbeiten müssen und das auch lernen. (Innovationslehrer)

Im Gegensatz zu dem Nicht-Nutzer schätzen der Schulleiter und ein Innovationslehrer Förderpotenziale für leistungsschwache und langsamere Schülerinnen und Schüler explizit ein und sehen auch Auswirkungen des kooperativen Lernens mit digitalen Medien:

> Wer auf jeden Fall profitiert [...] sind Leute, die beispielsweise langsamer sind. Die auch manchmal unsicher sind. Die dann aber auch für sich das Gefühl haben, sie können sich die Zeit nehmen, die sie brauchen. Weil sie auch zu Hause weitermachen können. Gerade die, die ihr Lerntempo selber bestimmen können. Dann kombiniert damit, dass durchaus über die Sachen untereinander gesprochen wird. (Innovationslehrer)

Dauerhaftes Motivationspotenzial wird in der Möglichkeit zur Realisierung von erweiterten Lernformen, in der Selbstkontrolle, in der Vielfalt der Anwendungsmöglichkeit und in der Nähe zur Lebenswelt der Schüler gesehen. Die digitale Aufbereitung von Unterrichtsergebnissen, deren Qualität für den Einzelnen nicht mehr von den graphomotorischen Fähigkeiten abhängig ist, wird ebenfalls als motivierend beschrieben.

Weiterhin nehmen die digitalen Medien das Ausführen von Automatismen ab und erschließen somit mehr Lernzeit für problem- und anwendungsorientierte Lernprozesse. Hierin wird eine effektivere Nutzung von Lernzeit gesehen. Die Nutzer sind sich auch einig, dass Unterrichtszeit durch den Einsatz digitaler Medien effektiv genutzt bzw. eingespart werden kann. Dazu ist aber, folgt man der Argumentation des Innovationslehrers, eine gute Klassenführung *„wie sonst auch"* und das vorgeschaltete Ausbilden von Kompetenzen zum eigenverantwortlichen Lernen erforderlich. Eine effektivere Nutzung wird auch dadurch erreicht, dass den Lehrpersonen durch das Internet mehr Material zur Verfügung steht und sie den *„Schulbuchstoff"* ergänzen können *(Innovationslehrer)*. Als Beispiel wird die Behandlung der Industrialisierung genannt, die durch digitale Materialien leicht um Aspekte aus der Region und damit auch der Lebenswelt der Schüler angereichert werden kann. Eine besondere Nutzungsvariante der digitalen Medien an dieser Fallschule ist der Einsatz für den Vertretungsunterricht: Über E-Mail-Verteiler oder Plattformen stellen Lehrpersonen Arbeitsmaterial bereit, das von den Schülern eigenverantwortlich bearbeitet wird.

f) Zusammenfassung der Besonderheiten des Falls (Fallschule F)

Die wesentliche Besonderheit des Falls ist, dass sich die Schule seit der Erhebung der SITES M2 nicht weiterentwickelt hat. Dies schlägt sich auch in einer quasi unveränderten IT-Ausstattung nieder. Die im Fach Mathematik durch ein Förderprogramm unterstützten und von der Mathematikfachschaft engagiert gestalteten Implementation von Handhelds und dem Bestreben einer Veränderung der Lernkultur hat im Beobachtungszeitraum nicht auf andere Fächer oder gar die gesamte Schule ausstrahlen können. Für die Schule und auch für die Fachschaft Mathematik wird deutlich, dass eine Stagnation der Entwicklung im Prinzip ein Rückschritt für die Schule bedeutet: Materialien überaltern und fachbezogene Konzepte (wie im Fach Deutsch) werden nicht weiter verfolgt. Die Bilanz fünf Jahre nach der ersten Erhebung zeigt, dass digitale Medien trotz zahlreicher Bemühungen eher nicht nachhaltig in der Schule implementiert sind. Im Ergebnis werden zum Zeitpunkt der Folgeuntersuchung aktuelle Bestrebungen, digitale Medien in der Breite zu etablieren, fast völlig neu entwickelt. Möglicherweise ist dies auch das Resultat einer fehlenden Verankerung digitaler Medien in schulische Konzepte.

4.5 Fallübergreifende Analysen: Antworten auf die Forschungsfragen

Während in den oben ausgeführten Fallberichten die Fallschulen in ihren Besonderheiten dargestellt sind, bieten die fallvergleichenden Analysen im Hinblick auf die Forschungsfragen Befunde, die über den Einzelfall hinausgehen. Aus der Bandbreite der untersuchten Schulentwicklungsprozesse mit digitalen Medien werden fallübergreifend Ergebnisse gewonnen und damit die Daten weiter aggregiert (vgl. Abbildung 4-1). Im nachfolgenden Abschnitt wird durch verschiedene Herangehensweisen das Vorgehen zur Messung der Nachhaltigkeit kritisch reflektiert (Abschnitt 4.5.1). Das zentrale Ergebnis ist, dass auf der Grundlage der Daten – also datenimmanent – nachgewiesen werden kann, dass drei der sechs Fallschulen die Integration digitaler Medien ‚eher nachhaltig bis nachhaltig' gelungen ist und den anderen drei Fallschulen dies ‚eher nicht nachhaltig' bis ‚nicht nachhaltig' gelungen ist. Zusammen mit den für die Fallschulen ermittelten Bedingungsfaktoren (vgl. Abschnitt 4.4) kann im Anschluss ermittelt werden, welche Bedingungsfaktoren der nachhaltigen Implementation digitaler Medien zuträglich sind und welche diese hemmen. Damit wird die zentrale Forschungsfrage dieser Forschungsarbeit (vgl. S. 13) beantwortet.

4.5.1 Messmodell zur Nachhaltigkeit

In Abschnitt 4.4 wurden die einzelnen Nachhaltigkeitsindikatoren zur Messung der Nachhaltigkeit der Implementation digitaler Medien über das Verfahren der strukturierenden Skalierung nach Mayring (vgl. S. 110) eingeschätzt. Dazu wurde auf der Grundlage der qualitativen und quantitativen Falldaten für jeden Nachhaltigkeitsindikator bezeichnetes Merkmal ein Wert für die ganzzahlige Ausprägung zwischen 0 und 3 ermittelt und in einem ersten Modellansatz für jede Fallschule einen Gesamtwert für den Grad der Nachhaltigkeit in Form eines Summenscores, also die Summe aller 16 Einzelwerte, gebildet. Es ergibt sich, dass drei der der sechs Fallschulen einen hohen Wert erreichen (Fallschulen A, C und E, vgl. Tabelle 4-8).

Die Fallschulen A und E sind im Bereich ‚eher nachhaltig' zu verorten; die Fallschule C kann als besonders ‚nachhaltig' eingeschätzt werden: Sie erreicht mit 43 von 48 möglichen Punkten den Spitzenwert in der Stichprobe.

Die Fallschulen B, D und F erreichen mit 14, 17 und 20 Punkten eher niedrige Scores. Daraus kann geschlossen werden, dass in diesen Schulen der Grad der nachhaltigen Integration digitaler Medien eher niedrig und der Schulentwicklungsprozess in Bezug auf die Implementation digitaler Medien im Beobachtungszeitraum nicht sehr erfolgreich verlaufen ist.

Tabelle 4-8: Summenscore der Fallschulen zur Nachhaltigkeit

Fall	Summenscore* aus den Werten der skalierenden Strukturierung
Fallschule A	38
Fallschule B	14
Fallschule C	43
Fallschule D	17
Fallschule E	38
Fallschule F	20

* Der maximal erreichbare Summenscore liegt bei 48 Punkten.

In diesem Ansatz wurden die Indikatoren also wie Items behandelt. Nähert man sich nun weiter mit einer methodisch quantitativen Sichtweise, gilt – zumindest für große Datensätze –, dass in der sogenannten klassischen Testtheorie die Ermittlung des Summenscores immer dann zulässig ist, wenn alle einbezogenen Items auf einen Faktor laden. Eine explorative Faktorenanalyse mit SPSS (Vari-Max-Rotation) ergibt vier Faktoren. Eine explorative Faktorenanalyse bei Extraktion eines Faktors erklärt eine Gesamtvarianz von 63 Prozent, wobei zwei Indikatoren wegen niedriger Faktorladungen herausfallen. Vernachlässigt man diese beiden Indikatoren, so wird eine Gesamtvarianz von 68 Prozent aufgeklärt. Für die interne Konsistenz ergibt sich ein ausgesprochen hoher Wert: Cronbachs Alpha = .952 Eine konfirmatorische Faktorenanalyse (z.B. mit AMOS 6.0) konnte nicht durchgeführt werden, da die Stichprobe dafür zu klein ist.

Zusätzlich zu diesen Analysen wurde ein probabilistischer Ansatz gewählt und die Daten auf Passung zum Rasch-Modell (hier: Partial-Credit-Modell) geprüft. Statt *Personen* – wie in vielen Anwendungsgebieten für die die IRT sonst eingesetzt wird – wurden *Schulen* betrachtet. Die Ergebnisse dieser Analysen werden an dieser Stelle nicht ausführlich dargestellt, da probabilistischen Verfahren streng genommen nur für große Stichproben zulässig sind. Sieht man von der Unzulässigkeit der Anwendung probabilistischer Ansätze für kleine Stichprobenumfänge und von hohen Fehlertermen ab, ergibt sich eine gute bis sehr gute Passung an das Rasch-Modell mit guten Modellfitstatistiken und damit ein Hinweis auf die Eindimensionalität des Konstruktes ‚Nachhaltigkeit'.

Insgesamt sei darauf hingewiesen, dass die qualitative Modellierung mit anschließender Summenscorebildung in Bezug auf die Forschungsfrage alle nötigen Informationen bereit stellt und die zusätzliche Skalierung diesbezüglich keinen zusätzlichen Erkenntnisgewinn bringt.

4.5.2 Ergänzung: hierarchische Clusteranalyse

Für die vertiefenden Analysen wurden aus den elf Schulen nach beschriebenen Kriterien sechs Schulen ausgewählt (vgl. Abschnitt 3.2.1). Ein Auswahlkriterium war, möglichst in jeder Schulstufe eine ‚nachhaltige' bzw. ‚eher nachhaltige' und eine ‚eher nicht nachhaltige' oder ‚nicht nachhaltige' Fallschule auszuwählen, um die Ergebnisse kontrastieren zu können. Das kontrastierende Vorgehen ist – so die Begründung der Auswahl – im Hinblick auf die Formulierung eines eigenen Modells zur Nachhaltigkeit und vertiefender Analysen notwendig.

Es schließt sich an dieser Stelle daher die Frage an, ob die Zweiteilung der Fallschulen auf der Grundlage der Daten überhaupt legitim ist. Zur Überprüfung eignet sich z.B. eine Clusteranalyse[21] der Daten der Fallschulen (vgl. Abbildung 4-14). Die gefundene Klassifizierung bestätigt bereits nach wenigen Iterationsschritten die zuvor vorgenommene Ad-hoc-Einteilung erfolgreiche und weniger erfolgreiche Schulen und fasst die Fallschulen A, C und E – also die erfolgreichen Schulen – und die eher nicht erfolgreichen Schulen B, D und F zu jeweils einer Gruppe zusammen.

---

21 Auch für die Durchführung einer hierarchischen Clusteranalyse ist der betrachtete Stichprobenumfang streng genommen zu klein; liefert aber inhaltlich gut interpretierbare Ergebnisse.

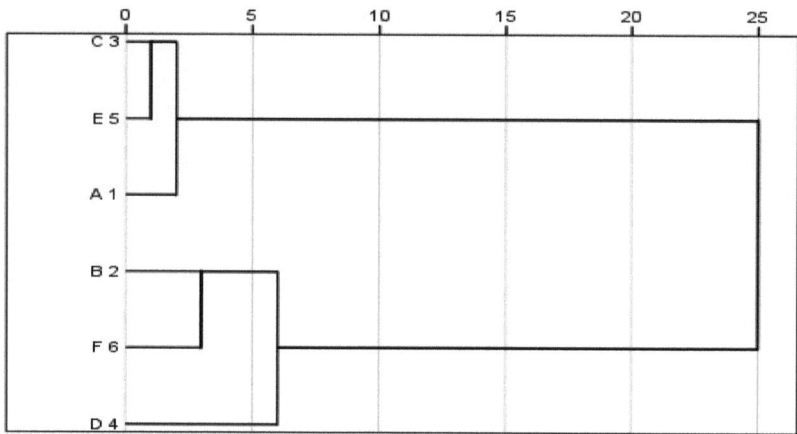

Abbildung 4-14:   Dendrogramm zur hierarchischen Clusteranalyse (Ward-Methode) zur Klassifizierung der Fallschulen in Bezug auf die Nachhaltigkeit

4.5.3   Nachhaltige Integration digitaler Medien: eigenes Modell

Für die Fallschulen A, C und E ergibt sich ein hoher Grad der Nachhaltigkeit der Integration digitaler Medien (vgl. Abschnitt 4.5.1). Welches sind die *förderlichen Bedingungsfaktoren*, die die Nachhaltigkeit in diesen Fällen ermöglichen? Dies wird auf der Grundlage der Fallberichte (vgl. Abschnitt 4.4) und unter Einbezug der identifizierten förderlichen Bedingungsfaktoren in den erfolgreichen Fallschulen erschlossen. Insgesamt ergeben sich auf den schulischen Ebenen die folgenden Faktoren, die eine nachhaltige Integration digitaler Medien befördern:

Auf der *Kontextebene* sind es:

- Externe Kooperationen, z.B. mit dem Schulträger, dem Land, Unternehmen aus der Wirtschaft oder auch mit der Einbindung in Förderprogramme verknüpfte Kooperationen,
- der sozial-regionale Kontext und das Umfeld der Schule.

Auf der *Inputebene* lassen sich identifizieren:

- IT-Ausstattung: zuverlässig, flexibel nutzbar (z.B. mobile Endgeräte), angemessener Umfang und ansprechende Qualität,
- professionelle Systembetreuung (2nd-Level-Support), z.B. durch Vollzeit-Systembetreuer,
- Engagement und Motivation der Lehrpersonen,
- computerbezogene und didaktische Kenntnisse der Lehrpersonen,
- strukturelle Merkmale, wie Organisationsform als ,volle Halbtagsschule', Ganztagsschule und/autonome Schule,

- ideelle Merkmale, wie z.B. Anerkennung der schulischen Arbeit durch Eltern und

- in den Sekundarstufen: die Stärkung des Unterrichtsfachs Informatik.

Auf der *Schulebene* können auf der Datengrundlage bestimmt werden:

- IT-Management durch die Schulleitung,

- Engagement der Schulleitung in der Macht-, Fach- und Prozesspromotion,

- Verankerung digitaler Medien im Schulprogramm (z.b. als schulisches Medienkonzept) und Verpflichtung auf das Programm sowie Kontrolle der Umsetzung,

- inner- und außerschulische medienbezogene Kooperationen und Einrichtung eines Medienteams,

- Berücksichtigung der Schnelllebigkeit der Technik,

- profilorientierte Neueinstellungen und

- innerschulische Kooperationen und Fortbildungsmaßnahmen.

Auf der *Unterrichtsebene* ist die Wahrnehmung der Verbesserung der Unterrichtsqualität und der Unterstützung des Kompetenzerwerbs durch die schulischen Akteure, vor allem aber der Lehrpersonen besonders förderlich und daher von besonderer Bedeutung. Für die Verbesserung der Unterrichtsqualität ergeben sich Möglichkeiten zur Binnendifferenzierung, Individualisierung, Fördermöglichkeiten, eine bessere Nutzung von Unterrichtszeit, Visualisierungsmöglichkeiten und eine Veränderung der Lernkultur. Für den Kompetenzerwerb werden die Förderung überfachlicher und bereichsspezifischer Kompetenzen, die Erhöhung der Lernmotivation und die Vorbereitung auf den Beruf besonders betont.

In den erfolgreichen Fallschulen wird vor allem deutlich, dass diese auf der Prozessebene bestrebt sind, die Problemfelder auf der Kontext- und Inputebene auszugleichen. Beispielsweise wird ein fehlendes außerschulisches Fortbildungsangebot durch die Organisation schulinterner Fortbildungsmaßnahmen ausgeglichen (s. auch Abbildung 4-15). Dabei handelt es sich nicht nur um Fortbildungsveranstaltungen, sondern auch um organisational verankerte Kooperationen, Coaching-Systeme und die De-Privatisierung des Unterrichts.

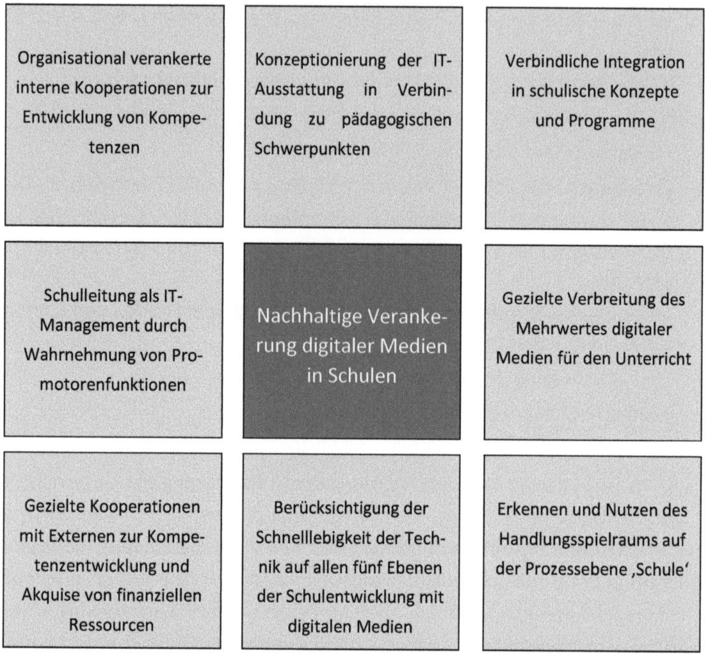

Organisational verankerte interne Kooperationen zur Entwicklung von Kompetenzen	Konzeptionierung der IT-Ausstattung in Verbindung zu pädagogischen Schwerpunkten	Verbindliche Integration in schulische Konzepte und Programme
Schulleitung als IT-Management durch Wahrnehmung von Promotorenfunktionen	Nachhaltige Verankerung digitaler Medien in Schulen	Gezielte Verbreitung des Mehrwertes digitaler Medien für den Unterricht
Gezielte Kooperationen mit Externen zur Kompetenzentwicklung und Akquise von finanziellen Ressourcen	Berücksichtigung der Schnelllebigkeit der Technik auf allen fünf Ebenen der Schulentwicklung mit digitalen Medien	Erkennen und Nutzen des Handlungsspielraums auf der Prozessebene ‚Schule'

Abbildung 4-15: Zentrale Bedingungsfaktoren der nachhaltigen Implementation digitaler Medien in Schulen (eigenes Modell)

Die Kooperationen können einen Beitrag leisten, indem sie medienbezogene und didaktische Kenntnisse durch Austausch und Ko-Konstruktion von Wissen auf einem aktuellen und vielleicht sogar innovativen Stand halten. Eine erfolgreiche Personalentwicklung wirkt sich in zweierlei Hinsicht positiv auf den Umgang mit der Schnelllebigkeit der Technik aus: Sie kann einerseits durch Fort- und Weiterbildungen und andererseits durch konzeptionelle Verankerungen der Professionalisierung der Lehrpersonen (z.B. in Medienkonzepten) einen Beitrag leisten.

Insgesamt ist festzuhalten, dass Schulen in denen der Grad der Nachhaltigkeit der Verankerung digitaler Medien eher hoch ist:

- ihren Handlungsspielraum auf der Prozessebene ‚Schule' erkennen und nutzen,
- über ein umfassendes IT-Management verfügen,
- den didaktischen Mehrwert digitaler Medien in die Breite transportieren,
- interne Kooperationsstrukturen (Arbeit in Medienteams, Einrichtung von Coaching-Systeme, gemeinsame Vorbereitung und Durchführung computergestützten Unterrichts, gemeinsame Entwicklung von Konzepten und Umset-

zungsstrategien) zur Weitergrabe und zur Entwicklung von didaktischen und computerbezogene Kompetenzen nutzen,

- digitale Medien eingebettet in umfassendere, verbindliche organisational verankerte pädagogische Konzepte integrieren,
- die Schnelllebigkeit technischer Änderungen als Spezifikum der Integration digitaler Medien systematisch auf allen Dimensionen der Schulentwicklung mit digitalen Medien einbeziehen,
- externe Kooperationspartner gewinnen und
- die IT-Ausstattung und das Ausstattungskonzepte passend zu den pädagogischen Anforderungen und Schwerpunkten gestalten.

4.5.4 Misslingensbedingungen in den weniger erfolgreichen Schulen

Für die Fallschulen B, D und F ergeben sich (vgl. Abschnitt 4.5.1) niedrige Wert für den Grad der Nachhaltigkeit der Integration digitaler Medien, obwohl auch in diesen Schulen die Schulleitungen als unterstützend beschrieben werden und die Kollegien sich als engagiert darstellen.

Welches sind die Bedingungsfaktoren, die die Nachhaltigkeit in diesen Fällen besonders hemmen?

Die Schulen haben gemeinsam, dass sie:

- auf ihre ‚innovation champions' setzen und sich sehr eingeschränkt auf diese aktiven und innovativen Lehrpersonen verlassen,
- Probleme externalisieren und auf der Inputebene zuschreiben,
- in Zeiten von Förderungen keine Konzepte entwickelt haben,
- im Unterricht eher auf die Schulung technischer Fertigkeiten setzen als auf eine Veränderung des Lernens,
- pädagogische und didaktische Aspekte in die Schulentwicklung mit digitalen Medien zu wenig einbeziehen,
- keine umfassenden Promotionsstrukturen entwickeln,
- fehlende Akzeptanz im Kollegium und ablehnende Einstellung der Lehrpersonen berichten.

Insgesamt werden in allen drei Schulen die Möglichkeiten auf der Prozessebene gering eingeschätzt und vergleichsweise wenig genutzt. Dazu gehört beispielsweise die Weitergabe von im Kollegium vorhanden Kompetenzen über interne Kooperationen. In der Regel ist in diesen Schulen mindestens eine der drei Promotorenfunktionen nicht besetzt oder deren Besetzung nicht langfristig gesichert.

4.5.5 Ein Vergleich mit dem Modell von Owston

Das Nachhaltigkeitsmodell von Owston (2003, vgl. Abschnitt 2.5) diente als Ausgangspunkt dieser Forschungsarbeit. Es wurde seinerzeit als vorläufiges Modell entwickelt, da ein längerer Beobachtungszeitraum im Rahmen der SITES M2 nicht zur Verfügung stand.

Welche Gemeinsamkeiten und Unterschiede lassen sich nun im Vergleich des in dieser Arbeit entwickelten Modells (s. S. 276) und des Modells von Owston ausmachen?

In beiden Modellen gibt es den Aspekt, dass der Mehrwert digitaler Medien im Unterricht, so er von den Lehrpersonen erkannt wird, förderlich auf die nachhaltige Implementierung wirkt. Im eigenen Modell wird darauf hingewiesen, dass dieser Mehrwert auch verbreitet werden sollte, indem er Nicht-Nutzern oder Schwellennutzern möglichst praxisnah, z.b. durch schulinternen Austausch, aufgezeigt wird.

Die Unterstützung durch die Schulleitung wird bei Owston (2003) nicht in das grafische Modell integriert gleichfalls führt er sie in dem begleitenden Text aus (vgl. Owston, 2003). Das eigene Modell stellt die Bedeutung der Schulleitung noch stärker heraus. Dennoch konnte in allen – auch den nicht-nachhaltigen Fällen – eine unterstützende Funktion der Schulleitung ausgemacht werden. In den nachhaltigen Schulen nahmen aber die Schulleitungen die Funktionen eines IT-Managements aktiv war und brachten sich nicht nur als Macht- sondern auch als Prozess- und Fachpromotoren ein.

Im Hinblick auf die Unterstützung von außerhalb der Schule und auf der administrativen Ebene konnten die Befunde von Owston ebenfalls weiter ausdifferenziert und beispielsweise die besondere Funktion externer Kooperationen besonders herausgestellt werden. Wichtig ist im eigenen Modell auch, dass die Kooperationen mit Externen in den erfolgreichen Schulen initiiert und aktiv mitgestaltet werden und auf die Kernaspekte der Erweiterung von Kompetenzen der schulischen Akteure und das Einwerben von finanziellen Mitteln fokussieren.

Im Hinblick auf die von Owston angeführten Unterstützungsmaßnahmen innerhalb der Schule konnten durch die eigenen Analysen ebenfalls Kernbereiche differenzierter gefunden werden. Dazu gehört die Formulierung verbindlicher Konzepte, die kontinuierliche Gestaltung von schulinternen Kooperationen und Lerngemeinschaften und Unterstützungsmaßnahmen für Nicht- oder Schwellennutzer.

Unterstützende Maßnahmen auf der ‚Policy-Ebene', wie etwa curriculare Anbindungen und schulübergreifende Medienentwicklungspläne, spricht schon Owston an. Sie werden in der eigenen Untersuchung ebenfalls von den Akteuren benannt, scheinen aber in den betrachteten Fallschulen nicht die zentralen Bedingungsfaktoren zu sein. Ihren besonderen Einfluss gilt es allerdings noch weiter zu untersuchen; viele Bundesländer und Schulträger haben erst in den letzten Jahren begonnen, ihre Pläne konzeptionell und in der Breite zu verankern und z.B. die IKT in Curricula und die Formulierung von Standards einzubinden.

Die ‚innovation champions', die bei Owston nur als *„contributing"* eingestuft werden, sind im eigenen Modell gar nicht enthalten. Geht die Innovation in die Breite, wird ihre Rolle als Initiator geringer. Vielmehr gehen sie als Promotoren ein. Die Analyse der nicht-nachhaltigen Fallschule B hat gezeigt, welche Entwicklungen möglich sind, wenn sich eine Schule zu sehr auf einzelne Lehrpersonen verlässt, ohne an geeigneter Stelle im Entwicklungsprozess die gesamte Schule einzubeziehen.

Das eigene Modell lenkt die Aufmerksamkeit auf drei neue Aspekte: Das ist zum einen die Forderung nach einer Orientierung des IT-Ausstattungskonzeptes an den pädagogischen Zielen der Schule. Dies können – wie die Fallschulen B und E zeigen – auch neue pädagogische oder technische Innovationen, wie die Begabtenförderung oder eine Ausstattung mit mobilen Endgeräten, sein. Als Zweites wird herausgearbeitet, dass die Schulen aufgefordert sind, ihre Handlungsspielräume auf der Prozessebene zu nutzen. Beispiele hierfür liefern ebenfalls die drei betrachteten erfolgreichen Schulen. Als letzter Punkt sei der Umgang mit der Schnelllebigkeit der Technik genannt, die sich auf die rasante Entwicklung der Technik bezieht und die Krumsvik (2008) als *„new digital trends"* bezeichnen würde.

4.6   Vertiefende fallübergreifende Analysen

Im Abschnitt 4.5.3 wurde ein eigenes Determinanten-Modell vorgestellt, das auf der Grundlage der qualitativen und quantitativen Daten die zentralen Bedingungsfaktoren für die nachhaltige Implementierung digitaler Medien in Schulen abbildet und somit die Forschungsfragen dieser Arbeit beantwortet. Im Folgenden soll nun in einer Zusammenschau die *Bandbreite* von Prädiktoren auf den erfassten schulischen dargestellt werden.

4.6.1   Zusammenschau der Bedingungsfaktoren

Diese Zusammenstellung der Bedingungsfaktoren erfolgt auf der Grundlage der eigenen Fallberichte. Sie stellt also einen zusätzlichen Ansatz der weiteren Verdichtung des bereits durch Fallberichte verdichteten Datenmaterials dar. Die folgenden Ergebnisse basieren – wie die Fallberichte – sowohl auf den qualitativen als auch auf den quantitativen Daten der sechs Fälle, die im Rahmen der vorliegenden Arbeit vertiefend untersucht wurden

Hemmende Bedingungen: Über alle Schulen hinweg ergeben sich in der eigenen Stichprobe die in der Tabelle 4-9 angeführten zentralen hemmenden Bedingungsfaktoren. Die identifizierten Hemmfaktoren sind differenziert nach den schulischen Ebenen tabellarisch dargestellt. In der Betrachtung einzelner Hinderungsgründe ergeben sich aus den Analysen Ebenen übergreifende Zusammenhänge, die an dieser Stelle erläutert werden. Fallspezifisch wurden solche Zusammenhänge bereits in den Fallberichten erläutert (vgl. Abschnitt 4.4). Vor allem die qualitativen Analysen machen deutlich, dass es eine Wirkungsrichtung von ‚links' nach ‚rechts' gibt: Es wirken Faktoren der Kontextebene auf die Input- und Prozessebenen; die Bedingungsfaktoren der Inputebene auf die Prozessebenen und die Schulebene auf die Unterrichtsebene. Auf der *Kontextebene* können Argumente, die sich auf einen eingeschränkten Handlungsspielraum der Schulen beziehen, angeführt werden. Dazu gehören die Einschränkungen hinsichtlich der freien Verfügbarkeit finanzieller Mittel. Dies wird vor allem dann von den schulischen Akteuren beklagt, wenn sich die Einschränkung der Mittel direkt auf die Qualität der IT-Ausstattung und damit auf die Inputebene auswirken. Beispielsweise können alte Geräte zwar repariert werden, kostengleich dürfen aber nicht stattdessen neue Geräte angeschafft werden. In einigen Schulen wurde weiterhin angeführt werden, dass der Wunsch danach besteht, bei Neueinstellungen Bewerberinnen und Bewerber mit Medienprofil auszuwählen. Wenn diese Möglichkeit nicht besteht, wirkt sich auch dieser Faktor direkt auf die Inputebene, nämlich auf die Gesamtheit der Kompetenzen und Kenntnisse der Lehrpersonen aber auch auf die Bereitschaftsebene aus. In Bezug auf den sozial-regionalen Kontext der Schule wird in der Studie deutlich, dass Schulen in sozial schwachen Lagen benachteiligt sind: Fehlendes Elterninteresse, fehlende Unterstützungsmöglichkeiten von Elternseite, fehlende finanzielle Mittel durch Fördervereine, fehlende häusliche Zugangsmöglichkeiten zu digitalen Medien und hohe Belastungen der Lehrpersonen durch besondere pädagogische Aufgaben, wie z.B. Sprachfördermaßnahmen, werden in den Fallschulen benannt. Für diese Aspekte ergeben sich Verbindungen zu den anderen Ebenen: So wirken sich etwa die fehlenden zusätzlichen Mittel hemmend auf die Qualität der IT-Ausstattung aus. Die Belastungen der Lehrpersonen wirken auf die Unterrichtsebene. Für die *Inputebene* findet sich in der Zusammenschau der hemmenden Bedingungsfaktoren solche, die sich auf die IT-Ausstattung, fehlende personelle Ausstattungen mit Systemadministratoren und Lehrervariablen beziehen (vgl. Tabelle 4-9).

Besonders auffällig in der eigenen Stichprobe ist die negative Auswirkung fehlender computerbezogener technischer und mediendidaktischer Kenntnisse der Schulleitung auf das IT-Management der Schule. Erschwerend kommt auf der *Schulebene* hinzu, dass in einem Teil der Fallschulen die Schulleitungen keinen wirklichen Gesamtüberblick über die Nutzung digitaler Medien haben und sie die Mediennutzung daher nicht koordinieren können.

Fehlende Medienkonzepte und damit auch fehlende schulische Visionen mit Bezug zu digitalen Medien erschweren die breite Verankerung digitaler Medien. Im Ergebnis wird auf der *Unterrichtsebene* von vielen Lehrpersonen keine Anbindung des Einsatzes digitaler Medien an pädagogische Ziele hergestellt.

Tabelle 4-9: Zusammenschau der hemmenden Bedingungsfaktoren[22]

Kontextebene	Inputebene	Prozessebene: Schule	Prozessebene: Unterricht
Geringer Handlungsspielraum der Schule: ▪ fehlende Verfügbarkeit über finanzielle Mittel ▪ eingeschränkte Verfügbarkeit über das Schulbudget ▪ geringer Einfluss auf Neueinstellungen und Stellenprofilierungen Unzureichende oder ungeeignete Unterstützung durch Schulträger und Ministerien: ▪ fehlende Kontinuität bei Förderprogrammen ▪ Vorgaben des Schulträgers zu Ausstattungskonzepten ▪ fehlende Fortbildungsangebote ▪ fehlende Unterstützung bei der Wartung der Computersysteme (2nd-Level-Support) ▪ hohe Arbeitsbelastung durch Quantität ministerieller Vorgaben Unmittelbarer Kontext der Schule: ▪ sozial-regionaler Kontext ▪ Schülerkomposition in sozial schwachen Lagen	IT-Ausstattung: ▪ Qualität, Auslastung und Umfang der IT-Ausstattung ▪ Unzureichender Internetzugang Personelle Bedingungen: ▪ fehlende professionelle Wartung der IT-Ausstattung (z.B. als 2nd-Level-Support) ▪ geringe Personaldecke ▪ Altersentwicklung des Kollegiums Finanzielle Bedingungen: ▪ fehlende finanzielle Ressourcen für Neuanschaffungen/Instandhaltung Lehrervariablen: ▪ technische Kenntnisse und Kompetenzen der Lehrpersonen ▪ (Medien)didaktische Kenntnisse der Lehrpersonen/Schulleitung ▪ Vorbehalte und Hemmungen der Lehrpersonen ▪ fehlende Bereitschaft von Lehrpersonen ▪ hohe Arbeitsbelastung	Schulmanagement: ▪ fehlender Überblick über Nutzung digitaler Medien in der Schule ▪ fehlende Koordination und Anleitung Schulkultur: ▪ fehlende verpflichtende Verankerung digitaler Medien in Schulprogrammen und Medienkonzepten ▪ fehlende Formulierung schulischer Visionen in Bezug auf Mediennutzung Kooperationen und deren organisationale Verankerung: ▪ Eingeschränkte medienbezogene, innerschulische Kooperationen ▪ fehlende Weitergabe von vorhandenen computerbezogenen und mediendidaktischen Kenntnissen im Kollegium Personalentwicklung und -politik: ▪ unzureichendes Angebot innerschulischer Fortbildungen	Methodik und Unterrichtsgestaltung ▪ Festhalten an lehrerzentrierten Unterrichtsmethoden ▪ Unklarheit in Bezug auf den didaktischen Mehrwert digitaler Medien ▪ Überforderung der Lehrpersonen im Unterricht (große Lerngruppen/technische Probleme) Unterrichtszeit und Zeit für Unterrichtsvorbereitung: ▪ keine effektive Nutzung von Unterrichtszeit (technische Probleme, Ablenkung, veraltete IT-Ausstattung) ▪ hoher Zeitaufwand für die Unterrichtsvorbereitung Kompetenzentwicklung: ▪ Zuwachs an fachlichen Kompetenzen nicht erkennbar ▪ unreflektierte Übernahme von Inhalten aus dem Internet und Oberflächlichkeit bei Internetrecherche Fehlende Anbindung digitaler Medien zu pädagogischen Zielen der Schule

---

22 Querverbindungen zwischen Bedingungsfaktoren auf verschiedenen Ebenen werden aus Gründen der Übersichtlichkeit im begleitenden Fließtext dargestellt.

Weiterhin wirken sich fehlende innerschulische Kooperationen in Bezug auf digitale Medien hemmend aus. Ein Schwachpunkt ist, dass medienbezogene innerschulische Kooperationen stattfinden, aber nur selten organisational verankert sind. Dies führt dazu, dass nicht alle Lehrpersonen involviert sind: Oft arbeiten die fortgeschrittenen IT-Nutzerinnen und -Nutzer zusammen. Kommen fehlende innerschulische Fortbildungsangebote hinzu, wirkt sich die Bündelung der in der Schule vorhandenen Kompetenzen auf einige wenige Lehrpersonen direkt auf die Unterrichtsebene aus. Fehlende Kompetenzen, Kenntnisse und Austauschmöglichkeiten führen zu einem Festhalten an lehrerzentrierten Unterrichtsmethoden, Unklarheiten in Bezug auf den didaktischen Mehrwert digitaler Medien und einen unnötig hohen Zeitaufwand für Unterrichtsvorbereitungen. Hinsichtlich der effektiven Nutzung von Unterrichtszeit sind sowohl die Lehrpersonen als auch die Schülerinnen und Schüler unterschiedlicher Meinung. Kritisch wird dieser Punkt insbesondere dann eingeschätzt, wenn die IT-Ausstattung unzuverlässig, nicht gewartet oder nicht spontan verfügbar ist. Verfolgt man diese Argumentation zurück, findet sich die Ursache dieser Probleme auf der Inputebene (s.o. Ausführungen zur IT-Ausstattung).

Förderliche Bedingungen: Eine sehr effektive Maßnahme vonseiten der Schulträger kann die Bereitstellung eines 2nd-Level-Supportes sein, der die Schulen bei der Wartung der Geräte entlastet und unterstützt. Weiterhin sind in allen betroffenen Schulen die Einbindung in Förderprogramm des Landes, Ausstattungsinitiativen und die Einbindung in Modellversuche positiv eingeschätzt worden. Dies gilt allerdings mit der Einschränkung, dass zum einen die Schulen in Förderzeiträumen tragbare Konzepte entwickelt haben und zum anderen die Schulträger die Förderprogramme gezielt und nicht willkürlich einsetzen und so vorplanen, dass die Schulen davon auch über den Förderzeitraum hinaus profitieren können.

Dazu könnte der Aufbau von schulischen Netzwerken gehören. Besonders deutlich wurde in der eigenen Stichprobe, dass Schulen in Bezug auf die Medienintegration von einer Schülerelternschaft aus sozial guten Lagen profitieren.

Bevorzugte schulische Einzugsgebiete können sich mit finanziellen Mitteln und Kompetenzen sowie der Anbahnung von Kooperationen mit Externen und Private-Public-Partnership einbringen. Alle drei Faktoren sind zentrale Stellschrauben für den Erfolg der Implementation digitaler Medien.

Weiterhin verfügen Schülerinnen und Schülern aus bevorzugten Kontexten eher über Zugänge zu digitalen Medien im häuslichen Bereich (vgl. dazu auch die KIM- und JIM-Studien: MPFS, 2007; MPFS, 2009). Ebenfalls liegt eine bildungswirksame Nutzung digitaler Medien in bildungsnahen Haushalten näher als in sozial und ökonomisch schwachen Familien (vgl. auch Senkbeil & Wittwer, 2008).

Die förderlichen Bedingungsfaktoren auf der *Inputebene* beziehen sich wie auch schon die hemmenden Bedingungsfaktoren auf die IT-Ausstattung, den First-Level-Support durch Fachkräfte, Lehrervariablen, schulformspezifische Bedingungen und auf zeitliche

Aspekte. Dabei werden die Qualität der IT-Ausstattung und der technische Support durch Fachkräfte maßgeblich durch Kontextbedingungen wie Maßnahmen des Schulträgers und die Verfügbarkeit von finanziellen Mitteln beeinflusst.

Die IT-Ausstattung erweist sich dann als förderlich für die Schulen, wenn die Hardwarekomponenten hochwertig, modern und störungsunanfällig sind. Besonders wichtig ist die Flexibilität des Zugangs zu digitalen Medien. In den weiterführenden Schulen werden in diesem Kontext mobile Endgeräte angeführt; in den Grundschulen vor allem die Computerarbeitsplätze in den Klassenräumen. Allerdings ist diese Aufteilung nach Schulstufen nicht trennscharf.

Einerseits gehört zur Stichprobe der zugrunde liegenden DFG-Studie auch eine Grundschule, die teilweise mit mobilen Endgeräten ausgestattet ist.

Andererseits wiesen Akteure der Fallschulen D (Hauptschule) und E (Integrierte Gesamtschule) auf den besonderen Nutzen stationärer Geräte in den Klassenräumen hin.

Zusätzliche bietet sich die Verfügbarkeit von Offline- und Online-Materialien an. Am häufigsten wird die Verfügbarkeit guter Software und webbasierter, didaktisch hochwertiger Materialien genannt und als förderlich eingeschätzt. Als wichtige förderliche Lehrervariablen stellen die fallübergreifenden Analysen die Relevanz der Bereitschaft und des Engagements heraus. Hinzu können positive Einstellungen gegenüber digitalen Medien im Zusammenspiel mit computerbezogenen Kompetenzen. Diese Aspekte beziehen sich nicht nur auf die Lehrpersonen, sondern vor allem auch auf die Schulleitung. Sie hat eine Vorbildfunktion. Zum anderen kann sie nur unter der Voraussetzung, dass sie selbst im Medienbereich kompetent ist, glaubwürdig die Schule zu einer erfolgreichen Implementation digitaler Medien führen und Visionen entwickeln. Zusätzlich lassen sich auf der Inputebene – wie schon erläutert die Schüler- und Elternvariablen – verorten.

In den Fallstudien wurde auch deutlich, dass strukturelle Bedingungen der Schule durchaus Einfluss auf den Erfolg der Implementation digitaler Medien haben kann. Als besonders förderlich wurden Ganztagskonzepte bzw. ‚volle Halbtagskonzepte' herausgestellt, die den Schülerinnen und Schülern über die Unterrichtszeit hinaus in der Schule Zugang zu digitalen Medien ermöglichen und digitale Medien als Fördermittel und zur Vertiefung von Unterrichtsinhalten zur Verfügung stellen. Auch die förderlichen Bedingungsfaktoren auf der *Prozessebene ‚Schule'* beziehen sich auf die Aspekte Schulmanagement, Schulkultur, Kooperationen sowie auf die Personalpolitik und -entwicklung. Förderlich sind Schulleitungen vor allem dann, wenn sie gezielt ein IT-Management an der Schule gewährleisten.

Tabelle 4-10: Zusammenschau der förderlichen Bedingungsfaktoren

Kontextebene	Inputebene	Prozessebene: Schule	Prozessebene: Unterricht
Kooperationen mit den Schulträgern und dem Land ▪ Unterstützung des Schulträgers durch 2nd-Level-Support ▪ Einbindung in Förderprogramm des Landes ▪ Ausstattungsinitiativen ▪ Unterstützung in Modellversuchen Unmittelbarer Kontext der Schule ▪ Schülerkompostion und gute soziale Lagen ▪ Umfeld der Schule ▪ Externe Kooperationspartner und Private Public Partnership ▪ gute häuslichen IT-Ausstattung der Schüler/innen	IT-Ausstattung ▪ Zuverlässigkeit und Qualität ▪ Verfügbarkeit von Lernsoftware und webbasierten Materialien ▪ Zuverlässigkeit der Systeme ▪ mobile Endgeräte ▪ Zugänglichkeit der Ausstattung First-Level-Support ▪ Kontinuierlicher, flexibler und spontaner Support, z.B. durch Haustechniker/in Lehrervariablen ▪ Hohes Engagement/Motivation der Lehrpersonen ▪ Positive Einstellungen gegenüber digitalen Medien ▪ Computerbezogene Kenntnisse ▪ Engagement und Kompetenzen der Schulleitung Schüler- und Elternvariablen ▪ Anerkennung der schulischen Arbeit durch die Eltern ▪ Förderverein Strukturelle Bedingungen der Schule ▪ Ganztagsschulkonzept und -angebote ▪ alternativ: Organisationsform: 'volle Halbtagsschule' ▪ Autonomie der Schule ▪ Stärkung des Informatikunterrichts	Schulmanagement ▪ IT-Management Schulkultur ▪ Verankerung digitaler Medien im Schulprogramm/Medienkonzept ▪ Weiterentwicklung der schulischen Konzepte durch Evaluationskultur ▪ Entwicklung schulischer Visionen zur Nutzung digitaler Medien ▪ Entmystifizierung digitaler Medien Kooperationen und deren organisationale Verankerung ▪ Förderliche inner- und außerschulische Kooperationen ▪ Konzeptionelle Verankerung medienbezogener Kooperationen ▪ Schulische Medienteams Personalentwicklung und -politik ▪ Profilorientierte Neueinstellungen ▪ Innerschulische Fortbildungsangebote (auch gegenseitige Unterrichtsbesuche) Berücksichtigung der Schnelllebigkeit der Technik auf allen vier vorgenannten Ebenen	Kompetenzförderung ▪ computerbezogener Kompetenzen ▪ überfachlicher Kompetenzen ▪ bereichsspezifischer Kompetenzen ▪ sozialer Kompetenzen Verbesserung der Unterrichtsqualität ▪ Veränderung der Lehrer-/Schülerrollen ▪ Schüleraktivierung ▪ Binnendifferenzierung ▪ Individualisierung ▪ Fördermöglichkeiten ▪ (dauerhafte) Lernmotivation ▪ effektivere Nutzung von Unterrichtszeit ▪ kooperatives Lernen ▪ Erreichbarkeit bildungsferner Lerner Eigenschaften digitaler Medien (Beispiele) ▪ Visualisierungsmöglichkeiten ▪ Strukturierungsmöglichkeiten Zukunftsbezug ▪ Vorbereitung auf den Beruf ▪ Unterstützung lebenslangen Lernens

Das können Schulleitungen nur, wenn sie über geeignete technische, didaktische und medienpädagogische Kompetenzen verfügen (s. Inputebene) und daher nicht nur als Macht-, sondern auch als Prozess- und ggfs. als Fachpromotor der Implementation digitaler Medien fungieren. In Bezug auf die Schulkultur lässt sich die organisationale Verankerung digitaler Medien im Schulprogramm oder in einem schulischen Medienkonzept herausstellen. Grundlage dafür können gemeinsam geteilte schulische Visionen in Bezug auf die Nutzung digitaler Medien in Lehr-/Lernkontexten sein. Die Festschreibung dieser Visionen in schulischen Konzepten ist insbesondere dann erfolgreich, wenn sie das Ergebnis eines demokratischen Prozesses ist, die Umsetzung der Konzepte verbindlich ist und die Konzepte weiterentwickelt und evaluiert werden.

Widerstände können in den Schulen vermieden werden, wenn digitale Medien in diesen Konzepten entmystifiziert werden und in Zusammenhang mit anderen schulischen Visionen und vor allem den pädagogischen Zielsetzungen der Schule gesehen werden (vgl. auch Krumsvik, 2005). Hinsichtlich inner- und außerschulische Kooperationen ist vor allem deutlich geworden, dass es für die Schulen wichtig ist, wenn diese Zusammenarbeit konzeptionell verankert ist und sie kontinuierlich fortgeschrieben wird. Dies erfordert besonderes Engagement in der Schule, das in den betrachteten Fallschulen oft an Einzelpersonen und Teams gebunden ist. Für die Professionalisierung der Lehrpersonen werden vor allem die nachfrageorientierten Fortbildungsangebote als wirksam eingeschätzt. Diese können durch Maßnahmen auf der Schulebene bereitgestellt werden: Durch innerschulische Fortbildungsangebote, Coaching-System und gegenseitige Unterrichtsbesuche kann schulintern vorhandenes Wissen verbreitet werden und Wissen ko-konstruiert werden. Hier spielt die Inputebene insofern eine Rolle, als dass die Lehrervariablen ‚Kompetenzen' und ‚Engagement' diese Maßnahmen befördern. Vorteilhaft werden diese Prozesse durch außerschulische Fortbildungen und schulübergreifenden Austausch unterstützt. Weiterhin berichten die Schulen, dass sie – wenn möglich – auf profilorientierten Neueinstellungen setzen und sie gezielt engagierten und kompetenten Nachwuchs requirieren. Ein zentrales Ergebnis der in dieser Arbeit dargestellten Untersuchung ist die Notwendigkeit der Berücksichtigung der Schnelllebigkeit der Technik. Diese kann vor allem auf der Schulebene von den Schulen selbst bearbeitet werden. Dazu müssen alle vier Subebenen (Schulmanagement, Schulkultur, Kooperationen, Personalentwicklung und -politik) diesen Aspekt in der beschriebenen Form berücksichtigen. Auf der *Prozessebene* ‚*Unterricht'* stehen den oben angeführten hemmenden proximalen Bedingungen förderliche Bedingungen gegenüber, die sich explizit auf die Feststellung von fachlichen und überfachlichen Kompetenzzuwächsen beziehen, gegenüber.[23] Einen besonderen Stellenwert hat außerdem die Verbesserung der Unterrichtsqualität. Dazu gehören die Veränderung der Lehrer-/Schülerrollen, eine stärkere Schüleraktivierung, Möglichkeiten zur Binnendifferenzierung und Individualisierung, eine (dauerhafte) Lernmotivation, eine effektive Nutzung von Unterrichtszeit und die Möglichkeiten zum kooperativen Lernen.

---

23 Vertiefende Analysen zum Kompetenzerwerb finden sich im Abschnitt 4.6.6.

Als neuer Aspekt wird von den Akteuren die Erreichbarkeit bildungsferner Lerner durch digitale Medien genannt. Begründungsmuster dafür sind der auch für Kinder und Jugendliche aus bildungsfernen Lagen vergleichsweise leichte Zugang zu Informationen über digitale Medien und die durch das Medium gegebene zusätzliche Lernmotivation. Weiter als besonders förderlich herausgearbeitete Eigenschaften der Medien werden neben anderen die Visualisierungs- und Strukturierungsmöglichkeiten genannt. Wie auch in vorangegangenen Untersuchungen wird der Zukunftsbezug der Nutzung digitaler Medien herausgestellt. Dieser Faktor bezieht sich insbesondere auf die Vorbereitung auf den Beruf und die Förderung von Fähigkeiten, die zum lebenslangen Lernen benötigt werden. Diese Bedingungsfaktoren können sich auf die Inputebene auswirken und wie auch schon im Modell von Owston (2003) skizziert, auf die Lehrervariable ‚Bereitschaft' auswirken: Die erhöhte Bereitschaft der Lehrpersonen über den erfahrenen Mehrwert digitaler Medien für die Unterrichtsebene und für die individuelle Entwicklung einzelner Lerner kann dann wiederum Antrieb für die Weiterbildung und damit für den Kompetenzerwerb der Lehrpersonen sein.

4.6.2 Analysen quantitativer Daten zu Bedingungsfaktoren

Insgesamt haben in der Hauptstichprobe, bestehend aus allen elf Fallschulen, 165 der 180 Lehrpersonen, die den Fragebogen bearbeitet haben, die Frage nach den hemmenden Bedingungsfaktoren bearbeitet. Die Bearbeitung der Frage sah vor, aufgelisteten, möglichen Hemmfaktoren zuzustimmen oder diese abzulehnen (vgl. Tabelle 4-11). Mehrfachnennungen waren möglich. Die Auswahlliste wurde in Anlehnung an die Instrumente der internationalen SITES 2006 um eine Antwortmöglichkeit ergänzt: Die Lehrpersonen konnten angeben, ob es für sie selbst in der Schule *keine* hemmenden Bedingungen zur Integration digitaler Medien in den Unterricht gibt. Im Ergebnis haben weniger als 19 Prozent der Lehrpersonen diesem Item zugestimmt und damit zum Ausdruck gebracht, dass es für sie keine Einschränkungen bei der unterrichtlichen Nutzung digitaler Medien gibt.

Die Liste wird von Hemmfaktoren angeführt, die sich auf den Umfang und die Qualität der IT-Ausstattung beziehen. Weiterhin ist der Zeitfaktor von besonderer Relevanz: Gut 38 Prozent der Lehrpersonen geben an, dass die Vorbereitung des computergestützten Unterrichts zu viel Zeit in Anspruch nimmt.

Ein Drittel der Befragten gibt an, dass ihnen eine Lehrperson nicht ausreicht, um computergestützten Unterricht durchzuführen. Vertiefende Analysen weisen darauf hin, dass dies speziell ein Hemmfaktor für Grundschullehrpersonen ist. Sie stimmen diesem Item mit 55 Prozent vs. 27 Prozent signifikant häufiger zu als Lehrpersonen an Sekundarschulen (vgl. Eickelmann, Schulz-Zander & Gerick, 2009). Etwa ein Fünftel der Lehrpersonen beziehen sich selbst und ihre Kenntnisse als Hemmfaktor ein.

Tabelle 4-11: Hemmende Bedingungen aus Lehrersicht

Hemmende Bedingungen aus Lehrersicht	Zustimmung Gesamt-stichprobe (in Prozent)	Zustimmung der Nicht-Computer-Nutzer (in Prozent)	Zustimmung der Nicht-Internet-Nutzer (in Prozent)
Es sind zu wenige Peripheriegeräte (z.B. Drucker) vorhanden.	48,5	48,7	48,9
Es sind zu wenig Computer vorhanden.	41,2	43,6	33,3
Unterrichtsvorbereitung beansprucht zu viel Zeit.	38,2	51,3	53,3
Technische Ausstattung zu schlecht (z.B. Computer zu langsam).	37,6	46,2	28,9
Eine Lehrperson ist nicht ausreichend, um computergestützten Unterricht durchzuführen.	32,1	48,7	44,4
Die Geräte/Programme sind unzuverlässig (z.B. häufiger ‚Absturz' der Computer).	29,1	43,6	28,9
Meine pädagogischen und didaktischen Kenntnisse in diesem Bereich sind zu gering.	23,0	38,5	28,9
Meine Computerkenntnisse sind zu gering.	19,4	35,9	31,1
Der Zugang zu Computern außerhalb des Unterrichts ist für die Schüler/innen unzureichend.	19,4	23,1	24,4
Die Programme sind auf zu wenigen Computern installiert.	18,2	7,7	22,2
Die Integration von Neuen Medien in den Unterricht ist zu schwierig.	17,0	25,6	26,7
Mir fehlen Kriterien, wie ich Neue Medien angemessen auswählen kann.	17,0	15,4	17,8
Die Gefahr von Vandalismus (z.B. absichtliches Einschleusen von Viren) ist zu groß.	15,2	23,1	20,0
Ich traue mich nicht, neue pädagogische Ansätze in diesem Bereich alleine anzugehen.	13,3	25,6	22,2
Die Software ist nicht geeignet für den Unterricht.	12,1	12,8	8,9
Die Computerkenntnisse der Schüler/innen sind zu gering.	10,3	10,3	17,8
Ich finde, dass der Computereinsatz für das schulische Lehren und Lernen nicht hilfreich und nützlich ist.	7,9	15,4	17,6
Bei der Nutzung der Neuen Medien gibt es für mich keine hemmenden Bedingungen. Ich kann diese ohne Einschränkungen so in meinen Unterricht einbeziehen, wie ich es mir vorstelle.	18,8	7,7	5,9

Fast ein Viertel schätzt ein, dass seine pädagogischen und didaktischen Kenntnisse in dem Bereich der Nutzung digitaler Medien im Unterricht zu gering seien. Weiterhin gibt ein Sechstel an, dass die Integration digitaler Medien für sie zu schwierig sei und ihnen Kriterien zur angemessenen Auswahl von Medienangeboten fehlen.

Diejenigen Lehrpersonen, die Computer (ohne Zugriff auf das Internet) nicht nutzen, schätzen ebenfalls den geringen Umfang der IT-Ausstattung als wichtigen Hinderungsgrund ein (vgl. Tabelle 4-11, mittlere Datenreihe).

Deutlich höher als in der Gesamtstichprobe bewerten sie den hohen Zeitaufwand für die Unterrichtsvorbereitung als Hemmfaktor. Für die Unterrichtsdurchführung bewerten sie das Fehlen einer oder weiterer Lehrpersonen im computergestützten Unterricht und die Unzuverlässigkeit der Geräte als besonders hemmend. Auch ihre geringen computerbezogenen technischen und didaktischen Kenntnisse schätzen sie vergleichsweise häufig als hinderlich ein. Die Lehrpersonen, die das Internet nicht im Unterricht nutzen (vgl. Tabelle 4-11, rechte Datenreihe) schreiben der hohen Zeit für Unterrichtsvorbereitungen ebenfalls das höchste hemmende Potenzial zu. Eine zu geringe Anzahl an Computern sehen sie nicht so kritisch wie der Rest der Stichprobe.

Weiterhin haben 31 Lehrpersonen im Rahmen eines Items mit offenem Antwortformat die vorgelegte Liste um ein oder mehrere Aspekte ergänzt. Auffällig ist, dass diese Lehrpersonen auch die Möglichkeit genutzt haben, Hemmfaktoren, die mit der Auswahlliste bereits vorlagen, zu vertiefen.

Ergänzungen auf der Inputebene

Etwa ein Viertel der Nennungen (11 von 42) beziehen sich auf den Umfang und den Zustand der IT-Ausstattung und auf das IT-Ausstattungskonzept:

- Ausstattung zu alt,
- Ausstattung mit Apple-Geräten wäre angenehmer,
- Internet funktioniert nicht immer zuverlässig,
- Internetanbindung nicht umfassend und stabil genug,
- Internetanschluss zu langsam,
- schnelle Zugriffe auf die Geräte sind nicht gegeben,
- Computer im Lehrerzimmer fehlen,
- festinstallierten Geräte in den Fachräumen fehlen,
- Platz für festinstallierte Geräte fehlt,
- Drucker funktionieren häufig nicht,
- gute Hardware führt zu Einbrüchen und Diebstahl,
- gestohlene Geräte werden nicht ersetzt und
- Vandalismus im Intranet (Zerstören von Klassenordnern durch andere Jugendliche).

Ebenfalls auf dieser Ebene finden sich hemmende personelle Bedingungen, vor allem in Bezug auf den fehlenden technischen Support:

- Technische Unterstützung fehlt,
- vernünftige Wartung durch Fachleute fehlt,
- Personal für Wartung und Einrichtung der Computer fehlt,
- PCs nicht gut gewartet,
- zu hohe Kosten für Anschaffung und Wartung,
- kleine Probleme (Mauskugel fehlt, Stecker kaputt) sind wohl zu banal und werden nicht gleich behoben – mangelhafte Wartung.

Weiterhin werden hemmende Lehrervariablen genannt, die sich vor allem Auskunft über die Schwerpunktsetzung von Bildungszielen und Einstellungen geben:

- Computereinsatz in unteren Klassenstufen nicht notwendig, Erlernen von Grundfertigkeiten wichtiger,
- Erfahrungen in der Wirklichkeit in den Jahrgangsstufen 1 und 2 wichtiger,
- Grundschule hat Techniken wie Lesen, Schreiben und Rechnen zu vermitteln und
- Kinder sitzen in der Freizeit viel zu lange am Computer.

Auch hemmende Schülervariablen werden genannt. Bezug wird auf die Vorkenntnisse und auf die häusliche Ausstattung und Nutzung genommen:

- Kinder mit Migrationshintergrund besitzen oft keinen Computer,
- Problemdichte behindert, den PC einzusetzen und
- unterschiedliches Niveau bei Schülern hinsichtlich ihrer Computernutzung und Fähigkeiten.

Ergänzungen Schulebene

Mit vier Ergänzungen wird in Bezug auf die Schulkultur deutlich gemacht, was möglicherweise verbessert werden könnte, wenn eine gemeinsame Verpflichtung auf schulische Visionen in Bezug auf die Integration digitaler Medien verfolgt würde.

- Computerkenntnisse werden nicht systematisch und verpflichtend vermittelt,
- Raumkonzept falsch: Es müsste Lehrer-Fachräume (mit den notwendigen Geräten) geben, die gleichzeitig Lehrerarbeitsplatz sind,
- zu wenig Doppelstunden und
- nicht alle Kollegen befürworten die verstärkte Arbeit mit Neuen Medien oder/und engagieren sich nicht genug.

Ergänzungen auf der Unterrichtsebene

Weitere Hemmfaktoren beziehen sich auf die Unterrichtsorganisation. Dazu gehören Aspekte wie Lerngruppengröße, besondere Anforderungen im Unterrichtsverlauf und zeitliche Aspekte:

- Allgemeines Verhalten von Unter- und Mittelstufenklassen (Chaos, Übermotivation durch den Computereinsatz),
- Lerngruppengröße mit 28 oder 30 Schülerinnen und Schülern zu groß,
- Klassengröße,
- Gruppengröße,
- Überforderung durch gleichzeitige Betreuung von vielen Kleingruppen am PC,
- Problem in der Grundschule: Es müssten Kleingruppen von 6 Kindern nur von 1 Lehrkraft unterrichtet werden können! Nur dann ist Lerneffizienz gegeben und
- Zeitproblem als Fachlehrer.

Insgesamt ergibt sich durch die schriftliche Befragung im Vergleich zu den fallbezogenen Analysen *ein* wirklich neuer Aspekt. Es ist die Idee eines neuen Raumkonzeptes: Statt eines Klassenraumkonzeptes wird ein Lehrer-Fachraum-Konzept vorgeschlagen. Die Idee ist also, dass nicht die Lehrpersonen, sondern die Lerner die Räume wechseln. Als Vorteil wird benannt, dass die Lehrpersonen den Raum selbst als Arbeitsplatz einrichten können. Außerdem könnten Materialien und Medien, die die Lehrperson erstellt hat oder oft verwendet, im Lehrerraum verbleiben. Obwohl dies nicht allen Schulformen gleichermaßen einfach umzusetzen wäre, ist dieser Vorschlag für die Mediennutzung durchaus attraktiv. Dies zeigen auch die Erhebungen in den Fallschulen, in denen dieses Konzept zumindest ansatzweise praktiziert wird: Da in den beteiligten Grundschulen und der beteiligten Hauptschule der Klassenlehrer oder die Klassenlehrerin mehrere Fächer und somit viele Unterrichtsstunden in einer Klasse und damit im gleichen Klassenraum verbringt, haben einige Lehrer – wie etwa der Innovationslehrer in der Fallschule D oder die Innovationslehrerin in der Fallschule B ihre Klassenräume mit digitalen Medien für ihren Unterricht passend ausgestattet. Obsolet wird diese Idee möglicherweise in Notebook-Klassen, da die Medien mobil sind. Dennoch wäre auch eine feste Installation von Beamern oder Whiteboards denkbar. Die Idee des Lehrer-Raum-Konzeptes hat sich zuvor weder aus den Analysen der quantitativen Daten noch in den qualitativen und quantitativen Fallanalysen ergeben.

4.6.3 Latent-Class-Analysen: Lehrertypologie

Die bisherigen Analysen weisen darauf hin, dass die Hemmfaktoren von Lehrpersonen einerseits unterschiedlich eingeschätzt werden, sich aber andererseits wiederholen. Dies gibt einen Hinweis darauf, dass es möglicherweise Gruppen oder latente Klassen innerhalb der Lehrerschaft gibt, für die innerhalb einer Gruppe gleiche oder ähnliche hemmende Bedingungen zutreffen und für die im Gruppenvergleich andere Hemmfaktoren oder andere Gewichtungen wichtig sind. Diese Vermutung soll mithilfe einer Latent-Class-Analyse auf der Datengrundlage der schriftlichen Lehrerbefragung nachgegangen werden.

Bei der durchgeführten Latent-Class-Analyse, in der 17 den Lehrpersonen zur Auswahl gestellte Hemmfaktoren simultan berücksichtigt wurden, erwies sich die 2-Klassen-Lösung inhaltlich und methodisch als zufrieden stellend. Wie Tabelle 4-12 ausweist, ergibt sich für die 2-Klassen-Lösung mit dem niedrigsten Best-Information-Criterion (BCI) die beste Modellanpassung auf die empirischen Daten. Die Zuordnungswahrscheinlichkeiten T der Personen zu den jeweiligen Klassen – als Indikator für die Reliabilität der Klassenlösung – betragen für beide Klassen auf zwei Nachkommastellen gerundet jeweils $T=.96$ und sind damit sehr gut ($T_{max}=1.0$).

Tabelle 4-12: Modellgütevergleich der Latent-Class-Analysen

Lösung	1-Klassen-Lösung	2-Klassen-Lösung	3-Klassen-Lösung	4-Klassen-Lösung	5-Klassen-Lösung	6-Klassen-Lösung	7-Klassen-Lösung
BIC	2935.08	**2789.36**	2807.80	2858.80	2910.81	2963.20	3030.57

Inhaltlich lässt sich die gefundene Lösung folgendermaßen interpretieren:

Die Lehrertypologie weist zwei Klassen aus. Die Werte für die Itemwahrscheinlichkeit bzw. Aufgabenschwierigkeit in Klasse 2 liegen durchweg höher als die der ersten Klassen. Das bedeutet, dass für die Lehrpersonen in der Klasse 2 alle 17 Items ‚schwieriger' waren. Unter Berücksichtigung der Kodierung (1: trifft zu; 2: trifft nicht zu) bedeutet dies inhaltlich, dass diese Lehrpersonen die genannten Aspekte eher *nicht* als Hemmfaktor für den Einsatz digitaler Medien sehen. Die Lehrpersonen der Klasse 1 (untere Linie im Diagramm in der Abbildung 4-16) sehen im Vergleich zur anderen Klasse in Bezug auf alle Aspekte eher Hinderungsgründe für die unterrichtliche Nutzung digitaler Medien.

Allerdings sind die Differenzen in Bezug auf die Aspekte Unterrichtsvorbereitung, Computerkenntnisse, pädagogische und didaktische Kenntnisse, Umgang mit unterschiedlichen Computerkenntnissen der Schülerinnen und Schüler und dem Fehlen von Auswahlkriterien besonders ausgeprägt. Die größte Differenz zeigt sich hinsichtlich des Selbstvertrauens bei der Erprobung neuer pädagogischer Ansätze unter Nutzung digitaler Medien. Das wesentliche Ergebnis dieser Analyse ist, dass der Unterschied zwischen beiden Gruppen auf der Ebene der Lehrervariablen liegt. In Bezug auf technische Aspekte und IT-Ausstattungsaspekte unterscheiden sich die beiden Lehrertypen nicht im selben Ausmaß. Dennoch zeigt sich, dass in beiden Gruppen Ausstattungsaspekten als hemmend eingeschätzt werden. Übereinstimmende Einschätzungen der Lehrertypen kommen hinsichtlich des hemmenden Potenzials veralteter IT-Ausstattung zum Tragen. Auffällig ist, dass beide Gruppen gleichermaßen die Qualität oder Eignung der vorhandenen Software als hemmend angeben. Diesbezüglich weisen Azizi Ghanbari (2006) und Schelhowe (2007) darauf hin, dass qualitativ hochwertige Lernsoftware nur durch das Zusammenspiel von pädagogischen Konzepten und technischer Realisierung entwickelt werden kann und eine interdisziplinäre Aufgabe für die Zukunft ist.

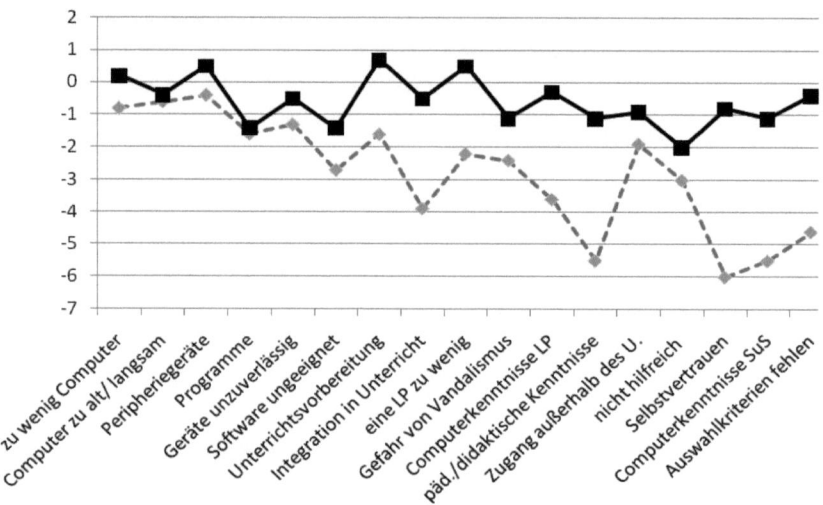

Abbildung 4-16: Lehrertypologie Hemmfaktoren

Die beiden gefunden Klassen der Lehrertypologie hinsichtlich hemmender Faktoren des Einsatzes digitaler Medien lassen sich folgendermaßen charakterisieren:

Lehrpersonen mit Entwicklungspotenzial (Klasse 1): Diese Lehrpersonen machen mit 58 Prozent mehr als die Hälfte der Stichprobe aus. Die Lehrerinnen und Lehrer dieser Gruppe erkennen für sich selbst ein besonderes Entwicklungspotenzial hinsichtlich ihrer computerbezogenen technischen und didaktischen Kenntnisse und benennen diese als Hemmfaktor für den Einsatz digitaler Medien. Auch geben sie eher an, dass ihnen Kriterien zur Auswahl geeigneter digitaler Medien fehlen. Einhergehend mit ihren als hemmend eingeschätzten Kenntnissen weisen sie aus, dass sie wenig Zutrauen haben, neue pädagogische Ansätze im Medienbereich alleine anzugehen. Auch die Unterrichtsdurchführung computergestützten Unterrichts ohne Unterstützung durch weitere Lehrpersonen schätzen sie als hemmend ein. Weiterhin bereiten ihnen die unterschiedlichen Computerkenntnisse der Lerner Schwierigkeiten. Möglicherweise führen ihre geringeren Kompetenzen und ihr tendenziell geringeres computerbezogenes Selbstkonzept dazu, dass sie die technischen Voraussetzung die IT-Ausstattung eher als Hemmfaktor einschätzen als die Gruppe, die eher keine Einschränkungen durch eigene Kompetenzen beschreiben. Weniger als zwei Drittel der Lehrpersonen dieser Gruppe nutzen das Internet im Unterricht. Noch weniger (55 %) nutzen Computer ohne Zugriff auf das Internet. In dieser Gruppe liegt der Frauenanteil mit 53 Prozent mehr als zehn Prozent niedriger als in der Gesamtstichprobe und der Männeranteil fast zehn Prozent höher. Lehrpersonen bis 49 Jahre sind geringfügig überrepräsentiert, ältere Lehrpersonen (ab 50 Jahre) leicht unterrepräsentiert.

Selbstbewusste Lehrpersonen (Klasse 2): Diese Gruppe ist mit 42 Prozent die kleinere der beiden Gruppen. Auch wenn sie einzelnen Ausstattungsaspekten hemmendes Potenzial zuweisen, sind sie selbstbewusst genug, ohne Unterstützung durch eine andere Lehrperson den Unterricht mit digitalen Medien durchzuführen. Ihre computerbezogenen, pädagogischen und didaktischen Kenntnisse schätzen sie eher nicht als hemmend ein. Ihr Zutrauen *„neue pädagogische Ansätze in diesem Bereich alleine anzugehen"*, so der Wortlaut des Items, ist für sie eher kein Hinderungsgrund für den Einsatz digitaler Medien. Besonders gut kommen sie mit den veränderten Anforderungen der Unterrichtsvorbereitung des computergestützten Unterrichts zurecht. Mehr als 80 Prozent dieser Gruppe nutzen das Internet im Unterricht. Sogar 85 Prozent – und damit zwölf Prozent mehr als im Stichprobendurchschnitt – nutzen Computer auch ohne Zugriff auf das Internet. In dieser Gruppe liegen der Frauenanteil mit 75 Prozent mehr als zehn Prozent höher als in der Gesamtstichprobe und der Männeranteil zehn Prozent niedriger. Dies ergibt eine nicht unbedingt erwartungskonforme Verschiebung der Verteilung zugunsten der weiblichen Lehrkräfte. Die Altersstruktur der Lehrkräfte bildet sich indes ähnlich ab wie in der gesamten Stichprobe: Lehrpersonen bis 49 Jahre sind geringfügig unterpräsentiert, ältere Lehrpersonen (ab 50 Jahre) leicht überrepräsentiert. Da mit dem höheren Alter in dieser Stichprobe auch das Dienstalter einhergeht und die Verteilungen auf das Dienstalter auch eine Überrepräsentierung der älteren Lehrpersonen erschließen lässt, kann vermutet werden, dass zunehmende Berufserfahrung mit einem selbstbewussteren Einsatz digitaler Medien, vor dem Hintergrund guter (selbsteingeschätzter) computerbezogener und didaktischer Kompetenzen einhergeht.

4.6.4   Vergleich fallübergreifender und fallbezogener Analysen

Einerseits wurde im Rahmen der vorliegenden Untersuchung den Lehrpersonen mit dem Fragebogen eine Liste mit möglichen hemmenden Bedingungsfaktoren der Integration digitaler Medien vorgelegt. Andererseits zielen die Fallanalysen unter Einbeziehung qualitativer und quantitativer Daten ebenfalls auf die Identifikation von Bedingungsfaktoren ab. Ein Vergleich der fallübergreifenden quantitativen Analysen und fallbezogenen Befunde, liefert eine gute Überstimmung. Gemeinsamkeiten liegen in der Betonung der Relevanz der Zuverlässigkeit und Zugänglichkeit der IT-Ausstattung, der Systembetreuung, der Lehrervariablen und der Schwierigkeiten auf der Unterrichtsebene. Es stellt sich die Frage, ob es aus forschungsökonomischer Sicht sinnvoll war, Bedingungsfaktoren über zeitaufwendige Interviews und der noch zeitaufwendigeren Analysen zu ermitteln. Die Frage ist zu bejahen. Abgesehen von der Validierung der Ergebnisse im Sinne einer Methoden- und Datentriangulation haben sich in den Interviews weitere Bedingungsfaktoren ergeben. Des Weiteren konnten mit den Interviews auch die förderlichen Bedingungen erhoben werden. Als Ergebnis der eigenen Untersuchung besteht damit nunmehr die Möglichkeit, hypothesenprüfend auf der Grundlage der ermittelten förderlichen Faktoren ein schriftliches Erhebungsinstrument für nachfolgende Untersuchungen zu entwerfen. Damit kann die in vielen bisherigen Studien untersuchte Fragestellung ‚Woran scheitert die nachhaltige Implementation digitaler Medien in Schulen?' konstruktiv gewendet werden zu: ‚Wie gelingt die nachhaltige Implementation digitaler Medien in Schulen?'. Als Basis für ein solches Instrument kann die Aufstellung aller identifizierten förderlichen Bedingungsfaktoren dienen (s. dazu Tabelle 4-10).

4.6.5   Eigene Analysen und Befunde der SITES 2006 im Vergleich

Aufgrund fehlender Forschungsförderung hat Deutschland nicht an dem dritten Modul der IEA-Studie SITES, dem Modul SITES 2006 teilgenommen. Die Instrumente der eigenen, von der DFG geförderten deutschen Folgeuntersuchung zur SITES M2 konnte aber auf die international verwendeten Instrumente abgestimmt werden, da diese zur Vorbereitung der Antragsstellung zur deutschen Teilnahme an der SITES 2006 vorlagen. Die Erhebung im Rahmen der SITES 2006 erfolgte im selben Jahr wie die Erhebung der eigenen Untersuchung, sodass für verschiedene Bereiche Vergleichsmöglichkeiten bestehen. Diese sollen für den Untersuchungsaspekt ‚Bedingungsfaktoren der Implementation digitaler Medien' an dieser Stelle ausgeführt werden. Einschränkend gilt für den nachfolgenden Vergleich, dass die Stichprobe der SITES 2006 im Gegensatz zur eigenen Stichprobe eine Zufallsstichprobe mit Anspruch auf Repräsentativität für jedes einzelne teilnehmende Bildungssystem ist. Da sich in der eigenen Stichprobe aber im Hinblick auf die Medienintegration sowohl erfolgreiche wie auch weniger erfolgreiche Schulen befinden und sich auch in Bezug auf die Nutzungszahlen und -variationen in der eigenen Stichprobe keine wesentlichen Unterschiede zu Ergebnissen repräsentativer Studien in Deutschland ergeben (vgl. Eickelmann & Schulz-Zander, 2008), ermöglicht der Vergleich mit der oben genannten Einschränkung eine Verortung deutscher Schulen im internationalen Vergleich. Zu berücksichtigen ist allerdings, dass die Schulen der eigenen Studie ausgewählt wurden, weil sie seit mindestens zehn Jahren im Medienbereich aktiv sind. Weiterhin ist für sie eine Verortung in Bezug auf die Nachhaltigkeit der Integration digitaler Medien unternommen worden. Für die Schulen der SITES 2006 fehlen solche Angaben in der Veröffentlichung der Bedingungsfaktoren (vgl. Law, Pelgrum & Plomp, 2008, vgl. S. 73ff.).

Die Ergebnisse der Latent-Class-Analysen weisen Affinitäten zu den Ergebnissen der internationalen IEA-Studie SITES 2006 auf: Auch hier ergibt sich, dass fehlende computerbezogene Kompetenzen der Lehrpersonen ein wichtiger Hinderungsgrund für die Nutzung digitaler Medien im Unterricht sind. Ebenfalls werden Bedarfe an didaktischen Fortbildungen zum Einsatz digitaler Medien ermittelt. Deren Angebot erweist sich auch auf internationaler Ebene aus Sicht der Akteure als zu knapp und damit als Hinderungsgrund für den Einsatz digitaler Medien (Law & Chaw, 2008; vgl. dazu auch Abschnitt 2.1.4). Die besondere Relevanz der ‚Communities of Practice' und der schulinternen und

-externen Kooperationen fand sich ebenfalls in beiden Untersuchungen. Der besondere Stellenwert der Teilnahme an Entscheidungen konnte die eigene Untersuchung nicht im gleichen Maße herausarbeiten wie die Ergebnisse der SITES 2006, die Pelgrum (2008) referiert (vgl. S. 75). Hinsichtlich geteilter Visionen, die in beiden Studien mit demselben Instrument erhoben wurden, ergibt sich eine förderliche Wirkung auf Veränderungsprozesse nur dann, wenn die Visionen direkte Bezüge zum Einsatz digitaler Medien aufweisen. Die besondere Rolle der Schulleitung und des Schulmanagements ergibt sich ebenfalls in beiden Studien. Der Aspekt des geplanten Umgangs der Schnelllebigkeit der Technologien, als ein wichtiges Ergebnis der vorliegenden Forschungsarbeit, findet sich in der SITES 2006 nicht.

4.6.6   Analysen zur Outputebene

Die vorliegenden Analysen fokussieren auf die Kontext- und Inputebene sowie auf die Prozessebenen. Im Hinblick auf Schuleffektivität ist aber vor allem die Outputebene von Bedeutung (Scheerens, 2000; Eickelmann & Schulz-Zander, 2008). Bei der Erhebung und Analyse der Daten der Fallstudienfolgeuntersuchung zur deutschen SITES 2 fand auch der Outputaspekt Berücksichtigung. Es findet sich, dass die beteiligten schulischen Akteure – vor allem Schulleitungen und Nutzerinnen und Nutzer – ihr Engagement und den Einsatz digitaler Medien auch mit der Verbesserung von Schülerergebnissen begründen: In den insgesamt 61 Interviews der Hauptstichprobe fanden sich 32 Textstellen, die sich explizit auf die Auswirkungen des Einsatzes digitaler Medien auf den Kompetenzerwerb und auf schulische Leistungen beziehen. Im Folgenden werden auf dieser Grundlage als Ergebnisse von Cross-Case-Analysen zu der Frage nach dem Zusammenhang von schulischem Output der Verwendung digitaler Medien berichtet. Dabei bezieht die qualitative, fallübergreifende Inhaltsanalyse in Bezug auf den schulischen Output ihre besondere Bedeutung aus der Besonderheit der Stichprobe: Alle elf einbezogenen Fallschulen blicken auf eine längere, mindestens zehnjährige Tradition der Integration digitaler Medien zurück. Die schulischen Akteure verfolgen dabei sehr genau, wie sich der Medieneinsatz langfristig auf Kompetenzentwicklungen und Leistungen auswirkt. Da weder im Rahmen der SITES M2 noch im Rahmen der dargestellten Folgeuntersuchung Leistungs- bzw. Kompetenztests erhoben wurden, gilt bei den nachfolgenden Analysen die Einschränkung, dass es sich um Einschätzungen und Selbstauskünfte der Befragten handelt. Die Beteiligten nehmen allerdings durchaus Bezug zu Tests, z.B. zu Lernstandserhebungen und anderen landesweiten Tests sowie auf das Abschneiden von Schülerinnen und Schülern in Prüfungen bei fremden, teilweise außerschulischen Prüferinnen und Prüfern. Insgesamt vier Personengruppen – Schulleitungen, Lehrpersonen, die digitale Medien nutzen bzw. nicht nutzen sowie Schülerinnen und Schüler – wurden in den Interviews zur Wirkung der digitalen Medien auf fachliche und überfachliche Kompetenzen befragt. Die beschriebenen Auswirkungen konnten zu fünf Subkategorien zugeordnet werden. Die folgenden Kategorien ergeben sich als Ergebnis der inhaltsanalytischen Auswertung der Interviews:

1. Auswirkungen auf fachliche Leistungen,
2. Relevanz für Prüfungsvorbereitungen und Verbesserung von Prüfungsergebnissen,
3. Auswirkungen auf computerbezogene Fertigkeiten,
4. Relevanz für Lebens- und Berufsvorbereitung und
5. Auswirkungen auf weitere fachunabhängige Kompetenzen.

Über die Einstellungen und die Verschiebung oder Verstärkung von Einstellungen befördern oder hemmen sie möglicherweise – wie weiter unten genauer ausgeführt – die Integration digitaler Medien.

Zu 1. Auswirkungen auf fachliche Leistungen

Als Beleg für die Verbesserung fachlicher Kompetenzen geben die befragten Schulleiterinnen und Schulleiter sowie Lehrpersonen ein besseres Abschneiden bei Lernstandserhebungen, Prüfungen durch fremde Lehrpersonen und auch ein besseres Abschneiden bei Abiturprüfungen und landesweiten Tests ab. Dies führt z.B. der Schulleiter des bayerischen Gymnasiums aus:

> Da gibt es einen bayernweiten Jahrgangsstufentest. Die Klasse, wo ich drin war, das war noch nicht mal eine Notebook-Klasse muss ich dazu sagen, das war eine ganz reguläre. Nur ich hab halt ganz massiv immer wieder virtuelle Klassenzimmer und Lernprogramme eingesetzt. Die hatten einen Schnitt von 2,4. Die nächst bessere an meiner Schule war bei 3,6 dabei. Verstehen Sie? Da ist das schon was, wo man denkt: Ja, mit einem pädagogischen Konzept im Hintergrund kann ich solche Ergebnisse erzielen. (Schulleiter, Fallschule E)

Dabei weisen die Befragten darauf hin, dass zur Verbesserung fachlicher Leistungen weitere Wirkfaktoren hinzukommen müssen. Dazu gehört die Einbettung in erweiterte Unterrichtsformen, wie etwa ein binnendifferenzierter Unterricht sowie Faktoren auf der Schulebene wie Schulklima, Autonomie der Schule oder auch die Gesundheitsorientierung der Schule:

> Interviewerin: Was macht es aus, dass Sie bei den Lernstandserhebungen so unglaublich gut abschneiden?
>
> Schulleiter (Fallschule C): Da fragen Sie jetzt etwas, was den Einsatz der Neuen Medien und den Lernfortschritt der Schüler betrifft. Andere werden fragen: Ist es Ihre Initiative im Bereich der Gesundheitserziehung, die dazu führt, dass sich dir Schülerinnen und Schüler wohlfühlen, sodass sie dann besser arbeiten können. Für all dies gibt es Belege. Und das Zusammenwirken, die Möglichkeiten in einem überwiegend guten Schulklima, in einer Schule, in die man gerne geht, die halbwegs gut ausgestattet ist und bei denen sich auch die Lehrerinnen und Lehrer mit neuen Methoden und Neuen Medien auskennen und diese einsetzen. Das erklärt ja im Bündel das gute Abschneiden.

Als förderlich für den bereichsspezifischen Kompetenzerwerb sehen die Akteure sowohl den Einsatz von stationären aber besonders von mobilen Computern. Ein Lehrer nennt weiterhin den Einsatz geeigneter Software als Möglichkeit zur Verbesserung fachlicher Leistungen. Ein anderer Lehrer relativiert die positive Bilanz des Medieneinsatzes: Kooperierten Lehrpersonen in dem Umfang wie in Laptop-Klassen auch in anderen Klassen, würde sich dies seiner Meinung nach ebenfalls auf die Leistungen der Lerner positiv auswirken. Aus Schülersicht liegen die Gründe weiterhin darin, dass ihnen im Unterricht mehr Freiheiten gelassen werden, sie sich besser gegenseitig unterstützen können, Aufgaben nach eigenen Fähigkeiten auswählen können, sie motivierter sind und Inhalte besser behalten können:

> Ja und – Frontalunterricht macht mir auf jeden Fall nicht so viel Spaß, weil ich auch effektiver bin – es ist - wenn man es selber lernt. Das habe ich auch selber gelernt. Wenn ich selber eine Präsentation vorbereiten muss oder wenn ich selber etwas aufschreiben und sagen muss - halt in der Gruppe kommuniziere - dann bleibt es halt bei mir viel länger hängen. Also, ich kann mich jetzt an richtig viele Sachen erinnern, richtig viele inhaltliche Sachen auch, die ich damals gemacht hab. Oder nicht mehr so viel, was ich jetzt gerade vor drei Monaten gemacht hab oder so. Für das Abi zum Beispiel. (Abiturient, ehemaliger Laptopschüler, Gymnasium Hamburg)

Einschränkungen werden erwartungskonform von den Nicht-Nutzerinnen und Nicht-Nutzern genannt. Sie beobachten eine Oberflächlichkeit der Lerner beim Umgang mit Inhalten und ein Phänomen, das als nicht vorhandenes *„Beharrungsvermögen" (Nicht-Nutzerin)* beschrieben wird und sich verstärkt bei leistungsschwächeren Schülerinnen und Schülern einstellt.

Zu 2. Relevanz für Prüfungsvorbereitungen und Verbesserung von Prüfungsergebnissen

Lehrpersonen weisen darauf hin, dass Schülerinnen und Schüler sich mithilfe der digitalen Medien besser als mit traditionellen Medien auf Prüfungen vorbereiten können. Dazu gehören das Sichern von Ergebnissen und das strukturierte Verwalten von Unterrichtsinhalten etwa in Verzeichnisstrukturen.

> Mein erster Laptopkurs war rein fachlich wirklich schlecht. [...] Und im Abitur waren die bei der Voraussetzung unglaublich erfolgreich. [...] Und wir hatten im Abitur dann drei Einsen. Ich hatte damit überhaupt nicht gerechnet. [...] Das heißt, ich würde da wirklich den Rückschluss ziehen, dass die Vorbereitungsmöglichkeiten ganz andere sind. Weil es eben von mir kontrolliert war, was denn da steht. Und jeder hat es. Und die Überschriften stimmen. Und man kann es zuordnen. Und die sind dann halbwegs fit genug, sich auch ein Ordnersystem, das Sinn macht, anzulegen. (Lehrer, Nutzer, Fallschule C)

Weiterhin verzeichnen die Lehrpersonen ein besseres Abschneiden von Schülerinnen und Schülern in mündlichen Prüfungen, wenn diese im Unterricht verstärkt gelernt und geübt haben, relevante Inhalte zu identifizieren und mediengestützt Inhalte zu präsentieren.

> Aber der Schnitt in meiner ersten Laptop-Klasse bei der mündlichen Überprüfung – wobei die Benotung durch externe Lehrer, also, nicht durch Lehrer, die in der Klasse unterrichten, erfolgt – die war 1,6. Und das liegt einfach daran, dass sie so gewohnt daran waren, sich selbst und ihre Ergebnisse darzustellen, dass sie eine Sequenz hatten, die die Lehrer, die sie zu beurteilen hatten, richtig umgehauen hat. (Lehrperson, Nutzer, Gymnasium Hamburg)

Zu 3. Auswirkungen auf computerbezogene Fertigkeiten

Wird im Unterricht mit digitalen Medien gearbeitet, stellen alle befragten Personen-gruppen einen Zuwachs an computerbezogenen Kenntnissen heraus. Uneinigkeit besteht darin, welchen Stellenwert die Vermittlung solcher Kenntnisse im Unterricht hat. Nach wie vor gibt es über alle Schulstufen hinweg, aber vor allem in Grundschulen, Lehrperso-nen, die die Vermittlung computerbezogener Kenntnisse nicht als Bildungsziel werten und die keine Bezüge zur Unterstützung pädagogischer Ziele herstellen.

> Das ist deswegen auch ‚Brennpunktschule'. Das ist unser Problem hier. Ich kann mit den Kin-dern diesen Computer zum Beispiel nutzen, wenn ich gute Deutschprogramme habe. Aber ehr-lich gesagt, [...]die müssen erst mal Lesen und Schreiben lernen. Und das lernen sie halt ein-fach, indem sie lesen und schreiben. [...] Ich nehme mit denen oft Wortkärtchen und lasse die auch kommunizieren miteinander, als dass ich die einzeln vor den Computer setze. Das ist eigentlich dann nicht so das Sinnvolle im Grunde. (Computerkoordinatorin, Grundschule, Fall-schule B)

Zu 4. Relevanz für Lebens- und Berufsvorbereitung

Lehrpersonen und Schülerinnen und Schüler sind sich einig, dass die Lerner durch die Nutzung digitaler Medien im Unterricht Kenntnisse erwerben, die besondere Relevanz für ihre spätere berufliche Entwicklung und Eingliederung in den Arbeitsmarkt haben. Dies sind sowohl computerbezogene Kenntnisse als auch die Kompetenzen, die bei der Bearbeitung und Lösung von Problemen in Gruppen benötigt werden. Die Lehrpersonen weisen durch Beispiele von nachschulischen Schülerentwicklungen im beruflichen Kon-text und Rückmeldungen von Betrieben auf die Relevanz des Erwerbs vorgenannter Kenntnisse hin. Besonders ambitioniert ist ein Hauptschullehrer:

> Viele Schüler, die bei mir hier durch die Möglichkeiten gegangen sind, die haben natürlich auch interessante Jobs gekriegt zum Teil. Die man Hauptschülern nie zutraut. Ob das jetzt Werbe-agenturen sind. Ob das Grafikdesignsachen sind. Oder Sachen sind wie zum Beispiel Event-Management und Veranstaltungstechnik. Das sind alles Gebiete, die im Grunde genommen sonst in anderen Schulen eher angestrebt sind. Insofern ist das schon auch eine Sache, die ein kleiner Ehrgeiz ist von mir. Dass ich dann denke, das werden wir doch mal sehen. (Lehrer, Hauptschule, Fallschule D)

Zu 5. Auswirkungen auf weitere fachunabhängige Kompetenzen

Als weiterer Gewinn überfachliche Kompetenzen wird ein Zuwachs in den vier nachfol-genden Bereichen angeführt. Förderung sozialer Kompetenzen,

- Förderung allgemeiner Lernfähigkeiten im Sinne von Selbstorganisation und Selbstverantwortung beim eigenen Lernen und
- Selbstbewusstseinsstärkung durch Schüler orientierte Lernkultur.

Wünschenswert wären systematische Tests der angesprochenen Kompetenzen in längs-schnittlich angelegten Untersuchungen zur Prüfung dieser Ergebnisse. Weitere empiri-sche nationale und internationale Befunde zur Wirkung des Einsatzes digitaler Medien im

Unterricht auf fachliche und überfachliche Kompetenzen finden sich bei Eickelmann und Schulz-Zander (2008).

4.6.7 Zu den Dimensionen der Schulentwicklung mit digitalen Medien

Die fünf Dimensionen der Schulentwicklung mit digitalen Medien nach Schulz-Zander (1999) bilden einen Orientierungsrahmen für die folgende Untersuchung. Aggregiert man jeweils die Nachhaltigkeitsindikatoren auf den Ebenen Organisation-, Unterrichts-, Personal-, Technologie- und Kooperationsentwicklung, so stellt man fest, dass die aggregierten Werte (Mittelwerte) der erfassten Nachhaltigkeitsindikatoren für alle fünf Ebenen zwischen 1,7 und 1,9 und damit eng beieinander liegen (vgl. Abbildung 4-17).

In der Abbildung wird dies daran deutlich, dass das Sterndiagramm für die Mittelwerte (AM) der Indikatoren über alle sechs Fallschulen eine gleichmäßige Form hat. Inhaltlich steckt dahinter, dass im Mittel alle fünf Ebenen gleich stark ausgeprägt sind und etwas über dem theoretischen Mittel von 1,5 liegen. Die Spannweite der Mittelwerte der Fallschulen ist jedoch unterschiedlich.

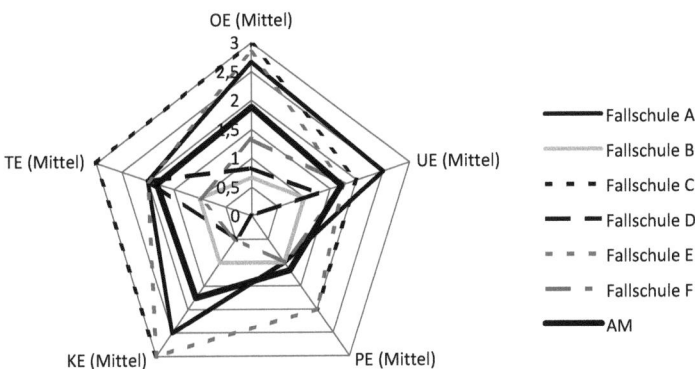

Abbildung 4-17: Mittelwerte der Nachhaltigkeitsindikatoren auf den fünf Ebenen der Schulentwicklung mit digitalen Medien

In Bezug auf die Unterrichtsentwicklung liegen die Schulen am dichtesten beieinander (Spannweite 1,50, vgl. Tabelle 4-13). In Fragen der Kooperationsentwicklung gibt es die größten Differenzen (Spannweite 2,50). Auffällig ist, dass die Fallschulen, denen die Integration digitaler Medien nachhaltig bzw. eher nachhaltig gelungen ist – namentlich die Fallschulen A, C und E – mit sehr hohen Werten (2,50 bzw. 3,00) punkten, während sich die anderen Fallschulen mit niedrigen Werten (0,50 bzw. 1,00) zufrieden geben müssen.

Aus den Daten ergibt sich somit, dass die Kooperationsentwicklung von besonderer Trennschärfe ist. Dies ist ein neuer Hinweis auf die besondere Relevanz der Kooperationsentwicklung in Bezug auf eine erfolgreiche Integration digitaler Medien, wie sie sich auch schon aus vorangegangenen Untersuchungen ergeben hat (vgl. dazu Abschnitt 2.4, dort S. 56).

Die von Schulz-Zander (1999) postulierten fünf Dimensionen zur Schulentwicklung mit digitalen Medien erweisen sich in einer empirischen Überprüfung damit insgesamt als tragfähig.

Tabelle 4-13: Spannweiten der auf Schulebene aggregierten Mittelwerte der Nachhaltigkeitsindikatoren

Ebene	Kleinster Mittelwert*	Größter Mittelwert*	Spannweite
Organisationsentwicklung	0,67	2,83	2,16
Unterrichtsentwicklung	1,00	2,50	1,50
Personalentwicklung	0,00	2,00	2,00
Kooperationsentwicklung	0,50	3,00	2,50
Technologieentwicklung	1,00	3,00	2,00

* Mittelwerte auf zwei Nachkommastellen gerundet.

Während die Hinzunahme der Technologieentwicklung als Ergänzung der Trias der Schulentwicklung (OE, UE und PE) unstrittig war, kann mit der vorliegenden Untersuchung nunmehr auch die Ergänzung um die Kooperationsentwicklung auf der Datengrundlage empirisch bestätigt werden.

4.6.8   Bedingungsfaktoren nach Schulstufen differenziert

Das Modell von Owston (2003, vgl. auch Abschnitt 2.5), das ausdrücklich als Ausgangspunkt weiterer Forschung ausgewiesen ist, differenziert nicht zwischen den verschiedenen Schulstufen. In der vorliegenden Forschungsarbeit gibt es aber Hinweise darauf, dass die Bedingungen in der Primarstufe und den Sekundarstufen strukturell unterschiedlich sind. Dieser Eindruck konnte durch vertiefende Analysen zur Schuleffektivität digitaler Medien (Eickelmann & Schulz-Zander, 2008) und zu Determinanten schulischer Innovationen mit digitalen Medien in der Primarstufe (u.a. Eickelmann, Schulz-Zander & Gerick, 2009, vgl. auch Abschnitt 2.4) weiter vertieft werden. An dieser Stelle werden unter dem Aspekt der forschungsleitenden Fragen dieser Arbeit, ergänzend zu den angeführten Publikationen, Einblicke in die stufenbedingten Unterschiede gegeben. Zugrunde liegen die Daten aus *allen* elf Fallschulen, die an dieser Stelle fallübergreifend ausgewertet wurden. Es liegen der nachfolgenden Analyse somit die Daten von vier Primarstufenschulen und sieben Sekundarstufenschulen zugrunde. Die quantitativen Daten der Lehrerbefragung wurden zur Unterscheidung von Primar- und Sekundarschule auf Schul*stufen*ebene aggregiert und die qualitativen Daten einer fallübergreifenden qualitativen Inhaltsanalyse unterzogen.

Welche förderlichen Bedingungen können in Grundschulen identifiziert werden, die in Sekundarstufenschulen eher nicht wirksam sind?

- Die Nähe der Schulleitung zum Kollegium und dadurch Möglichkeiten, Wünsche und Probleme im Zusammenhang mit digitalen Medien direkt wahrzunehmen.

- Kleinere Kollegien, daher möglicherweise kürzere Kommunikationswege, Gelegenheiten zu informellen pädagogischen Diskursen über pädagogische Ziele, die mit dem Einsatz digitaler Medien verbunden sind.

- Möglichkeit, die Rhythmisierung in 45-Minuten-Stunden im Sinne der Realisierung offener Unterrichtsformen aufzuheben und fächerübergreifende Projekte mit digitalen Medien anzubinden, da die Klassenlehrerinnen und Klassenlehrer mit einem großen Wochenstundenanteil in einer Klasse unterrichten.

- Höheres Interesse an einer Binnendifferenzierung des Unterrichts aufgrund sehr leistungsheterogener Lerngruppen.

- Höheres Motivationspotenzial bei Kindern durch das Gerät (vgl. auch Eickelmann & Schulz-Zander, 2008).

- Flexible Verfügbarkeit der IT-Ausstattung, da PC-Arbeitsplätze oftmals in Klassenräumen (Medienecken) vorhanden sind (vgl. auch Schulz-Zander, Schmialek & Stolz, 2007).

Welche hemmenden Bedingungen können in Grundschulen identifiziert werden, die in Sekundarstufenschulen nicht beobachtet wurden?

- Höherer Frauenanteil und damit möglicherweise weniger technikaffine Lehrpersonen und höherer Anteil an Teilzeitkräften.

- Zahlenmäßig schlechtere und ältere Ausstattung, weniger Internetanschlüsse, weniger Peripheriegeräte (vgl. auch BMBF, 2007).

- Kein Informatikunterricht, daher fehlende Grundausstattung und keine besonders computeraffinen Informatiklehrpersonen.

- Vorkenntnisse der Schülerinnen und Schüler in Bezug auf Computererfahrungen noch heterogener (vgl. auch Schulz-Zander, Schmialek & Stolz, 2007; KIM-Studie des MPFS, 2009).

- Einstellungen der Lehrpersonen im Hinblick auf Angemessenheit des Mediums in Bezug auf den altersbedingten Entwicklungsstand tendenziell eher verhalten.

- Heterogene Lese- und Schreibkompetenzen von Grundschulkindern, die den Umgang mit dem Computer, der Computertastatur und textbasierter Inhalte im Internet erschweren (vgl. auch Voss, 2006; Schulz-Zander, Schmialek & Stolz, 2007).

- Computerarbeitsplätze und Geräte oft nicht kindgerecht, z.B. nicht an die Ergonomie von Grundschulkindern angepasst.
- Vielfach fehlende oder unzureichende Verankerung in Lehrplänen (vgl. auch Mitzlaff, 2007).
- Lehrpersonen reicht eine Lehrperson im Unterricht mit digitalen Medien nicht aus; Dokumentation statistisch signifikanter Unterschiede in Eickelmann et al. (2009).
- Klassenlehrerprinzip: Setzen die jeweiligen Klassenlehrerinnen und -lehrer digitale Medien nicht im Unterricht ein, ist die Wahrscheinlichkeit hoch, dass ganze Klassen in ihrer Grundschulzeit nicht mit digitalen Medien lernen können.

Welche förderlichen Bedingungen können in Sekundarstufenschulen identifiziert werden, die in Grundschulen nicht beobachtet wurden?

- Mit Ausnahme der (beteiligten) Hauptschule wird in den Schulen eine IT-Grundausstattung für den Informatikunterricht vorgehalten.
- Anteil des technikaffinen Personals höher: anteilig mehr männliche Lehrer/Informatiklehrpersonen.
- Direktere Verpflichtung der Schule auf berufsvorbereitende Qualifikationen.

Welche hemmenden Bedingungen können in Sekundarstufenschulen identifiziert werden, die in Grundschulen nicht identifiziert wurden?

- IKT-bezogene Kooperationen eher in Fachgruppen; Verständigung über die Fachschaft hinaus seltener.
- Computerkoordinatoren sind oft an Technik interessierte Lehrpersonen, die aber nicht immer sensibel für pädagogische Anliegen ihrer Kollegen sind.
- Fächerübergreifendes Arbeiten und offener Unterricht tendenziell seltener.
- Starke Rhythmisierung des Schultages durch Fachunterricht, meist in 45-Minuten-Unterrichtsstunden, dadurch weniger Gelegenheit für erweiterte Unterrichtsformen.
- Standorte der Computer – wenn kein Notebook-Konzept – oft in Computerräumen und damit nicht spontan nutzbar. Belegung bevorzugt von Informatikkursen, sodass es organisatorisch schwierig sein kann, mehrere, zusammenhängende Fachunterrichtsstunden im Computerraum durchzuführen.
- Medienintegration basiert teilweise auf einer Schulprofilierung mit dem Ziel einer guten Außendarstellung der Schule und ist nicht in allen Sekundarstufenschulen an pädagogische Zielsetzungen der einzelnen Akteure geknüpft.

Ergänzend kann als Ergebnis der großen Schulleistungsstudien festgehalten werden, dass in Deutschland – wie auch in den meisten anderen an den Studien beteiligten Bildungssystemen – die regelmäßige Nutzung digitaler Medien in der Sekundarstufe häufiger berichtet wird als in der Primarstufe.

5   Diskussion der Ergebnisse und Fazit

Die vorliegende Studie erforscht empirisch auf der Grundlage von Modellen zur Schulentwicklung mit digitalen Medien und zur Schul- und Unterrichtsqualität die Bedingungsfaktoren der nachhaltigen Implementierung digitaler Medien in Schule. Sie verfolgt nicht nur ein wissenschaftlich-analytisches, sondern auch ein prozedurales Erkenntnisinteresse. Die zentrale Idee dieser Untersuchung ist es, gleichzeitig die Bedingungsfaktoren der Implementierung digitaler Medien zu erheben und eine Bestimmung des Entwicklungsstandes der Schulen in Bezug auf die Integration digitaler Medien vorzunehmen, um die Bedingungsfaktoren in erfolgreichen und weniger erfolgreichen Schulen differenziert zu betrachten. Insbesondere sollen erfolgreiche Schulentwicklungsprozesse mit digitalen Medien aufgezeigt werden und deren förderliche Bedingungsfaktoren modellhaft abgebildet werden. Um einen Verlauf über einen mehrjährigen Zeitraum zu erforschen, ist diese Untersuchung in eine umfassendere von der DFG geförderten Fallstudienfolgeuntersuchung zur deutschen SITES M2 eingebettet. Die hier dargestellte Studie bezieht sich somit konzeptionell auf die Vorarbeiten der internationalen IEA-Studie SITES M2 und greift deren Methodenrepertoire auf. Im folgenden Abschnitt werden die eigenen Befunde zusammenfassend dargestellt. Dabei werden die zentralen Ergebnisse zu den in der Tabelle 1-1 angeführten Forschungsfragen diskutiert und der Beitrag der eigenen Forschungsarbeit zur Theoriebildung ausgeführt. Ein Ausblick zeigt weitere Forschungsansätze auf, die sich auf der Grundlage der neuen Befunde weiterführend ergeben bzw. ermöglicht werden.

5.1   Diskussion der Ergebnisse

Hemmende und förderliche Bedingungen in den Fallschulen: Eine der beiden zentralen Teilforschungsfragen ist es, die hemmenden und förderlichen Bedingungsfaktoren der nachhaltigen Implementation digitaler Medien zu identifizieren. Die zugehörige Datenanalyse der Bedingungsfaktoren vor der Folie des Modells von Ditton (2000) zur Schul- und Unterrichtsqualität liefert eine Systematisierung der Zuordnung der Bedingungsfaktoren zu den vier schulischen Ebenen: Kontext-, Input- und die Prozessebenen Schule und Unterricht. Als Ergebnis der Fallanalysen ergeben sich zunächst schulspezifische Bedingungsfaktoren, die zu ganz unterschiedlich erfolgreichen Schulentwicklungsverläufen hinsichtlich der Implementation digitaler Medien in den Fallschulen geführt haben. Dies ist insofern bemerkenswert, als die untersuchten Fallschulen zum Zeitpunkt der

SITES M2 zu den führenden Medienschulen in Deutschland zählten und für die SITES M2 nach einheitlichen Kriterien ausgewählt wurden.

Grad der Nachhaltigkeit der Implementation digitaler Medien in den Fallschulen: Die unterschiedlichen Entwicklungsverläufe wurden graduell abgestuft, indem theorie- und empiriegeleitet unter Einbezug qualitativer und quantitativer Daten und der Fallberichte der SITES M2 Messmodelle entwickelt wurde: Ausgehend von einer sehr allgemeinen Definition des Begriffs der nachhaltigen Implementierung schulische Innovation, u.a. von Hameyer, Pallasch und Wiechmann (1999), konnte dazu in dieser Arbeit der Begriff der ‚Nachhaltigen Implementierung digitaler Medien in Schulen' zunächst über ein System von 16 Indikatoren (vgl. Tabelle 4-1) entwickelt und schließlich der Grad der Nachhaltigkeit messbar gemacht werden. Mit dem Verfahren der skalierenden Strukturierung nach Mayring (2000), als besondere Form der qualitativen Inhaltsanalyse, erhalten diese auf der Grundlage qualitativer und quantitativer Daten gewonnenen Nachhaltigkeitsindikatoren den Charakter von ordinal-skalierten Variablen. Die Entwicklung der Indikatoren zur Messung der Nachhaltigkeit und damit einer Möglichkeit der Definition des Begriffs der Nachhaltigkeit der Implementation digitaler Medien ist als besonderer Beitrag zur Theoriebildung zu werten.

Förderliche Bedingungen in den erfolgreichen Schulen: Die für die vertiefenden Analysen ausgewählten sechs Fallschulen haben unterschiedliche Grade der Nachhaltigkeit erreicht. Eine Clusteranalyse bestätigt, dass nur drei der sechs Fallschulen die Implementation nachhaltig gelungen ist. Die förderlichen Bedingungsfaktoren in diesen drei Fallschulen werden in einem eigenen Modell zur Nachhaltigkeit zusammengeführt (vgl. Modell in Abbildung 4-15). Es wird vor allem deutlich, dass sie auf der Prozessebene ihren Handlungsspielraum nutzen und bestrebt sind, die Problemfelder auf der Kontext- und Inputebene auszugleichen. Die Maßnahmen zur breiten Integration digitaler Medien sind besonders dann erfolgreich, wenn sie konzeptionell – z.B. durch ein verpflichtendes Medienkonzept – aufgearbeitet und organisational verankert sind. Ein neuer, noch nicht in anderen Untersuchungen gefundener Bedingungsfaktor ist der des Umgangs mit technischen Veränderungen und Innovationen, deren Schnelllebigkeit sowie ihre didaktische Einbindung. Dabei reagieren die erfolgreichen Schulen nicht nur auf den Wandel der Technik, sondern beziehen diesen systematisch in Schulentwicklungsprozesse in Bezug auf digitale Medien ein. Eine besondere Aufgabe kommt in diesem Zusammenhang der Schulleitung zu. Diese sollte im Rahmen des IT-Managements sowohl Ausgangspunkt von Reformbestrebungen sein als auch moderierend den Prozess begleiten, andererseits Einzelaktivitäten in einen breiteren Rahmen integrieren (vgl. auch Breiter, 2007). Dazu gehört, dass die Schulleitung als Macht-, Prozess- und auch als Fachpromotor das IT-Management aktiv gestaltet. Im Hinblick auf die Schulkultur trägt vor allem die Entwicklung von gemeinsamen, zukunftsweisenden Visionen bei, die einen direkten Bezug zum Einsatz digitaler Medien in Lehr-/Lernkontexten haben sollten. Die Kooperationen können ebenfalls einen Beitrag leisten, indem sie medienbezogene und didaktische Kenntnisse durch Austausch und Ko-Konstruktion von Wissen befördern. Auch eine erfolgreiche Personalentwicklung wirkt sich in zweierlei Hinsicht positiv auf den Umgang mit der Schnelllebigkeit der Technik aus, da sie durch Fort- und Weiterbildungen und deren konzeptionelle Verankerung (z.B. im Medienkonzept) einen Beitrag leisten kann. Schaut man sich nun die im Modell zusammengeführten zentralen Bedingungsfaktoren an, ergibt der Vergleich mit den in Abschnitt 2.1.4 vorgestellten Bedingungsfaktoren für schulische Innovationen (vgl. Abschnitt 2.1.4) und den Implementationsbedingungen digitaler Medien Überschneidungen. Beispielsweise ist die Wahrnehmung des Mehrwertes einer schulischen Innovation, unabhängig davon, ob sie sich auf digitale Medien bezieht oder nicht, ein förderlicher Bedingungsfaktor. Auch die Integration in pädagogische Konzepte und Programme sowie die Nutzung des Handlungsspielraumes auf der Schulebene gelten unabhängig von der Art der Innovation als förderlich. Auch wenn die Schulleitung besondere, computerbezogene und didaktische Kompetenzen benötigt, ist deren Teilhabe und Mitgestaltung der Innovation ein Aspekt, der auch für andere schulische Veränderungen gelten kann. Es wären dann dementsprechend andere Kompetenzen und das Engagement der Schulleitung in anderen Bereichen wichtig. Gleiches gilt grundsätzlich auch für die internen Kooperationen zum Aufbau von Kenntnissen und Kompetenzen, auch wenn diese für die nachhaltige Integration digitaler Medien besonders wichtig sein können. Erwartungskonform und spezifisch für die Implementation digitaler Medien ist die Verfügbarkeit einer entsprechenden IT-Ausstattung. Aber auch andere schulische Innovationen verändern die Ausstattungs- und Materialbedürfnisse von Schulen. Beispielsweise sei die Wandlung der Organisationsform in eine Ganztagsschule oder die Einführung von individualisierten, von Freiarbeit geprägten Unterrichtsformen zu nennen. Die Notwendigkeit der Akquise von externen Kooperationspartnern, die neben finanziellen Ressourcen auch spezifisches Wissen und Anwendungskontexte zur Verfügung stellen, wird ebenfalls in der eigenen Untersuchung als zentraler förderlicher Bedingungsfaktor herausgearbeitet. Letztlich können aber auch Beispiele für andere schulische Innovationen gefunden werden, die zwingend oder ergänzend auf externe Kooperationspartner angewiesen sind oder zumindest auf solche zurückgreifen. Anzuführen wären beispielsweise wieder die Kooperationspartner in Ganztagsschulen, Wirtschaftsprojekte aber auch der Bereich der Schulentwicklungsberatung. Gänzlich neu ist der Aspekt der Berücksichtigung der Schnelllebigkeit der Technik. Die Notwendigkeit der Berücksichtigung kontinuierlicher technischer Änderungen und Neuerungen und deren didaktische Einbindung in den Unterricht macht die Integration digitaler Medien zu einer besonderen und anspruchsvollen schulischen Innovation. Hierin liegt neben Ausstattungs- und Supportaspekten die Stellschraube für das Gelingen oder Scheitern von Schulen bei der nachhaltigen Implementation digitaler Medien. Dieser Aspekt macht die Implementation digitaler Medien auch vor dem Hintergrund der Prozessmodelle zu einer besonderen schulischen Innovation: Das Durchlaufen der Phasen von gestuften Prozessmodellen, wie sie in den Abschnitten 2.1.2 und 2.3.5 dargestellt sind, führen nicht zum Abschluss des Innovationsprozesses. Vielmehr ergeben sich durch die Einbindung neuer technischer Applikationen ständig neue Prozesse. Diese beginnen teilweise, ohne dass vorangegangene Prozesse abgeschlossen sind. Dies ist ein Grund, warum die Implementation digitaler Medien eine besondere schulische Innovation darstellt und besondere Anforderungen an die Schulen heranträgt.

Misslingensbedingungen in den nicht erfolgreichen Schulen: In den weniger erfolgreichen Schulen wurden im Rahmen der Untersuchung durchweg engagierte Kollegien und Schulleitungen, die die Implementation digitaler Medien unterstützen, angetroffen. Hinsicht-lich der hemmenden Bedingungsfaktoren weisen diese Schulen Gemeinsamkeiten aus, die Hinweise auf die entscheidenden Misslingensbedingungen geben: In diesen Schulen werden die Gestaltungsmöglichkeiten auf der Prozessebene gering eingeschätzt und vergleichsweise wenig genutzt. Es fehlt u.a. eine konzeptionelle und organisationale Verankerung digitaler Medien in verbindlichen Medienkonzepten oder Schulprogrammen. Dazu gehört die organisational verankerte Kooperation wie etwa die Weitergabe von im Kollegium vorhandenen Kompetenzen. In der Regel sind in diesen Schulen einzelne Promotorenfunktionen für die Innovation nicht besetzt. Probleme werden tendenziell eher externalisiert, also der Kontext- oder Inputebene zugeschrieben.

Weiterentwicklung des Modells von Owston (2003): Das Nachhaltigkeitsmodell von Owston (2003) diente als Ausgangspunkt dieser Forschungsarbeit und wurde seinerzeit als vorläufiges Modell entwickelt, da ein mehrjähriger Beobachtungszeitraum im Rahmen der SITES M2 nicht zur Verfügung stand. Im Vergleich ergibt sich als zentrales Ergebnis der eigenen Forschungsarbeit, dass von Owston ermittelte Bedingungsfaktoren ausdifferenziert und ergänzt werden konnten. Sowohl im eigenen Modell (vgl. Abbildung 4-15, S. 276) als auch im Modell von Owston wird herausgestellt, dass sich die Einschätzung der Lehrpersonen in Bezug auf den didaktischen Mehrwert des Einsatzes digitaler Medien im Unterricht förderlich auf die nachhaltige Implementierung auswirken kann. Im eigenen Modell wird darauf hingewiesen, dass dieser Mehrwert den Nicht-Nutzern unter den Lehrpersonen oder den Schwellennutzern möglichst praxisnah aufgezeigt werden sollte. Weiterhin stellen beide Modelle die besondere Bedeutung der Schulleitung heraus. Dennoch konnte in allen – auch den nicht-nachhaltigen Fällen – eine unterstützende Funktion der Schulleitung ausgemacht werden. In den nachhaltigen Schulen nahmen aber die Schulleitungen die Funktionen eines IT-Managements aktiv war und brachten sich nicht nur als Macht-, sondern auch als Prozesspromotoren, teilweise sogar auch als Fachpromotor, ein. Im Hinblick auf die Unterstützung von externen Akteuren und auf der administrativen Ebene konnten die Befunde von Owston ebenfalls weiter ausdifferenziert werden. Wichtig ist im eigenen Modell, dass die Kooperationen mit Externen in den erfolgreichen Schulen initiiert und aktiv mitgestaltet werden und sich auf die Kernaspekte der Erweiterung von Kompetenzen der schulischen Akteure und das Einwerben von finanziellen Mitteln fokussieren. Für die Unterstützungsmaßnahmen innerhalb der Schule konnten durch die eigenen Analysen ebenfalls Kernbereiche wie die verbindliche Formulierung von Konzepten, die kontinuierliche Gestaltung von schulinternen Kooperationen und Lerngemeinschaften und Unterstützungsmaßnahmen für Nicht- oder Schwellennutzer identifiziert werden. Owston führt unterstützende Maßnahmen auf der ,Policy-Ebene', wie etwa curriculare Anbindungen und schulübergreifende Medienentwicklungspläne an. Diese werden in der eigenen Untersuchung ebenfalls als förderlich benannt. Sie scheinen aber in den betrachteten Fallschulen nicht die zentralen Bedingungsfaktoren zu sein. Die ,innovation champions', die bei Owston zumindest als *„contributing"* eingestuft werden, sind im eigenen Modell nicht enthalten: Geht die Innovation in die Breite, wird ihre Rolle als Initiator geringer; sie gehen als Promotoren ein. Das eigene Modell lenkt also die Aufmerksamkeit auf drei neue Aspekte: Das ist zum einen die Forderung nach einer Orientierung des IT-Ausstattungskonzeptes an den pädagogischen Zielen der Schule. Als Zweites wird herausgearbeitet, dass die Schulen aufgefordert sind, ihre Handlungsspielräume auf der Prozessebene zu nutzen. Beispiele hierfür liefern ebenfalls die drei betrachteten erfolgreichen Schulen. Als letzter Punkt sei der Umgang mit der Schnelllebigkeit der Technik genannt, die sich auf die rasante Entwicklung der Technologien und bezieht.

Zusammenschau der hemmenden und förderlichen Bedingungen auf der Kontext-, Input- und den Prozessebenen: Betrachtet man in alle in der eigenen Untersuchung ermittelten Bedingungsfaktoren (vgl. Tabelle 4-9 und Tabelle 4-10), so finden sich zahlreiche Bedingungsfaktoren wieder, die bereits für die Anfangsphasen der Implementierung verschiedener technischer Innovationen in den Unterricht (vgl. Abschnitt 2.4) ermittelt wurden. Die eigene Untersuchung ermöglicht jedoch Querverbindungen zwischen den Bedingungsfaktoren auf den verschiedenen schulischen Ebenen herzustellen (vgl. Abschnitt 4.6.1). Qualitative Analysen zeigen, dass die Bedingungsfaktoren auf der Kontextebene die schulischen Bedingungen auf den anderen Ebenen beeinflussen können. Faktoren auf der Inputebene befördern oder hemmen wiederum Prozesse aber auch Bedingungsfaktoren auf den Prozessebenen. Günstige oder ungünstige Faktoren auf der Schulebene wirken auf die Unterrichtsebene.

Lehrertypologie: Die Analysen zeigen, dass die auf Schulebene ermittelten Bedingungsfaktoren von den schulischen Akteuren unterschiedlich eingeschätzt werden. Diesen Hinweis auf interindividuelle Unterschiede wird für die Zielgruppe ,Lehrpersonen' mithilfe einer Latent-Class-Analyse vertiefend untersucht. Das wesentliche Ergebnis dieser Analyse ist, dass der Unterschied zwischen den beiden gefundenen Lehrertypologien auf der Ebene der Lehrervariablen liegt. Besonders ausgeprägt sind die Differenzen in Bezug auf die Einschätzung des Umfangs der Unterrichtsvorbereitung, der computerbezogenen pädagogischen und didaktischen Kenntnisse, dem Umgang mit unterschiedlichen Computerkenntnissen der Schülerinnen und Schüler und dem Fehlen von Auswahlkriterien für den Unterricht geeigneter digitaler Medien und Materialien. Die größte Differenz zeigt sich hinsichtlich des Selbstvertrauens bei der Erprobung neuer pädagogischer Ansätze unter Nutzung digitaler Medien.

Vergleich mit den Befunden der SITES 2006: Im nächsten Schritt wurden für den Untersuchungsaspekt ‚Bedingungsfaktoren der Implementation digitaler Medien' die Befunde
der SITES 2006 mit den eigenen Befunden verglichen. Aufgrund fehlender Forschungsförderung hatte Deutschland nicht an diesem dritten Modul der IEA-Studie SITES teilgenommen. Ein Vergleich bietet sich vor allem an, weil die Instrumente der eigenen Untersuchung auf die international verwendeten Instrumente der SITES 2006 abgestimmt
wurden und die Untersuchungen im selben Jahr stattfanden. Die SITES 2006 bestätigt auf
internationaler Ebene weitgehend die eigenen Befunde: Auf der Individualebene sind vor
allem fehlende computerbezogene Kompetenzen der Lehrpersonen ein wichtiger Hinderungsgrund für die Nutzung digitaler Medien im Unterricht. Ebenfalls werden Bedarfe an
didaktischen Fortbildungen zum Einsatz digitaler Medien herausgestellt. Die besondere
Relevanz der ‚Communities of Practice' und der schulinternen und -externen Kooperationen fand sich in beiden Untersuchungen. Hinsichtlich geteilter Visionen ergibt sich,
dass diese sich auf digitale Medien direkt beziehen müssen, um Veränderungen zu befördern. Die besondere Rolle der Schulleitung und des Schulmanagements ergibt sich
ebenfalls in beiden Studien. Der Aspekt des Umgangs mit der Schnelllebigkeit der Technologien als zentrale Stellschraube für die nachhaltige Integration digitaler Medien in
Schulen findet sich in der SITES 2006 nicht.

Bedingungsfaktoren im Zusammenhang mit der Outputebene: Die zentralen Analysen
dieser Forschungsarbeit fokussieren auf die Kontext-, Input- und Prozessebenen von
Schulen. Obwohl im Rahmen dieser Untersuchung keine Leistungs- oder Kompetenztests
eingesetzt wurden, ergeben die Analyse Hinweise auf die besondere Relevanz der Outputebene: Vor allem die Schulleitungen sowie die IT-Nutzerinnen und IT-Nutzer begründen den Einsatz digitaler Medien mit der Verbesserung von Schülerergebnissen. Diese
Akteure – aber auch die Schülerinnen und Schüler – nehmen in den Interviews Bezug zu
Testergebnissen, Lernstandserhebungen, landesweiten Test sowie auf das Abschneiden
in Prüfungen mit fremden, teilweise außerschulischen Prüferinnen und Prüfern. Als förderlich für die Integration digitaler Medien werden die positiven Auswirkungen auf fachliche Leistungen, die Relevanz für Prüfungsvorbereitungen und Verbesserung von Prüfungsergebnissen, die Förderung computerbezogene Fertigkeiten und die besondere
Relevanz digitaler Medien für die Lebens- und Berufsvorbereitung genannt: Die erzielten
Erfolge bei der Nutzung digitaler Medien motivieren die Akteure, Computer und Internet
im Unterricht weiter einzusetzen und organisational zu verankern.

Differenzierung nach den fünf Dimensionen der Schulentwicklung mit digitalen Medien:
Vertiefende Analysen unter dem Gesichtspunkt einer differenzierten Betrachtung nach
den fünf Dimensionen der Schulentwicklung mit digitalen Medien ergaben, dass die Ebene der Kooperationsentwicklung von besonderer Trennschärfe ist. Dies ist ein neuer
Hinweis auf die besondere Relevanz der Kooperationsentwicklung in Bezug auf eine erfolgreiche Integration digitaler Medien, wie sie sich auch schon aus vorangegangenen
Untersuchungen ergeben hat. Die von Schulz-Zander (1999) postulierten fünf Dimensio-

nen zur Schulentwicklung mit digitalen Medien erweisen sich damit in dieser empirischen Überprüfung als besonders geeignet tragfähig zur Analyse von Schulentwicklungsprozessen mit digitalen Medien.

Bedingungsfaktoren: Sowohl für die Sekundarstufen als auch für die Primarstufen lassen sich Bedingungsfaktoren identifizieren, die in der jeweils anderen Stufe nicht im gleichen Maße wirksam sind. Obwohl nicht alle Bedingungsfaktoren übertragbar sind, ergibt sich, dass die unterschiedlichen Schulstufen durchaus voneinander lernen könnten: Beispielsweise könnten die Sekundarstufenschulen den Einsatz digitaler Medien – wie in Grundschulen eher üblich – stärker an pädagogische Zielsetzungen wie den Umgang mit Heterogenität anbinden und so Synergieeffekte mit anderen Innovationen und pädagogischen Veränderungen nutzen, wie es beispielsweise der Fallschule A gelungen ist. Die Fallanalysen geben Hinweise darauf, dass innerhalb der Sekundarstufe möglicherweise Hauptschulen benachteiligt sind. Als Hauptgrund wird von den Akteuren die Schülerkomposition, die mit geringeren computerbezogenen Vorkenntnissen der Schülerinnen und Schüler sowie der Eltern verbunden ist und über vergleichsweise wenig finanzielle Mittel verfügt. Hinzu kommt, dass – zumindest in Nordrhein-Westfalen – der Informatikunterricht nicht in der Stundentafel der Hauptschulen vorgesehen ist und daher keine IT-Grundausstattung in den Schulen vonseiten der Schulträger vorgehalten und gewartet werden muss. Weiterhin wird das dadurch ebenfalls bedingte Fehlen von Informatiklehrkräften angeführt.

5.2 Ausblick und Fazit

Das im Rahmen dieser Studie entwickelte Instrument zur Messung des Grades der Nachhaltigkeit der Implementation digitaler Medien in Schulen hat sich für den Einsatz in der betrachteten Stichprobe bewährt. Während die Messung in der vorliegenden Arbeit auf umfangreichen qualitativen und quantitativen Daten beruht, bietet die qualitative Skalierung jeder der 16 Nachhaltigkeitsindikatoren, die als Variablen aufgefasst werden können, die Möglichkeit, in ein schriftliches Erhebungsinstrument transformiert zu werden. Eine Erprobung in einer größeren Stichprobe bietet neben der Datenerhebung über den Stand der Schulentwicklung mit digitalen Medien in den beteiligten Schulen auch die Erprobung und Modifikation eines solchen Instrumentes. Klieme und Steinert (2008) fordern für die schulische Qualitätsentwicklung längsschnittlich angelegte Studien, die neben Input-, Prozess- und Ergebnisvariablen auch schulische Kontextvariablen berücksichtigten um mittels Mehrebenenanalysen Bedingungsfaktoren erfolgreicher Schulentwicklungsforschung zu identifizieren (ebd., S. 334). Solche Studien böten sich auch für den vorgestellten Zusammenhang an; die Befunde der eigenen Untersuchung könnten in die Entwicklung der Instrumente ebenfalls einfließen. Eine konstruktive Herangehensweise könnte diesbezüglich sein, die Tradition, nur nach hemmenden Bedingungen zu fragen, zu durchbrechen und um die Erhebung förderlicher Bedingungen (wie sie in der

Tabelle 4-10) etwa zusammengestellt sind) zu ergänzen. Die Kopplung des Einsatzes beider Instrumente – zur Erhebung des Entwicklungsstandes der Schulen im Hinblick auf die Implementation digitaler Medien (Nachhaltigkeitsmessung) und zur Erhebung der Bedingungsfaktoren – bietet die Möglichkeit der Überprüfung des formulierten Nachhaltigkeitsmodells und ergänzend die Prüfung auf Interdependenzen der Prädiktoren. Aufgrund der vergleichsweise geringen Verbreitung digitaler Medien in Deutschland – zur Erinnerung: in allen PISA-Studien belegt Deutschland OECD-weit jeweils den letzten Platz – würde eine solche Erhebung eine Forschungslücke schließen. Ein weiterer Ausblick des Umgangs mit den Ergebnissen der hier dargestellten Untersuchung bietet der folgende Ansatz, der sich auf die Effekte des Einsatzes digitaler Medien hinsichtlich des Förderns bereichsspezifischer und überfachlicher Kompetenzen und Lernleistungen von Schülerinnen und Schülern bezieht. Die vertiefenden Analysen zu dieser Arbeit zeigen, dass der Outputaspekt des Einsatzes digitaler Medien für die schulischen Akteure von besonderer Relevanz ist. Hierzu liegen bereits Forschungsergebnisse vor, die in einer Übersicht über nationale und internationale Entwicklungen bei Eickelmann und Schulz-Zander (2008) zu finden sind. Die oben beschriebenen konstruierbaren Instrumente zur Schulentwicklung mit digitalen Medien in Form der Erhebung von Bedingungsfaktoren und des Grades der Nachhaltigkeit bieten einen Ansatzpunkt, für den Bereich der digitalen Medien Schulentwicklungs- und Schuleffektivitätsaspekte systematisch miteinander zu verknüpfen. Dazu können neben vorliegenden Leistungstests in einem längsschnittlich angelegten Design aus anderen Studien auch computerbezogene überfachliche Kompetenzen genauer erhoben werden, wie sie in den letzen Jahren zunehmend über diesbezügliche Instrumente erhoben wurden (s. dazu Schaumburg, Tschackert & Blömeke, 2007). Der besondere Einfluss von schulischen Medienkonzepten und Medienentwicklungsplänen der Schulträger wurde in dieser Arbeit als zentral herausgestellt. Es gilt, diesen allerdings noch weiter zu untersuchen: Viele Bundesländer und Schulträger haben erst in den letzten Jahren begonnen, ihre Pläne konzeptionell und in der Breite zu verankern und z.B. die IKT in Curricula und die Formulierung von Standards einzubinden (vgl. dazu auch Eickelmann & Schulz-Zander, 2008). Vertiefende Analysen bieten sich auch bezüglich der Bedingungsfaktoren vor dem Hintergrund der Schul- und Unterrichtsqualität an. Aufgrund erziehungswissenschaftlicher und bildungspolitischer Entwicklungen ist vor allem die Unterrichtsebene zunehmend von besonderem Interesse. Die vorliegenden Daten und Analysen bieten Anknüpfungspunkte zu den Bereichen der Individualisierung von Unterricht mit digitalen Medien, der Förderung von Kompetenzen, der Motivation der Lerner und der effektiven Nutzung von Unterrichtszeit, die Bestandteile in Konzepten zur Erfassung von Unterrichtsqualität sind (vgl. z.B. Helmke, 2009). Insgesamt bietet das erhobene Datenmaterial und die Anknüpfung an bisherige Befunde der Folgeuntersuchung zur deutschen SITES M2 Anlass und Gelegenheit zu weiterführenden Forschungen im Kontext der Schulentwicklung mit digitalen Medien, die sowohl an den Forschungsstand als auch an aktuelle bildungspolitische Diskussionen anknüpfen können.

6 Literatur

Altrichter, H. & Posch, P. (1996). *Mikropolitik der Schulentwicklung. Förderliche und hemmende Bedingungen für Innovationen in Schulen.* Wien: StudienVerlag.

Altrichter, H., Prexl-Krausz, U., Soukup-Altrichter, K. (Hrsg.). (2005). *Schulprofilierung und neue Informations- und Kommunikationstechnologien.* Bad Heilbrunn: Verlag Julius Klinkhardt.

Angrist, J. & Lavy, V. (2002). New evidence on classroom computers and pupil learning. *The Economical Journal, 112* (482), 735–765.

Arlt, W. (Hrsg.) (1978). *EDV-Einsatz in Schule und Ausbildung. Datenverarbeitung im Bildungswesen, Band 1.* München: Oldenbourg.

Aronso, E., Wilson, T.D. & Akert, R.M. (2004). *Sozialpsychologie* (4., aktualis. Aufl.). Müchen: Pearson Studium.

Autorengruppe Bildungsberichterstattung im Auftrag der Ständigen Konferenz der Kultusminister der Länder in der Bundesrepublik Deutschland und des Bundesministeriums für Bildung und Forschung. (2008). *Bildung in Deutschland. Ein indikatorengestützter Bericht mit einer Analyse zu Übergängen im Anschluss an den Sekundarbereich I.* Bielefeld: W. Bertelsmann Verlag.

Azizi Ghanbari, S. (2006). *Multiagentensysteme zur Analyse und Verbesserung von vernetztem, kooperativem Lernen.* Münster: Waxmann.

Balanskat, A. & Blamire, R. (2007). *ICT in schools: trends, innovations and issues in 2006-2007.* European Schoolnet. Verfügbar unter: http://insight.eun.org/ww/en/pub/insight/misc/specialreports/ict_in_schools_.htm [07.05.2009].

Baumert, J. (2002). Deutschland im internationalen Bildungsvergleich. In N. Killius, J. Kluge & L. Reisch (Hrsg.), *Die Zukunft der Bildung* (S. 100–150). Frankfurt a.M.: Suhrkamp.

Baumert, J., Stanat, P. & Watermann, R.H. (2006). *Herkunftsbedinge Disparitäten im Bildungswesen. Vertiefende Analysen im Rahmen von PISA 2000.* Wiesbaden: VS-Verlag für Sozialwissenschaften.

Belland, B.R. (2009). Using the theory of habitus to move beyond the study of barriers to technology integration. *Computers & Education, 52* (1), 353–364.

Billig, S.H., Sherry, L. & Havelock, B. (2005). Challenge 98: Sustaining the work of a regional technology integration inititative. *British Journal of Educational Technology, 36* (6), 987–1004.

Blatt, I. (2001). Der Computer im Deutschunterricht der Grundschule. In C. Büttner & E. Schwichtenberg (Hrsg.), *Grundschule digital* (S. 127–160). Weinheim: Beltz.

BLK (Bund-Länder-Kommission für Bildungsplanung und Forschungsförderung). (1987). *Gesamtkonzept für die Informationstechnische Bildung. Materialien zur Bildungs-*

planung, 16. Bonn: Bund-Länder-Kommission für Bildungsplanung und Forschungsförderung.

BMBF (Bundesministerium für Bildung und Forschung). (2003). *IT-Ausstattung der allgemeinbildenden und berufsbildenden Schulen in Deutschland. Eine Bestandsaufnahme vom Mai 2002.* Bonn: Bundesministerium für Bildung und Forschung.

BMBF (Bundesministerium für Bildung und Forschung). (2005). *IT-Ausstattung der allgemeinbildenden und berufsbildenden Schulen in Deutschland.* Bonn: Bundesministerium für Bildung und Forschung.

BMBF (Bundesministerium für Bildung und Forschung). (2006). *IT-Ausstattung der allgemein bildenden und berufsbildenden Schulen in Deutschland.* Bonn: Bundesministerium für Bildung und Forschung.

BMBF (Bundesministerium für Bildung und Forschung). (2007). *IT-Ausstattung der allgemeinbildenden und berufsbildenden Schulen in Deutschland. Bestandsaufnahme 2006 und Entwicklung 2001 bis 2006.* Bonn: Bundesministerium für Bildung und Forschung.

Bofinger, J. (2007). *Digitale Medien im Fachunterricht. Schulische Medienarbeit auf dem Prüfstand.* Donauwörth: Auer Verlag.

Bonsen, M. (2003). *Schule, Führung, Organisation.* Münster: Waxmann.

Bonsen, M. (2005). Professionelle Lerngemeinschaften in der Schule. In H.G. Holtappels & K. Höhmann (Hrsg.), *Schulentwicklung und Schulwirksamkeit* (S. 180–195). Weinheim: Juventa.

Bonsen, M. & Rolff, H.-G. (2006). Professionelle Lerngemeinschaften von Lehrerinnen und Lehrern. *Zeitschrift für Pädagogik, 52* (2) , 167–184.

Bortz, J. & Döring, N. (2002). *Forschungsmethoden und Evaluation für Human- und Sozialwissenschaftler* (3. Aufl.). Berlin: Springer.

Bos, W., Hornberg, S., Arnold, K.-H., Faust, G., Fried, L., Lankes, E.-M., Schwippert, K. & Valtin, R. (Hrsg.). (2007). *IGLU 2006. Lesekompetenzen von Grundschulkindern in Deutschland im internationalen Vergleich.* Münster: Waxmann.

Bos, W. & Koller, H.-C. (2002). Methodologische Überlegungen zur Kombination qualitativer und quantitativer Methoden am Beispiel einer empirischen Studie in der Hochschuldidaktik. In E. König & P. Zedler (Hrsg.), *Qualitative Forschung. Grundlagen und Methoden* (2. völlig überarb. Ausg.) (S. 271–285). Weinheim: Beltz Verlag.

Bos, W., Lankes, E.-M., Prenzel, M., Schwippert, K., Walther, G. & Valtin, R. (Hrsg.). (2003). *Erste Ergebnisse aus IGLU. Schülerleistungen am Ende der vierten Jahrgangsstufe im internationalen Vergleich.* Münster: Waxmann.

Bos, W. & Tarnai, C. (Hrsg.). (1989). *Angewandte Inhaltsanalyse in Empirischer Pädagogik und Psychologie.* Münster: Waxmann.

Breiter, A. (2001). *IT-Management in Schulen*. Neuwied: Luchterhand.

Breiter, A. (2007). Management digitaler Medien als Teil der Schulentwicklung. Neue Herausforderungen für die Schulleitung. In R. Pfundtner (Hrsg.), *Leiten und Verwalten einer Schule* (S. 349–355). Neuwied: Kluwer.

British Educational Communication and Technology Agency (BECTA). (2003). *What the research says about barriers to the use of ICT in teaching*. Coventry: BECTA.

Büchter, A., Dalmer, R. & Schulz-Zander, R. (2002). Innovative schulische Unterrichtspraxis mit neuen Medien. Nationale Ergebnisse der internationalen IEA-Studie SITES M2. In H.-G. Rolff, H.G. Holtappels, K. Klemm, H. Pfeiffer & R. Schulz-Zander (Hrsg.), *Jahrbuch für Schulentwicklung. Band 12*. (S. 163–197). Weinheim: Juventa.

Chandra, V. & Lloyd, M. (2008). The methological nettle: ICT and student achievement. *British Journal of Educational Technology, 39* (6), 1087–1098.

Chapmann, D.W., Garrett, A. & Mählck, L.O. (2004). The role of technology in school improvement. In D.W. Champman & L.O. Mählck (Hrsg.), *Adapting technology for school improvement* (S. 19–38). Paris: UNESCO Publishing.

Chen, A.-Y. & Looi, C.-K. (1999). Teaching, learning and inquiry strategies using computer technology. *Journal of computer assisted learning, 15* (2), 162–172.

Clausen, M. (2002). *Unterrichtsqualität: Eine Frage der Perspektive? Empirische Analysen zur Übereinstimmung, Konstrukt- und Kriteriumsvalidität*. Münster: Waxmann.

Collis, B. & Carleer, G. (1993). The effects of technology enriched school interventions: A multiple case study analysis. *Computers & Education, 21* (1/2) , 151–162.

Cox, M. (2008). Researching IT in education. In J. Voogt & G. Knezek (Hrsg.), *International handbook of information technology in primary and secondary education* (S. 965–982). New York: Springer.

Creswell, J. (1998). *Qualitative inquiry and research design: Choosing among five traditions*. Thousand Oaks, CA: Sage.

Crook, C. & Harrison, C. (2008). *Web 2.0 technoligies for learning at key stages 3 and 4: Summary report*. Coventry: BECTA (British Educational Communications and Technology Agency).

Dalin, P., Rolff, H.-G. & Buchen, H. (1995). *Institutioneller Schulentwicklungsprozess* (2., neu bearb. Ausg.). Bönen: Landesinstitut für Schule und Weiterbildung.

Deaney, R. & Hennessey, S. (2007). Sustainability, evolution and dissemination of information and communication technology-supported classroom practice. *Research papers in edcuation, 22* (1), 65–94.

Dexter, S., Seashore, K.R. & Anderson, R.E. (2002). Contributions of professional learning community to exemplary use of ICT. *Journal of computer assisted learning, 18* (4), 489–497.

Ditton, H. (2000). Qualitätskontrolle und Qualitätssicherung in Schule und Unterricht. *Zeitschrift für Pädagogik, 41*. Beiheft, 73–92.

Döring, N. (2006). Mobiles Lernen in der Schule. Entwicklungs- und Forschungsstand. *Unterrichtswissenschaft, 34* (1), 70–92.

Dörr, G. & Strittmatter, P. (2002). Multimedia aus pädagogischer Sicht. In L.J. Issing, & P. Klimsa (Hrsg.), *Information und Lernen mit Multimedia und Internet* (3. Ausg., S. 29–42). Weinheim: BeltzPVU.

Dunleavy, M. Dexter, S. & Heinecke, W.F. (2007). What added value does a 1:1 student to laptop ratio bring to technology-supported teaching and learning? *Journal of Computer Assisted Learning, 23* (5), 440–452.

Dwyer, D.C. (1994). Apple Classrooms of Tomorrow: What we have learned. *Educational leadership, 51* (7), 4–10.

Eickelmann, B., Gerick, J. & Schulz-Zander, R. (2008a). *Determinanten der Implementierung digitaler Medien in die Unterrichts- und Schulkultur deutscher Primarschulen.* Poster präsentiert auf dem 21. Kongress der Deutschen Gesellschaft für Erziehungswissenschaft (DGfE). TU Dresden.

Eickelmann, B., Gerick, J. & Schulz-Zander, R. (2008b). *Lernen mit digitalen Medien: Auf Dauer motivationsfördernd? Analysen zur Lernmotivation aus Lehrer- und Schülersicht.* Poster präsentiert auf der 71. Tagung der Arbeitsgruppe für Empirische Pädagogische Forschung (AEPF). Leibniz-Institut für die Pädagogik der Naturwissenschaften (IPN), Universität Kiel.

Eickelmann, B. & Schulz-Zander, R. (2006). Schulentwicklung mit digitalen Medien – nationale Entwicklungen und Perspektiven. In W. Bos, H.G. Holtappels, H. Pfeiffer, H.-G. Rolff & R. Schulz-Zander (Hrsg.), *Jahrbuch der Schulentwicklung. Band 14.* (S. 277–309). Weinheim: Juventa.

Eickelmann, B. & Schulz-Zander, R. (2008). Schuleffektivität, Schulentwicklung und digitale Medien. In W. Bos, H.G. Holtappels, H. Pfeiffer, H.-G. Rolff & R. Schulz-Zander (Hrsg.), *Jahrbuch der Schulentwicklung. Band 15.* (S. 157–194). Weinheim: Juventa.

Eickelmann, B., Schulz-Zander, R. & Gerick, J. (2009). Erfolgreich Computer und Internet in Grundschulen integrieren – eine empirische Analyse aus Sicht der Schulentwicklungsforschung. In C. Röhner, M. Hopf, C. Henrichwark (Hrsg.), *Europäisierung der Bildung – Konsequenzen und Herausforderungen für die Grundschulpädagogik, Jahrbuch Grundschulforschung. Band 13.* (S. 236–240). Wiesbaden: VS Verlag für Sozialwissenschaften.

Elsener, E., Luthiger, H. & Roos, M. (2004). *Forschungsbericht: ICT-Nutzung an High-Tech-Schulen.* Luzern: Pädagogische Hochschule Zentralschweiz.

Enquete-Kommission. (2007). *„Kultur in Deutschland". Schlussbericht.* Deutscher Bundestag: Drucksache 16/7000.

Ertmer, P.A. (2005). Teachers pedagogical beliefs: The final frontier in our quest for technology integration. *Educational Development Research and Development, 53* (4), 25–39.

Ertmer, P.A., Glazewski, K.D., Jones, D., Ottenbreit-Leftwich, A., Goktas, Y., Collins, K. & Kocaman, A. (2009). Facilitating Technology-Enhanced Problem-Based Learning (PBL) in the Middle School Classroom: An Examination of How and Why Teachers Adapt. *Journal of Interactive Learning Research, 20* (1), 35–54.

Eschenauer, B. (1999). Erfolgreiche Integration von Medien in der Schule: Eine Zwischenbilanz (Konferenzbericht I). In C. Langen (Hrsg.), *Schulinnovation durch neue Medien* (S. 27–48). Gütersloh: Verlag Bertelsmann Stiftung.

Europäische Kommission. (2006a). *Benchmarking access and use of ICT in European schools 2006. Final report from head teacher and classroom teacher surveys in 27 European countries.* Lissabon: European Commission.

Europäische Kommission. (2006b). *Use of Computers and the Internet in Schools in Europe 2006. Country brief: Germany.* Lissabon: European Commission.

Fatke, R. (1997). Fallstudien in der Erziehungswissenschaft. In B. Friebertshäuser & A. Prengel (Hrsg.), *Handbuch Qualitative Forschungsmethoden in der Erziehungswissenschaft* (S. 56–68). Weinheim: Juventa.

Fend, H. (1986). „Gute Schulen – schlechte Schulen". Die einzelne Schule als pädagogische Handlungseinheit. *Die Deutsche Schule. 78* (3), 275–293.

Fletcher-Flinn, C.M. & Gravatt, B. (1995). The efficacy of computer assisted instruction (CAI): A meta-analysis. *Journal of Educational Computing Research, 13* (2), 219–242.

Flick, U. (2000). Design und Prozess qualitativer Forschung. In U. Flick, E. von Kardorff & I. Steinke (Hrsg.), *Qualitative Forschung. Ein Handbuch* (S. 252–264). Reinbek: Rowohlt Taschenbuch Verlag.

Fouts, J.T. & Stuen, C. (1997). *Copernicus Project: Learning with laptops. Year 1 evaluation report.* Seattle, WA: Seattle Pacific University.

Friede, C.K. (1981). Verfahren zur Bestimmung von Intercoderreliabilität für nominalskalierte Daten. *Zeitschrift für Empirische Pädagogik, 5* (1), 1–25.

Fuhs, B. (2007). *Qualitative Methoden in der Erziehungswissenschaft.* Darmstadt: Wissenschaftliche Buchgesellschaft.

Fullan, M. (1982). *The Meaning of Educational Change.* Ontario: OISE Press.

Fullan, M. (2001). *Leading in a culture of change.* San Francisco: Jossey-Bass.

Fullan, M. (2007). *The new meaning of educational change.* New York: Teachers College Press.

Fußangel, K., Schulz-Zander, R. & Bauer, K.-O. (2007). Vorbereitung auf die Arbeitswelt. Evaluation eines Unterrichtsprojektes. In K.-O. Bauer (Hrsg), *Evaluation an Schulen* (S. 187–206). Weinheim: Juventa.

Fußangel, K., Schulz-Zander, R. & Kemna, P. (2005). „Workshop Zukunft" – Ergebnisse der projektspezifischen Evaluation. In W. Böttcher, H.G. Holtappels & M. Brohm (Hrsg.), *Evaluation im Bildungswesen* (S. 213–228). Weinheim: Juventa.

Giaquinta, J.B. (1973). The process of organizational change in schools. In F. N. Kerlinger (Hrsg.), *Review of Research in Education, Vol. 1* (S. 178–208). Itasca, IL: Peacock.

Gräsel, C., Fußangel, K. & Pröbstel, C. (2006). Lehrkräfte zur Kooperation anregen – eine Aufgabe für Sisyphos? *Zeitschrift für Pädagogik, 52* (2), S. 205–219.

Granger, C.A., Morbey, M.L., Lotherington, H., Owston, R.D. & Wideman, H.H. (2002). Factors contributing to teacher's successful implementation of IT. *Journal for computer assisted learning, 18* (4), S. 480–488.

Haass, U. & Schulz-Zander, R. (2003). Innovativer Unterricht. Empfehlungen für Schulen und Entscheidungsträger. *Computer + Unterricht, Heft 49,* 34.

Haass, U., Seeber, F. & Weininger, U. (2003). *Zusammenfassende Auswertung der OECD-Fallstudien. OECD/CERI ICT Programme.* München: FWU. Verfügbar unter: http://ipso.ifs-dortmund.de/deutsch/oecd/DeutschOECDZusammenfassung.pdf [08.05.2009].

Häuptle, E. (2007). *Notebook-Klassen an einer Hauptschule: Eine Einzelfallstudie zur Wirkung eines Notebook-Einsatzes auf Unterricht, Schüler und Schule.* Augsburg: Online Publikationsserver der Universität Augsburg.

Häuptle E. & Reinmann, G. (2006). *Notebooks in der Hauptschule. Eine Einzelfallstudie zur Wirkung des Notebook-Einsatzes auf Unterricht, Lernen und Schule.* Universität Augsburg: Medienpädagogik.

Häuptle, E., Florian, A. & Reinmann, G. (2008). *Nachhaltigkeit von Medienprojekten in der Lehrerfortbildung. Abschlussbericht zur Evaluation des Blended-Learning-Lehrerfortbildungsprogramms „Intel©Lehren – Aufbaukurs Online".* Arbeitsbericht. Universität Augsburg: Medienpädagogik.

Hall, G.E. (1979). *Levels of use and extend of implementation of new programs in teacher education institutions: What do you do?* Chicago: AACTE.

Hameyer, U. (1978). *Innovationsprozesse: Analysemodell und Fallstudien zum sozialen Konflikt in der Curriculumrevision.* Weinheim: Beltz.

Hameyer, U., Pallasch, W. & Wiechmann, J. (1999). *Nachhaltige Innovationsprozesse. Forschungswissen für die Praxis der Schulentwicklung.* Kiel: Institute for Advanced Studies.

Hargreaves, A. (2006). Educational Change Over Time? The Sustainability and Nonsustainability of Three Decades of Secondary School Change and Continuity. *Educational Administration Quaterly, 42* (1), 3–41.

Harrison, C., Comber, C., Fisher, T., Haw, K., Lewin, C. & Lunzer, E. (2004). *ImpaCT2. The impact of information and communication technology on pupil learning and attainment.* Coventry: BECTA (British Educational Communications and Technology Agency).

Helmke, A. (2004). *Unterrichtsqualität: Erfassen, Bewerten, Verbessern* (3. Aufl.). Seelze: Kallmeyer.

Helmke, A. (2009). *Unterrichtsqualität und Lehrerprofessionalisierung. Diagnose, Evaluation und Verbesserung des Unterrichts.* Seelze: Kallmeyer.

Helmke, A. & Schrader, F.-W. (2006). Determinanten der Schulleistung. In D.H. Rost (Hrsg.), *Handwörterbuch Pädagogische Psychologie* (S. 83–94). Weinheim: Beltz PVU.

Hendricks, W. & Schulz-Zander, R. (2000). Informations- und Kommunikationstechnologien in der allgemeinbildenden Schule – eine Analyse von Modellversuchen. In W. Hendricks (Hrsg.), *Neue Medien in der Sekundarstufe I und II: Didaktik, Unterrichtspraxis* (S. 28–49). Berlin: Cornelsen Scriptor.

Hennessey, S., Ruthven, K. & Brindley, S. (2005). Teacher perspectives on integrating ICT into subject teaching: commitment, constraints, caution and change. *Journal of Curriculum Studies, 37* (2), 155–192.

Hense, J.U. & Mandl, H. (2006). 50 Jahre Bildungstechnologie aus lehr-lerntheoretischer Sicht. *Zeitschrift für Medienpädagogik, 50* (5), 57–65.

Herzig, B. & Grafe, S. (2006). *Digitale Medien in der Schule. Standortbestimmung und Handlungsfelder für die Zukunft. Studie zur Nutzung digitaler Medien in allgemeinbildenden Schulen in Deutschland.* Bonn: Deutsche Telekom.

Hettinger, J. (2008). *E-Learning in der Schule.* München: Kopaed.

Hinostroza, J.E., Labbé, C., López, L. & Iost, H. (2008). Traditional and Emerging IT Applications for Learning. In J. Voogt & G. Knezek (Hrsg.), *International Handbook of Information Technology in Primary and Secondary Education* (S. 81–86). New York: Springer.

Holtappels, H.G., Klemm, K. & Rolff, H.-G. (2008). *Schulentwicklung durch Gestaltungsautonomie. Ergebnisse der Begleitforschung zum Modellvorhaben ‚Selbstständige Schule‘ in Nordrhein-Westfalen.* Münster: Waxmann.

Hornberg, S., Faust, G., Holtappels, H.G., Lankes, E.-M. & Schulz-Zander, R. (2007). Lehr- und Lernbedingungen in den Teilnehmerstaaten. In W. Bos, S. Hornberg, K.H. Arnold, G. Faust, L. Fried, K. Schwippert & R. Valtin (Hrsg.), *IGLU 2006. Lesekompetenzen von Grundschulkindern in Deutschland im internationalen Vergleich* (S. 47–79). Münster: Waxmann.

Huber, F. (2004). „bilanz ziehen". In F. Schumacher (Hrsg.), *Innovativer Unterricht mit neuen Medien. Ergebnisse wissenschaftlicher Begleitung von SEMIK-Einzelprojekten* (S. 67–96). Grünwald: FWU Institut für Film und Bild in Wissenschaft und Unterricht.

Huberman, A.M. & Miles, M.B. (1984). *Innovation up close. How school improvement works.* New York: Plenum Press.

Hunneshagen, H. (2005). *Innovationen in Schulen.* Münster: Waxmann.

Hunneshagen, H. & Schulz-Zander, R. (2001). Medien-Arbeit, -Management und -Organisation. In M. Drabe (Hrsg.), *Schulen ans Netz* (S. 57–68). Berlin: LOG IN Verlag.

Hunneshagen, H., Schulz-Zander, R. & Weinreich, F. (2000). Schulen ans Netz: Veränderung von Lehr- und Lernprozessen durch den Einsatz Neuer Medien. In H.-G. Rolff, W. Bos, K. Klemm, H. Pfeiffer & R. Schulz-Zander (Hrsg.), *Jahrbuch der Schulentwicklung. Band 11.* (S. 155–180). Weinheim: Juventa.

Ilomäki, L., Lakkala, M. & Lehtinen, E. (2004). A case study of ICT adoption within a teacher community at a Finnish lower secondary school. *Education, Communication & Information, 4* (1), 53–69.

Kelchtermans, G. (2006). Teacher collaboration and collegiality as workplace conditions. *Zeitschrift für Pädagogik, 52* (2), 220–237.

Klieme, E., Baumert, J. & Schwippert, K. (2000). Schulbezogene Evaluation und Schulleistungsvergleiche – Eine Studie im Anschluss an TIMSS. In H.-G. Rolff, W. Bos, K. Klemm, H. Pfeifer & R. Schulz-Zander (Hrsg.), *Jahrbuch der Schulentwicklung. Band 11. Daten, Beispiele und Perspektiven.* (S. 387–419). Weinheim: Juventa.

Klieme, E. & Steinert, B. (2008). Schulentwicklung im Längsschnitt. Ein Forschungsprogramm und erste explorative Analysen. *Zeitschrift für Erziehungswissenschaft. 10. Sonderheft*, 221–238.

KMK (Ständige Konferenz der Kultusminister der Länder in der Bundesrepublik Deutschland). (1997). *Neue Medien und Telekommunikation im Bildungswesen.* Bonn: KMK.

Knezek, G. & Christensen, R. (2008). The importance of information technology attitudes and competencies in primary and secondary education. In J. Voogt & G. Knezek (Hrsg.), *International Handbook of information technology in primary and secondary education* (S. 319–332). New York: Springer.

König, B. & Schulte, H. (2003). *Projektbericht E-Learning an Schulen im Bundesland Bremen.* Bremen: Landesinstitut für Schule.

Kozma, R.B. (Hrsg.). (2003a). *Technology, innovation, and educational change. A global perspective. Report of the Second Information Technology in Education Study Module 2.* Washington D.C.: ISTE.

Kozma, R.B. (2003b). Study Procedures and first look at the data. In R.B. Kozma (Hrsg.), *Technology, innovation, and educational change. A global perspective. A report of the Second Information Technology in Education Study, Module 2* (S. 19–42). Washington D.C.: ISTE.

Kozma, R.B. & McGhee, R. (2003). ICT and Innovative Classroom Practices. In R.B. Kozma (Hrsg.), *Technology, innovation, and educational change. A global perspective. Report of the Second Information Technology in Education Study Module 2* (S. 43–80). Washington D.C.: ISTE.

Krämer, S. (1998). *Medien, Computer, Realität. Wirklichkeitsvorstellung und Neue Medien.* Frankfurt a.M.: Suhrkamp.

Krumsvik, R.J. (2005). ICT and community of practice. *Scandinavian Journal of Educational Research, 49* (1), 27–50.

Krumsvik, R.J. (2008). Situated learning and teacher's digital competence. *Education and Information Technologies, 13* (4), 279–290.

Kruppa, K., Mandl, H. & Hense, J. (2002). *Nachhaltigkeit von Modellversuchsprogrammen am Beispiel des BLK-Programms SEMIK.* München: Ludwig-Maximilians-Universität.

Kubicek, H., Braczyk, H.J., Klumpp, D., Müller, G., Neu, W. & Raubold, E. (1998). *Lernort Multimedia. Jahrbuch Telekommunikation und Gesellschaft 1998.* Heidelberg: R.V. Decker.

Kubicek, H. & Breiter, A. (1998). Schule am Netz – und dann? Informationsmanagement als kritischer Erfolgsfaktor für den Multimediaeinsatz in Schulen. In H. Kubicek, H.J. Braczyk, D. Klumpp, G. Müller, W. Neu & E. Raubold (Hrsg.), *Lernort Multimedia. Jahrbuch Telekommunikation und Gesellschaft 1998* (S. 120–129). Heidelberg: R.V. Decker.

Kuckartz, U. (1999). *Computergestützte Analyse qualitativer Daten.* Opladen: Westdeutscher Verlag.

Kuckartz, U. (2003). Qualitative Daten computergestützt auswerten: Methoden, Techniken, Software. In B. Friebertshäuser & A. Prengel (Hrsg.), *Handbuch Qualitative Forschungsmethoden in der Erziehungswissenschaft* (S. 584–595). Weinheim: Juventa.

Kulik, J.A., Kulik, C.-L. & Brangert-Drowns, R.L. (1985). Effectiveness of computer-based education in elementary schools. *Computers in Human Behavior, 1* (1), 59–74.

Lamnek, S. (1995). *Qualitative Sozialforschung. Band 2, Methoden und Techniken.* (3., korrigierte Aufl.). Weinheim: Juventa.

Lang, M. & Schulz-Zander, R. (1994). Informationstechnische Bildung in allgemeinbildenden Schulen – Stand und Perspektiven. In H.G. Rolff, K.-O. Bauer, K. Klemm, H. Pfeiffer & R. Schulz-Zander (Hrsg.), *Jahrbuch der Schulentwicklung. Band 8.* (S. 309–353). Weinheim: Juventa.

Lankes, E.-M., Plaßmeier, N., Bos, W. & Schwippert, K. (2004). Lehr- und Lernbedingungen in einigen Ländern in der Bundesrepublik im Vergleich. In W. Bos, E.-M. Lankes, M. Prenzel, R. Schwippert, R. Valtin, & G. Walther (Hrsg.), *IGLU. Einige*

Länder der Bundesrepublik im nationalen und internationalen Vergleich (S. 21–48). Münster: Waxmann.

Law, N. & Chaw, A. (2008). Teacher Characteristics, Contextual Factors, and how these affect the pedagogical use of ICT. In N. Law, W.J. Plegrum, & T. Plomp (Hrsg.), *Pedagogy and ICT use in schools around the world. Findings from the IEA SITES 2006 study.* (S. 182–221). Hong Kong: CERC-Springer.

Law, N., Pelgrum, W.J. & Plomp, T. (2008). *Pedagogy and ICT use in schools around the world. Findings from the IEA SITES 2006 study.* Hong Kong: CERC-Springer.

Lazarsfeld, P.F. & Henry, N.W. (1968). *Latent structure analysis.* Boston: Houghton Mifflin.

Lehmann, J. & Lauterbach, R. (1985). Die Wirkungen des Computers in der Schule auf Wissen und Einstellungen. *LOG IN, 5* (1), 24–27.

Leithwood, K. (2000). *Organizational learning and school improvement.* Greenich, CT: JAI Press.

Leonard, L. & Leonard, P.E. (2006). Leadership für technology integration: computing the reality. *The Alberta journal of educational research, 52* (4), 212–224.

Light, P.C. (1998). *Sustaining Innovation. Creating nonprofit and government organizations that innovate naturally.* San Francisco: Jossey-Bass.

Lim, C.P. (2007). Effective integration of ICT in Singapore schools: Pedagogical and policy implications. *Educational Technology Research and Development, 55* (1), 83–116.

Lindau-Bank, D. & Magenheim, J. (1998). Schule entwickeln. *Computer + Unterricht, Heft 32*, 5–10.

Looi, C.-K., Kim, W.-Y. & Chen, W. (2008). Communities of practice for continuing professional development in the twenty-first century. In J. Voogt & G. Knezek (Hrsg.), *International handbook of information technology in primary and secondary education* (S. 489–506). New York: Springer.

Louis, K. & Kruse, S. (1995). *Professionalism and community: Perspectives on reforming urban schools.* Thousand Oaks, CA: Corwin.

Lowther, D., Inan, F., Danien Strahl, J. & Ross, S. (2008). Does technology integration work when key barriers are removed. *Educational media international, 45* (3), 195–231.

Maddux, C.D. (2003). Twenty years of research in information technology in education: Assessing our progress. *Computers in the schools, 20* (1/2), 35–48.

Mandl, H., Reinmann-Rothmeier, G. & Gräsel, C. (1998). Gutachten zur Vorbereitung des Programms „Systematische Einbeziehung von Medien, Informations- und Kommunikationstechnologien in Lehr- und Lernprozesse". *Materialien zur Bildungsplanung und zur Forschungsförderung, Heft 66.* Bonn: Bund-Länder-Kommission für Bildungsplanung und Forschungsförderung.

Mayring, P. (1999). *Einführung in die qualitative Sozialforschung. Eine Anleitung zu qualitativem Denken* (4. Aufl.). Weinheim: Beltz PVU.

Mayring, P. (2000). *Qualitative Inhaltsanalyse. Grundlagen und Techniken* (7. Aufl.). Weinheim: Beltz.

McCutcheon, A.L. (1987). *Latent class analysis.* Newbury Park: Sage.

McLaughlin, M.W. (1990). The Rand Change Agent Study revisited: Macro perspectives and micro realities. *Educational Reseacher, 19* (9), 11–16.

Means, B. & Olson, K. (1995). *Technology's role in education reform: Findings from a national study of innovating schools.* Washington, D.C.: U. S. Department of Education, Office of Educational Research and Improvement.

Miles, M.B. & Huberman, A. (1994). *Qualitative Data Analysis* (2. Aufl.). California: Thousand Oaks.

Mitzlaff, H. (2007). 20 Jahre Computer in deutschen Grundschulen – Versuch einer Zwischenbilanz. In H. Mitzlaff (Hrsg.), *Internationales Handbuch Computer (ICT), Grundschule, Kindergarten und Neue Lernkultur* (S. 97–117). Baltmannsweiler: Schneider Verlag Hohengehren.

Mitzlaff, H. (Hrsg.). (2007). *Internationales Handbuch Computer (ICT), Grundschule, Kindergarten und Neue Lernkultur.* Baltmannsweiler: Schneider Verlag Hohengehren.

Mooij, T. & Smeets, E. (2001). Modelling and supporting ICT implementation in secondary schools. *Computers & Education, 36* (3), 265–281.

Moser, H. (2005). *Wege aus der Technikfalle.* Zürich: Verlag Pestalozzianum.

MPFS (Medienpädagogischer Forschungsverband Südwest). (2007). *JIM-Studie 2006. Jugend, Information, (Multi-)Media.* Stuttgart: MPFS.

MPFS (Medienpädagogischer Forschungsverband Südwest). (2008). *JIM-Studie 2007. Jugend, Information, (Multi-)Media.* Stuttgart: MPFS.

MPFS (Medienpädagogischer Forschungsverband Südwest). (2009). *KIM-Studie 2008. Kinder + Medien. Computer + Internet.* Stuttgart: MPFS.

Müller, S. (2002). *Schulinterne Evaluation. Gelingensbedingungen und Wirkungen.* Dortmund: IFS-Verlag.

Müller, C., Blömeke, S. & Eichler, D. (2006). Unterricht mit digitalen Medien – zwischen Innovation und Tradition? Eine empirische Studie zum Lehrerhandeln im Medienzusammenhang. *Zeitschrift für Erziehungswissenschaft, 9* (4), 632–650.

Mullis, I.V., Martin, M.O., Kennedy, A.M. & Foy, P. (2007). *PIRLS 2006 International Report. IEA's Progress in International Reading Literacy Study in Primary Schools in 40 Countries.* Chestnut Hill, MA: Boston College.

Netzwerk Medienschulen. (2001). *Fortbildungstypen für die Integration neuer Medien in den Unterricht.* Gütersloh: Bertelsmannstiftung. Verfügbar unter: http://www.

bertelsmannstiftung.de/bst/de/media/xcms_bst_dms_19973_19974_2.pdf [07.05.2009].

Nolan, R.L. (1973). Managing the computer resource: A stage hypothesis. *Communications of the ACM, 16* (7), 399–405.

Nolan, R.L., Croson, K.N. & Seger, D. (1993). *The Stage Theory: A Framework for IT-Adoption and Organizational Learning.* Boston: HBS Publishing.

O'Byrne, B., Securro, S., Jones, H. & Cadle, C. (2006). Making the cut: The impact of an integrated learning system on low achieving middle school students. *Journal of Computer Assisted Learning, 22* (3), 218–228.

Oliver, K. & Corn, J. (2008). Student-reported differences in technology use and skills after the implementation of one-to-one computing. *Educational media international, 45* (3), 215–229.

Owston, R.D. (2003). School context, sustainability, and transferability. In R.B. Kozma (Hrsg.), *Technology, innovation and educational change. A global perspective* (S. 125–162). Washington D.C.: ISTE.

Pacher, S. & Kern, A. (2005). Medienpläne entwickeln. *Computer + Unterricht, Heft 58,* 6–10.

Peck, K. & Sprenger, K. (2008). One-to-one educational computing: Ten lessons for successful implementation. In J. Voogt & G. Knezek (Hrsg.), *International handbook of information technology in primary and secondary education* (S. 935–942). New York: Springer.

Pelgrum, W.J. (2008). School practices and conditions for pedagogy and ICT. In N. Law, W.J. Pelgrum & T. Plomp (Hrsg.), *Pedagogy and ICT use in schools around the world. Findings from the IEA SITES 2006 study* (S. 67–121). Hong Kong: CERC-Springer.

Pelgrum, W.J. & Anderson, R.E. (Hrsg.). (1999). *ICT and the emerging paradigm for life long learning: An IEA educational assessment of infrastructure, goals and practices in twenty-six countries.* Amsterdam: IEA.

Petko, D. (2006). Computer im Unterricht: Videobasierte Fallstudien als Medium praxisnaher Lehrerinnen- und Lehrerausbildung. *Medienpädagogik, Themenheft 12: IT im schulischen Kontext,* 1–30.

Plomp, T. (2003). *Proposal für the IEA-Study SITES 2005. Version 7 June 2003.* Unveröffentlichtes Manuskript.

Plomp, T., Anderson, R.E., Law, N. & Quale, A. (Hrsg.). (2009). *Cross-national information and communication technology. Policies and practices in education.* Charlotte: Information Age Publishing.

Plomp, T., ten Brummelhuis, A. & Rapmund, R. (Hrsg.). (1996). *Teaching and learning for the future.* Enschede: COMMITT.

Prasse, D. & Scholl, W. (2000). *Abschlussbericht. Internetnutzung an Schulen – eine organisationsbezogene Evaluation der Initiative „Schulen ans Netz (SaN)".* Berlin: Humboldt-Universität.

Prenzel, M., Artelt, C., Baumert, J., Blum, W., Hammann, M., Klieme, E. & Pekrun, R. (Hrsg.). (2007). *PISA 2006. Die Ergebnisse der dritten internationalen Vergleichsstudie. Zusammenfassung.* Kiel: Verfügbar unter: http://pisa.ipn.uni-kiel.de/ zusammenfassung_PISA2006.pdf [07.05.2009].

Preston, C., Cox, M. & Cox, K. (2000). *Teachers as innovators in learning: what motivates teachers to use ICT.* London: MirandaNet.

Preussler, A. & Schulz-Zander, R. (2004). Selbstreguliertes Lernen im Mathematikunterricht. Empirische Ergebnisse des Modellversuches SelMa. In R. Schumacher (Hrsg.), *Innovativer Unterricht mit neuen Medien. Ergebnisse der wissenschaftlichen Begleitung von SEMIK-Einzelprojekten* (S. 119–141). Grünwald: FWU Institut für Film und Bild in Wissenschaft und Unterricht.

Reinmann-Rothmeier, G. (2003). *Didaktische Innovation durch Blended Learning.* Bern: Verlag Hans Huber.

Riel, M. & Becker, H. (2000). *The Beliefs, Practices, and Computer Use of Teacher Leaders.* Irvine: University of California.

Rockman, S. (1999). *A more complex picture: Laptop use and impact in the context of changing home and school access.* San Francisco: CA Rockman.

Rösner, E. (2005). Medienkonzepte und Medienentwicklungspläne. *Computer + Unterricht, Heft 58,* 22–23.

Rösner, E., Bräuer, H. & Riegas-Staackmann, A. (2004). *Neue Medien in den Schulen Nordrhein-Westfalens. Ein Evaluationsbericht zur Arbeit der e-nitiative.nrw.* Dortmund: IFS-Verlag.

Rogers, E. (2003). *Diffusions of innovations.* (5. Aufl.). New York : Free Press.

Rolff, H.-G. (1993). *Wandel durch Selbstorganisation. Theoretische Grundlagen und praktische Hinweise für eine bessere Schule.* Weinheim: Juventa.

Rolff, H.-G. (1998). Entwicklung von Einzelschulen: Viel Praxis, wenig Theorie und kaum Forschung. Ein Versuch, Schulentwicklung zu systematisieren. In H.G. Rolff, K.O. Bauer, K. Klemm & H. Pfeiffer (Hrsg.), *Jahrbuch der Schulentwicklung. Band 10.* (S. 295–326). Weinheim: Juventa.

Rolff, H.-G. (2001). *Schulentwicklung konkret – Steuergruppen, Bestandsaufnahme, Evaluation.* Kallmeyer: Hannover.

Rolff, H.-G. (2007). *Studien zu einer Theorie der Schulentwicklung.* Weinheim: Beltz.

Rosenbusch, H.S. (2005). *Organisationspädagogik der Schule.* Neuwied: Luchterhand.

Ross, J.A., Hogaboam-Gray, A. & Hannay, L. (1999). Predictors of teachers' confidence in their ability to implement computer-based instruction. *Journal of Educational Computing Research, 21* (1), 75–97.

Ross, S.M., Morrison, G.R. & Lowther, D.L. (2001). *Anytime, anywhere learning. Final evaluation report of the laptop programm: Year 2.* Memphis, TN: University of Memphis, Center for Research in Educational Policy.

Rost, J. (2004). *Lehrbuch Testtheorie – Testkonstruktion* (2., vollst. Überarb. und erw. Aufl.). Bern: Verlag Hans Huber.

Russon, A.E., Josefowitz, N. & Edmonds, C.V. (1994). Making computer instruction accessible: Familiar analogies for female novices. *Computers in Human Behavior, 10* (2), 175–187.

Schacter, J. (1999). *The impact of education technology on student achievement. What the most current research has to say.* Santa Monica: Milken Exchange on Education Technology.

Schaumburg, H. (2002). Besseres Lernen durch Computer in der Schule? Nutzungs- beispiele und Einsatzbedingungen. In L.J. Issing, P. Klimsa (Hrsg.), *Information und Lernen mit Multimedia und Internet* (S. 335–344). Weinheim: Beltz PVU.

Schaumburg, H. (2003). *Konstruktivistischer Unterricht mit Laptops? Eine Fallstudie zum Einfluss mobiler Computer auf die Methodik des Unterrichts.* Berlin: Freie Universiät Berlin. Verfügbar unter: http://www.diss.fu-berlin.de/2003/63 [07.05.2009].

Schaumburg, H. (2006). Elektronische Textverarbeitung und Aufsatzleistung. Empirische Ergebnisse zur Nutzung mobiler Computer als Schreibwerkzeug in der Schule. *Unterrichtswissenschaft, 34* (1), 22–45.

Schaumburg, H. & Issing, L.J. (2002). *Lernen mit Laptops. Ergebnisse einer Evaluations- studie.* Gütersloh: Verlag Bertelsmann Stiftung.

Schaumburg, H., Prasse, D., Tschackert, K. & Blömeke, S. (2007). *Lernen in Notebook- Klassen. Endbericht zur Evaluation des Projekts „1000mal1000: Notebooks im Schulranzen".* Bonn: Schulen ans Netz e. V.

Schaumburg, H. & Seidel, T. (2009). Online-Lernen in der Schule. In L.J. Issing & P. Klimsa (Hrsg.), *Online-Lernen. Handbuch für Wissenschaft und Praxis* (S. 359–366). München: Oldenbourg.

Scheerens, J. (2000). *Improving school effectiveness.* Paris: UNESCO, International Insti- tute für Educational Planning.

Schelhowe, H. (2007). *Technologie, Imagination und Lernen.* Münster: Waxmann.

Schleicher, A. (2006). Stellungnahme der OECD zur Erwiderung des ifo. *Computer + Unterricht, Heft 63,* 61–62.

Schnoor, D. (1998). Neue Medien verlangen nach Schulentwicklung. *Pädagogische Führung, 9* (1), 6–12.

Schnoor, D. (1998). Schulentwicklung durch Neue Medien. In H. Kubicek, H.-J. Braczyk, W. Müller, E. Raubold & A. Roßnagel (Hrsg.), *Lernort Multimedia. Jahrbuch Telekommunikation und Gesellschaft 1998* (S. 99–108). Heidelberg: R.V. Decker.

Schürmann, M. (2007). *Computerbezogenes Selbstbild von Lehrpersonen in der Grundschule.* Staatsarbeit, TU Dortmund.

Scholl, W. & Prasse, D. (2001). Was hemmt und was fördert die Internetnutzung? Ergebnisse der Evaluation „Schulen ans Netz": Probleme und Lösungsmöglichkeiten. *Computer + Unterricht, 41 ,* 21–23.

Schürmann, M. (2007). *Computerbezogenes Selbstbild von Lehrpersonen in der Grundschule.* Staatsarbeit, TU Dortmund.

Schulz-Zander, R. (1997). Medienkompetenz – Anforderungen an schulisches Lernen. In Deutscher Bundestag (Hrsg.), *Medienkompetenz im Informationszeitalter. Enquete-Kommission „Zukunft der Medien in Wirtschaft und Gesellschaft; Deutschlands Weg in die Informationsgesellschaft"* (S. 99–110). Deutscher Bundestag: ZV Zeitungs-Verlag.

Schulz-Zander, R. (1998). Lernen in der Informationsgesellschaft. In J. Keuffler, J. Krüger, S. Reinhardt, E. Weise & H. Wenzel (Hrsg.), *Schulkultur als Gestalungsaufgabe* (S. 407–422). Weinheim: Beltz.

Schulz-Zander, R. (1999). Neue Medien und Schulentwicklung. In E. Rösner (Hrsg.), *Schulentwicklung und Schulqualität. Beiträge zur Bildungsforschung und Schulentwicklung* (S. 35–56). Dortmund: IFS-Verlag.

Schulz-Zander, R. (2001). Neue Medien als Bestandteil von Schulentwicklung. In S. Aufenanger, R. Schulz-Zander & D. Spanhel (Hrsg.), *Jahrbuch Medienpädagogik, Band 1.* (S. 263–281). Opladen: Leske + Budrich.

Schulz-Zander, R. (2001). Using media for learning in schools. In J. Oelkers (Hrsg.), *Essays from an interdisciplinary symposium* (S. 83–101). Bern: Peter Lang.

Schulz-Zander, R. (2002). Geschlechter und neue Medien in der Schule. In B. Fritzsche, C. Nagode & E. Schäfer (Hrsg.), *Geschlechterverhältnis und sozialer Wandel* (S. 251–271). Opladen: Leske + Budrich.

Schulz-Zander, R. (2003). National Policies and Practices on ICT in Education: Germany. In R. Plomp, R. Anderson, N. Law & A. Quale (Hrsg.), *Cross national information and communication technology policies and practices in education* (S. 249–266). Greenwich, CT: Information Age Publishing.

Schulz-Zander, R. (2004). The school online initiative in German schools: empirical results and recommendations to improve school development. In D.W. Chapman & L.O. Mählck (Hrsg.), *Adapting technology for school improvement* (S. 269–296). Paris: UNESCO Publishing.

Schulz-Zander, R. (2005). Innovativer Unterricht mit Informationstechnologien – Ergebnisse der SITES M2. In H.G. Holtappels & K. Höhmann (Hrsg.), *Schulentwicklung und Schulwirksamkeit* (S. 264–275). Weinheim: Juventa.

Schulz-Zander, R., Büchter, A. & Dalmer, R. (2002). The role of ICT as a promotor of students' cooperation. *Journal of Computer Assisted Learning, 18* (4), 438–448.

Schulz-Zander, R., Dalmer, R., Petzel, T., Bücher, A., Beer, D. & Stadermann, M. (2003). *Innovative Praktiken mit Neuen Medien im Schulunterricht und Organsiation. Nationale Ergebnisse der internationalen IEA-Studie SITES M2.* Verfügbar unter www.sitesm2.de [07.05.2009].

Schulz-Zander, R. & Eickelmann, B. (2008). Zur Erfassung von Schulentwicklungsprozessen mit digitalen Medien. *Medienpädagogik. Zeitschrift für Theorie und Praxis der Medienbildung. Themenheft 14.* Verfügbar unter: http://www.medienpaed.com/14/schulz-Zander0801.pdf [08.05.2009].

Schulz-Zander, R. & Eickelmann, B. (2009). National policies and practices on ICT in education: Germany. In T. Plomp, R.E. Anderson, N. Law & A. Quale (Hrsg.), *Cross-national information and communication technology. Policies and practices in education* (S. 331–348). Charlotte: Information Age Publishing.

Schulz-Zander, R., Hunneshagen, H., Weinreich, F., Brockmann, B. & Dalmer, R. (2000). *Abschlussbericht der wissenschaftlichen Evaluation des Projektes „Schulen ans Netz".* Verfügbar unter: www.ifs.uni-dortmund.de/download/SaN_abschlussbericht.pdf [07.05.2009].

Schulz-Zander, R., Pfeifer, M. & Voss, A. (2008). Observation measures for determining attitudes and competencies toward technology. In J. Voogt & G. Knezek (Hrsg.), *International handbook of information technology in primary and secondary education* (S. 367–380). New York: Springer.

Schulz-Zander, R. & Riegas-Staackmann, A. (2004). Neue Medien im Unterricht. Eine Zwischenbilanz. In H.G. Holtappels, K. Klemm, H. Pfeiffer, H.-G. Rolff & R. Schulz-Zander (Hrsg.), *Jahrbuch der Schulentwicklung. Band 13.* (S. 291–330). Weinheim: Juventa.

Schulz-Zander, R., Schmialek, P. & Stolz, T. (2007). *Evaluation der Medienentwicklungsplanung der Stadt Dortmund.* Dortmund: Institut für Schulentwicklungsforschung. Verfügbar   unter: http://www.ifs-dortmund.de/files/MEP_Bericht.pdf [07.05.2009].

Schulz-Zander, R. & Tulodziecki, G. (2009). Pädagogische Grundlagen für das Online-Lernen. In J.L. Issing & P. Klimsa (Hrsg.), *Online-Lernen. Handbuch für Wissenschaft und Praxis* (S. 35–46). München: Oldenbourg.

Schwichtenberg, E. (2001). Mit dem PC in der Klasse – Erfahrungen und Probleme. In C. Büttner & E. Schwichtenberg (Hrsg.), *Grundschule digital* (S. 106–126). Weinheim: Beltz.

Seidel, T. & Shavelson, R.J. (2007). Teaching effectiveness research in the past decade: The role of theory and research design in disentangling meta-analysis results. *Review of educational research, 77* (4), 454–499.

Senge, P.M., Cambron-McCabe, N., Lucas, T., Smith, B. & Dutton, J. (2000). *Schools that learn*. London: Nicholas Brealey Publishing.

Senkbeil, M. & Drechsel, B. (2004). Vertrautheit mit dem Computer. In M. Prenzel, J. Baumert, W. Blum, R. Lehmann, D. Leutner, Neubrand & R. Pekrun (Hrsg.), *Der Bildungsstand der Jugendlichen in Deutschland – Ergebnisse des zweiten internationalen Vergleichts* (S. 177–190). Münster: Waxmann.

Senkbeil, M. & Wittwer, J. (2008). Antezedenzien und Konsequenzen informellen Lernens am Beispiel der Mediennutzung von Jugendlichen. *Zeitschrift für Erziehungswissenschaft. Sonderheft 10/2008*, 109–128.

Senkbeil, M. & Wittwer, J. (2006). Beeinflusst der Computer die Entwicklung mathematischer Kompetenzen? In M. Prenzel, J. Baumert, W. Blum, R. Lehmann, D. Leutner, Neubrand & R. Pekrun (Hrsg.), *PISA 2003. Untersuchungen zur Kompetenzentwicklung im Verlauf eines Schuljahres* (S. 139–160). Münster: Waxmann.

Senkbeil, M. & Wittwer, J. (2007). Die Computervertrautheit von Jugendlichen und Wirkunken der Computernutzung auf den fachlichen Kompetenzerwerb. In M. Prenzel, C. Artelt, J. Baumert, W. Blum, M. Hammann, E. Klieme & R. Pekrun (Hrsg.), *PISA 2006. Die Ergebnisse der dritten internationalen Vergleichsstudie* (S. 277–307). Münster: Waxmann.

Shapley, K., Sheehan, D., Sturges, K., Caranikas-Walker, F., Huntsberger, B. & Maloney, C. (2006). *Evaluation of the Texas Immersion Pilot. First Year Results*. Verfügbar unter: http://www.txtip.info/images/06.05.06_eTxTIP_Year_1_Report.pdf [08.05.2009].

Slavin, R.E. (1996). *Education for all*. Lisse: Swets & Zeitlinger.

Smeets, E., Mooij, T., Bamps, H., Bartolomé, A., Lowyck, J., Redmont, D. & Steffens, K. (Hrsg.) (1999). *The impact of information and communication technology on the teacher*. Nijmegen: ITS.

Somekh, B. (2008). Factors affecting teachers' pedagogical adoption of ICT. In J. Voogt & G. Knezek (Hrsg.), *International Handbook of Information Technology in Primary and Secondary Education* (S. 449–460). New York: Springer.

Stake, R. (1995). *The art of case study research*. Thousand Oaks, CA: Sage.

Steinert, B., Gerecht, M., Döbrich, P. & Klieme, E. (2003). *Skalen zur Schulqualität. Dokumentation der Erhebungsinstrumente*. Frankfurt a.M.: DIPF (Deutsches Institut für Internationale Pädagogische Forschung).

Steinert, B., Klieme, E., Maag Merki, K., Döbrich, P., Halbheer, U. & Kunz, A. (2006). Lehrerkooperation in der Schule: Konzeption, Erfassung, Ergebnisse. *Zeitschrift für Pädagogik, 52* (2), 185–204.

Stevenson, K. (1998). *Evaluation report – year 2: Schoolbook laptop project.* Beaufort, S. C.: Beaufort County School District.

Stroebe, W., Hewstone, M. & Stephenson, G.M. (1996). *Sozialpsychologie. Eine Einführung.* Berlin: Springer.

Stufflebeam, D. (1972). Evaluation als Entscheidungshilfe. In C. Wulff (Hrsg.), *Evaluation. Beschreibung und Bewertung von Unterricht, Curricula und Schulversuchen* (S. 113–145). München: Piper.

Tearle, P. (2004). A theoretical and instrumental framework for implementing change in ICT in education. *Cambridge Journal of Education, 34* (3), 331–351.

Teo, T. (2009). Modelling technology acceptance in education: A study of pre-service teachers. *Computers & Education, 52* (2), 302–312.

Terhart, E. & Klieme, E. (2006). Kooperation im Lehrerberuf – Forschungsprobleme und Gestaltungsaufgabe. *Zeitschrift für Pädagogik, 52* (2), 163–166.

Thomson, P., Nixon, H. & Comber, B. (2006). A case of intention deficit disorder? ICT policy, disadvantaged schools, and leaders. *School effectiveness and school improvement, 17* (4), 465–482.

Tondeur, J., Valcke, M. & van Braak, J. (2008). A multidimensional approach to determinants of computer use in primary education: teacher and school characteristics. *Journal of computer assisted learning, 24* (6), 494–506.

UNESCO. (2005). *Information and communication technologies in schools. A handbook for teachers.* Paris: UNESCO. Division of Higher Education.

Venezky, R. & Davis, C. (2002). *Quo vademus? The transformation of schooling in a networked world.* Paris: OECD/CERI.

Volp, B. (2001). Computer im Klassenzimmer. In C. Büttner, E. Schwichtenberg (Hrsg.), *Grundschule digital* (S. 98–105). Weinheim: Beltz.

von Davier, M. (2000). *WINMIRA 32pro – A program system for analyses with the Rasch model with latent class analysis and with the Mixed Rasch model.* Kiel: IPN.

Voogt, J. (2008). IT and curriculum processes: dilemmas and challenges. In J. Voogt & G. Knezek (Hrsg.), *International Handbook of Information Technology* (S. 117–132). New York: Springer.

Voogt, J. & Pelgrum, W.J. (2003). ICT and the curriculum. In R.B. Kozma (Hrsg.), *Technology, innovation, and educational change. A global perspective. A report of the Second Information Technology in Education Study, Module 2* (S. 81–124). Eugene: ISTE.

Voss, A. (2006). *Print- und Hypertextlesekompetenz im Vergleich.* Münster: Waxmann.

Wagner, U. (Hrsg.).(2008). *Medienhandeln in Hauptschulmilieus. Mediale Interaktion und Produktion als Bildungsressource.* München: kopaed.

Wang, Q. (2008). A generic model for guiding the integration of ICT into teaching and learning. *Innovations in education and teaching international. Journal of SEDA, 45* (4), 411–419.

Warschauer, M. (2006). *Laptops and Literacy.* New York: Teachers College Press.

Weinreich, F. & Schulz-Zander, R. (2000). Schulen am Netz – Ergebnisse der bundesweiten Evaluation. Ergebnisse der Befragung der Computerkoordinatoren und -koordinatorinnen. *Zeitschrift für Erziehungswissenschaft, 3* (4), 577–593.

Weiß, M. & Steinert, B. (2001). Institutionelle Vorgaben und ihre aktive Ausstattung – Die Perspektive der deutschen Schulleitung. In J. Baumert, M. Klieme, M. Neubrand, M. Prenzel, U. Schiefele, W. Schneider, P. Stanat, K.-J. Tillmann & M. Weiß (Hrsg.), *Basiskompetenzen von Schülerinnen und Schüler im internationalen Vergleich* (S. 427–454). Opladen: Leske + Budrich.

Welling, S., Stolpmann, B.E. & Breiter, A. (2007). *Nutzung digitaler Medien in den Schulen im Bundesland Bremen.* Bremen: Institut für Informationsmanagement. Verfügbar unter: http://www.ifib.de/dokumente/elearning_in_bremer_schulen.pdf [07.05.2009].

Wenglinsky, H. (2005). Technology and Achievement: The Bottom Line. *Educational Leadership, 63* (4), 29–32.

Wiggenborn, G. & Vorndran, O. (2003). *Computer in die Schule. Eine internationale Studie zu regionalen Implementationsstrategien.* Gütersloh: Bertelsmann Stiftung.

Wirth, J. & Klieme, E. (2002). Computer literacy im Vergleich zwischen Nationan, Schulformen und Geschlechtern. *Unterrichtswissenschaft, 30* (2), 136–157.

Witte, E. (1973). *Organisation für Innovationsentscheidungen.* Göttingen: Schwartz.

Wong, E. & Li, S.C. (2008). Framing ICT implementation in a context of educational change: a multilevel analysis. *School effectiveness and school Improvement, 19* (1), 99–120.

Yin, R.K. (1994). *Case Study Research. Designs and Methods.* London: Newbury Park.

Zillien, N. (2006). *Digitale Ungleichheit. Neue Technologie und alte Ungleichheiten in der Informations- und Wissensgesellschaft.* Wiesbaden: VS Verlag für Sozialwissenschaften.

7 Tabellen- und Abbildungsverzeichnis

Tabellen

Abbildungen

Anhang: Skalendokumentation

1. Skala ‚Medienbezogene Kooperation'

Zur Erfassung der Kooperation in Bezug auf digitale Medien unter Lehrpersonen lässt sich im Rahmen der DFG-Studie erstmalig eine Skala ‚Lehrerkooperation mit digitalen Medien' identifizieren (vgl. auch Eickelmann & Schulz-Zander, 2008). Die aus neu entwickelten Items abgeleitete Skala weist eine gute Reliabilität mit Cronbachs Alpha = .83 auf. Die Skala bildet Aspekte einer klassenübergreifenden bzw. schulbezogenen Lehrerkooperation in Bezug auf digitale Medien ab.

(Datenquelle: Lehrerfragebogen, Frage 29, Items 29.06, 29.07, 29.17, 29.18, 29.19)

Berechnung:	Mittelwert (min. 2 gültige Werte)		
Statistik:	N = 182	AM = 2,10	SD = 0.76
	α = 0.83	MIN = 1.00	MAX = 5.00

1. Eigenwert
$\lambda_1 = 3,02$ Varianzanteil des ersten Eigenwertes 60,42 (%)

Fragetext

Wie häufig bearbeiten Sie relativ regelmäßig mit anderen Lehrkräften Ihrer Schule folgende Themen oder Probleme?

Skalierung:

[1] gar nicht, [2] einmal im Jahr, [3] mehrmals im Halbjahr, [4] einmal monatlich, [5] einmal wöchentlich

Items:

Item (Variable)	AM	SD	r_{it}
1 Entwicklung von Unterrichtsmaterialien für die Nutzung Neuer Medien im Unterricht	1,90	.99	.619
2 Bereitstellung von Informationen und Materialien über das schulische Intranet	1,56	.86	.838
3 Technische Ausstattung der Schule	2.47	1.02	.815
4 Nutzung der Neuen Medien im Unterricht	2.52	1.08	.771
5 Unterrichtskonzepte für den Einsatz Neuer Medien	2.11	.99	.756

2. Skala ‚Gemeinsame schulische Visionen'

Die Grundlage für die nachfolgende Skala bilden die aus der IEA-SITES 2006 adaptierten Items zur Frage 39 aus dem internationalen Lehrerfragebogen. Abgebildet wird die Einschätzung der Lehrkräfte im Hinblick auf gemeinsame schulische Visionen. In den eigenen Daten findet sich mit Cronbachs Alpha = .81 eine gute interne Konsistenz. Dabei ist die Spannbreite der auf Schulebene ermittelten Skalenwerte groß genug, um aussagekräftige Vergleiche innerhalb der Stichprobe anzustellen. Die so ermittelten Ergebnisse werden durch die qualitativen Analysen bestätigt und arrondiert. (Eigene Datenquelle: LFB, Frage 18, Items 18.01 bis 18.05)

Berechnung:	Mittelwert (min. 2 gültige Werte)			
Statistik:	$N = 166$	$AM = 2,83$		$SD = .51$
	$\alpha = .81$	$MIN = 1.00$		$MAX = 4.00$

1. Eigenwert

$\lambda_1 = 2,87$ Varianzanteil des ersten Eigenwertes 57,37 (%)

Fragetext   In welchem Ausmaß treffen die folgenden Aussagen über Schulvisionen auf Ihr Kollegium zu?

Skalierung: [1] trifft gar nicht zu, [2] trifft eher nicht zu, [3] trifft eher zu, [4] trifft völlig zu

Items:

Item (Variable)	AM	SD	r_{it}
1 Wir haben eine klare, gemeinsame Idee, was wir unter gutem Unterricht und guter Erziehung verstehen	2.57	.68	.612
2 Wir diskutieren, was wir mit unserem Unterricht erreichen möchten.	2.81	.59	.642
3 Ich bin in unserer Schule stets motiviert, meine pädagogische Arbeit kritisch zu reflektieren.	3.04	.64	.460
4 Es wird von mir erwartet, dass ich die Schulvision im Hinblick auf die pädagogische Arbeit überdenke und weiterentwickle.	2.91	.70	.647
5 Wir hinterfragen die vereinbarten pädagogischen Zielsetzungen.	2.76	.74	.646

3. Skala ‚Evaluatives Potenzial'

Die Items wurden aus dem Skalenhandbuch des DIPF (Steiner et al., 2003) für die eigene Erhebung übernommen. Auch in der eigenen Stichprobe ergab sich aus den Items eine Skala mit mittlerer interner Konsistenz. Die Skala des DIPF beschreibt das evaluative Potenzial einer Schule in Bezug auf die schulinterne Qualitätsentwicklung und auf Innovationen. In der vom DIPF angeführten Stichprobe wurde mit Cronbachs Alpha=.66 (AM=2,36 und SD= 0.64) ein aggregiertes Messinstrument mit noch guter interner Konsistenz gefunden. Da diese Skala in einer größeren Stichprobe bereits erprobt und für reliabel befunden wurde, wird sie ebenfalls herangezogen. Sämtliche Items haben keinen Medienbezug. Dies führt in unserer Stichprobe zu interessanten Ergebnissen und liefert Hinweise darauf, dass der *Ausschluss* von medienbezogenen Aspekten im schulischen Leitbild einer Fallschule, die hohe Werte in Bezug auf diese Skala erreicht und als Ergebnisse von Innovations- und Evaluationsprozessen ein Leitbild entwickelt hat, eine starke hemmende Bedingung für die breite Integration digitaler Medien ist. (vgl. Fallbericht der Fallschule B).

(Eigene Datenquelle: Lehrerfragebogen, Frage 17, Items 17.01,17.02,17.03)

Berechnung:	Mittelwert (min. 2 gültige Werte)		
Statistik:	N = 163	AM = 2,06	SD = .64
	α = .057	MIN = 1.00	MAX = 4.00
	1. Eigenwert $\lambda_1 = 1,67$	Varianzanteil des ersten Eigenwertes 55,74 (%)	
Fragetext	Die nachfolgende Frage thematisiert die Erwartungen und Möglichkeiten pädagogischer Innovationen auf der Schulebene. Bitte kreuzen Sie an, was Ihrer Meinung zutrifft.		
Skalierung:	[1] stimme nicht zu, [2] stimme eher nicht zu, [3] stimme eher zu, [4] stimme zu		

Items:	Item (Variable)	AM	SD	r_{it}
	1 Ich finde, unsere Schule bemüht sich zu wenig um Erneuerungen und Entwicklung.	1.57	.75	.487
	2 Die Planung von Innovationen an unserer Schule ist ziemlich unsystematisch.	2.00	.89	.452
	3 Die Lehrer/innen an unserer Schule brauchen mehr Kenntnisse über alternative Unterrichtsformen und Unterrichtsmethoden.	2.56	.92	.238

4. Skala ‚Subjektive Ausstattungszufriedenheit'

Im Gegensatz zu objektiven Ausstattungsbeurteilungen, wie es z.b. über die Angabe des Computer-Schüler-Verhältnisses berichtet wird, spiegelt diese Skala die subjektive Ausstattungszufriedenheit der Lehrpersonen wider. Studien haben gezeigt, dass die subjektive Ausstattungszufriedenheit von Schule zu Schule stark variiert (z.B. Pelgrum, 2001). Lehrpersonen objektiv gut ausgestatteter Schulen berichten in der Regel dann eine geringe subjektive Ausstattungszufriedenheit, wenn in ihr die Anzahl der Nutzer besonders hoch ist oder die Anwendungen besonders elaboriert sind. In Schulen mit objektiv geringer Ausstattungsquantität kann die subjektive Ausstattungszufriedenheit hoch sein, da vielleicht die Anzahl der Nutzer gering ist oder die Art der Nutzung eher einfach ist. Die ermittelte Skala mit sehr guter interner Konsistenz umfasst die subjektive Ausstattungszufriedenheit mit Hardware (Computer, Peripheriegeräten), Software und der Vernetzung. Die Fragen wurden aus den Erhebungsinstrumenten der Evaluation der e-nitiative.nrw (Rösner, Bräuer & Riegas, 2004) übernommen. (Eigene Datenquelle: Lehrerfragebogen, Frage 11, Items 11.01, 11.02, 11.03, 11.04, 11.05)

Berechnung:	Mittelwert (min. 2 gültige Werte)		
Statistik:	N = 168	AM = 3.27	SD = 1.00
	α = .91	MIN = 1.00	MAX = 5.00

1. Eigenwert

λ_1=3,67

Varianzanteil des ersten Eigenwertes 73,37 (%)

Fragetext	Wie zufrieden sind Sie generell mit der Ausstattung Ihrer Schule mit Neuen Medien für den Unterrichtseinsatz?
Skalierung:	[1] sehr unzufrieden, eher unzufrieden [2] , teils/teils [3] , eher zufrieden [4], sehr zufrieden [5]

Items:	Item (Variable)	AM	SD	r_{it}
	1 Computern	3.39	1.15	.80 9
	2 Peripheriegeräten	3.04	1.14	.75 6
	3 Internetanschluss	3.39	1.24	.81 0
	4 Intranet (interne Vernetzung)	3.11	1.23	.72 4
	5 Software/Programme	3.27	1.18	.75 0

5. Skala ‚Technischer Support im Unterricht'

Die Skala erfasst die unterrichtsbezogene Unterstützung beim Einsatz digitaler Medien, neuerdings sogenannten First-Level-Support, aus Sicht der Lehrpersonen. Erfasst wird die Hilfe bei technischen Problemen und bei der Auswahl und Beschaffung für den Unterricht geeigneter Hard- und Software. Die eingesetzte Frage entstammen den Erhebungsinstrumenten der SITES 2006, die zweifach übersetzt wurden. Leider finden sich im Endbericht der SITES 2006 keine Skalendokumentationen, sodass ein interferenzstatistischer Vergleich nur mit Werten in der eigenen Stichprobe möglich ist. Da die Ergebnisse – auf Schulebene aggregiert – innerhalb der Fallschulen variieren, ergeben sich trotzdem Vergleichsmöglichkeiten.

(Eigene Datenquelle: Lehrerfragebogen, Frage 14, Items 14.01, 14.04, 14.05)

Berechnung:	Mittelwert (min. 2 gültige Werte)		
Statistik:	N = 162	AM = 2.17	SD = .75
	α = .722	MIN = 1.00	MAX = 4.00
	1. Eigenwert λ_1=1,94	Varianzanteil des ersten Eigenwertes 64,77 (%)	
Fragetext	Welche Unterstützung erhalten Sie bei der Verwendung von Neuen Medien im Unterricht?		
Skalierung:	[1] trifft gar nicht zu, [2] trifft eher nicht zu , [3] trifft eher zu, [4] trifft völlig zu		

Items:	Item (Variable)	AM	SD	r_{it}
	1 Wenn nötig, erhalte ich technische Unterstützung (z.B. durch eine(n) Techniker/in, die/der auf Anfrage in meinen Unterricht kommt).	2.23	1.03	.552
	2 Ich kann sehr schnell Unterstützung bekommen, wenn im Unterrichtsverlauf technische Probleme auftreten (z.B. Computerausfälle).	2.10	0.82	.543
	3 Meine Schule unterstützt mich, Hilfestellungen von externen Einrichtungen bei der Auswahl und Beschaffung von Hard- und Software zu erhalten.	2.21	0.83	.553